Das Buch der Stille

Über die Freuden und die Macht von Stille

SARA MAITLAND

DAS BUCH DER STILLE

Über die Freuden und
die Macht von Stille

Aus dem Englischen von Karin Petersen

edition steinrich

Publishing Scotland
Foillseachadh Alba

Wir danken dem *Publishing Scotland translation fund*
für die Förderung der deutschen Übersetzung.

Bibliografische Information der Deutschen Nationalbibliothek
Die Deutsche Nationalbibliothek verzeichnet diese
Publikation in der Deutschen Nationalbibliografie;
detaillierte bibliografische Daten sind im Internet über
http://dnd.d-nb.de abrufbar.

www.edition-steinrich.de

Titel der Originalausgabe: *A Book of Silence*.
Erschienen bei Granta Publications, UK
© Sara Maitland, 2008

Alle Rechte vorbehalten
Copyright der deutschen Ausgabe:
© 2017 edition steinrich, Berlin
Lektorat: Andrea Krug
Umschlaggestaltung: Ingeburg Zoschke, Berlin
Umschlagfoto: © Astrid Mattwei
Gestaltung und Satz: Grafikstudio Scheffler, Berlin
Druck: Westermann Druck Zwickau
Printed in Germany

ISBN 978-3-942085-57-1

Inhalt

Kapitel 1 · Aufwachsen in einer Welt voller Lärm · 7

Kapitel 2 · Vierzig Tage und vierzig Nächte · 52

Kapitel 3 · Die dunkle Seite · 113

Kapitel 4 · Stille und die Götter · 160

Kapitel 5 · Orte der Stille · 209

Kapitel 6 · Wüsteneremiten · 256

Kapitel 7 · Des Alleinseins Segen · 300

Kapitel 8 · Nach Hause kommen · 346

Dank · 386
Anmerkungen · 388
Über die Autorin · 399

*Für Janet Batsleer und John Russell –
aus Gründen, über die am besten Stillschweigen gewahrt wird*

KAPITEL 1

Aufwachsen in einer Welt voller Lärm

Es ist früh am Morgen – ein ausnehmend strahlender Morgen. Und, was für hier oben ungewöhnlich ist, es geht praktisch kein Wind. Es ist fast vollkommen still: Gelegentlich zwitschern ein paar kleine Vögel und vor einer kleinen Weile flatterte ein Paar Krähen vorbei und ließ seine rau krächzenden Laute hören. Es ist der erste Tag im Oktober, Brachvögel und Austernfischer sind also bereits zum Strand hinuntergezogen. In einer Weile wird ein bestimmtes Geräusch ertönen – der Kurzzug von Glasgow nach Stranraer wird auf der anderen Seite des Tales vorüberrattern. Und vielleicht ertönt noch ein zweites Geräusch, vielleicht rumpelt Neil auf seinem Quad vorbei, nachdem er auf dem Hügel hinter dem Haus nach seinen Schafen geschaut hat. Wenn er vorbeikommt, werde ich ihm zuwinken und er wird zurückwinken. Das war's dann aber auch schon.

Ich sitze auf der Eingangsstufe meines kleinen Hauses mit einer Tasse Kaffee und schaue ins Tal hinunter auf die außergewöhnliche Aussicht auf Nichts. Das ist einfach wunderbar. Virginia Woolf hat uns in ihrem berühmten Essay die Einsicht vermittelt, dass jede Autorin ein Zimmer für sich allein braucht. Was meiner Meinung nach aber längst nicht genügt. Ich brauche ein ganzes Moor für mich allein. Oder, wie eine pikierte, doch offensichtlich einfühlsame Freundin kommentierte, als sie zu Besuch kam, um sich meine neueste Marotte anzuschauen: »Das gibt es nur bei dir Sara – zwanzig Meilen Aussicht auf praktisch rein gar nichts!«

Tatsächlich ist da aber gar nicht »nichts« – da sind die Wolkengebilde und die verschiedenen Bewegungen von Schilf und Gräsern, da gibt es Heide und Farn im Wind und wechselnde Farben, nicht nur im Jahresverlauf, sondern auch im Verlauf eines Tages, während sich Sonne und Wolken verändern und weiterwandern. Doch in einem anderen Sinne hat sie recht – und genau dieses immense Nichts zieht mich in seinen Bann. Ich betrachte es, und da es wenig zu sehen gibt, kann ich besser sehen. Ich lausche dem Nichts, und seine stillen Melodien und Rhythmen klingen harmonisch. Die Hügel mit ihrer unregelmäßigen Linie vor dem Horizont, gesäumt von den Masten der Strom- und Telegrafenleitungen, bergen die Stille wie in einer Schale. Und unter mir sehe ich gelegentlich scheinbar zusammenhangslose silberne Streifen aufglänzen, die tatsächlich ein kleiner Fluss sind, der sich das Tal hinunterwindet.

Ich verspüre heute Morgen eine gewisse Selbstzufriedenheit, denn gestern bekam ich die Baufertigstellungsurkunde. Wenn man ein neues Haus baut, beginnt man mit einer Planungs- und Baugenehmigung, und am Ende der ganzen Bauerei kommt ein Inspektor, um zu sehen, ob man getan hat, was man angegeben hatte, tun zu wollen, und zu überprüfen, ob das Haus den Bauvorschriften und -standards entspricht. Und das tut mein Haus: Es ist fertig, vollendet, genehmigt. Alles unter Dach und Fach. Gestern Abend habe ich meinen Bauunternehmer bezahlt. Wir haben zusammen ein Glas auf unsere einjährige Verbindung getrunken, die von einer eigenartigen Intensität und ebenso schwierig wie erfreulich war. Jetzt sitze ich einfach da, sammele mich und tauche wieder in die Stille ein, die der wichtigste Grund dafür ist, dass ich überhaupt hier bin.

Vor drei Minuten – das ist wirklich ein reines Geschenk, um das ich nicht bitten und auf das ich nicht hoffen kann – stieß eine Kornweihe aus dem Himmel herab, um keine zwanzig Meter von meiner Haustür entfernt in dem kleinen Bach zu jagen. Nicht viele Menschen haben in ihrem Garten eine Kornweihe zu Gast. Kornweihen sind in Großbritannien ziemlich rar, es gibt nur noch knapp hundert Brutpaare, von denen die meisten in den Schottischen Highlands leben. Sie sind etwas kleiner und viel heller als Bussarde und siedeln sich gern in menschenleeren Landstrichen an. Die Männchen sehen von unten wie Gespenster aus – ganz weiß, nur der Kopf ist grau, die Flügel aber haben deutlich abgesetzte schwarze Spitzen. Sie jagen dicht über dem Boden, und ihre Flügel bilden im Gleitflug ein flaches V. Mächtige Jäger sind sie, schön, frei. Ich bekomme sie nicht sehr häufig zu sehen, doch als ich zum ersten Mal die baufällige Schäferhütte aufsuchte, die jetzt mein neues Zuhause ist, saß ein Paar auf der Trockenmauer. Sie erzählen mir von der großen Stille der Hügel und heißen mich in dieser Stille willkommen.

Der stille Vogel fliegt weg, um seinen eigenen stillen Angelegenheiten nachzugehen – sein Körper leuchtet auf vor der Steigung im Westen und er verschwindet so plötzlich, wie er gekommen ist. Kurz habe ich das Gefühl, dass er heute Morgen da war, um mich zu begrüßen, und ich verspüre einen Moment lang eine heftige Freude, die sich dann langsam legt und in eine Zufriedenheit übergeht, die beständiger ist. Ich hätte viel zu tun, aber ich zünde mir eine Zigarette an und bleibe auf der Eingangsstufe sitzen. Es ist erstaunlich warm für Oktober. Letzte Woche hatten wir den ersten Frost, der sich langfingrig auf die Windschutzscheibe des Autos legte. Ich denke, wie schön hier alles ist und wie glücklich ich bin. Dann denke ich, wie merkwürdig es ist – wie merkwürdig, dass ich hier so glücklich in diesem stillen, goldenen Morgen sitze, ohne in den nächsten zwei Wochen einen Termin in meinem Kalender stehen zu haben, ohne Besuch zu bekommen, ohne irgendwo hinzugehen, außer vielleicht in die Hügel oder hinunter zur Küste, um zu wandern, und sonntags in die Messe. Ich stelle fest, dass ich versuche, mir zu vergegenwärtigen, wie ich hierhergekommen bin und warum ich hier sein wollte. Und das alles *ist* merkwürdig.

Ich habe ein sehr lautes Leben geführt.

Eigentlich führen wir alle ein sehr lautes Leben. Der Begriff »Lärmverschmutzung« ist im ökologischen Sprachgebrauch mittlerweile fast ebenso fest verankert wie andere Formen von Umweltverschmutzung, die unsere Gesundheit und unsere Sicherheit gefährden. Doch allen, die sich über tiefliegende Militärflugzeuge auf Übungsflug, die ständige Musikberieselung an öffentlichen Orten, unerträglich laute Nachbarn und Betrunkene beschweren, die grölend durch die Straßen ziehen, stehen Hunderte gegenüber, die wissen, dass sie ein Handy *brauchen*, die beschlossen haben, sich wo sie gehen und stehen von einer Klangkulisse berieseln zu lassen, und die sich unwohl fühlen oder sogar Angst bekommen, wenn sie mit wirklicher Stille konfrontiert sind. »Kommunikation« (was immer reden heißt) ist das *sine qua non* »guter Beziehungen«. »Allein« und »einsam« sind fast Synonyme geworden, und was vielleicht noch schlimmer ist, die Worte »still« und »langweilig« scheinen immer häufiger gleichbedeutend zu sein. Kinder verschwinden hinter einer Wand aus Lärm – sie haben ihre eigenen Fernseher und Computer in ihren Zimmern. Die Raucherabteile in Zügen haben sich in »Ruhezonen« verwandelt, doch selbst die Menschen, die dort sitzen, stöpseln sich Musik in die Ohren.

Wir alle bilden uns ein, uns Ruhe und Frieden zu wünschen, unsere Privatsphäre zu schätzen und dass der stille Mensch in seinem Alleinsein irgendwie »authentischer« ist als der Mensch in Gesellschaft anderer, doch nehmen wir nur selten die Gelegenheit wahr, um uns an alledem zu erfreuen. Einerseits romantisieren wir Stille, haben andererseits aber das Gefühl, dass sie beängstigend und für unsere psychische Gesundheit gefährlich ist, dass sie unsere

Freiheiten bedroht und wir sie aus diesem Grund um jeden Preis meiden müssen.

In meinem Leben ging es zudem in besonderer Hinsicht ziemlich laut zu.

Aufgrund eines merkwürdigen Zusammentreffens von sozialer Herkunft, zeitgeschichtlichen Umständen und der persönlichen Entscheidungen meiner Eltern hatte ich eine ungewöhnlich laute Kindheit. Ich wurde 1950 als zweites Kind und ältestes Mädchen in eine Familie mit sechs Kindern hineingeboren. Die ersten fünf von uns kamen in einer Zeitspanne von sechseinhalb Jahren zur Welt. Wenn man meine Mutter gefragt hätte, warum sie so viele Kinder bekommen hatte, hätte sie geantwortet, weil sie Babys liebe. Doch wenn man meinen Vater gefragt hätte, wäre die Antwort ganz anders ausgefallen: »Zweimal Doppel beim Tennis, zwei Tische Bridge und ein Schottischer Reel (Volkstanz, Anm. d. Übers.in) – alles möglich im eigenen Haus.« Wir wuchsen in London und einem riesigen frühviktorianischen Herrenhaus (das Kindheitszuhause meines Vaters) im Südwesten Schottlands auf. Meine Eltern vergötterten einander. Ich denke, sie vergötterten auch uns Kinder, ohne jedoch individuelle Unterschiede zwischen uns zu machen. Sie waren ausgesprochen gesellig, und das Haus war immer voller Menschen. Nicht nur wir, sondern auch ihre und unsere Freundinnen und Freunde gingen bei uns ständig ein und aus. Eine Zeitlang lebte der Vater meiner Mutter bei uns. Wir hatten eine Kinderfrau und später auch ein Au-pair-Mädchen. Meine Eltern waren persönlich für uns da, was für die damalige Zeit wohl eher ungewöhnlich war. Wir gehörten nicht zu den Kindern, die zwar zu sehen, aber nicht zu hören waren und die sich im Kinderzimmer aufzuhalten hatten. Wir wurden offen ermutigt, uns pointiert, provozierend und witzig auszudrücken und sämtlichen Autoritäten, außer der ihrigen, mit einer gewissen Verachtung zu begegnen. Heute bin ich entsetzt, wenn ich daran denke, wie weit die verbale Neckerei ging, die sie uns nicht nur erlaubten, sondern zu der sie uns aktiv ermutigten. Simple Grobheiten wurden nicht gutgeheißen, elegante Wortgefechte hingegen, die andere in Tränen ausbrechen ließen, Türen zuknallen, sich anschreien und wildes Raufen waren in Ordnung. (Aus alledem wächst ein Mensch nicht heraus. Die Partnerin meines Sohnes hat mir später erzählt, dass ihre erste Begegnung mit uns als Gruppe zu den beängstigendsten Erfahrungen ihres Lebens gehörte. Sie konnte gar nicht glauben, dass Menschen so laut, so streitsüchtig und so grob miteinander umgehen können, ohne dass es tatsächlich auf Handgreiflichkeiten hinauslief.) Wir waren enorm aktiv und gemeinschaftsorientiert. Innenschau, Einsamkeit, Stille und jede andere Form des Rückzugs von der Herde wurden nicht geduldet. Innerhalb dieses magischen Raumes, den meine Eltern für uns schufen, hatten wir jedoch immense äußere Freiheiten – um zu spielen, umherzustreifen, Kämpfe auszufechten und Abenteuer zu bestehen.

Das lief am besten, solange wir Kinder noch ziemlich klein waren. 1968, als sämtliche Zeitungen im Land sich über das aufsässige Verhalten von Teenagern beklagten, hatten meine Eltern fünf davon. Rückblickend denke ich, dass sie einfach ein wenig die Nerven verloren. Ich weiß nicht, was sie sich eigentlich vorgestellt hatten. Wenn du deine Kinder ermutigst, sich von Autoritäten nicht beeindrucken zu lassen, finden sie über kurz oder lang heraus, dass auch du als Vater oder Mutter eine »Autorität« bist, und zeigen sich auch davon wenig beeindruckt. Mit kleinen Kindern konnten meine Eltern besser umgehen. Unsere Teenagerzeit hingegen war ziemlich traumatisch und sehr laut.

Es gab auch schöne Augenblicke. Dazu gehört unter anderem, was zu den bisherigen Schilderungen gar nicht zu passen scheint, wie gebildet und politisch engagiert meine Eltern waren. So erinnere ich mich zum Beispiel noch lebhaft an die Kubakrise 1962, weil einer der engsten Freunde meiner Eltern damals Admiral in der US-Navy war. Er war bei uns zu Besuch, und an einem schönen, sonnigen Tag machten wir einen Ausflug nach Cambridge. Als wir in den Backs (malerisches Gelände in Cambridge, Anm. d. Übers.in) spazieren gingen, tauchte ein junger Mann von der US-Botschaft auf. Er hatte nach Onkel Harry gesucht, um ihm mitzuteilen, er müsse sofort nach Hause fliegen, um sein Land gegen den Kommunismus zu verteidigen. Im folgenden Jahr erfuhr ich auch von der Profumo-Affäre (damals kam heraus, dass der englische Heeresminister Profumo eine Affäre mit dem Mannequin Christine Keeler hatte, Anm. d. Übers.in), wenn auch aus einer ziemlich parteiischen Ecke. Dieser Skandal war die Ursache für einen der seltenen Streits zwischen meinen Eltern, denen es meistens gelang, in Bezug auf die Aktivitäten ihrer Kinder Einhelligkeit zu zeigen. Mein Vater brachte mir ein böses kleines Limerick über diese Affäre bei, das seine politische Einstellung ziemlich präzise wiedergab, und bat mich, es bei einer Cocktail-Party für seine konservativen Parteifreunde (von denen einige berühmt und angesehen waren) vorzutragen.

> There was a young girl called Christine
> Who shattered the Party machine
> It isn't too rude
> To lie in the nude
> But to lie in the House is obscene.

> Es war einmal ein Mädchen namens Christine,
> die erschütterte die Partei-Maschine.
> Es ist nicht unfein
> nackt dazuliegen,
> doch im eigenen Haus lügen
> heißt obszön betrügen.*

Der Streit meiner Eltern kreiste interessanterweise nicht um den Inhalt dieser Zeilen, sondern allein um die Tatsache, dass mein Vater mich ermutigt hatte, »eine Show abzuziehen«. Manchmal frage ich mich heute noch, was um alles in der Welt glaubten sie, würde bei dieser Erziehung einmal aus uns werden, vor allem aus uns Mädchen? Man lässt sie frei und ungezügelt aufwachsen und ist dann total überrascht und sogar ärgerlich auf sie, wenn sie sich nicht auf magische Weise in »wohlerzogene junge Damen« verwandeln. Für mich zumindest zeigte sich darin eine merkwürdige Mischung aus Oberschicht-Habitus und intellektuellem Ehrgeiz.

Wenige Jahre später gab es noch ein weiteres eindringliches Beispiel für die verworrene Sichtweise meines Vaters. Ich wurde 1973 mit ziemlichem Nachdruck aus dem Unterhaus befördert, weil ich eine Debatte über die Gesetzesinitiative eines Abgeordneten zum Thema Gleichstellung störte. Ich war zu der Zeit schwanger. *The Times* (die meine Eltern natürlich täglich lasen) brachte diesen Vorfall auf der Titelseite und nannte auch meinen Namen. Ich war ziemlich gespannt darauf, wie meine Eltern reagieren würden. Meine Mutter war schier entsetzt darüber, dass ich so etwas tat, *wo ich doch schwanger war*. Mein Vater hingegen war total entzückt. Nicht weil er solche Aktionen guthieß oder sich besonders für das Thema Gleichstellung begeistern konnte, sondern weil derjenige, der für die Einhaltung von »Ruhe und Ordnung« im Haus verantwortlich war, ein alter Freund von ihm war, den er aber trotz ihrer Freundschaft ebenso kleinkariert wie großspurig fand. Er amüsierte sich sehr darüber, wie ich diesen Freund in Bedrängnis gebracht hatte, weil er mit »einer von uns« und zudem einem Men-

---

* Anm. d. Übers.in: Der Limerick lebt von der doppelten Bedeutung von *to lie* – »liegen« und »lügen« – und von *Party* – »Partei« und »Party«, und mit dem *House* ist das Unterhaus, also das Parlament gemeint.

schen, den er tatsächlich persönlich kannte, so umgehen musste. Vielleicht bewunderte er insgeheim auch meine Unverfrorenheit, ohne unbedingt gutzuheißen, wie ich diese aktiv in die Tat umgesetzt hatte.

Wir Kinder wurden natürlich alle ins Internat geschickt, die Jungen gnadenlos im Alter von sieben oder acht Jahren, meine Schwestern und ich ein wenig später. Ich kann mir durchaus vorstellen, dass Internate für manche Kinder gut sind, weil es so schreckliche Familien gibt, dass ein Internat allemal besser oder sogar eine Freude ist. Für mich aber gehören Internate zu den wenigen Einrichtungen, die für beide, das »privilegierte« Individuum wie unsere Gesellschaft insgesamt, schlecht sind. Im Rahmen dieses Buches möchte ich besonders hervorheben, dass das gesamte Ethos dieser Schulen darauf beruht, dort niemandem auch nur die geringste Stille oder Privatsphäre zu erlauben – es sei denn als Strafe. Internate sind Orte, wo der ständige Lärm, den in meinem Fall über zweihundert junge Frauen unweigerlich veranstalteten, noch verstärkt wird durch kahle Korridore und übergroße Räume. Für mich war das Internat eine schädliche, brutale Erfahrung, was noch verstärkt wurde durch die Tatsache, dass wir in der Welt meiner Eltern als soziale Wesen versagten, wenn wir unsere Schulzeit nicht genießen konnten. Sie erwarteten von uns, dass wir viele Freundinnen und Freunde hatten, das Leben nahmen, wie es kam, und den Teamgeist genossen. Und wenn du dich elend und als Versagerin fühlst, ist das Letzte, was du tun würdest, es den Eltern *zu erzählen*, für die solche Gefühle der Beweis dafür sind, dass du genau das bist.

Vielleicht waren ihre Ansprüche zu hoch. Vielleicht waren sie auch zu stolz auf uns. Zu Hause wurde von uns erwartet, dass wir in Cambridge studierten und gleichzeitig lange weiße Handschuhe, eine Seidenschärpe mit Schottenmuster und die Perlen unserer verstorbenen Großmutter trugen und auf Highland-Bällen tanzten. Ich hatte mir eine eigene politische Meinung zu bilden, die gleichzeitig der meiner Eltern entsprechen sollte. Wir sollten gesellig, aktiv und witzig sein und gleichzeitig fleißig, arbeitsam und ruhig. Wir sollten kontaktfreudig und beliebt sein und zugleich auf eine merkwürdige Weise total unschuldig bleiben. In der Schule sollten wir als gebildete, eigenständige und selbstsichere Menschen auftreten und gleichzeitig auf keinen Fall über die Stränge schlagen. Jeden Samstagmorgen mussten wir alle in der Aula niederknien, damit die Lehrerinnen die Reihen abspazieren und sich vergewissern konnten, dass unsere Röcke auf vorgeschriebene Weise den Boden berührten. Ich weiß bis heute nicht, was an Miniröcken so schrecklich sein soll. Das alles war ziemlich unerträglich und immer mit viel Lärm verbunden.

1968 flüchtete ich. Das war, bevor das »Lückenjahr« zu einem gut organisierten Übergangsritus der Mittelschicht wurde. Wenn du nach der Abschlussprüfung weiter die Schule besuchtest, um die extra zu absolvierenden Zulassungsexamen zum Studium in Oxford abzulegen, warst du mit der Schule zu Weihnachten fertig und hattest bis zum darauffolgenden Oktober unweigerlich eine Lücke. Mein Vater hielt uns an, diese Lücke zu füllen, indem wir einen fremden Kontinent unserer Wahl bereisten und uns dort bewährten. Das hieß, ich war zum ersten Mal in meinem Leben auf mich selbst gestellt und völlig für mich selbst verantwortlich. Das hätte eine Zeit des Ausbrechens sein sollen. Meine Röcke waren so spektakulär kurz, wie man es in Amerika selten sah – Hippies, die Gegenkultur, die politische Protestbewegung und der Feminismus mochten US-Importe sein, aber der Minirock war eindeutig eine britische Erfindung –, und anhand meines Akzents konnte man mich nicht eindeutig meiner Gesellschaftsschicht zuordnen, aber ich war dem Ganzen nicht wirklich gewachsen. In diesen sechs Monaten war ich ständig als falsche Person im falschen Moment am falschen Ort. Ich verließ Washington einen Tag, bevor Martin Luther King erschossen wurde, und traf eine Woche nach Bobby Kennedys Ermordung in Los Angeles ein. In San Francisco suchte ich zwar Haight Ashbury auf, die Hochburg der damaligen Hippie-Bewegung, aber als Touristin. Aus dieser Perspektive wirkte der Ort heruntergekommen und beängstigend auf mich, und ich zog sofort weiter.

Ich erinnere mich jedoch an einen strahlenden, heißen Tag in der Wüste von Arizona, wo mein Blick sich zum ersten Mal in einem immensen Nichts verlor: dem Grand Canyon – rot, golden, weit und still. Vielleicht hätte ich mich auf einen Felsvorsprung setzen und eine Weile dort bleiben sollen, aber es war noch nicht an der Zeit. Ich schaute mich kurz um und stieg dann wieder in den Greyhound-Bus, um weiterzufahren.

In jenem Herbst ging ich dann nach Oxford. Ich wurde genau zur richtigen Zeit Studentin, denn damals war »jung sein Himmel pur« (nach William Wordsworth, einem englischen Romantiker, Anm. d. Übers.in). Was konnte erfreulicher und beglückender sein, als zwischen 1968 und 1971 als privilegierte Internatsschülerin in Oxford zu studieren? Es ist heute Mode, über diese erstaunliche und außergewöhnliche Zeit Ende der sechziger Jahre zu lamentieren, sie verächtlich abzutun oder zu kritisieren. Ich weigere mich, da mitzumachen, und halte es lieber mit Angela Carter:

Es gibt, besonders bei Frauen, eine Tendenz, die Erfahrungen der sechziger Jahre herunterzuspielen oder zu verwerfen, doch gegen Ende dieses Jahrzehnts gab es eine jener kurzen Phasen des gesellschaftlichen philosophischen Bewusstseins, wie sie in der Geschichte der Menschheit selten sind. Es fühlte sich wirklich an wie ein Neubeginn, bei dem alle heiligen Kühe geschlachtet wurden und wir versuchten, uns ganz konkret mit unseren zwischenmenschlichen Beziehungen auseinanderzusetzen … Wir stellten uns unprätentiöse Fragen nach dem Wesen der Wirklichkeit. Die meisten von uns mögen keine besonders überraschenden Antworten darauf gefunden haben und manche jagten uns einen gehörigen Schrecken ein und endeten in der Sackgasse eines infantilen Mystizismus ... Doch nichtsdestotrotz kann ich die Tatsache, dass auch ich die Gesellschaft, in der ich lebte, sensibler und bewusster wahrnahm und mir die wirklich grundlegenden Fragen nach dem Wesen der Wirklichkeit stellte, wie ich sie als Frau erlebte, auf diese Zeit und das Vorherrschen eines erweiterten gesellschaftlichen Bewusstseins im Sommer 1968 zurückführen.[1]

Alles Interessante und Wichtige, das mir seitdem widerfahren ist, nahm seinen Anfang tatsächlich in den drei Jahren, in denen ich in Oxford Studentin war. Dort entdeckte ich alles, was mein Leben prägen sollte und mich, wie überraschend auch immer, heute noch prägt, wie ich hier auf meiner Eingangsstufe sitze und der Stille lausche: Sozialismus, Feminismus, Freundschaft und Christentum; ich als Autorin, als Mutter und jetzt als eine, die die Stille sucht.

Das passierte natürlich nicht sofort. Ich trat mein Studium in Oxford in vieler Hinsicht jungfräulicher an, als man es sich heute vorstellen kann. Ich fühlte mich wie eine Touristin in Sachen Kultur, und es war mir nicht möglich, mit den Hippies, ihren Drogen, ihrem Mystizismus und ihrer Musik direkt Kontakt aufzunehmen. Ich konnte mich auch nicht auf die Politfreaks mit ihren Pariser Abenteuern einlassen, selbst wenn ich mir wie eine Touristin Tariq Alis Vorträge in der Studentenvereinigung anhörte. Auch mit den »sexuellen Revolutionären«, die mit viel Getöse nach London abdampften und sich über das repressive College beschwerten, wo man von uns erwartete, dass wir gegen 22.30 Uhr allein im Bett lagen, konnte ich nicht wirklich etwas anfangen. Ich musste damit klarkommen, dass ich eindeutig nicht zu den Cleversten gehörte. Das hieß, mich von einem falschen Selbstbild zu verabschieden, das mir jahrelang Rückendeckung gegeben hatte. Es war ein Kulturschock. Ich hatte das merkwürdige, nagende Gefühl, zwar dort zu sein, wo ich sein wollte, ohne aber wirklich zu kapieren, um was es dort ging. Das war eine eigenartige Mischung aus freudiger Erregung und Frustration. Ich wollte das. Ich wollte das alles. Doch ich wusste nicht, wie ich es mir aneignen konnte. Mein Leben hätte an diesem Punkt eine entsetzlich falsche Wende nehmen können.

Dann, genau zum richtigen Zeitpunkt und zu meinem großen Glück, stieß ich, halb Zufall, halb Gnade, auf eine neue Gruppe. Sie bestand aus amerikanischen Studentinnen und Studenten, die meisten von ihnen Rhodes-Stipendiaten und alle aktiv gegen den Vietnam-Krieg. Sie hausten in einem chaotischen Haus im Norden von Oxford. Ich weiß nicht genau, warum sie mich unter die Fittiche ihrer Gemeinschaft nahmen, aber genau das taten sie, und das war meine Rettung. Sie zeigten mir, wie ich das Politische und das Persönliche in meinem Leben miteinander verbinden konnte, und erschlossen mir damit die reichlichen Kräfte, die aus einer gewissen egoistischen Selbstgerechtigkeit erwachsen, dem Gefühl, dass es Ursachen für bestimmte Dinge gab, gegen die man etwas unternehmen konnte, und sie ließen mir ihre kollektive Zuneigung überschwänglich zukommen. Dieses Haus ist aus anderen Gründen berühmt geworden als wegen der liebenswürdigen Freundlichkeit, die mir dort zuteil wurde, denn zu den Menschen dort gehörte auch ein Mann namens Bill Clinton, der, zumindest was mich betrifft, ein loyaler Freund und eine große Hilfe war. Doch das galt nicht nur für ihn, sondern für die ganze Gruppe.

Meine Welt verwandelte sich. Der Himmel erstrahlte in einem neuen Glanz. Ich rauchte meinen ersten Joint, verlor meine Jungfräulichkeit und nahm zum ersten Mal an einer politischen Demonstration teil. Ich besuchte keine Vorlesungen mehr, sondern öffnete meine Ohren für das, was um mich herum geschah. Ich begriff, dass klassische Bildung, ein geschichtlicher Hintergrund, der von der Whig-Partei geprägt war, und ein leidenschaftlicher Liberalismus nicht die einzigen Werte in dieser Welt waren. Ich war plötzlich wunderbar frei. Ich schloss weitere Freundschaften, tat weitere Schritte – und wir redeten und redeten und redeten.

Etwas später bekam ich in diesem Haus ein weiteres überraschendes Geschenk, das mindestens ebenso kostbar war wie die anderen. Eines Abends fragte mich Bill, ob ich ihn zu einer Lesung von Germaine Greer am Ruskin College begleiten wolle. Das war, kurz bevor ihr Buch *Der weibliche Eunuch* erschien. Er hatte gehört, sie habe phantastische Beine (was stimmte), dachte aber ganz richtig, dass er eine solche Veranstaltung besser in Gesellschaft einer Frau besuchte. Typisch Bill, trommelte er schnell noch weitere Leute zusammen. An jenem Abend lernte ich Mandy Merck kennen und entdeckte auf diesem Weg die brandneue Frauenbewegung.

Als ich mich erst einmal sicher genug fühlte, zeigte sich schnell, dass ich eines in meiner Kindheit wirklich gelernt hatte, nämlich mich in Gemeinschaften zu bewegen. Gruppen entsprachen mir. Jahrelang hatte ich mich am Esstisch meiner ersten Lebensjahre in Wortgefechten geübt. Also stürzte ich mich gut vorbereitet in das ohrenzerreißende, höchst verbal orientierte politische Studentenleben der damaligen Zeit – die lautstarke Kraftmeierei der sozialistischen Linken und die damals entstehende Gesprächskultur des frühen Feminismus. Auf eigenartige Weise erlebte ich noch einmal all die guten Dinge aus meiner Kindheit und nichts von dem Schlechten aus dieser Zeit. Den Mund aufmachen, sich laut äußern, die Stille brechen (und, um ehrlich zu sein, die Gegner mundtot reden) – all das war nicht nur erlaubt, sondern erwünscht, wenn nicht gar zwingend erforderlich.

1972 veröffentlichte ich meinen ersten Band mit Kurzgeschichten. Ich heiratete und wurde schwanger. Mein Mann war Amerikaner und stammte aus dem Hinterland von New York. Er kam als Stipendiat nach Oxford und blieb. Zu der Zeit, als wir heirateten, machte er eine Ausbildung zum orthodox-katholischen Pfarrer. In jenen glücklichen Tagen existierten Hochkirche und die studentische Subkultur friedlich nebeneinander. Zu Beginn der siebziger Jahre waren die Anhänger der anglo-katholischen Kirche lustig, witzig, schnell von Begriff und höchst (selbst-)ironisch, und wir alle redeten nur allzu gern. Während seiner Ausbildung lud mein Mann eines Abends einen neuen Freund zum Essen ein. Dieser Mann, den es etwas nervös machte, mit einer hochschwangeren feministischen Intellektuellen am Tisch zu sitzen, fragte einen unserer gemeinsamen Freunde, was wir denn so für Menschen seien. »Keine Sorge«, antwortete dieser, »sie reden alle immer gleichzeitig und ziemlich laut. Du musst also gar nichts sagen, wenn du nicht willst.«

Ich war damals also eine anglo-katholische, sozialistische Feministin. Die einzige Gemeinsamkeit war wahrscheinlich, dass es in beiden Kreisen ziemlich lautstark zuging. Doch schnell erhöhte sich der Lärmpegel in meinem Leben noch. Ich wurde Pfarrersfrau und Mutter. Eine Pfarrei ist ein denkbar unruhiger Ort. Du lebst in einem Haus, das du nie für dich allein hast und das niemals leer oder gar still ist.

Meine Tochter kam 1973 zur Welt. Wenn ich heute zurückschaue, weiß ich, dass ich meine ersten Erfahrungen mit positiver, wohltuender Stille beim nächtlichen Stillen machte. Der Urgroßvater meines Mannes war Tischler und hatte Möbel hergestellt. Als wir heirateten, schickten meine Schwiegereltern uns aus Amerika ein höchst edles Bett mit vier goldenen, gedrechselten Pfosten aus Vogelaugenahornholz im New-England-Stil. Im sanften Dämmerlicht kurz vor Morgengrauen mit Kissen im Rücken in diesem Bett zu sitzen mit meiner wunderschönen, zufrieden dösenden Tochter im Arm war für mich eine ganz neue Freude. Aus meiner heutigen Sicht überrascht mich das nicht, denn die Beziehung zwischen Mutter und Kind ist in der westlichen Kultur eines der ältesten und dauerhaftesten Sinnbilder für Stille. In einem, König David zugeschriebenen Psalm, heißt es:

> Ja, ich habe meine Seele gesetzt und gestillt;
> So ist meine Seele in mir
> wie ein entwöhntes Kind bei seiner Mutter.[2]*

Tausende Jahre später schrieb Donald Winnicott, der Kinderanalytiker, in einem völlig anderen Kontext fast das Gleiche: dass die Fähigkeit, allein zu sein und als Erwachsener das Alleinsein zu genießen, auf die Erfahrung des Kindes zurückgeht, in Gegenwart der Mutter allein zu sein. Er spricht hier von einem Zustand, in dem die unmittelbaren Bedürfnisse des Kindes – nach Nahrung, Wärme und Kontakt – gestillt sind, sodass das Baby keinen Grund hat, sich an die Mutter zu wenden, noch muss die Mutter sich darum kümmern, ihrem Kind etwas zu geben. Beide sind friedlich und in Stille zusammen. Der Dichter aus uralten Zeiten und der zeitgenössische Analytiker konzentrieren sich hier auf das Kind. Doch als Mutter würde ich sagen, dass die Worte, die sie für dieses Beisammensein finden, für beide gelten.

Ich erinnere mich an diese Zeit mit fast herzzerreißender Deutlichkeit. Zum Teil war es einfach eine körperliche Erfahrung – ein sattes und zufriedenes Baby, das an der leer getrunkenen und zufriedenen Brust einschläft. Doch heute denke ich, dass diese wonnigen Dämmerzeiten, in denen die Schwärze der Nacht in ein blasses Licht überging und wir beide ohne Bedauern oder ein

---

* In der englischen Version heißt es in der ersten Zeile dieses Psalms: »I have set my soul in silence and in peace«, etwa: »Ich habe meine Seele in Stille und Frieden versetzt«)

Gefühl von Verlust wieder ganz zu uns selbst zurückkehren, der Ausgangspunkt für meine Reise in die Stille waren. Ich finde es ein wenig seltsam, dass es das nächtliche Stillen ist, statt andere Situationen, in denen das »entwöhnte« Kind in den Armen der Mutter liegt, die Augen weit und freudig geöffnet, ohne sich auf etwas Bestimmtes zu richten. Es muss mit der Dunkelheit als solcher zu tun haben und der Stille der Welt, die selbst in Städten in dieser eigenartigen Zeit vor Einbruch der Morgendämmerung herrscht, aber ich nehme an, dass die körperliche Müdigkeit die hiermit verbundenen Empfindungen verstärkt. Oder, genauer gesagt, du bist wach, um nur dies zu erleben und nur weil du es erlebst. Wenn du dein Kind nicht stillen würdest, würdest du mit ziemlicher Sicherheit schlafen und wärst in einem realen Sinne »unbewusst«. Das gilt nicht für das Stillen am Tag, doch hier, in der verblassenden Nacht, gibt es nichts zu tun, als präsent zu sein. Die Dunkelheit, die »Zeit aller Zeiten«, und die Ruhe der *Nacht* haben sich meinem Gedächtnis zusammen mit dieser besonders intensiven stillen Freude eingeprägt.

Damals habe ich diese Erfahrung nicht als das erkannt, was sie war, heute jedoch weiß ich, dass es eine Begegnung mit positiver Stille war, die ich in diesem Zusammenhang nicht erwartet hätte. Kinder großzuziehen ist ansonsten keinesfalls eine stille Angelegenheit.

Währenddessen war ich auf dem Weg, Autorin zu werden, und das bedeutete noch mehr Worte und noch mehr Wortspiele. Mehr Lärm. Wir mögen spontan denken, dass Autorinnen ein stilles Leben führen, doch insgesamt betrachtet stimmt das nicht. Wenn ich tatsächlich schreibe, arbeite ich meistens allein und mit großer Konzentration und Intensität. Doch kein Mensch schreibt ständig. Vielleicht haben zumindest junge Autorinnen und Autoren die Tendenz, als Ausgleich zu dieser Intensität viele Menschen zu treffen und viel zu unternehmen. Außerdem befanden wir uns in den siebziger Jahren. Feministische Autorinnen widmeten sich eifrig der Entmystifizierung ihrer Arbeit, gingen offen mit dem Prozess des Schreibens um, sprachen darüber. Alle waren in einer »Schreibgruppe«. Meine war wunderbar – mit Michelene Wandor, Zoe Fairbairns, Valerie Miner und Michele Roberts. Wir schrieben zusammen ein Buch – und redeten und redeten und redeten.

Ich mochte mein lautes Leben mit all den Gesprächen. Ich habe mein Leben lang viel geredet und rede sehr gern. Ich pflegte zu sagen, wenn ich jemals im *Who's Who?* landen sollte, würde ich als mein Hobby »Deipnosophie« angeben. Deipnosophie bedeutet, »die Liebe oder Fähigkeit zu Tischgesprächen« (vom griechischen *deipnon* – was Dinner, Essen heißt). Ich habe dieses Wort immer geliebt und auch die Sache selbst. Ich hatte das Glück, einige der größten Deipnosophistinnen und -sophisten meiner Zeit kennenzulernen.

Ich kann mir kaum ein weniger stilles Leben vorstellen als mein damaliges.

Es war – und das ist mir sehr wichtig – ein äußerst glückliches Leben. Ich erreichte fast alles, was ich persönlich erreichen wollte. Als Autorin veröffentliche ich die Bücher, die ich hatte schreiben wollen und an die ich glaubte: Ich habe fünf Romane geschrieben, darunter *Daughter of Jerusalem*, ein Buch, das zusammen mit Michèle Roberts Debütroman *Piece of the Night* zu den ersten »feministischen Romanen« in England gezählt wurde und 1979 den Somerset Maugham Award gewann. Ich habe auch eine Reihe von Sachbüchern geschrieben und, was mir vielleicht am wichtigsten ist, ich habe kontinuierlich Kurzgeschichten verfasst. Ich verdiene mein Geld als Freiberuflerin, die das, was sie tut, gern tut. Ich habe zwei außergewöhnliche, schöne Kinder zur Welt gebracht, mit denen ich mich sehr gut verstehe. Ich fühlte mich geachtet, nützlich und zufrieden. Und bedauere nichts von alledem, was ich bislang getan habe. Das ist wichtig. Als die Dinge sich veränderten und ich nicht nur selbst allmählich stiller wurde, sondern die Stille zu lieben begann, ganz konkret wie in theoretischer Hinsicht, hatte ich nicht das Gefühl, vor irgendetwas davonzulaufen. Im Gegenteil, ich wollte *mehr*. Was ich bisher gelebt und gehabt hatte, reichte mir nicht. Stille ist eine Ergänzung zu Geselligkeit, Freundschaft und Zeiten von tiefer emotionaler und beruflicher Zufriedenheit – keine Ablehnung. Ich hatte viel Glück oder war begünstigt. Ich hatte, wie ich noch beschreiben werde, in gewisser Weise das Gefühl, dass die Stille mich gesucht hat, statt andersherum.

Fast zwanzig Jahre lang führte ich ein wunderbares Leben. Und dann, Ende der achtziger Jahre, versiegte der Brunnen aus Gründen, die ich noch nicht ganz verstanden habe.

Meine Ehe löste sich auf.

Der Thatcherismus war sehr hässlich. Er begrub nicht nur alte Hoffnungen, sondern im verarmten Londoner East End, wo mein Mann seine Pfarrei hatte, bewirkte er sichtbar Elend und Zerfall. In allen möglichen fortschrittlichen Bewegungen und im Verlagswesen kam es zu einem spürbaren Rückzug aus exponierten Positionen in persönliche Beziehungen.

Der Anglo-Katholizismus machte jetzt keinen *Spaß* mehr, sondern wurde zunehmend bitter, frauenfeindlich und rechts. Unser Lachen verstummte, und eine Religion, in der du nicht über dich lachen kannst, ist freudlos und destruktiv.

Als Autorin ging mir die Luft aus. Ich verlor die simple Überzeugung, dass *Geschichten* und damit Narrative als solche ein direkter Weg aus dem, was sich wie eine kulturelle Sackgasse anfühlte, sein könnten.

Außerdem machte ich damals eine sehr eigenartige Erfahrung. Eine Zeit lang »hörte« ich höchst lebhafte, wortreiche »Stimmen«

oder hatte akustische Halluzinationen. Obwohl solche Erfahrungen im Allgemeinen als Symptome für eine Psychose gelten und zentral sind für die Diagnose von so genannten »Schizophrenien«, war das für mich keine allumfassende Definition. Ich lebte mein normales Leben weiter. Ich fand das, was diese Stimmen sagten, eher faszinierend und interessant als quälend, und sie drängten mich auch keinesfalls zu scheußlichen Taten. Sie waren jedoch deutlich vernehmbar und gehörten vor allem Märchengestalten: einem »verirrten kleinen Mädchen«, einem Zwerg, einer Art Katzenmonster. Am bedrohlichsten war ein Stimmenchor, den ich die »Paten« nannte, die offensichtlich ein verinnerlichtes Patriarchat verkörperten, das Belohnungen für »gutes« und Strafen für »schlechtes« Benehmen in Aussicht stellte. Ich weiß immer noch nicht, ob diese Stimmen mit dem Tod meines Vaters zusammenhingen, der 1982 starb – nur wenige Monate, nachdem mein Sohn geboren und nach ihm benannt worden war. Wenn sie sich lautstark vernehmbar machten, brachten sie mich in einen echten Konflikt zwischen meinem normalen unruhigen und lauten Lebensstil und dem Versuch, ihnen zu lauschen, um zu ergründen und zu verstehen, was sie mir sagen wollten. Ein weiteres Problem mit ihnen war, dass, wenn sie mir überhaupt »Anweisungen« gaben, diese darin bestanden, niemandem von ihnen zu erzählen. Und so machte ich die für mich ziemlich neue Erfahrung, dass in meinem Leben etwas Interessantes passierte, ohne dass ich mit anderen darüber sprach.

Das Schlimmste an dieser Erfahrung war die Sorge, ja die Angst, ich könne verrückt werden. Diese ganz normale kulturell geprägte Reaktion auf derartige Stimmen beunruhigte mich tatsächlich am meisten. Ansonsten lieferten sie mir guten fiktionalen Stoff, interessante Themen, über die ich nachdenken konnte, und machten mir bewusst, dass in meinem Leben etwas verquer war.

Anfang der neunziger Jahre fing ich an, meinen Lebensstil zu verändern.

Ich trat zum römisch-katholischen Glauben über, um dem zunehmenden Druck des strengen Anglikanismus zu entkommen, ohne die Sakramente, die Fülle der Rituale und den Kern des Glaubens zu verlieren. Ich kaufte ein Haus in Warkton, einem winzigen Dorf außerhalb von Kettering in Northamptonshire. Es war der Märchentraum von einem Cottage auf dem Land, sehr alt, mit niedrigen Balkendecken und Strohdach. An dem Punkt war mir noch nicht ernsthaft klar, dass meine Ehe zu Ende ging. Wir kauften das Haus gemeinsam. Das schien ein vernünftiger Schritt zu sein. Das Beschäftigungsverhältnis meines Mannes bei der Kirche von England war inzwischen unsicher geworden, und es schien nur logisch, ein Haus zu erwerben, in dem wir wohnen konnten, sollte er seine Pfarrei verlieren. Doch ganz gleich, welche Absichten wir anfangs gehabt haben mochten, schon bald sah die Realität so aus, dass ich in dem Haus in Kettering lebte und er in der Pfarrei.

Dann geschah etwas völlig Unerwartetes. Mein Sohn beschloss, auf seiner Londoner Schule zu bleiben. (Tatsächlich war dieser Entschluss nur von kurzer Dauer. Als er seinen Realschulabschluss hatte, kam er nach Kettering, um Abitur zu machen, und wir verbrachten zwei sehr glückliche gemeinsame Jahre. Ich glaube, er hat mir bis heute nicht verziehen, dass ich dieses entzückende Haus verkauft habe und in den Norden gezogen bin.) Obwohl er fast jedes Wochenende nach Kettering kam, lebte ich plötzlich und ohne es geplant zu haben zum ersten Mal in meinem Leben allein.

Manchmal spielt uns unser Unterbewusstsein subtile Streiche. Ich muss der Ehrlichkeit halber gestehen, dass ich ein wenig schmollend nach Warkton gezogen war. Mit diesem Schritt wollte ich meinen Mann großzügig unterstützen: Er brauchte mehr Raum für sich, konnte aber keinen »Skandal« gebrauchen. Er gehörte einer Gruppe an, deren Mitglieder römisch-katholische Priester werden wollten, obwohl sie verheiratet waren. Eine kleine Gruppe von Ex-Anglikanern hatte das tatsächlich durchgezogen. Aber während Kardinal Hume tat, was er konnte, um die Tradition zu ihren Gunsten zu erweitern, würde eine Scheidung oder auch nur eine formale Trennung ganz klar nicht akzeptiert werden. Eine annehmbare Wohnung in London genügte den Anforderungen nicht. Ein bezauberndes Cottage auf dem Land war da viel akzeptabler. Ich fand diesen Umzug in vieler Hinsicht sehr rücksichtsvoll und freundlich von mir und bin mir nicht sicher, ob ich ihn an dem Punkt überhaupt gemacht hätte, wenn mir klar gewesen wäre, wie sehr mein Leben dadurch eine andere Richtung nehmen würde. Zu vieles schien sich zu schnell zu ändern.

Das völlig Unerwartete war, dass ich das Alleinleben liebte. Rückblickend fällt es mir schwer zu sagen, was sich zuerst einstellte – die Freiheit des Alleinseins oder die Kraft der Stille. Wenn du allein lebst, bist du in gewisser Hinsicht frei. Als ich in das Cottage einzog, musste es renoviert werden, und ich entschied mich für kräftige, leuchtende Farben. Irgendjemand bemerkte, dass es hier völlig anders aussehe als in all den Häusern, in denen ich zuvor gelebt hatte. Verblüfft stellte ich fest, dass die Einrichtung und Ausstattung unserer Wohnstätten bislang ein ziemlicher Kompromiss zwischen meinen Vorlieben und denen meiner Familie gewesen war. (Es amüsiert mich immer noch, wenn ich sehe, wie sehr sich mein Haus und das Haus meines Mannes von den Häusern unterscheiden, die wir zusammen bewohnt haben.) Eine weitere Freiheit betraf das Essen. Zu essen, was du willst und wann du willst, ist eine enorme Freiheit nach all den Jahren, in denen du eine lebhafte Familie versorgt hast, mit all der Planung, den Kompromissen, den Mühen und der Verantwortung, die damit verbunden sind. Das sind kleine Alltäglichkeiten, aber sie summieren sich. Plötzlich hatte ich im Tagesverlauf mehr Zeit, und das brachte mehr Freiheiten, mehr Raum und mehr Entscheidungsmöglichkeiten mit sich. Allmählich nahm meine Getriebenheit ab, ich wurde besonnener und war bei Weitem nicht mehr so hektisch. Und in diesen Raum floss die Stille. Oft ging ich nachts oder am frühen Morgen in den Garten, um einfach nur zu schauen und zu lauschen. Da waren die Sterne, das Wetter, die Jahreszeiten, das Wachsen und Wiederkehren. Zum ersten Mal in meinem Leben nahm ich die Farbschattierungen vor Sonnenaufgang wahr – von Indigoblau zu Apricot zu Blassblau.

Als ich eines Morgens sehr früh draußen war, hörte ich ein merkwürdiges Geräusch, eine Reihe von schrillen hohen Tönen, die wie Protestschreie klangen. Es war kein lautes Geräusch. Wäre es nicht in der Stille einer ländlichen Morgendämmerung aufgekommen, hätte ich es gar nicht bemerkt. Plötzlich schwirrte kaum einen Meter vor meinem Gesicht so etwas wie eine übergroße Hummel vorbei und stürzte in den Holzapfelbusch. Nach einer Weile folgte ein weiteres dieser Geschöpfe und dann noch eines und noch eines … Es waren fünf babyblaue Meisen, die zum ersten Mal ihr Nest in der Schuppenwand verließen und, wie ungeschickt auch immer, im freien Flug der Morgensonne entgegenflogen. Dieses Erlebnis verdankte ich der Gunst des Alleinseins und der Stille.

Für mich waren Stille und Alleinsein von Anfang an eng miteinander verbunden. Ich weiß, dass das nicht für alle Menschen gilt. Manche von uns, die sehr gern allein sind und enorm viel Zeit allein verbringen, ohne sich selbst als still zu empfinden, hören zum Beispiel viel Musik oder sehen fern und gehen, glücklich mit sich allein, aus: in Konzerte, ins Kino, zu Sportveranstaltungen oder in die Kneipe. Und genauso gibt es Menschen, für die Stille ein beglückendes Gemeinschaftserlebnis ist. Wie bei manchen Paaren, die es brauchen und lieben, dass beide zu Hause sind und eine

Weile ihrer je eigenen Wege gehen, ohne dass für ihre Beziehung Worte erforderlich sind. Religiöse Gemeinschaften wie Buddhismus und Christentum suchen die Stille noch bewusster, wobei die gemeinsame Stille die der Einzelnen vertieft. Doch für mich persönlich sind Stille und Alleinsein unlösbar miteinander verbunden. Ich nehme an, das ist deswegen der Fall, weil ich zutiefst gesellig bin. Wenn ich mit anderen Menschen zusammen bin, ist es mir fast unmöglich, sie nicht wahrzunehmen, und wenn ich sie wahrnehme, bricht das die Stille. Manchmal frage ich mich besorgt, ob das damit zu tun haben könnte, dass meine Selbstwahrnehmung tendenziell eher schwach ist und ich mich von anderen schnell überrannt fühle. Doch aus welchen Gründen auch immer, ich kann Alleinsein und Stille nicht sauber trennen. Mir ist aufgefallen, dass ich diese beiden Worte nahezu wie Synonyme benutze und es für mich fast eine Tautologie ist, wenn ich von »Stille und Alleinsein« spreche. Beides verweist für mich auf den Raum, in dem das gesellige Selbst und das Ich verschmelzen zu einer Art erhöhten Bewusstheit, für die Geräusche und vor allem Sprache hinderlich sind. Und genau diesen Raum lernte ich allmählich lieben.

Es dauerte eine Weile, ehe ich erkannte, wie sehr ich ihn liebte. Es war kein plötzliches Eintauchen in Alleinsein und Stille. Es war mehr, als würde ich allmählich einen anderen Gang einlegen und sanft hineingleiten in eine neue Lebensweise, die mir eine wachsende tiefe Zufriedenheit schenkte.

Ich frage mich immer noch, was diesen tiefgreifenden Wandel in mir bewirkte. Ich glaube wirklich nicht, dass ich den tiefen Wunsch nach Alleinsein oder das Bedürfnis nach Stille zuvor lange unterdrückt hatte, und habe immer noch das Gefühl, dass beides für mich etwas Neues war.

Veränderung. *Der* Wechsel schlechthin. Vielleicht hing er tatsächlich mit den Wechseljahren zusammen. Ich bin keinesfalls die erste Frau, die ihr Leben mit Mitte vierzig umkrempelt und sich neue Lebensbereiche erschließt. 1993, kurz nachdem ich nach Warkton gezogen war, bat mich Joanna Goldsworthy, einen Beitrag für ihr geplantes Buch *A Certain Age* zu schreiben, das bei Virago erscheinen sollte. Zuerst wandte ich ein, ich sei zu jung für dieses Thema – tatsächlich hörte ich erst zehn Jahre später auf zu menstruieren. Doch als ich gründlicher darüber nachdachte, wurde mir bewusst, dass ich tatsächlich nicht nur die Veränderungen erlebte, die ich bislang hier beschrieben habe, sondern dass auch mein Körper sich grundlegend veränderte. Ich hatte immer einen vorbildlichen 28-Tage-Menstruationszyklus. Pünktlich an jedem vierten Freitag zwischen fünf und zehn Uhr morgens begann ich zu bluten. Ich blutete fünf Tage und das war's. Jetzt geriet dieser Rhythmus ins Holpern. Ich konnte mich nicht mehr darauf verlassen und bekam stattdessen Rückenschmerzen, Anfälle von Gereiztheit und Krämpfe, wenn auch nur leichte. Ich, die ich mir aufgrund strenger feministischer Prinzipien bislang nie die Beine oder die Achselhöhlen rasiert hatte, musste darüber nachdenken, wie ich es empfand, dass über meiner Oberlippe tatsächlich ein wenn auch schwacher Schnurrbart sprießte. Mich packte jetzt hin und wieder ein regelrechter Katzenjammer, und gelegentlich hatte ich Hitzewellen.

Es gibt so wenige Wegweiser. Niemand will über diese Themen sprechen. Wir leben in einer Kultur, die dem Prozess des Altwerdens mit Angst und Schrecken begegnet und in der Frauen empfohlen wird, künstliche Hormone zu nehmen, um diese magische Lebensphase zu umgehen. Aber das ist nicht nur ein zeitgenössisches Phänomen. Frauen in den mittleren Jahren und in den Wechseljahren kommen in den meisten Mythen und traditionellen Erzählungen schlichtweg nicht vor: Erst bist du Prinzessin und Mutter, dann verschwindest du von der Bildfläche und tauchst als altes Weib wieder auf. Selbst Psychotherapeuten ringen bei diesem

Thema verzweifelt die Hände. Frauen in den Wechseljahren entwachsen ihrer Hilfe und ihren gutgemeinten Hinweisen für die richtige Lebensführung. Helene Deutsch liefert uns eine besonders drastische, aber nicht untypische Analyse der eigenen Hilflosigkeit:

> Eine erfolgreiche Psychotherapie im Klimakterium wird dadurch erschwert, dass wir der Patientin als Ersatz für Phantasiebefriedigungen wenig zu bieten haben. Hinter den neurotischen Ängsten verbirgt sich eine große, ganz reale Angst, weil die Wirklichkeit tatsächlich nur wenige Aussichten bietet und die einzige Lösung oft in einer Resignation besteht, die sich nicht kompensieren lässt.[3]

Vermutlich ist die Überlegung, dass Frauen in diesem Alter möglicherweise gern allein leben und mit der Stille experimentieren möchten, den Anhängern von »Redekuren« nicht angenehm.

Leider sind die Wechseljahre mit so vielen Tabus belegt und beginnen in individuell so unterschiedlichen Lebensjahren, dass wir kaum sagen können, ob die Hinwendung zu Stille und Alleinsein mit dieser Lebensphase zusammenhängen könnte. Es gibt jedoch eine Reihe von interessanten weiblichen Heiligen, die ein sehr aktives Leben »in der Welt draußen« gelebt haben, bevor sie dann in ihren Vierzigern einen mystischen Weg einschlugen, sich religiösen Orden anschlossen, was oft mit sehr vielen Entbehrungen verbunden war, oder Eremitinnen wurden. Hilda von Whitby wurde erst in ihren mittleren Jahren Nonne. Bridget von Schweden war verheiratet, hatte acht Kinder und war Hofdame der Königin, bevor sie ihre Visionen hatte. Auch wenn Teresa von Ávila mit zwanzig Nonne wurde, erfuhr sie das, was sie als »innere Einkehr« bezeichnete und was ihr den Weg zu ihren visionären Erfahrungen eröffnete, erst 1555, also mit vierzig Jahren, und begann 1562 mit ihrer Reformbewegung, die ihren Orden (die Karmeliten) zu größerer Stille zurückführte. Ich bin also versucht zu glauben, dass diese Übergangsphase für Frauen zumindest bedeutungsvoll ist.

Als mein Interesse an Stille wuchs, faszinierte mich zunehmend, wie viel ungutes Schweigen und Heimlichtuerei die Menopause umgibt. Dieses Thema kommt in unserer Kultur fast überhaupt nicht zur Sprache – außer gelegentlich in der Bibel, wenn es zum Beispiel um Sarah oder Elisabeth geht, für die Gott die mit der Menopause verbundenen Einschränkungen durch sein direktes Eingreifen auf wundersame Weise aufhob. In den neunziger Jahren schrieb ich eine Reihe von Kurzgeschichten über Frauen in den Wechseljahren, die ich in alten Sagen und Märchen wiederentdeckte und zu denen ich neue hinzuerfand.[4] Viele dieser Geschichten, ob alt oder neu, handeln von Frauen, die ihr Leben auf überraschende Weise ändern, indem sie sich die eigene Imagination erschließen und zu einer neuen autarken Haltung finden. Darunter sind auch Geschichten, die tief eintauchen in das ländliche Leben mit den Rhythmen der Jahreszeiten und des Wachsens.

Als ich für diese Erzählungen recherchierte, stieß ich auf etwas Eigenartiges und Schönes. Vögel haben hohle Knochen. Ihre Knochen sind nicht kompakt wie die von Säugetieren und damit auch von Menschen, sondern haben Lufttaschen, ähnlich wie Noppenfolie, nur weniger gleichmäßig verteilt. (Aus diesem Grund fühlen sich tote Vögel, anders als zum Beispiel Mäuse, in der Hand so substanzlos an.) Das ist ein kluger Schachzug der Evolution, um Vögeln das Fliegen zu erleichtern. (Archäopteryx, der früheste geflügelte Dinosaurier, hatte Federn, aber noch feste Knochen.) In den Wechseljahren werden die Knochen von Frauen dünner und füllen sich mit Lufttaschen. Bei akuter Osteoporose kann man sie unter dem Mikroskop kaum von Vogelknochen unterscheiden. In den Wechseljahren können Frauen also lernen, frei wie ein Vogel zu fliegen.[5] Seltsamerweise ist das Fliegen in meinen fiktiven Texten, in denen es um Drachen, Hexen, Vögel und Engel geht, oft ein Bild für weibliche Freiheit, deswegen freute mich diese Entdeckung besonders. Wenn ich diese Erzählungen heute wieder lese, habe ich unweigerlich das Gefühl, dass im Laufe der damaligen Jahre für mich etwas Neues, Beglückendes passierte.

Parallel dazu entdeckte ich, vielleicht wenig überraschend, die stillen Freuden des Gärtnerns. In meiner Kindheit war das Gärtnern, das sich fast vollständig im Nutzgarten abspielte, wo Obst und Gemüse wuchsen, eine von endlos vielen Haushaltspflichten, an denen wir uns alle beteiligen mussten. Selbstverständlich gärtnerten wir mit einem durchorganisierten Teamgeist, sodass diese Tätigkeit für mich nie eine Freude oder gar ein Quell kontemplativer Gelassenheit war. Mein Mann hatte in seiner Pfarrei im East End einen wunderschönen Garten, doch das war eindeutig *sein* Garten. Ich war darauf nicht neidisch und freute mich für ihn, dass er dort die Entscheidungen traf und auch die Arbeit tat. Der Garten hinter meinem Cottage in Warkton hingegen war *mein* Garten. Alle Menschen sollten ihren ersten Garten in der lehmigen Erde von Northamptonshire haben. Es ist so ermutigend, wenn du den Spaten in den Boden stichst und er sich in diese fette, fruchtbare, dunkle Erde gräbt, die nie zu trocken und nie klumpig, sondern ausgewogen und ergiebig ist und nur wenige Steine enthält. Alles wächst hier schnell und kräftig.

Und natürlich wächst ein Garten still. In unserer lärmbesessenen Zeit vergessen wir leicht, wie viele der wichtigsten physischen Kräfte, von denen wir abhängig sind, still sind: die Schwerkraft, Elektrizität, Licht, die Gezeiten, die sichtbaren und unsichtbaren Umdrehungen des gesamten Kosmos. Die Erde dreht sich – sie dreht sich schnell. Sie dreht sich in einer Stunde etwa 1 700 Kilometer um die eigene Achse (am Äquator). Sie umkreist die Sonne mit rund 107 000 Stundenkilometern. Und das gesamte Sonnensystem dreht sich durch die sich drehende Galaxis mit Geschwindigkeiten, die mein Vorstellungsvermögen nahezu übersteigen. Die Erdatmosphäre dreht sich mit, deswegen spüren wir nicht, wie sie sich dreht. Und das alles geht still vor sich.

Auch organisches Wachstum verläuft still. Zellen teilen sich, Säfte fließen, Bakterien vermehren sich, Energie durchströmt vibrierend die Erde, ohne einen Ton von sich zu geben. »Die Kraft, die durch die grüne Kapsel Blumen treibt«[6], ist eine stille Kraft. Der Boden, der die oberste Hautschicht unseres Planeten bildet, heißt Erde wie der Planet selbst. Das alles ist lebendig – es pulsiert, drängt und bricht hervor. Mikroskopisch kleine Pilzsporen wachsen heran, heben Pflastersteine hoch und bringen Häuser zum Einsturz. Wir hören das Bersten des Pflasters und das Zusammenkrachen der Gebäude – solche von Menschen erzeugten Dinge machen unweigerlich Krach –, doch der Pilz selbst wächst still. Vielleicht ist es klug, Angst vor der Stille zu haben. Sie ist »die Seuche, die am Mittag verwüstet«. (aus Psalm 91, Anm. d. Übers.in)

Das Gärtnern bringt mich mit all diesen stillen Kräften in Berührung. Gärtnerinnen nehmen aktiv teil an allem, was in Stille heranwächst. Ich bewirke dieses Wachsen nicht, aber ich bin daran beteiligt. Die Erde setzt sich unter meinen Fingernägeln und in den Rillen meiner Fingerkuppen ab, und die Gärtnerin muss aufmerksam sein für das unmittelbare Jetzt. In meinem Garten darf ich mir keine Unaufmerksamkeit erlauben. Ein einziger Queckenkeimling kann in nur einem Jahr kilometerlange Wurzeln bilden, während er sich still hinter dem Rittersporn verbirgt, der weniger ausschweifend, aber ebenso entschlossen in die entgegengesetzte Richtung wächst, aufwärts, aufwärts, und mit seinem zauberhaften Blau den Himmel auf die Erde zu holen scheint. Für diese Stille muss ich aufmerksam bleiben.

In Warkton wurde ein Garten für mich zum ersten Mal zur Kostbarkeit. Er wurde zur Aufgabe, zur Kraftquelle und vermittelte mir auch eine erste Ahnung davon, dass es Kunstformen gibt, denen ich mich wortlos widmen kann. Das Gärtnern zeigte mir einen Weg, mit der Stille zu arbeiten; nicht *in* Stille, sondern *mit* der Stille – es war eine stille Kreativität. Der Garten selbst brachte durch dieses stille Wachsen mehr kreative Kraft ein als ich. Er wuchs still, aber nicht geistlos. Ich begann über Gärten nachzudenken, Gärten als solche, was mich mehr beschäftigte als das Gärtnern, das für mich eine Fertigkeit ist wie das Schreibenkönnen für Schreibende. Das hieß, ich schaute mir die Gärten anderer Menschen an und las Bücher über die Geschichte der Gartenkunst. Zu meiner Überraschung stellte ich fest, dass ich zutiefst mit Francis Bacon aus der Renaissance übereinstimmte, den viele Feministinnen wegen seiner rationalistischen Philosophie und seinem Wunsch, die Natur zu »gängeln« und zu beherrschen, kritisieren. Er legte selbst drei bemerkenswerte Gärten an und verfasste mit *Of Gardens* (1625) einen sehr persönlichen Essay über Schönheit und Geschmack, während er in *Sylva sylvarum* (1626 posthum veröffentlicht) die Abschnitte 5 und 6 seinen Gedanken über das Gärtnern widmet. Obwohl er ein guter experimenteller Gärtner war, waren diese Fähigkeiten für ihn lediglich vorbereitendes Handwerk. Sie waren nötig, um einen Garten anzulegen, doch der Garten selbst war seiner Ansicht nach nicht einfach ein Ort, an dem man seine gärtnerische Kunst zur Schau stellte. Über seinen Garten in Twickenham sagte er einmal, dass er »die Lage des Ortes für die Erprobung meiner philosophischen Schlussfolgerungen höchst geeignet« fand.

Noch wichtiger war, dass ich mich dafür zu interessieren begann, in welcher Form Gärten – ähnlich wie Literatur oder Malerei – Ideen, Gedanken und Wünsche widerspiegeln. Gärten, so erfuhr ich, waren für viele religiöse Traditionen als äußere Stätten für innere Einkehr und Stille von zentraler Bedeutung: Zen-Gärten, europäische Klostergärten, persische und maurische Wassergärten.

Menschen, die »professionell« die Stille suchen (wie zum Beispiel Einsiedler), haben immer gegärtnert. In unglaublichen Höhen wie im Himalaya, in nördlichen Höhlen und auf steinigen Inseln, in den Wüsten des Nahen Ostens graben sie den Boden um, zupfen Unkraut, wässern und bauen an, was sie können: Gemüse, ein wenig Getreide und Blumen sind ein unverhofft schöner Anblick in der strengen Stille ihres Lebens. Diese Menschen suchen die Stille, indem sie mit der Erde und damit der stillen Kraft des Wachstums so eng wie möglich in Berührung kommen, um sich, wie sie sagen würden, »zu erden«. Das traditionelle christliche Klosterleben spielt sich in zwei stillen Einfriedungen ab: der Kirche und dem Kloster, das auch ein Garten ist, der heimliche, eingefriedete Ort, der *hortus conclusus*. Das Wort »Paradies« stammt von einem persischen Wort für Garten ab.

Ich entdecke, dass es auch moderne, säkulare Auslegungen dieser Tradition gibt: Gärten, die persönliche Philosophien und Vorstellungen von Schönheit widerspiegeln, verbildlichen und entwickeln und die tatsächlich eine Kunstform sind: Little Sparta, der Garten des jüngst verstorbenen Künstlers Ian Hamilton in Lanarkshire; Charles Jenks' Garden of Cosmic Speculations; der Veddw House Garden von Anne Wareham in der Nähe von Monmouth. Diese Gärten dienen der Erforschung persönlicher Sinnfragen und der Innenwelt – sie verändern sich ständig, ohne jemals fertig zu sein. Es sind wunderschöne Orte, die Natur und Kultur in sich vereinen. Sie finden Sinn in ganz irdischen Abläufen, die still vor sich gehen.

Mit dem Gartenarchitekten Peter Matthews zusammen habe ich über solche Gärten ein Buch verfasst: *Gardens of Illusion*.[7] Es hat großen Spaß gemacht, dieses Buch zu schreiben. Die Gärten und ihre Gärtnerinnen und Gärtner waren so phantastisch, so exzentrisch und so vielfältig. Sie inspirierten mich, in völlig neue Richtungen zu denken, und das genau zu der Zeit, als ich anfing, selbst das Gärtnern zu lernen.

Die Recherchen für *Gardens of Illusion* hatten noch einen weiteren Nebeneffekt, der sich als mindestens ebenso wichtig erweisen sollte. Wir mussten viel durchs Land reisen, um uns diese Gärten anzuschauen. Bis zu diesem Zeitpunkt habe ich die Landschaft in Großbritannien lediglich als üppig und grün wahrgenommen. In Northamptonshire wiederholte sich in vieler Hinsicht die fruchtbare Weidelandschaft an der Küste von Galloway: eine grüne, gefällige Landschaft voller Laubwälder, sanfter Bäche, wohlhabender alter Bauernhöfe und bezaubernder Dörfer, die Geborgenheit ausstrahlten. Das alles sind Orte, an denen Frieden und Zufriedenheit zu herrschen scheinen. Bei diesen langen Fahrten über Land stießen wir jedoch auch auf Landschaften, die andere »Stimmungen« vermittelten – wilde, öde Landstriche, die in unserem als überbevölkert geltenden Land immer noch überraschend viel Raum einnehmen: der knochige Grat der Pennines und der Cheviot Hills, der fast durch die halbe Länge unseres Landes verläuft; die hohen westlichen Gebirgsketten von Lake District und Snowdonia; die schroffen, glatten Hänge der Ostküste; die im Westen verstreuten einzelnen Inseln; die kargen Höhen und Täler von Yorkshire und der Southern Uplands und die weitläufige Leere der Highlands. Mir wurde allmählich klar, dass ich mich nicht nach Frieden und Zufriedenheit sehnte, sondern nach der Ehrfurcht vor bestimmten Erscheinungsformen der »natürlichen« Welt, wo Worte und selbst die üblichen emotionalen Reaktionen versagen oder sogar wegführen von der Erfahrung und die eine machtvolle und strenge Stille ausstrahlen, die nichts Menschliches an sich hat. Man hat solche Landschaften »erhaben« genannt, ein Wort, das nicht nur konkrete Landstriche meint, sondern auch eine bestimmte Empfindung und Ästhetik. Ich entdeckte in mir eine

Sehnsucht nach dem Erhabenen, nach einer Umgebung, die mich, statt tröstlich zu stimmen, mit ihrer rauen, unerbittlichen Großartigkeit und Unbeschreiblichkeit herausforderte.

In der Zeit in Warkton begann ich auch zu beten. Eigentlich *fing ich* damit gar *nicht an*. Ich hatte seit vielen Jahren gebetet. Seit Beginn der siebziger Jahre war ich aktive Christin; ich hatte bereits theologische Texte studiert und geschrieben und hielt mich für einen ziemlich religiösen Menschen. Doch als mein Leben ruhiger wurde und ich häufiger allein war, wuchs mein Interesse am Beten, und ich widmete ihm mehr Zeit. Nicht dass sich mein Glaube »vertiefte« oder inhaltlich veränderte. Vielmehr wendete sich mein Leben dadurch, dass ich es an diesen Überzeugungen und Praktiken ausrichtete, stärker nach innen. Mein Leben selbst wurde stiller und innerlicher, und ich praktizierte diese Form von Einkehr häufiger, systematischer und eifriger. Ich begann zu »meditieren«, wie es bei den Buddhisten heißt, oder vertiefte mich, wie Christen es nennen würden, in »das kontemplative Gebet«. Bei dieser Praxis versucht man, den Geist von selbstbezogenen Anliegen zu leeren, um mit der Wirklichkeit in Einklang zu kommen. Den Buddhisten geht es darum, das zu erforschen, was über unsere »Illusionen«, die materielle Welt und unsere Individualität, hinausgeht. Christen würden von dem Versuch sprechen, mit Hilfe der schöpferischen Ordnung und vor allem durch das Leben und die Auferstehung Christi an der unendlichen Liebe und Gnade Gottes teilzuhaben. Beide Traditionen haben zu diesem Zweck bestimmte Praktiken entwickelt und nennen auch »Wegmarkierungen«, die uns helfen zu erkennen, ob wir auf der richtigen Spur sind. Thomas Merton, einer der berühmtesten Mystiker der Moderne, der diesen Weg gegangen ist, fasste diesen Prozess mit den Worten zusammen: »der Stille Gottes lauschen«. Fast alle Autorinnen und Autoren, die in sämtlichen Traditionen und im Verlauf der gesamten menschlichen Geschichte maßgebliche Texte über das kontemplative Gebet geschrieben haben, sind sich darin einig, dass sich diese Form des Betens nur in einem Umfeld entfalten kann, das von viel Stille geprägt ist.

Mir fällt Beten schwer, und ich finde, es ist harte Arbeit. Für mich ist es eine ziemliche Herausforderung, aber ich halte Beten auch für notwendig, überaus großartig und unglaublich wichtig. Beten wurde für mich mit der Zeit wichtiger als die Gespräche am Esstisch, und es war und ist für mich einer der zentralen Gründe, warum ich die Stille zu suchen begann. Und warum ich jetzt hier draußen in der Sonne sitze und in ein langgezogenes, stilles Tal schaue. Natürlich habe ich an dem Punkt meiner abenteuerlichen Reise noch nicht geahnt, dass es einmal so kommen würde. Es war viel einfacher: Ich war allein, ich hatte Zeit und Raum, und zu den Dingen, die ich mit dieser Zeit und mit diesem Raum schließlich anfing, gehörte auch das Beten.

Doch am wichtigsten an der Zeit in Warkton war für mich, dass mich Stille als solche zu interessieren begann. Anfangs registrierte ich dieses neue »Hobby« ebenso verblüfft wie selbstkritisch. Wir haben in der momentanen westlichen Kultur einen Punkt erreicht, wo wir glauben, dass zu viel Stille entweder als »verrückt« (depressiv, eskapistisch, befremdlich) gilt oder »schlecht« (selbstsüchtig, unsozial) ist, und ich stellte fest, dass ich dieses Denken ziemlich stark verinnerlicht hatte. Auch die anfänglichen Reaktionen vieler Freundinnen und Freunde auf mein Abenteuer waren nicht sehr ermutigend. Problematisch an unseren modernen Vorstellungen von der Komplexität unserer Individualität ist unter anderem, dass du, wenn du sagst, du fühltest dich weder verrückt noch schlecht, sondern im Gegenteil glücklich und zufrieden, dein besorgt nachfragendes Gegenüber damit nicht unbedingt beeindruckst. Alle meinen zu wissen, dass du irgendetwas »verleugnest«, »deine wirklichen Gefühle unterdrückst« oder an einem »falschen Bewusstsein« leidest. Meine Bemühungen zu erklären, was ich tat, waren frustrierend, und natürlich brachten sie auch den Damm zum Einstürzen, den ich um die Stille herum zu errichten versuchte.

Bei diesen anfänglichen Bemühungen erfuhr ich schnell, dass es extrem schwer ist, über Stille zu reden. In gewisser Weise ist das so offensichtlich, dass es fast lustig ist. Selbst wenn ich ein Buch über Stille schreibe, entbehrt das nicht einer gewissen Ironie. Doch es gibt noch weitere Schwierigkeiten, die sich hinter diesem offensichtlichen Problem verbergen, und nach und nach stieß ich auf einige davon.

Das erste Problem ist, dass es für das Wort »Stille« als solches keine eindeutige Definition gibt. Alle glauben zu wissen, was Stille ist, doch beim Nachfragen stellte sich heraus, dass fast jeder Mensch etwas anderes darunter versteht. Laut *Oxford English Dictionary* (OED) bedeutet Stille *beides*, die Abwesenheit von Geräuschen *und* von gesprochenen Worten. Noch komplizierter wird die Sache dadurch, dass ich durch die anekdotischen Aussagen zu der Überzeugung gelangte, dass die meisten Menschen das Wort mit einer Bedeutung benutzen, die zwischen diesen beiden Aspekten angesiedelt ist. »Ich war den ganzen Abend still«, kann heißen, ich war auf einer lauten Party, habe aber selbst nicht viel gesprochen. Still sein kann auch bedeuten: »Ich bin allein zu Hause geblieben und habe ferngesehen«, oder: »Es war so ruhig und friedlich dort, wo ich war, dass ich nicht einmal den Wind hörte.« Für manche Menschen sind die Meereswellen, die ans Ufer rollen, »still«, nicht aber das ferne Motorbrummen eines Wagens. Diese Unterschiede, die meistens unhinterfragt bleiben, sind von großer Bedeutung, wenn wir versuchen, »Stille« in unser Leben zu bringen. Für mich persönlich hat sich die genaue Bedeutung des Wortes in dem Maße, wie ich mehr Stille lebe, erweitert und verschoben. Trotzdem ist es für mich nach wie vor buchstäblich so, dass Worte und vor allem lautes Reden die Stille brechen. Außerdem sind menschliche Geräusche für mich weniger still als natürliche wie zum Beispiel die von Wind und Wasser. Im Lauf der Zeit ist mir jedoch zunehmend bewusst geworden, dass es eine innere Dimension von Stille gibt, eine Stille von Herz und Kopf, die keine Leere ist, sondern eine Fülle. Für mich ist beim Nachdenken über diese Dinge offensichtlich geworden, dass zwischen Eigenschaften wie Ruhe oder Frieden und Stille selbst ein großer Unterschied klafft. (Obwohl es natürlich manchmal möglich und wunderbar ist, wenn wir das alles auf einmal erleben.) In meinem persönlichen Sprachgebrauch ist der Unterschied zwischen Ruhe oder Frieden und Stille vergleichbar mit dem zwischen Glück und Freude.

Darüber hinaus glauben viele Menschen, dass physikalisch so etwas wie Stille gar nicht wirklich existiert, darunter auch John Cage, der radikale Komponist:

> So etwas wie einen leeren Raum oder eine leere Zeit gibt es einfach nicht. Es gibt immer etwas zu sehen, etwas zu hören. Tatsächlich können wir uns noch so sehr bemühen, Stille herzustellen, es ist uns einfach nicht möglich … Bis ich sterbe, wird es Geräusche geben. Und sie werden sich nach meinem Tod fortsetzen. Man muss sich um die Zukunft der Musik keine Sorgen machen.[8]

(Ich denke, man hat Cage missverstanden. Er war nicht wirklich an Stille interessiert, weil er gar nicht glaubte, dass sie existiert. Sein Anliegen war, Situationen aufzubrechen und »konventionelle« Geräusche – wie Musik – auszuschalten, sodass Menschen wirklich hinhören und ihnen bewusst wird, dass es keine Stille gibt.)

Eine weitere Unklarheit betrifft, was ich, das Radio als Analogie benutzend, inzwischen das Problem von Sender und Empfänger nenne. Ganz gleich, ob Sie das Radio bei sich zu Hause ausschalten oder der Rundfunk nicht mehr sendet, das Resultat – Stille – ist das gleiche. Selbst wenn Sender und Empfänger beide aktiv sind, kann ein Rauschen (Störungen auf der Sendestrecke zwischen beiden) die Kommunikation sinnlos machen: Der Sprecher ist tatsächlich stillgestellt. Wenn ich nicht spreche, gibt es für Sie nichts zu hören. Aber wenn Sie taub sind, kann ich sprechen (mündlich), so laut ich will, und Sie hören mich trotzdem nicht. Wir benutzen für die Beschreibung aller drei Störungen das Wort »Stille«. Wenn ich Ihnen die Zunge abschneide, sind Sie stillgestellt (in Bezug auf das Senden). Wenn ich Sie ins Gefängnis stecke, können Sie so laut rufen und schreien, wie Sie wollen, sind aber trotzdem stillgestellt (niemand hört Sie, es gibt keinen Empfänger). Wenn ich das, was Sie sagen, entwerte, es »unhörbar« mache, ihm keine Bedeutung beimesse oder Ihr lautes Reden durch Rauschen oder auf andere Weise störe, sind Sie ebenfalls stillgestellt. (Das ist ein sehr effektives Mittel, um Menschen zu unterdrücken: Wenn wir zum Beispiel jemanden als »verrückt« bezeichnen, heißt das, diese Person kann sagen, was sie will, niemand wird sie (an-)hören. Diese Art, Menschen mundtot zu machen, hat man in der Sowjetunion eingesetzt.) Wenn es darum geht, mehr Stille in mein Leben zu bringen, führen diese Überlegungen zu einigen interessanten Fragen: Verbirgt sich Stille im Hören oder im Sprechen? Wenn ich, sagen wir, ein Tagebuch führe ohne Absicht, es jemals einem Menschen zu lesen zu geben, ist das ein stilleres Tun, als wenn ich dieses Buch in der Hoffnung schreibe, dass Sie es lesen und »hören«, was ich zu sagen habe? Ist Schreiben oder auch Lesen, das beides die Benutzung von Sprache beinhaltet, ohne dass diese laut wird, überhaupt etwas »Stilles«?

Doch am merkwürdigsten ist: Meine Versuche, Erfahrungen mit Stille zu beschreiben, brachten mich zwangsläufig zu der Einsicht, dass Stille selbst sich durchweg dagegen sperrt, dass wir über sie sprechen, theoretische Überlegungen über sie anstellen, sie erklären oder auch nur beschreiben. Und das gilt selbst für das Gespräch mit Menschen, die meine Ausführungen hören wollten, weil sie mich lieben. Ich denke, der Grund dafür ist nicht, dass Stille »ohne Bedeutung« wäre. Sie ist *outwith* (»jenseits«) von Sprache. *Outwith* ist ein wunderbares schottisches Wort, für das es im Standard-Englischen keine wirkliche Entsprechung gibt. Es bedeutet »außerhalb von«, »nicht im Umfeld von etwas«, während das Wort *without* (»ohne«) zwangsläufig negativ ist und besagt, dass etwas fehlt.*

Ich begriff allmählich, dass unser zeitgenössisches Denken über Stille mit dieser die Abwesenheit oder das Fehlen von laut gesprochenen Worten oder Geräuschen verbindet und damit einen total negativen Zustand. Doch ich selbst erlebte Stille nicht so. Im Wachsen meines Gartens, in meiner Wertschätzung von Zeit und der Welt der Natur, in der Art und Weise, wie ich bete, meinem Gefühl eines neuen Wohlbefindens und einfacher Freuden – was sich alles deutlicher abzeichnete, je stiller ich wurde –, sah ich kein »Fehlen« oder eine Abwesenheit, sondern eine positive Präsenz. Stille mag außerhalb oder jenseits von beschreibender oder erzählender Sprache angesiedelt sein, doch das heißt nicht, dass ihr zwangsläufig etwas *fehlt*.

Vielleicht ist Stille eine reale, eigenständige, faktische und damit ontologische Kategorie – nicht ein *Fehlen* von Sprache, sondern anders als, verschieden von Sprache; nicht die *Abwesenheit* von Geräuschen, sondern die Präsenz von etwas, das kein Geräusch ist.

Und doch ist die Vorstellung, bei Stille »fehle« etwas oder sei

---

* Der Versuch, diesen Begriff ins Standard-Englische zu übersetzen, hat bei Generationen von englischen Kindern Verwirrung gestiftet, wenn sie das allgemein beliebte Lied sangen: »There is a green hill far away without a city wall.« (Es gibt in der Ferne einen grünen Hügel ohne Stadtmauer.) Wie viele andere Kinder habe auch ich mich darüber gewundert, dass ein Hügel überhaupt eine Stadtmauer haben soll. Aber die Verfasserin, C. F. Alexander, wollte sagen, »*outwith a city wall* – jenseits der Stadtmauer«.

»abwesend«, im heutigen Leben generell verbreitet und insbesondere – und das ist für mich sehr schmerzlich – in dem radikalen intellektuellen Milieu, in dem ich aufgeblüht war und so lange gelebt hatte.

Gegen Ende der neunziger Jahre schrieb mir meine Freundin Janet Batsleer, mit der ich über dieses Thema ausführlich debattiert hatte, einen (bewusst) provokativen Brief:

> Stille ist der Ort von Tod und Nichts. Tatsächlich gibt es keine Stille ohne Reden. Es gibt keine Stille ohne den Akt, jemanden zum Stillschweigen zu bringen, ihm den Mund zu stopfen, seine Rechte zu beschneiden, ihn abzuwürgen, ihm zu sagen, er solle den Mund halten, ihm die Zunge abzuschneiden oder ohne dass es jemandem die Sprache verschlägt oder er seine Stimme verliert. Stille ist Unterdrückung und Reden – Sprache, ob gesprochen oder geschrieben – ist Freiheit.
>
> Paolo Freire schrieb in seinem großartigen Buch *Pädagogik der Unterdrückten* – das grundlegend für viele weitere Arbeiten zu diesem Thema in den letzten vierzig Jahren war –, dass das Stillschweigen für die Pädagogik der Befreiung ein großes Thema war. Deswegen beschäftigte er sich so ausführlich mit sprachlicher Bildung und dem paradoxen Phänomen, dass die Reden der Mächtigen die Unterdrückten, die dabei sind, »ihre Stimme zu finden«, zum Schweigen zu bringen vermögen. Nenne es Schweigen einerseits oder falsches Bewusstsein andererseits und im nächsten Moment zu viel Geplapper. Dass Stille jeder Rede und sprachlichen Bildung vorangeht, ist belanglos. Schließlich können wir das Schweigen der Unterdrückten nur durch eine und mit einer Sprache der Freiheit erkennen.
>
> Stille ist ein Ort des Nicht-Seins, ein Ort der Herrschaft, dem zu entkommen wir uns von ganzem Herzen sehnen. Alle sozialen Bewegungen von unterdrückten Menschen in der zweiten Hälfte des 20. Jahrhunderts haben postuliert, dass es für ihre Politik absolut notwendig war, »eine Sprache zu finden« und »die Stimme zu erheben« ... Im Anfang war das Wort ... Stille ist Unterdrückung. »Das Wort« ist der Anfang von Freiheit.
>
> Jede Stille wartet darauf, dass wir sie brechen.[9]

Janet und ich haben jahrelang theoretische Debatten geführt. Sie besitzt nicht nur einen glänzenden Intellekt, sondern auch enorm viel Wissen und engagiert sich kontinuierlich und mutig für Gerechtigkeit und Wahrheit. Wenn wir uns streiten, habe ich meistens die besseren Witze parat, aber sie lacht immer zuletzt. Sie hat fast immer recht. Doch diesmal wusste ich innerlich genau, dass sie falsch lag, und fasste den Entschluss, das zu beweisen.

Menschen verändern ihr Leben nicht, nur weil ihre Freundinnen ihnen provokative Briefe schreiben. Durch Janets Brief nahm etwas in mir Gestalt an, das sich innerlich bereits angebahnt hatte. Ich lebte inzwischen seit fast acht Jahren in Warkton, schrieb dort meine Bücher, werkelte im Garten herum, betete, und die wachsende Stille in meinem Leben machte mich glücklich und faszinierte mich. Doch mir wurde allmählich klar, dass ich *mehr* wollte. Ich wollte nicht nur mehr Stille, sondern wollte Stille auch intensiver und bewusster erleben.

Das Jahr 2000 war für mich von entscheidender Bedeutung. Klar, es war das Millennium, doch wurde ich in diesem Jahr auch fünfzig, und mein Sohn schloss die Schule ab und ging aus dem Haus. Ich war frei. Ich konnte tun und lassen, was ich wollte. Mir war klar geworden, dass ich mir ein Leben aufbauen wollte, dessen Mittelpunkt Stille war. Mir wurde jedoch auch klar, dass ich das nicht in einem reizenden kleinen Dorf in den West Midlands verwirklichen konnte. Merkwürdigerweise gehört das Dorfleben, auch wenn es oft ruhig und friedlich wirken mag, zu den Lebensweisen, bei denen es am wenigsten still zugeht. In der Wildnis und in der Stadt kannst du unsichtbar bleiben. In einem Dorf oder einer Kleinstadt jedoch kennt und sieht man dich und will dich einbeziehen. Ich zog die Stille der Stadt niemals wirklich für mich in Betracht, obwohl ich Menschen, die sie dort finden, zutiefst bewundere. Meine Vorstellungen von Stille waren mit bestimmten Landschaften verbunden und hatten auch eine innere Dimension. Vielleicht ging es hier vor allem um eine ästhetische Entscheidung, aber ich war frei zu wählen, und was mich anzog, war Raum, weiter, wilder Raum, weder spektakuläre Gebirgsmassive noch geschützte Wälder und Felder. Das Terrain der Stille ist für mich, was ich schließlich das »immense Nichts« der Hochmoore nannte.

Dort wollte ich leben. Dort wollte ich in Stille leben.

Menschen fragten und fragen mich noch immer: *Warum?* Warum gehst du fort aus dem Süden, wo du so lange glücklich warst, wo du deine Freundinnen und Freunde, deine Kinder und deine Arbeit hast, wo du dir ein Leben aufgebaut hast? Du gehst wirklich zu weit. Sich als ältere Dame aufs Land zurückzuziehen, um Ruhe und Frieden zu finden und dem Lärm und Getöse der Stadt zu entkommen, ergibt ja durchaus Sinn, aber warum so ins Extreme gehen? Manchmal zuckte ich die Schultern und witzelte: »Ein hartes Stück Arbeit, ja, aber irgendwer muss sie ja tun«, oder: »Kann man zu weit in die richtige Richtung gehen?«. Manchmal sagte ich – wie Mallory[10] –: »Weil das einfach da ist.« Aber mir war es wirklich ernst. Ich war gar nicht besonders an Ruhe und Frieden oder der *Abwesenheit* von bestimmten Dingen interessiert. Ich war an Stille interessiert. Die Antwort auf Janet Batsleers Brief, der tief in meinem Inneren etwas zum Schwingen gebracht hatte, lautete, dass ich nicht die Abwesenheit oder das Fehlen von Geräuschen, sondern die positive Macht der Stille erforschen wollte. Ich wollte Stille in ihrer ganzen Fülle erleben.

Darin bestärkt haben mich andere Menschen, die extrem das Alleinsein suchten. So sympathisierte ich zum Beispiel stark mit Henry Thoreau, dem radikalen transzendentalen Philosophen. Er erläuterte seine Beweggründe dafür, allein am Walden Pond zu leben, folgendermaßen:

Ich ging in die Wälder, weil ich bewusst leben und mich nur mit den grundlegenden Tatsachen des Lebens konfrontieren wollte. Ich wollte sehen, ob ich lernen konnte, was das Leben mich zu lehren hatte, und nicht, wenn ich einmal starb, entdecken müssen, dass ich nicht gelebt hatte. Ich wollte nicht leben, was kein Leben war – das Leben ist so kostbar. Ich wollte mich auch nicht resigniert zurückziehen, es sei denn aus reiner Notwendigkeit. Ich wollte mich tief auf das Leben einlassen und ihm das Mark aussaugen. Ich wollte so kraftvoll und spartanisch leben, dass ich alles vertrieb, was nicht Leben war. Ich wollte eine breite Schneise schlagen und sie gründlich glatt mähen, wollte das Leben in die Ecke treiben und es auf das Grundlegendste reduzieren. Und sollte es sich als gemein erweisen, nun, dann wollte ich zur ganzen und echten Gemeinheit vordringen und der Welt diese Gemeinheit vorführen. Sollte es aber erhaben sein, wollte ich genau das am eigenen Leib erfahren und bei einem meiner nächsten Ausflüge wahrhaftig davon berichten können.[11]

Ein Jahrhundert später äußerte Richard Byrd, ein US-Admiral und Polarforscher, etwas sehr Ähnliches über seinen Entschluss, einen Winter allein in der Antarktis zu verbringen:

Ich wollte diese Erfahrung um ihrer selbst willen machen, wollte dem Wunsch eines Mannes stattgeben, voll und ganz zu erleben, wie es ist, eine Weile für sich zu sein und den Frieden, die Ruhe und das Alleinsein so lange auszukosten, bis er herausfand, was es damit wirklich auf sich hatte ... Musst du losziehen und dich mitten in der polaren Kälte und Dunkelheit vergraben, nur um allein zu sein? Der Fremde, der die 5th Avenue entlanggeht, kann ebenso allein sein wie der Reisende, der durch die Wüste wandert. Das alles ist gut und richtig, doch es stimmt auch, dass kein Mensch hoffen kann, völlig frei zu sein, solange er sich noch im Geflecht familiärer Gewohnheiten und Anforderungen bewegt. Ich möchte mehr als lediglich eine gewisse Privatsphäre im geografischen Sinne. Ich sollte imstande sein, genauso zu leben, wie ich es entschied, keinerlei Notwendigkeiten unterworfen außer denen, die mir der Wind, die Nacht und die Kälte auferlegten, und nach keinerlei menschlichen Gesetzen außer meinen eigenen.[12]

Die Vorstellung, dass ein extremer Lebensstil uns extreme Erfahrungen erschließt und diese wünschenswert sind, ist uralt. Die griechischen Götter ließen dem Helden Achilles die Wahl zwischen einem langen, zufriedenen Leben und einem kurzen Aufblitzen von Ruhm und Ehre, und er entschied sich für letzteres. Die Wüsteneremiten aus dem vierten Jahrhundert v. u. Z. erzählten in zahlreichen Geschichten, was es dem Menschen bringen kann, wenn er zu weit geht:

> Abba Lot suchte Abba Joseph auf und sagte zu ihm: »Vater, ich führe, meinen Kräften entsprechend, ein gemäßigtes Leben des Betens, Fastens, Meditierens und der Stille und kläre, meinen Kräften entsprechend, meinen Geist und frage mich: »Was muss ich noch tun?« Der alte Mann richtete sich auf, hob die Hände zum Himmel, seine Finger verwandelten sich in zehn brennende Fackeln, und er sagte: »Wenn das dein Wille ist, sollst du vollständig zur lodernden Flamme werden.«[13]

Ich wollte nicht Ruhe und Frieden; ich wollte »vollständig zur lodernden Flamme« werden. Es ist kein Zufall, dass im Englischen die Worte *whole* (ganz), *healthy* (gesund) und *holy* (heilig) denselben Wortstamm haben. Ich neige zum Exzess.

Ganz praktisch gesehen, hatte ich mindestens vier verschiedene Anliegen, über die ich mir im Klaren war.

Erstens wollte ich die Stille besser verstehen lernen. Ich wollte zumindest mir selbst beweisen, dass Stille nicht nur eine negative Abwesenheit oder ein Verlust von was auch immer ist und nicht unbedingt darauf wartet, dass wir sie brechen. Wenn Stille aber nicht einfach die Abwesenheit von Lärm war, dann wollte ich wissen, was es damit wirklich auf sich hatte und was ihr positiver Inhalt war. Ich bin davon überzeugt, dass unsere Gesellschaft insgesamt etwas Kostbares verliert, wenn sie Stille zunehmend meidet, und dass wir Stille, was immer es mit ihr auf sich haben mag, pflegen, fördern und uns erschließen müssen.

Ich wollte meine eigene Spiritualität erforschen, mein wachsendes Gefühl von der Wirklichkeit Gottes vertiefen und erkunden, wie ich mit dieser Wirklichkeit möglicherweise verbunden war. In sämtlichen großen religiösen Traditionen finden wir, wenn auch in unterschiedlichem Maße, die Erkenntnis, dass Stille ein sehr wirkungsvolles Werkzeug für die spirituelle Entwicklung ist. Natürlich gibt es auch andere Stimmen. Ich aber hatte meine Hand an diesen Pflug gelegt und wollte eine tiefere, gradlinigere Furche ziehen.

Ich wollte auch als Autorin tiefer gehen. Wie schon gesagt, war ich an einem Punkt angelangt, an dem ich das simple Vertrauen in das Narrativ, das Erzählen von Geschichten, wie sie seit über zwanzig Jahren zuverlässig aus mir herausflossen, verloren hatte. Es fällt mir schwer, das zu erklären, und wieder denke ich, der Grund dafür ist unsere zeitgenössische Tendenz, jede Abweichung vom Mainstream als Verlust oder Mangel zu betrachten. Ich hatte nicht das Gefühl, dass meine Phantasie »versiegt« war oder eine Schreibblockade mich zum Verstummen gebracht hatte, sondern eher, dass es da *mehr* gab. Ich wollte herausfinden, was das war. Ich war aufgewachsen mit dem Diktum der Nachromantik, dass das »Alleinsein die Schule für Genies ist«[14], und hatte diese Idee tatsächlich tief verinnerlicht. Kreativität ist immer noch die »unberührte Braut der Ruh/langsamer Zeit und Stille Pflegekind«[15]. Ich hatte das Gefühl, eine starke Dosis vom Erhabenen und damit vom Extremen zu brauchen, um ein Gegengewicht zu dem zerstückelten, psychologisch realistischen Geschwätz vieler zeitgenössischer Romane und Erzählungen zu finden. Ich musste als Autorin dem Druck zur Konformität entkommen, dem Druck, in den Chor, der besingt, was ist, einzustimmen, statt mich auf den Suche nach dem zu begeben, was weit darüber hinausführen mochte. Ohne es damals zu wissen, ähnelten meine Beweggründe denen von Wittgenstein, als er beschloss, Cambridge und damit die zumindest für ihn dort vorherrschende intellektuelle Trivialität hinter sich zu lassen und im norwegischen Skjolden in extremer Isolation zu leben.

Und schließlich wollte ich mehr Stille, weil ich das Wenige an Stille, das ich erlebte, so genoss. Ich genoss es auf vielen Ebenen – intellektuell, emotional, physisch. Wir leben nicht nur in einer Kultur, die Stille vermeidet, sondern auch in einer Kultur, die sich – und das mag damit zusammenhängen – zunehmend an Personen orientiert und nur Beziehungen, Gefühle und psychodynamische Abläufe wirklich gelten lässt. Hätte ich gesagt: »Ich habe mich verliebt, und wir werden in einer abgeschiedenen Moorlandschaft leben«, hätte die Gegenfrage sicher nicht gelautet: »Warum?« Wir haben die Überzeugung verloren, die Dorothy Sayers, die Krimi-Autorin und Theologin, so heftig verteidigt hat: »Es wird Zeit, uns klarzumachen, dass eine leidenschaftlich vertretene intellektuelle Überzeugung tatsächlich auch leidenschaftlich ist.« Ich war dabei, mich in die Stille zu verlieben. Wie die meisten frisch Verliebten war ich zunehmend besessen davon – ich wollte sie besser kennen lernen, tiefer gehen, besser verstehen.

Genau das wollte ich, und ich war in der beneidenswerten Lage, mir das leisten zu können. Ich möchte nicht, dass das nach Midlife-Crisis klingt. Ich hatte keine Krise. Die Frage war eher: »Gut – und was jetzt?«. Wie sich herausstellte, war das »was jetzt« die Stille.

Im Sommer 2000 zog ich also nach Norden im County Durham in ein Haus im Hochmoor oberhalb von Weardale. Eifrig und gierig wollte ich beides – still sein und über Stille nachdenken. Ich machte mich bereit, der Stille aufzulauern, und das tue ich immer noch.

Kapitel 2

Vierzig Tage und vierzig Nächte

Das Haus in Weardale war wunderbar. Aber auch etwas merkwürdig. Es hockte in fast 450 Metern Höhe auf einem nackten Bergkamm. Es lag zwar in gewisser Weise isoliert, war aber zugleich das mittlere von drei zusammenhängenden Cottages. Als ich dort einzog, waren die anderen beiden Häuser Ferienhäuser und wurden nur an den Wochenenden bewohnt, sodass meine Nachbarn mich wenig störten, mir tatsächlich aber eine große Hilfe waren, als ich darum kämpfte, an solch einem kalten, windigen Ort leben zu lernen. (Leere deine Wasserleitungen, bevor du das Haus verlässt.)

Man hatte von hier nach vorn wie nach hinten eine enorm weite Aussicht. Aufgrund der steilen Hänge des Tales war Stanhope, das fast drei Kilometer entfernt und 250 Meter weiter unten lag, nicht zu sehen. Der Blick fiel direkt über das Tal bis zu den Hochmooren auf der anderen Seite. Nachts schauten mich Augenpaare scharf an – die Scheinwerfer der Wagen, die aus dem sechs Meilen entfernten Teesdale kamen und die Strahlen ihres Fernlichts grell und klar quer über das Tal und durch mein Schlafzimmer gleiten ließen.

Doch mein Haus auf dem Hügel war weder eine Schäferhütte noch eine alte Einsiedelei. Es gehörte zu einem großen und wichtigen Industriegebiet. Weardale ist schon seit Urzeiten ein industriell sehr reger Ort. Eine der größten Fundstätten für Waffen und andere Gerätschaften aus der Bronzezeit in Großbritannien wurde in der Nähe des Heathery Burn zwischen meinem Haus und Stanhope entdeckt. Die Römer nutzen die A 68 (Dere Street), die immer noch auf dem östlichen Kamm des Durham Moors verläuft, nicht nur für den Marsch ihrer Truppen zum Hadrianswall, sondern auch um Blei und Silber aus den Hügelminen nach York abzutransportieren. Blei, Silber, Feldspat, Zinn und Kohle wurden hier während der Industriellen Revolution im 18. und 19. Jahrhundert gefördert. Weardale war damals eine der wichtigsten Quellen für Blei und Feldspat, die unter höchst gefährlichen und ausbeuterischen Bedingungen gefördert wurden. 1834 wurde eine Eisenbahnlinie gebaut, um Blei von den verstreuten Hügeln ins Tal hinunter und von dort zu den Fabriken im Küstengebiet zu befördern. Die Talhänge waren zu steil, als dass Züge sie erklimmen konnten, und so installierte man eine Zwillingsdampffördermaschine, um sie hochzuziehen. Diese Dampfmaschinen brauchten rund um die Uhr Dampf, also baute man für die Dampfingenieure eine Reihe von Cottages. Die Cottages für Landarbeiter wurden mit starken Auskragungen gebaut, damit sie möglichst geschützt waren, doch auf den Hügelkuppen 425 Meter über dem Meeresspiegel waren die Ingenieure der Gewalt der Elemente gnadenlos ausgeliefert. Und mein Cottage hatte ursprünglich einem dieser Ingenieure gehört.

Die Ruine des eigentlichen Maschinenhauses stand fast hundert Meter von den Cottages entfernt. Es gibt dort heute keine Fördermaschine, keine Eisenbahnlinie und keinen Bergbau mehr. Die Zementfabrik in Eastgate schloss in der Zeit, als ich dort wohnte, und die Sandgrube neben der alten Eisenbahnlinie wird sicher bald folgen. Es gibt heute in Weardale keine Arbeitsplätze in der Industrie mehr. Die Maschinen sind ebenso verstummt wie das soziale Leben der Bergarbeiter. Doch die industrielle Vergangenheit hat den Anblick der verlassenen, wilden Hügel geprägt, gestaltet und geformt. Dies ist das Land der »Fünf Freunde«[1], denn jeder Nebel birgt einen geheimnisvollen Minenschacht und jeder Sumpf eine stillgelegte Eisenbahnlinie. Die Moore sind ein abenteuerlicher Ort.

Und gleichzeitig ist die Gegend reich an kulturellen Zeugnissen aus der Tradition der Eremiten in Nordengland wie Durham selbst, Hexham, Lindisfarne (Holy Island) und eine Reihe von im Land verstreuten Mauerresten, die auf einstige Kapellen und Einsiedlerhütten verweisen. Tatsächlich war die radikale Politik des Nordostens von dem großen Einsiedler-Bischof Cuthbert inspiriert. Gegen Ende des elften Jahrhunderts widersetzten sich die Bewohnerinnen und Bewohner des Nordostens den Forderungen von William dem Eroberer nach Feudalabgaben und der normannischen Neuordnung. Ihr Land, so behaupteten sie, sei ein Vermächtnis des Heiligen Cuthbert und als solches hätten sie es umsonst erhalten und es sei unveräußerbar, was so auch bleiben sollte. Dieser eingefleischte, eigensinnige Widerstand zieht sich durch die gesamte englische Geschichte.

Es gibt nicht viele Orte, wo man inmitten einer großen Geschichtsträchtigkeit leben kann und die sich ihre enorme Stille und Schönheit bewahrt haben. Die Täler haben viel zu erzählen, die entschwundenen stummen Geister aus anderen Leben haben an ein und demselben Ort sehr unterschiedlich gelebt. Die Leere dieser Moore ist nicht vergleichbar mit der trostlosen Tragik der Westlichen Highlands, wo in der Stille, die auf die Räumungen folgte, noch immer die Totenklage der Enteigneten vernehmbar ist. Hier ist diese Leere dynamischer.

Als ich erst einmal gelernt hatte, meinen mit Kohle betriebenen Heizkessel zu bedienen – meine einzige Quelle nicht nur für Wärme, sondern auch für Heißwasser –, fiel mir die Eingewöhnung ganz leicht. Ich begann ausgedehnte Wanderungen zu machen. Moore eignen sich ausgezeichnet für Anfängerinnen im Wandern, vor allem die rauchenden, denn wenn du erst einmal hoch über dem Tal angelangt bist, kannst du meilenweit schauen, oft bis hinunter zu den Wäldern und Flüssen, doch das Gelände selbst ist dort oben flach und ohne steile Steigungen. Es gibt immer etwas zu sehen, aber du musst deine Augen offen halten. Ich brauchte immer weniger zum Leben und fühlte mich schlank, fit und innerlich ruhig, in Einklang mit dem Wind, der Stille und der Kälte.

Ich stellte auch fest, dass die Landschaft in gewisser Weise mit meinen Gebeten harmonierte. Die Ruinen als Wahrzeichen früherer Bewohner erinnerten mich daran, dass »wir hier keine bleibende Stadt haben«. Doch die Horizontlinie der Hügel blieb. Sie wurde nicht von Bäumen oder Häusern durchbrochen. Ich konnte sie aus jedem Fenster meines Hauses sehen. Wo immer ich mich hinsetzte, um zu meditieren, sah ich die klare, saubere Linie, die Himmel und Erde voneinander trennt und zugleich vereint. Diese Linie war etwas Bleibendes. Sie tauchte im Licht der frühen Morgendämmerung aus der Dunkelheit auf und wurde von dieser bei Einbruch der Nacht wieder verschluckt. Über der Linie – Unendlichkeit; unter der Linie – Sterblichkeit. Aber die Linie selbst war und enthielt beides, und der Wind fegte über sie hinweg, frisch und frei wie der durchziehende Geist.

Mir wurde jedoch auch klar, dass Richard Byrd recht hatte, wenn er spekulierte, dass »kein Mensch hoffen kann, völlig frei zu sein, solange er sich noch im Geflecht familiärer Gewohnheiten und Anforderungen bewegt.«[2] In der heutigen westlichen Welt ist es sehr schwer, an deinem Wohnort längere Zeit still zu bleiben. Leute rufen an, kommen zu Besuch, um deine Meinung zu erfragen. Der Postbote braucht eine Unterschrift. Die Zeugen Jehovas klopfen höflich an deine Tür. Jemand muss den Gaszähler ablesen. Du hast keine Milch mehr und musst neue kaufen gehen, und die Frau im Laden beginnt mit dir zu plaudern. Tatsächlich ist es unmöglich, unter solchen Umständen längere Zeit still zu sein. Und dann sind da noch die »Anforderungen«, wie Byrd es nennt – die finanzielle

Anforderung, Geld zu verdienen, und die emotionale Anforderung, sich Menschen liebevoll und freundschaftlich zuzuwenden. Ich lebte jetzt stiller als je zuvor, aber ich planschte immer noch im flachen Uferwasser des tiefen Ozeans herum, dessen Existenz ich jedoch deutlich spürte.

Fasziniert von der Stille, ließ ich mich freudig in die Leere hineinziehen und wollte sie total erleben: Ich wollte wissen, was ich da in mein Leben zu bringen versuchte, bevor die alltäglichen Gewohnheiten die Oberhand gewannen. Der beste Vergleich, der mir dazu einfällt, sind Flitterwochen. Wenn sie nach der Hochzeit für die frisch Vermählten beginnen, kommen zwei Menschen zusammen, die bis dahin wahrscheinlich nur wenige zusammenhängende Stunden und noch weniger Zeit miteinander allein verbracht haben. Statt sofort ihr gemeinsames Arbeitsleben zu gestalten, verbringen die beiden eine intensive Zeit des Zusammenseins ohne die normalen alltäglichen Sorgen. Eine Zeit, in der sie nichts anderes zu tun haben, als sich aufeinander zu konzentrieren und sich besser kennenzulernen. Ähnlich legen auch Mönche und Nonnen spezielle »Retreats« ein, bei denen sie sich von ihrer Gemeinschaft und allen Arbeitsanforderungen zurückziehen, um sich eine Zeitlang intensiv ganz auf Gott zu konzentrieren und das selbst in religiösen Orden, die bereits durchgängig von Stille geprägt sind. Ich beschloss, fortzugehen und eine Zeitlang nichts anderes zu tun, als still zu sein, über Stille nachzudenken und sie zu erleben. Ich gelangte zu dem Schluss, dass vierzig Tage ein angemessener Zeitraum dafür waren. Dieser war nicht zufällig gewählt, sondern schien realisierbar und ausreichend und reihte sich überdies ein in eine spirituelle Tradition.

Der direkteste Weg für einen Menschen wie mich, sich diese Zeit und diesen Raum zu verschaffen, wäre gewesen, die sechs Wochen in einer religiösen Gemeinschaft zu verbringen, in der ich frei von allen alltäglichen Anforderungen und Störungen sein würde. Doch an dem Punkt wollte ich Gebet und Stille nicht miteinander vermischen. Meine Imagination ist so stark »christianisiert«, dass entsprechende Gedanken in einem klösterlichen Umfeld mit heiligen (und meistens schlechten!) Bildern an jeder Wand andere Gefühle vielleicht übertönt hätten. Ich wollte kein »Retreat« machen. Ich wollte erforschen, was es mit der starken Anziehung, die Stille auf mich ausübte, auf sich hatte. Ich wollte meine Überzeugung ergründen, dass Stille ein positives Phänomen ist und kein Abstraktum oder die Abwesenheit von etwas. Ich wollte wissen, was passieren würde, wenn ich mich ihr aussetzte.

Schließlich mietete ich ein Ferienhaus mit Selbstverpflegung auf der Insel Skye, eher weil ich dort ein Haus fand, das meinen etwas exzentrischen Anforderungen entsprach, als weil diese Insel mich besonders anzog. Ich brauchte ein kleines, freistehendes Haus, das eine Tiefkühltruhe und keinen Fernseher hatte – und in dem ich rauchen konnte. Es zahlte sich aus, dass ich all diese Einzelheiten im Vorfeld klärte, oder vielleicht hatte ich auch einfach Glück. Allt Dearg[3] hätte eigens für meine Zwecke gebaut sein können.

Wie auch immer, Ende Oktober lud ich meinen Wagen voll mit Büchern und weiterem Lesestoff, Kladden, Stiften, kompletter Regenkleidung, Lebensmitteln und anderen Vorräten für sechs Wochen, verließ das schöne und luxuriöse Haus meiner Schwester in der Nähe von St Andrew's und fuhr von Osten nach Westen einmal quer durch ganz Schottland. Es war eine lange, anstrengende und erstaunlich schöne Fahrt. Sonne und Regen wechselten sich ab, und ich hatte die ganze Zeit das zunehmende Gefühl, fortzuziehen. Die Straßen wurden enger, die Häuser weniger, die Städte glichen eher Dörfern, und die Dörfer waren winzig. Ich hatte vergessen, dass die Fähre von Kyle of Lochalsh nach Skye durch eine kraftvoll geschwungene Bogenbrücke ersetzt worden war, und einen Moment lang vermisste ich das Gefühl, an einem neuen, anderen Ort, kurz, *irgendwo ganz anders* zu sein, das die Fahrt mit einer Fähre vermittelt. Doch auf der Insel ließen die zweisprachigen Schilder in Gälisch und Englisch in mir ein starkes Gefühl von Fremdsein aufkommen. Auf Gälisch, das die Hälfte der Einwohner dort spricht, heißt die Insel An t-Eilean Sgitheanach (Die Geflügelte Insel), was auf ihre merkwürdige Form wie auf ihre wilde, leere Freiheit anspielt.

Die Cuillin Hills, die Berge im Zentrum von Skye, sind vielleicht die schroffsten in ganz Großbritannien. Die nackten, zerklüfteten Felsen steigen steil über dem Meer auf, manche erheben sich bis in eine Höhe von fast 900 Metern. Im Schatten und Schutz dieser Berge, nach Westen zum Festland zeigend, lag Allt Dearg, ein einstiger Schäferhof.

Es war schön hier. Als ich durch einen weiteren Regenschauer die Viertelmeile den steinigen Pfad hochfuhr, sah ich im Seitenspiegel meines Wagens einen intensiv leuchtenden Regenbogen mit allen sieben Farben in breiten Streifen. Das schien mir ein gutes Omen zu sein.

Allt Dearg hockte klein, weiß und einladend da. Auch wenn es sich unter die Berge schmiegt, ist über dem Haus weiter nichts, und unter dem Haus fällt das Land ab bis zu einer langen, engen Bucht mit steilen Uferwänden. Ich konnte weder die Straße noch irgendein anderes Gebäude sehen. Dicht neben dem Cottage fließt ein Bach, der ziemlich laut plätschert und rauscht. Innen ist es eng und ordentlich. In der Zeit, die ich dort verbrachte, hielt ich mich ausschließlich im Parterre auf, wo sich an die Wohnküche ein kleines Schlafzimmer anschloss, sodass ich trotz der Wildnis draußen hier drinnen das starke Gefühl hatte, in meiner eigenen geschützten Welt zu sein. Die Farben draußen waren selbst im Abendlicht ganz außergewöhnlich. Die grauen Berge hoch über mir glichen Zähnen – zerklüfteten, abgebrochenen, grimmigen Zähnen. Hinter dem Haus liegt ein kleiner Acker, der immer noch ziemlich grün war, doch alles andere unterhalb dieser ehernen Höhen ist golden, goldbronzen, punktiert von Steinen, die von weiß leuchtenden Flechten überzogen sind.

Als ich durch den launischen Sonnenschein fuhr, hatte ich gedacht, die Farben entstünden dadurch, dass die Sonne auf totes Gras schien. Doch jetzt sah ich, dass das Gras selbst in diesen Farben leuchtete, und das Wort »tot« beschrieb es nicht treffend. Der Wind fegte schnell darüber hinweg, ließ es flattern wie Fahnen. Erreichte er die dunkleren Flecken des Heidekrauts oder der Gagelsträucher, änderte sich der Rhythmus der Bewegung. Ich glaubte dann immer, irgendwas zu sehen, etwas Lebendiges, das sich bewegte wie ein Tier auf der Suche nach Deckung – aber nein, es war nur der allgegenwärtige, belebende Wind.

Nachdem ich das Haus und die unmittelbare Umgebung erkundet hatte, war ich müde und erschöpft. Ich lud den Wagen aus und richtete mich ein. Trotz meiner Müdigkeit war ich sehr aufgeregt und zugleich zuversichtlich. Ich war dabei, mein Abenteuer zu verwirklichen. Irgendwie kam ich mir listig vor: Ich hatte meine Leine abgestreift und war ausgebüxt. Ich war offen für alles, was geschehen mochte – und hungrig nach Stille.

In gewisser Hinsicht war es in Allt Dearg niemals völlig still. Der Wind heulte fast die ganze Zeit von den Bergen herunter. Und »da war auch eine Stimme wie das Rauschen vieler Wasser«.[4] Wenn es regnete, und es regnete oft, hörte ich den Regen auf die Dachfenster oben prasseln; all die alten Fenster des Hauses, das sich mit dem Rücken in den allgegenwärtigen Wind schmiegte, zeigten nach Westen. Der moderne Wunsch nach Licht hat sich gegenüber der viel älteren Sehnsucht nach Schutz durchgesetzt. Selbst wenn Wind und Regen pausierten, tat der Bach es nicht. Direkt hinter dem Haus fiel er in mehreren kleinen Wasserfällen, die wie entfernte

Flugzeugmotoren klangen, steil nach unten. Noch dichter am Haus ähnelten seine Lautstärke und seine Geräusche denen der Lastwagen, die von Stanhope den Hügel hochgefahren kamen, nur dass sein Lärm beständig war. Trotzdem empfand ich keines dieser Geräusche als störend. Sie brachen die Stille nicht, die für mich in und hinter ihnen vernehmbar war. Ich habe mich oft gefragt, ob diese Geräusche mein persönliches Empfinden von Stille nicht störten, weil sie natürlich und nicht von Menschen gemacht waren.

In den ersten Tagen schwelgte ich im ungetrübten Genuss der Freiheit: keine Anrufe, keine Mails, keine Nachbarn. Ich kuschelte mich in die ganz eigene Stille des Hauses und ging hinaus, um die launische Sonne auf Gras und Meer scheinen zu sehen, zu beobachten, wie Wolken sich auf die scharfkantigen Berggipfel hockten, und mich vom Wind durchblasen zu lassen. Mich in der Stille einrichten und meine Erwartungen herunterschrauben, so wenig wie möglich tun, um die Tage zu planen, zu gestalten, zu steuern, zu bewältigen. So viel wie möglich erfahren, spüren, leben, *sein*. Die meisten Menschen, die sich freiwillig auf die Stille einlassen, machen die Erfahrung, dass es eine Weile braucht, ehe sie dort ankommen. Natürlich wird es im Laufe der Zeit nicht stiller, aber du lässt dich mehr auf die Stille ein. Anders als die Geräusche, die in deine Ohren dringen, ist Stille subtil. Je häufiger und länger du still bist, desto deutlicher hörst du noch die kleinsten Geräusche, sodass die Stille selbst dir ständig entschlüpft wie ein scheues, wildes Tier. Du musst sehr still sein und sie anlocken. Das ist schwer. Wir brauchen nur einmal zu versuchen, Körper und Geist zur Ruhe zu bringen, um zu erleben, wie turbulent es in uns ständig zugeht. Doch allmählich fand ich heraus, wie jeder neue Tag Gestalt annehmen konnte, und die Stille übernahm die Führung.

Ich war höchst neugierig auf das, was auf mich zukommen würde. Es gibt sehr viele Bücher über Erfahrungen mit Stille, die mir das hätten sagen können, doch ich beschloss, während meines Aufenthalts auf Skye nichts über dieses Thema zu lesen. Das würde meine Erfahrungen zu stark beeinflussen, und ich wollte meine eigenen Entdeckungen machen. Inzwischen habe ich jedoch, parallel zu meinen Tagebuchnotizen, viele Berichte von anderen über ihre Erfahrungen mit Stille gelesen und bin zu der Überzeugung gelangt, dass Menschen, die für längere Zeit still sind, tatsächlich ganz bestimmte Dinge widerfahren. Aber das ist eine verzwickte Sache.

Am wichtigsten war, dass ich die Stille selbst gewählt und mich darauf vorbereitet hatte. Ich wollte diese Erfahrungen machen. Außerdem genoss ich sie. Stille kann schrecklich und sogar tödlich sein, vor allem dann, wenn sie uns aufgezwungen oder auferlegt wird. Das ist aber keine generelle Regel. Donald Crowhurst entschloss sich 1968, an der Golden Globe Regatta, einer Weltumseglung im Alleingang, teilzunehmen. Die Stille machte ihn verrückt und brachte ihn schließlich um. Boethius im 16. und John Bunyan im 17. Jahrhundert hingegen hatten keine Wahl in Bezug auf die strenge Isolation, die mit ihrer Gefangenschaft verbunden war. Und doch erlebten beide Stille als positive und schöpferische Quelle. Von meinen Erfahrungen auf Skye ausgehend, habe ich mich bei meiner Lektüre jedoch vor allem auf die Erlebnisse von Menschen konzentriert, die wie ich die Stille selbst gewählt haben.

Ein weiteres Problem ist, wie ich herausfand, dass die Berichte, die uns über selbstauferlegte Stille vorliegen, meistens einen religiösen Hintergrund haben. Bis zur Mitte des 18. Jahrhunderts habe ich keine detaillierten Zeugnisse von Menschen gefunden, die die Stille freiwillig suchten, ohne dass diese Entscheidung auf einen religiösen Impuls zurückging. Selbst als Daniel Defoe seinen *Robinson Crusoe* schrieb und dabei auf die realen Erfahrungen von Alexander Selkirk zurückgriff, ging er zwar von einem weltlichen Erlebnis aus, wandelte es aber um in ein religiöses Werk. Alle frühen Texte über Stille schildern ähnliche Erwartungen, positive Auswirkungen und Anliegen, die den Erfahrungen selbst wie auch der Berichterstattung darüber eine bestimmte Richtung gegeben haben.

Es gibt natürlich gewisse Besonderheiten. So verlangt zum Beispiel der tibetische Buddhismus kein permanentes Schweigegelübde. Grundlage dafür ist, dass ein Mensch, der in dieser Tradition die Erleuchtung erlangt, verpflichtet ist, zu *lehren*. Entdeckte also der Praktizierende, dass er ein kontinuierliches persönliches Bedürfnis nach Stille hatte und diese für ihn ein grundlegender Quell der Freude war, gestand er damit ein (wie unbewusst auch immer), dass seine Stille »vergeblich« gewesen war, weil sie ihn offensichtlich nicht zur Erleuchtung geführt hatte.

Vor allem religiöse Berichte gehen sehr oft davon aus, dass sich Stille nicht in Worte fassen lässt. Die Berichtenden spüren und sagen, dass diese Erfahrung weit über das hinausgeht, was wir mit Sprache und anderen menschlichen Ausdrucksmöglichkeiten wiedergeben können. Jeder mir bekannte Versuch, die mystische Erfahrung zu definieren oder zu schildern, geht davon aus, dass eines ihrer wesentlichen Merkmale die Unaussprechlichkeit ist. Wenn ich beschreiben kann, was ich erlebt habe und wie es sich angefühlt hat, habe ich laut dieser Definition keine authentische mystische Erfahrung gemacht. Das ermutigt Mystikerinnen und Mystiker nicht gerade, sich darum zu bemühen, ihren Erfahrungen Ausdruck zu verleihen. Unaussprechlichkeit haftet diesen Erlebnissen unlösbar an. Ich könnte sogar sagen, dass die besten »Einsiedler« in der östlichen wie der westlichen Tradition diejenigen sind, die am wenigsten über ihre Erfahrungen zu sagen haben oder die sich erst gar nicht die Mühe machen, überhaupt davon zu sprechen. Das Einzige, was Tenzin Palmo, eine britische Buddhistin, die drei Jahre in strengem Schweigen im Himalaya verbrachte, über ihre persönlichen Erfahrungen – zumindest öffentlich – jemals geäußert hat, ist: »Nun, langweilig war es nicht.«[5]

An dieser religiösen Haltung ist nichts verkehrt, aber sie verzerrt die Zeugnisse von Erfahrungen mit Stille, hat sie doch bis in die jüngste Zeit offensichtlich alle entsprechenden Berichte geprägt. Zum Glück für mich gibt es jedoch inzwischen eine wachsende Anzahl von säkularen Quellen, die ein Gegengewicht zu den religiösen Texten bilden. Doch da sie alle aus der Moderne stammen, bieten sie nicht die kulturelle Bandbreite, die mir lieb wäre. Als Erstes wäre da die Romantik zu nennen mit Autoren wie William Wordsworth und Henry Thoreau, die zwar eine theistische Einstellung zur Natur gehabt haben mögen, aber eindeutig nicht religiös orientiert waren. Ihnen geht es in ihren Berichten über Stille um völlig andere wichtige Belange.

Seit Mitte des 19. Jahrhunderts gibt es eine neue Quelle für Texte über Stille, die von unschätzbarem Wert ist: Forscher, Pioniere, Goldsucher und einsame Abenteurerinnen und Abenteurer. Zunächst waren viele von ihnen so vornehm zurückhaltend, dass sie überhaupt nicht über ihre Gefühle sprachen. Sätze wie »Es war ziemlich beängstigend«, und »Während ich dort auf dem Gipfel saß und die herrliche Aussicht bewunderte, empfand ich eine gewisse Befriedigung«, kommen nicht dem heutigen Wunsch entgegen, sich emotional tief auf Erlebnisse einzulassen, und sind auch keine Hilfe, das Wesen von Stille zu ergründen.

Noch in den fünfziger Jahren *entschuldigte* sich John Hunt, Leiter der ersten erfolgreichen Expedition zum Mount Everest, für die Gefühle, die er zeigte, als Tenzing Norgay und Edmund Hillary nach ihrer triumphalen Gipfelbesteigung in das Basislager zurückkehrten: »Ich schäme mich, zugeben zu müssen, dass es Umarmungen gab und sogar ein paar Tränen flossen.«[6] 1958 schrieb Hunt das Vorwort zu Richard Byrds Buch *Allein: Auf einsamer*

Wacht im Südeis, einem Bericht über den Alleinaufenthalt dieses Autors in der Antarktis, und grübelt darüber nach, ob es für einen Mann »gesund« sei, über sein inneres Erleben zu schreiben, oder nicht vielmehr verweichlicht und krankhaft – »unmännlich« eben. Viele dieser Solo-Abenteurer waren bemerkenswert in sich gekehrt. Bei manchen, wie zum Beispiel Leslie Stephen, dem Vater von Virginia Woolf, der unter anderem zu den ersten begeisterten Bergwanderern im Alleingang gehörte, scheint das überhaupt der Grund dafür gewesen zu sein, die Stille zu suchen. Er schrieb: »Das Leben wäre erträglicher ohne unsere Mitgeschöpfe. Sie fallen wie ein Bienenschwarm über uns her, und da wir sie nicht einfach fortwedeln können, sind wir gezwungen, uns eine sichere Zuflucht zu suchen, wie es zum Beispiel die Alpen immer noch sind.«[7]

Menschen wie er würden ihre Gefühle auf keinen Fall dem öffentlichen Blick preisgeben wollen. Obwohl keiner der beiden ein neurotischer Menschenfeind war, reagierten Francis Chichester, der als Erster allein um die Welt segelte, und Augustine Courtauld, der sechs Monate allein in einem Zelt in der Arktis verbrachte (eine der extremsten modernen Erfahrungen mit Stille, die mir begegnet sind), erbost auf die Aufmerksamkeit, die ihnen zuteil wurde – Chichester von einer Schutzpatrouille der Royal Navy, die ihn bei der Umsegelung von Kap Horn begleitete, und Courtauld vom »Medienrummel«, der für ihn offensichtlich einer Besudelung der reinen Erfahrung seiner Polar-Einsamkeit gleichkam. Forscherinnen wie Gertrude Bell waren eher bereit, ihr emotionales Erleben zur Sprache zu bringen, doch bis in die jüngste Zeit gab es nicht viele wie sie.

1968 sponserte die *Sunday Times* die erste Golden Globe Regatta, ein Segelrennen für Einhandsegler nonstop rund um die Welt. Francis Chichesters Alleinumsegelung mit einem einzigen Zwischenaufenthalt in Australien im Jahr zuvor hatte die Phantasie des

Publikums beschäftigt. Chichesters Erfolg machte deutlich, dass eine Nonstop-Reise zumindest theoretisch möglich war. Noch wichtiger war, sie zeigte, dass die britische Öffentlichkeit liebend gern von solchen Abenteuern erfuhr. Dabei wollte sie keine meteorologische Fachsimpelei hören, sondern genaue Einzelheiten über menschliche Tapferkeit, Ausdauer und auftauchende Schwierigkeiten erfahren – kurz, wie es sich an*fühlte*, allein auf hoher See zu sein.

Dass die *Sunday Times* das Rennen ins Leben rief, war in gewisser Weise opportunistisch. Zwei erfahrene Einhandsegler, Robin Knox-Johnston und Bernard Moitessier, trafen bereits Vorbereitungen, diese Herausforderung auf eigene Faust zu meistern, und hatten dafür andere Sponsoren gefunden. Keiner von beiden hatte Interesse an einem Rennen. Moitessier verkündete, dass er den bloßen Gedanken »zum Kotzen« fand.[8] Wer von ihnen bereit war, so war für ihn klar, würde aufbrechen, unabhängig von diesem Rennen. Und wenn das Unternehmen erfolgreich verliefe, hatte die *Sunday Times* damit nichts zu schaffen. Prompt gestaltete die Zeitung die Teilnahmebedingungen so, dass es unmöglich war, *nicht* am Rennen teilzunehmen. Es würde einfach zwei Preise geben: den ersten für eine Weltumseglung und den zweiten für die schnellste Weltumseglung. Das konnten zwei verschiedene Touren sein, denn es gab kein festes Datum für den Start. Die Teilnehmenden mussten lediglich irgendwann zwischen Anfang Juni und Ende Oktober von einem beliebigen Hafen aus 40 Grad Nord in See stechen.

Am Ende gab es neun Teilnehmer. Doch nur einer erreichte das Endziel – Robin Knox-Johnston.

Eine Yacht wurde in einem Sturm vor Südafrika entmastet, und ein anderer Segler scheiterte kaum 1500 Kilometer von seinem Heimathafen entfernt. Alle anderen Teilnehmer mussten aus dem einen oder anderen Grund aufgeben. Für keinen war das Segeln selbst das größte Hindernis, sondern die durch diese Reise ausgelösten Emotionen. Niemand kam durch Wellen oder Wind um, die Isolation und die Stille zermürbten ihre »Willenskraft«. Donald Crowhurst wurde verrückt. Nigel Tetley beging einige Monate nach seiner Rettung Selbstmord. Und Moitessier »verliebte« sich so sehr in die Stille und das Meer, dass er sich am Ende nicht dazu durchringen konnte, nach Hause zurückzukehren.

Ich behandele diesen kleinen Abschnitt Zeitgeschichte hier aus einem einfachen Grund so ausführlich. Mehrere gesellschaftliche Veränderungen in den sechziger Jahren zeigen sich hier gebündelt. Keiner dieser Segler war reich und unabhängig, wie es für die meisten vorangegangenen Abenteurer galt. Sie *brauchten* Sponsoren und das genau in dem Augenblick, als den Medien klar wurde, dass ihre Leserinnen und Leser, ohne vom Fach zu sein, von extremen Abenteuern und dem Innenleben der Heldinnen und Helden, die sie bestanden, erfahren *wollten*. Lesende verschlingen jedes Fitzelchen Emotion, Tragik, Angst und Triumph, das sie nur kriegen können. Aus diesem Grund bezogen Bücher über die Abenteuer von Einzelgängern immer häufiger Gefühle, Emotionen und innere Wahrnehmungen ein. Alle, die dieses erste Rennen überlebten, schrieben darüber ein Buch.

Eine Folge des Rennens (die sich natürlich nicht von anderen kulturellen Entwicklungen in den sechziger Jahren trennen lässt, wo ein neues Männerbild entstand und, was bekannter ist, ein neues Bild von Weiblichkeit) bestand darin, dass die neue Sparte der »Abenteuerliteratur« entstand und damit auch eine neue Form des Berichtens über Stille und Alleinsein. In Bezug auf das Segeln zumindest war die Stille kurzlebig. In den nächsten drei Jahrzehnten wurde sie übertönt von dem öffentlichen Wunsch zu erfahren, was die Segler innerlich und äußerlich erlebten und damit »auf Tuchfühlung« zu gehen. Aufgrund von Satelliten-Navigationssystemen, effektiver Radio-Kommunikation und der globalen Erreichbarkeit von Rettungsdiensten ist es für unabhängige kleine Boote fast unmöglich geworden, sich unbemerkt auf den Weg zu machen. Die Berichterstattung über Stille hat die Stille zerstört. Wie immer sich ihr Abenteuer insgesamt gestaltet haben mag, Ellen McArthur hat bei ihrer Weltumseglung, mit der sie den Rekord brach, bestimmt keine Stille erlebt.

Einhandseglerinnen und -segler haben uns einige der besten Berichte über extreme Stille geliefert. Das kann mit der Psyche der Menschen zusammenhängen, die in kleinen Schiffen in See stechen, doch tatsächlich zählen hier wahrscheinlich ganz praktische Dinge: Langes Einhandsegeln ist ziemlich langweilig. Du befindest dich nicht ständig in den »Brüllenden Vierzigern« (seemännische Bezeichnung für ein Gebiet mit ständigen heftigen, teils orkanartigen Westwinden, Anm. d. Übers.in), noch musst du sieben Tage die Woche bei starkem Sturm den Mast hochklettern. Du hast Zeit und Raum zu brüten, nachzudenken, der Stille zu lauschen und ausführlich Tagebuch zu schreiben. Viele Eintragungen in Knox-Johnstons Tagebuch lassen gar nicht vermuten, dass er sich auf See befand:

> Auf meine übliche Runde Schwimmen folgte ein ruhiges Mittagessen, das meistens aus Kräckern und Käse oder Ähnlichem bestand, nur bei besonderen Gelegenheiten gab es dazu als extra Leckerbissen eine eingelegte Zwiebel. Die Nachmittage verbrachte ich genauso wie den Morgen und arbeitete oder las bis siebzehn Uhr, wo ich, wenn mir danach war, alles stehen und liegen ließ, um ein Bier oder einen Whisky zu trinken ... Ich reparierte die Kassette mit Stücken von Gilbert und Sullivan ... und hatte einen wunderbaren Abend.[9]

Weil es notwendig ist, für das Schiff ein Logbuch zu führen (ohne das du nicht weißt, wo du bist, oder wie du dort hinkommst, wo du hin willst), musst du dich Tag für Tag hinsetzen und deine Reise aufzeichnen. Diese Eintragungen um persönliche Berichte zu ergänzen, was sowieso dein Auftrag ist und dir diese Reise überhaupt ermöglicht, fügt sich nahtlos in den Ablauf deiner Tage ein. Du wohnst die ganze Zeit in derselben Kabine, kannst deine Papiere dort sicher verstauen und musst dein Notizbuch oder deinen Kassettenrecorder nicht Tag für Tag mit dir herumschleppen. Kontinuierlich und zusammenhängend über längere Phasen der Stille zu berichten ist auf See einfach leichter als unter den meisten anderen abenteuerlichen Umständen. Von den 1968 an der Golden Globe Regatta teilnehmenden Seglern liegt eine ganze Reihe von zuverlässigen Berichten vor, die im Wesentlichen unter ähnlichen Umständen und zur gleichen Zeit verfasst wurden. Dieses Rennen lieferte mir wichtige Anhaltspunkte für Erfahrungen mit Stille.

Natürlich gibt es noch andere Berichte. Fast jeder extreme Lebensraum findet seine eigenen Liebhaber von Stille. Ich weiß nicht, wie »extreme« geografische Gegenden und Stille zusammenhängen, denke aber, ausschlaggebend ist nicht nur, dass solche Orte wahrscheinlich ziemlich menschenleer sind. Ich weiß, dass Stille für mich durch eine ganz bestimmte optische Kargheit und Strenge gefördert wird, wenn sie nicht sogar aus dieser geboren wird. (Meine Freundinnen und Freunde sprechen hier lieber von »Trostlosigkeit«.) Inzwischen gibt es Berichte von Menschen, die in vielen verschiedenen Gegenden längere Zeit in Stille verbracht haben. Wüsten, Berge, Inseln und die Pole sind dafür ebenso beliebt wie die Meere. Auch Jacques Cousteau, der Unterwasserforscher, nannte seine Autobiografie *Die schweigende Welt*.

Es gibt auch Ausnahmen. So ist mir zum Beispiel noch nie ein Bericht über Stille im Dschungel untergekommen, obwohl viele Abenteuergeschichten dort spielen. Aufgrund meiner eigenen begrenzten Erfahrungen mit Dschungeln würde ich sagen, dass es dort einfach nicht still ist. Im Dschungel ist es laut. Die Geräusche dort treten plötzlich auf, sind alarmierend und zeugen von dichtem Leben, wenn auch nicht von menschlichem, von üppigem Wachstum, Bewegung, Überraschung. Im heißen, feuchten Dickicht eines Dschungels machen wir andere physische Erfahrungen als in der strengen, kargen Atmosphäre, die emotional offensichtlich mit Stille verbunden ist.

In der gesamten schriftlich überlieferten Geschichte der Menschheit gab es immer Einzelne, die es freiwillig und oft allein auf sich nahmen, die Stille zu suchen. Einige dieser Expeditionen hatten wichtige historische Folgen. Gautama Buddhas stille Meditation unter dem Bodhibaum irgendwann zwischen 566 und 368 v. u. Z., Jesus von Nazareths vierzigtägiges Fasten in der Wüste Sinai 33 u. Z. und Mohammed ibn Abdullahs jährliche Ramadan-Retreats auf dem Berg Hira in der Nähe von Mekka, die 610 u. Z. in seinen Offenbarungen gipfelten, sind besonders eindringliche Beispiele dafür. Die meisten stillen Abenteurerinnen und Abenteurer erzielten jedoch keine öffentliche Wirkung, oder zumindest hat uns diese nicht erreicht. Die Beweggründe für diese Abenteuer haben sich im Lauf der Kulturen und der Zeit verändert (religiös, künstlerisch, heldenhaft und eskapistisch), doch der Wunsch nach Stille ist konstant. John Hunt schrieb in seinem Vorwort zu dem Buch *Allein! Auf einsamer Wacht im Südeis*:

> Byrd beschloss, das vorgeschobene Versorgungslager zu besetzen und zwar mit sich. Er folgte dabei einem Drang, der tief in der menschlichen Natur liegt: mehr über sich selbst herauszufinden … In seinem kleinen Holzschuppen, eingeschlossen von Dunkelheit und vernichtender Kälte, hatte Byrd keinerlei Ablenkungen. Das Nichtstun in einer langen, stillen, bitterkalten Polarnacht wirft den Menschen vollkommen auf sich selbst zurück.[10]

Auch ich war auf Skye »auf mich selbst zurückgeworfen«, wenn auch nicht so extrem wie Byrd. Menschen fragten mich, was ich denn den ganzen Tag lang so mache. Ich betete und meditierte länger, als es mir zu Hause meistens möglich gewesen war. Ich las, wenn auch weniger, als ich vorher gedacht hatte. Wenn das Wetter mitspielte, wanderte ich viel, aber die ständige widrige Witterung und die frühe Dunkelheit so weit nördlich im November und Dezember erlegten mir Einschränkungen auf. Wenn ich nicht wandern konnte, fuhr ich mit dem Wagen herum und betrachtete die wilde Landschaft – die Berge wie die felsige Küste. Ich machte komplizierte Handarbeiten. Mit Gobelin-Stickerei erzeugt man in England, anders als auf dem europäischen Festland, keine Bilder, sondern fast mathematische Muster. Das verlangt endlose, präzise Wiederholungen, ähnlich wie das Stricken, doch ohne das irritierende Klappern der Stricknadeln. Und ich lauschte. Ich lauschte den vielen verschiedenen Geräuschen und ich lauschte der Stille. Ich lauschte in mich hinein und versuchte zu notieren, was ich wahrnahm. Jeden Abend hielt ich den Tag in meinem Tagebuch fest und schrieb meistens 2 000 bis 3 000 Worte.

Mir fiel im Laufe dieser vierzig Tage eine Reihe von Empfindungen auf – merkwürdige, überwiegend körperliche Empfindungen. Später stellte ich fasziniert fest, dass fast jeder und jede*, der oder die sich freiwillig längeren Phasen von Stille aussetzte, Ähnliches erlebte und dass diese Erfahrungen – aus welchen Gründen auch immer – nahezu allgemein verbreitet waren. Ich nahm mindestens acht unterschiedliche Empfindungen wahr.

Als Erstes fiel mir gegen Ende der ersten Woche auf, dass meine körperlichen Empfindungen generell viel intensiver waren. Das begann mit dem Essen. Eines Morgens kochte ich mir meinen üblichen Porridge, und als ich zu essen begann, war ich plötzlich geradezu überwältigt von der wunderbaren, köstlichen Köstlich-

---

* Meistens ist es »jeder«. Die Art von Abenteuern, von denen wir wissen, haben bis in die jüngste Zeit hinein meistens Männer unternommen. Das macht die wenigen Berichte von Frauen umso interessanter.

keit des Porridge. Ihn zu essen bereitete mir höchsten Genuss: Er schmeckte *mehr* nach Porridge, als ich mir jemals hätte vorstellen können. Die Milch war ein wenig kühler als die Getreideflocken. Ich konnte Zucker und Salz einzeln schmecken, ohne das Gefühl zu haben, beide seien nicht gut vermischt und ausgewogen. Allein schon das Kochen des Breis war ein Erlebnis gewesen. Die Blasen hatten aufs Erfreulichste geblubbert wie flüssige Lava und auf der Oberfläche kleine Mondkrater gebildet. Das war keine sublimierte sexuelle oder religiöse Erfahrung – im Gegenteil, es war durch und durch ein Geschmackserlebnis.

Noch während ich den Porridge löffelte, wurde mir plötzlich bewusst, wie gut alles geschmeckt hatte, was ich in dieser Woche gegessen hatte. Wie köstlich war es gewesen und wie viel Freude hatte mir die Zubereitung gemacht. Rückblickend mag es verrückt klingen, doch dieses »Kochen und Essen« hatte etwas Vollkommenes. Ich danke Gott heute noch, dass ich mich im Vorfeld dagegen entschieden habe, vierzig tiefgefrorene Fertigmenüs zu kaufen und in der Kühltruhe zu stapeln. Die tägliche Aufgabe oder Tätigkeit des Kochens schien extrem wichtig für mich zu sein, ähnlich wie für die Wüstenmönche das Flechten von Weidenkörben.[11] Und doch war es schlicht und einfach nur Porridge, der nicht schmeckte wie »Nektar und Ambrosia« oder das Himmlische Mahl, sondern nach Porridge! Intensiv nach Porridge.

Diese *außerordentliche Intensivierung* aller Sinnesempfindungen war die erste Auswirkung der Stille, die ich an mir selbst wahrnahm. Von ihr kann ich am zuverlässigsten sagen, dass sie eine direkte Folge der Stille war. Ich nehme an, ein Grund dafür war, dass ich Zeit und Gelegenheit hatte, mich zu konzentrieren. Doch es war mehr als das. Das ist ziemlich schwer zu beschreiben, doch gegen Mitte der zweiten Woche empfand ich alles als außergewöhnlich intensiv. Selbst heute noch, wo Porridge wieder einfach nur Porridge ist, kann ich Goldlöckchen besser verstehen, die Diebin, die aus der Dunkelheit des stillen Waldes schlüpft, den Porridge im Haus der drei Bären schnuppert und unbefugt dort eindringt. Es kann sein, dass mir vor lauter Vorfreude und Gier das Wasser im Mund zusammenläuft, wenn ich nur den Namen dieser Märchengestalt höre.

Alles, was ich aß, nahm etwas von dieser Intensität an. Ich kochte gut, gab mir mehr Mühe dabei und war achtsamer als sonst. Ich genoss die Dinge als solche und um ihrer selbst willen. Nicht dass ich besonders raffiniert kochte, ich musste mich ja auf die Zutaten beschränken, die ich eingekauft hatte, bevor ich wusste, dass das Zubereiten der Mahlzeiten zu einem so wichtigen Teil meines Tagesablaufs werden würde. Mein Geschmacksempfinden verstärkte sich einfach. Doch das galt auch für die anderen Sinnesempfindungen. Ich hörte zum Beispiel außerordentlich fein und bemerkenswert präzise.

Eines Abends fiel mir auf, dass ich plötzlich die verschiedenen Geräusche, die der Wind machte, unterscheiden und hören konnte, wie sie miteinander in Beziehung standen – wie ein Orchester. Den Wind im Schornstein zu unterscheiden vom Wind draußen war ziemlich leicht. Doch es gab noch unendlich viele weitere und subtilere Windgeräusche. Ständig änderten sich Lautpegel und Stärke des Windes. (Ich nehme an, das ist immer so, doch ich bin nicht immer aufmerksam dafür.) Wenn er abschwoll Richtung Stille (kurz aber intensiv), gab es fast lyrische Momente, die für mich wie ein Ausruhen waren. Oder es erklang nur ein einziger Ton – vom Bach oder aus dem Schornstein –, der dann anschwoll, bis er extrem wild wurde und die Dachpfannen klapperten wie Schlaginstrumente, was sich steigerte bis zum Paukenschlag. Ich konnte nicht länger so genau hinhören. Entweder verschmolzen alle Geräusche zu einem einzigen eintönigen Windgetöse, oder meine

Aufmerksamkeit wanderte weg. Dieses Hören war harte Arbeit und zugleich ein Geschenk. Doch die kurzen Augenblicke von Windstille waren köstlich und tröstlich. Ich fühlte mich völlig im JETZT und das ganz körperlich – vielleicht weil ich gefordert war, ganz aufmerksam zu sein. Ich dachte nicht über den Wind nach, sondern lauschte ihm.

Ich spürte meine Körpertemperatur präziser. Wenn ich nass wurde, mir kalt oder warm war, erlebte ich das sehr unmittelbar und umfassend. Nie zuvor war ich körperlich so müde gewesen, so aufmerksam für das Wetter, für Geräusche und die vielen verschiedenen Farben in der wilden Umgebung. Wenn wir über Gefühle oder Körperempfindungen sprechen, von ihnen »erzählen« und zum Beispiel rufen: »Schau, wie nass ich geworden bin!«, dient das offensichtlich ihrer Entladung, so als würden wir den Deckel von einem kochenden Topf heben.

Es dauerte nicht lange, bis auch meine Emotionen zu heftigen Gefühlswellen anschwollen. Tränenbäche, Gekicher, Aufregung und Angst waren der Situation oft völlig unangemessen. Wieder und wieder erlebte ich solche emotionalen Achterbahnfahrten. Wenn ich mein Tagebuch aus der Zeit noch einmal lese, staune ich vor allem darüber, dass diese Gefühlsausbrüche für mich damals offensichtlich ganz normal waren und mich nicht weiter beunruhigten. Dabei handelte es sich nicht um neue oder gar rätselhafte Empfindungen und Gefühle. Es waren die alten, nur nahm ich sie stärker wahr.

Was immer dieses intensivere Erleben bewirken mochte, es war keine persönliche Eigenart von mir. Fast jeder Bericht über Stille, den ich gelesen habe, enthält entsprechende Schilderungen. In meinem Tagebuch von damals schreibe ich, dass mich diese starken Empfindungen an die sexuellen Qualen des heiligen Antonius denken ließen. Antonius gilt im Allgemeinen als Begründer des christlichen Mönchtums und speziell der eremitischen (Einsiedler-)Spiritualität. Er wurde als Sohn einer wohlhabenden ägyptischen Familie 250 u. Z. in Oberägypten geboren. Seine Eltern starben, als er etwa zwanzig Jahre alt war. Nachdem er Vorkehrungen für die Versorgung seiner Schwester getroffen hatte, verkaufte er seinen ganzen Besitz und wurde Einsiedler, zuerst in der Nähe seines Heimatortes und später in der Wüste Sinai, wobei er immer stärker die Isolation und extreme Situationen suchte. Wenn man weiß, dass Stille körperliche Empfindungen verstärken kann, ergeben seine berühmten Kämpfe mit Dämonen durchaus Sinn. Diese erschienen ihm häufig in Gestalt junger Frauen, die sexuell verführerisch tanzten. Ihr Anblick erregte ihn so unmittelbar und heftig, dass er den Drang verspürte, aus seiner Zelle zu flüchten und sich in einen Dornbusch zu stürzen. Grundsätzlich teile ich seine Ansichten über Masturbation oder Dämonen nicht, doch ich kann verstehen, dass die gesteigerte *Intensität* von körperlichen und mentalen Erfahrungen einen Menschen dahin bringen kann, ein solches Verhalten richtig zu finden.

In der von Vater Antonius begründeten Tradition erleiden christliche Einsiedlermönche offensichtlich in einem fast bizarren Ausmaß sexuelle Qualen. (Einsiedlerinnen neigen eher zu heftigen Anfällen von Selbstverletzung; buddhistische Einsiedler scheinen anfälliger für Wutausbrüche zu sein.) Das hängt zum Teil sicher mit den ziemlich rigiden Keuschheitsgeboten in dieser Tradition zusammen, denn was am stärksten verboten ist, kommt in solchen Situationen wahrscheinlich am heftigsten hoch. Meiner Meinung nach jedoch gehen viele dieser Erfahrungen mehr noch auf die verstärkte Stille zurück: sexuelle Gefühle, mit Essen verbundene Körperempfindungen, Wärme oder Behaglichkeit sind lebhafter, oft sogar fieberhaft. Hoffen Menschen, genau diesen Gefühlen durch Stille zu entkommen, überrascht es nicht, dass sie die eigenen

Sehnsüchte schließlich als »Werk des Teufels« sehen und »dämonische Kräfte« in der Stille intensiver wahrnehmen.

Viele Menschen berichten von dieser Intensivierung durch Stille in der einen oder anderen Form. Richard Byrd, ein höchst praktisch veranlagter Mann, der meistens ziemlich sachlich schreibt, schildert den Polarabend mit folgenden Worten:

> Der Tag verabschiedet sich nicht plötzlich; die Nacht bricht nicht plötzlich herein. Vielmehr sind diese Übergänge wie eine allmähliche Steigerung, wie eine unendlich verlangsamte Flut … Der Betrachter ist sich keinerlei Eile bewusst. Im Gegenteil, er ist gewahr, dass diese Abläufe von unschätzbarer Wichtigkeit sind und mit zeitloser Geduld vor sich gehen … Dies sind die besten Zeiten – Zeiten, in denen vernachlässigte Sinnesempfindungen sich zu einem köstlichen Feingefühl erweitern. Du stehst auf der Schwelle und schaust, lauschst und fühlst einfach … Manchmal ist der frühe Abend so glasklar, dass du nicht wagst, auch nur den leisesten Ton von dir zu geben, weil er sonst zerbrechen könnte.[12]

Christiane Ritter, eine der wenigen Frauen, die über extreme Erfahrungen schreiben, schildert die 24 Stunden dauernde Nacht der Wintersonnenwende am nördlichen Polarkreis mit ähnlich schwärmerischen Worten:

> Es gibt nicht den kleinsten Schimmer von Tageslicht mehr, selbst über Mittag nicht. Der Horizont ist im weiten Umkreis eine einzige tiefe, sternenreiche Nacht. Der Mond steht während seiner gesamten Umlaufbahn Tag und Nacht am Himmel … Es ist, als lösten wir uns auf in Mondlicht, als würde das Mondlicht uns verschlingen … dieses Licht scheint mir überallhin zu folgen. Das ganze Bewusstsein ist durchdrungen von diesem Leuchten. Es ist, als würden wir in den Mond hineingezogen. Wir können seinem Leuchten nicht entkommen.[13]

Jacques Balmat, der als Erster den Mont Blanc bestieg, beschreibt, wie er bei einer früheren langen Einzelbesteigung intensiver zu hören vermochte. (Weil Balmat etwas dramatisch klingt, sollte ich hier vielleicht erwähnen, dass er in einer Höhe biwakierte, die 1786 noch als tödlich galt. Er hatte den langen Aufstieg unter anderem unternommen, um zu beweisen, dass diese Annahme falsch war, und war allein losgezogen, weil sich sonst niemand gefunden hatte, der dieses Wagnis eingehen wollte.)

> In den kurzen Pausen zwischen dem Krachen der Lawinen hörte ich in Courmayeur deutlich einen Hund bellen, obwohl der Ort mehr als anderthalb Wegstunden von dem Platz, wo ich lag, entfernt war. Das Geräusch lenkte mich von meinen Gedanken ab, denn es war der einzige irdische Klang, der mich erreichte. Gegen Mitternacht hörte das Bellen auf. Nichts blieb außer der tödlichen Grabesstille.[14]

Jon Krakauer, ein amerikanischer Journalist, der sich auf Geschichten über »die Wildnis« spezialisiert hat und selbst Bergsteiger ist, bezieht sich direkt auf diese Intensivierung der Sinnesempfindungen, als er von seiner ersten Einzelbesteigung berichtet. Um zu dem von ihm gewählten Berg zu gelangen, musste er eine lange Alleinreise unternehmen.

> Weil ich allein war, schienen selbst ganz profane Dinge bedeutungsschwanger zu sein. Das Eis sah kälter und mysteriöser aus, das Blau des Himmels klarer. Die namenlosen Gipfel, die über dem Gletscher thronten, waren größer, zauberhafter und zugleich bedrohlicher, als ich sie in Gesellschaft eines anderen Menschen empfunden hätte. Und auch meine Emotionen waren stärker: Die Hochs waren höher, die Phasen der Verzweiflung tiefer und schwärzer.[15]

Das »Weil«, mit dem dieses Zitat beginnt, liest sich für mich, als ob der Autor diesen »bedeutungsschwangeren« Zustand nicht nur als normal empfand, sondern davon ausging, dass auch seine Leserinnen und Leser das finden würden.

Ein zweites, anderes Phänomen, das mir in meiner eigenen Stille bewusst wurde und das ich auch in anderen Berichten gefunden habe, ist eine gewisse Enthemmung.

Zu den »härtesten« mir bekannten modernen Erfahrungen mit Stille gehören die sechs Wintermonate, die Augustine Courtauld in den dreißiger Jahren in einem kleinen Zelt in der Arktis verbrachte. Mehr als drei Monate lang war er eingeschneit, sodass er sein Zelt überhaupt nicht verlassen konnte, und die letzten sechs Wochen verbrachte er in völliger Dunkelheit. Seine Stille war auch deswegen total umfassend, weil er sich auf einen sehr engen Raum beschränken musste. Und er konnte, selbst wenn er gewollt hätte, keine Musik hören und nicht kommunizieren. Ich hatte ein Telefon, Byrd hatte ein pedalbetriebenes Morsecode-Radio und Knox-Johnston ein Grammophon.

Auch wenn er seine Expedition offiziell damit rechtfertigte, dass sie der wissenschaftlichen Wetterbeobachtung dienen sollte, hatte Courtauld auf diesem Gebiet keinerlei besondere Qualifikationen und ging dieser Aufgabe auch nicht weiter nach. Als die Hälfte seiner Zeit da draußen verstrichen war, ließ er seinen Spaten vor dem Zelt liegen und konnte sich keinen Ausgang mehr graben, um meteorologische Messungen vorzunehmen. Er stammte aus der Riege der Abenteurer, die englische Gentlemen waren, und sagte oder schrieb nie viel über seine persönlichen Erfahrungen. Er erklärte seine Beweggründe und Absichten lediglich mit dem Wunsch, etwas zu tun, das nicht »bloß das Übliche« war. Jung jedoch sagte über ein Foto von Courtauld, das kurz nach seinen Erlebnissen in der Arktis aufgenommen wurde, es zeige das Gesicht eines Mannes, »der seiner *Persona* ›entkleidet‹ und dessen öffentliches Selbst gestohlen worden sei, sodass sein wahres Selbst jetzt nackt vor der Welt steht.«[16]

Genau das meine ich mit »enthemmt«. Jungs Worte beinhalten

mehr als die simple Tatsache, dass du, wenn du für dich allein bist, tun und lassen kannst, was du willst. Was mit Sicherheit stimmt: Ich war ziemlich schockiert, feststellen zu müssen, wie schnell und leicht ich viele alltägliche Verrichtungen, die ich bislang als »natürlich« oder notwendig betrachtet hatte, aufgab, wie zum Beispiel mich waschen oder meine Haare bürsten. Nach kaum zwei Wochen schrieb ich in mein Tagebuch:

> Es gelang mir heute mit entsprechender Umsicht, ein heißes Bad zu nehmen, und ich fand es wunderbar, frische Unterwäsche anzuziehen! Aber mir wurde klar, dass die Menschen, die mir vorwarfen, ich sei eigentlich die geborene Schlampe, recht haben. Ich kann mich an einem heißen Bad und sauberen Unterhosen deswegen so erfreuen, weil ich weiß, dass ich mich die restliche Woche um diese Dinge nicht mehr kümmern werde! Ich denke, ich könnte leicht verwildern, ohne dabei Schuldgefühle oder Besorgnis zu empfinden.[17]

Offensichtlich erleben die meisten Menschen, die die Stille suchen, dass sie ihre übliche Körperpflege aufgeben oder strenge, verbindliche Regeln aufstellen, damit genau das nicht passiert. Das gilt selbst für Menschen, die den Raum der Stille mit anderen teilen. Manche religiösen Traditionen halten Waschen, Rasieren und sogar Ankleiden für ›weltliche‹ Eitelkeiten (es heißt, Hieronymus habe sich nie gewaschen mit der Begründung, Getaufte bräuchten keine weitere Reinigung).* Doch die meisten religiösen Gemeinschaften, die in Stille leben, haben rigorose Regeln für die persönliche Körperpflege, die Ernährung und das Verhalten

---

* Das ist komplexer, als es auf den ersten Blick aussehen mag, und zwar wegen der geselligen und gemeinschaftlichen Aspekte, mit denen das Baden und die Nacktheit in der römischen Gesellschaft verbunden waren. Es ist durchaus möglich, dass Hieronymus nur nicht mehr »in die Badehäuser« ging, statt aufhörte, sich zu waschen.

generell, was zeigt, dass das offensichtlich notwendig ist und eher die Stille als das Alleinsein die Enthemmung bewirkt. Witzigerweise gehört das zu den langfristigen Veränderungen in meinem Leben, die auf Skye ihren Anfang nahmen: Ich muss immer noch eine bewusste Anstrengung unternehmen, um ein einigermaßen akzeptables Maß an Sauberkeit und »Körperhygiene« einzuhalten. Das Leben in Stille ist verbunden mit der Freiheit, eine ganze Reihe von Überzeugungen unbefangener zu hinterfragen. Auf Skye machte ich die kuriose Entdeckung, wie stark ich Verbote wie zum Beispiel nicht laut schreien, lachen, singen, furzen, mich nackt ausziehen oder beim Essen in der Nase bohren verinnerlicht hatte. Diese Hemmungen fallen dann in unterschiedlichem Maße weg.

Aber ich denke, Jung griff etwas Tiefergehendes auf. Ich fühlte mich, als ob die Stille *selbst* mich häutete, und das Gleiche schien auch Courtauld erlebt zu haben. Als sei das Über-Ich von der Stille überrannt worden, um es salopp auszudrücken. Das ist vielleicht nicht überraschend. Wenn die zeitgenössischen französischen Psycholinguisten recht haben, ist Sprache, sind Worte das Medium, das uns dem »väterlichen Gesetz« unterwirft – der sozialen Kontrolle, die das »öffentliche« Leben für die Einzelnen erträglich macht. Es ist, als wäre die Sprache mit all ihren positiven Aspekten eine »Entschädigung« dafür, dass wir den vorsprachlichen, wohligen, egozentrischen, chaotischen und bedürftigen Zustand der Kleinkindzeit hinter uns lassen. Sprache ist ein Weg zur Freiheit wie auch zu »gutem Benehmen«. Wenn wir Sprache aufgeben – uns zurückbegeben an die stillen Orte, von denen wir als Babys vertrieben wurden –, ist es nur logisch, dass wir damit auch bestimmte soziale Regeln hinter uns lassen, die uns Orientierung geben und stärken. Die ganze Selbstkontrolle, auf deren Erlernung und Beherrschung ich so viel Zeit verwendet hatte, all die kindlichen Freuden, die ich aufgegeben hatte – und dann verließ ich diesen sozialen Ort, kehrte zurück in die Kleinkindzeit, ging hinaus in die Wildnis, überschritt »die Grenzen des Erlaubten«*. Es schockierte mich überhaupt nicht, dass mich zum Beispiel heftige und groteske sexuelle Phantasien überfielen und mir Rachegedanken kamen, die mir und anderen einzugestehen ich nie »gewagt« hätte.

Diese Enthemmung finden wir in Berichten über Stille fast durchgängig. Viele Verfasser berichten, dass ihnen soziale Normen schließlich ebenso gleichgültig waren wie die Menschen, die die sozialen Absonderlichkeiten dieser »Einzelgänger« kritisch beäugten. Am Südende von Skye lebt seit fast zwanzig Jahren Tom Leppard, der »Leopardenmann«, ein ehemaliger Soldat, ohne jeden modernen Komfort in einer Ruine. Er ist Katholik, betet täglich drei Stunden und liest viele Bücher. Leppard wurde bis vor kurzem noch im *Guinness Buch der Rekorde* als der Mann mit den meisten Tattoos erwähnt. Sein Körper ist übersät von Leopardenfellmustern, selbst auf den Augenlidern hat er Tattoos von Katzenaugen. Nackt durchstreift er ohne jede Scham seine einsame Halbinsel, die zwei Stunden Fußweg oder eine Bootsfahrt von anderen Menschen entfernt liegt. Im Jahr 2002 gab er nach seinem Ausscheiden aus der Armee eine kurze persönliche Erklärung ab:

> Ich fand es schwierig, als Zivilist wieder im Leben Fuß zu fassen. Und da ich nur Jobs mit miserablen Bedingungen und entsprechender Bezahlung fand, war klar, dass ich etwas verändern musste. Hier habe ich alles, was ich brauche. In der Stadt bin ich einsam. Hier bin ich nie einsam, und ich langweile mich auch nie. Das hier ist mein Paradies.[18]

---

* Bei dem im englischsprachigen Raum verwendeten Ausdruck *beyond the pale* steht das Wort *pale* für einen faktischen oder imaginären »Zaun«, der die Grenzen der englischen Rechtsprechung markierte – vor allem in Irland. Innerhalb des *pale* galten Gesetz und Ordnung; außerhalb davon herrschten Barbarei, Gesetzlosigkeit und Willkür.

Sein Umgang mit den Regeln und Einschränkungen, die ein
»normales« soziales Leben bestimmen, hat etwas Zeitloses, da
Menschen ihn ständig wiederholt haben, was mindestens bis zu
Johannes dem Täufer zurückreicht, der in die Wildnis ging, sich
in Kamelwolle kleidete und sich ungewöhnlich ernährte, nämlich
von den Früchten des Johannisbrotbaums.

Diese Enthemmung erklärt vielleicht auch Bernard Moitessiers
Ausstieg aus der Golden Globe Regatta, der uns auf den ersten
Blick merkwürdig vorkommen mag. Moitessier hatte von allen
Teilnehmern an diesem Rennen am meisten Erfahrung im Einhandsegeln, und seine *Joshua* war das schnellste und am besten
konstruierte Boot. Außerdem entsprach Moitessier das Einhandsegeln auf eine tiefgründige Weise mehr als einigen der Mitbewerber
um den Preis. Da er einen Hang zum Mystischen hatte – er machte
Yoga und meditierte –, waren das mit dem Rennen verbundene
Alleinsein und die Stille für ihn eher reizvoll als eine Herausforderung.

In seinem Buch *Allein auf hoher See: Abenteuer einer Weltumseglung*, in dem er über das Rennen berichtet, beschreibt Peter Nichols
Moitessier auf See:

> Dass er sich ständig in enger Gesellschaft mit den drei konstanten physischen Elementen seiner Welt befand – seinem Boot, dem Meer und
> dem Wetter –, erfüllte ihn mit Freude … ein segelnder heiliger Mann …
> Seit Kapitän Nemo hat sich niemand mehr auf See mit sich allein so
> wohl und zufrieden befunden. Das Meer hatte ihn in eine Art Ekstase
> versetzt … Tief in dessen weiter Mitte hinderte ihn nichts und niemand daran, sich voll und ganz auf das Segeln einzulassen: der Rhythmus des Meeres, das endlose Kommen und Gehen der Wellen, das tägliche wogende Vorankommen der *Joshua* … sein höchst eingeschränkter
> Aktionsradius und seine konzentrierten Empfindungen … das alles
> vermischte sich zu einem einzigen harmonischen Akkord, der in seinem Inneren laut und deutlich erklang und ihm Frieden schenkte.[19]

Moitessier kämpfte in den ersten Phasen des Rennens heftig mit. Als er den östlichen Pazifik erreichte, hatte er gute Chancen, den Preis für »die schnellste Weltumseglung« zu gewinnen und vielleicht sogar als Erster wieder im Heimathafen anzukommen. (Knox-Johnston, dem mehr am Rekord als Einhandsegler lag als an der bloßen Geschwindigkeit, war zwei Monate vor Moitessier aufgebrochen und lag in Führung, doch Moitessier befand sich mit seiner *Joshua*, die schneller war als Knox-Johnstons Boot, auf dem besten Weg, diesen einzuholen). Moitessier wusste das alles. Trotzdem »verlor« er irgendwo südlich von Tahiti schlichtweg »das Interesse« an dem Rennen. Er umrundete das Horn und statt den Kurs nach Norden einzuschlagen, segelte er einfach weiter, umrundete ein zweites Mal Kap Horn an der Südspitze Afrikas und fuhr durch den Indischen Ozean zurück in den Pazifik, um schließlich in Tahiti an Land zu gehen. Seine Erklärung für diesen ziemlich ungewöhnlichen Entschluss scheint auf den ersten Blick wenig einleuchtend:

> Ich bin wieder auf Kurs zum Pazifik gegangen ... Mir war der Gedanke, nach Europa und damit in die Schlangengrube zurückzukehren, wirklich zuwider. Natürlich gäbe es dafür gute und vernünftige Gründe. Aber ergibt es Sinn, auf einen Ort zuzueilen in dem Wissen, dass du auf dem Weg dorthin deinen Seelenfrieden zurücklassen musst? St. Helena, ja ... aber ich hätte dort nicht Halt gemacht. Ich hätte mich durch die Passatwinde gekämpft und mir gesagt: ›Sei doch kein Narr, du könntest dich ebenso gut ein wenig anstrengen und versuchen, den Preis der *Sunday Times* zu gewinnen.‹ Ich weiß ja, wie das geht. Der Versuch, ohne Zwischenstopp Tahiti zu erreichen, ist riskant, das ist mir klar. Aber im Norden wäre das Risiko viel größer ... Ich verspüre eine große Kraft in mir. Ich bin frei wie nie zuvor. Ich fühle mich mit allem verbunden und doch mit meinem Schicksal allein.[20]

Für mich klingt das wie die Enthemmung, die ich in meiner eigenen Stille erlebte und von der in vielen anderen Berichten ebenfalls die Rede ist. Die normalen gesellschaftlichen Verpflichtungen mir selbst und anderen gegenüber fallen weg, und der Weg wird frei nicht zu Selbstsucht im üblichen Sinne, sondern zu vergrabenen Wünschen und Bedürfnissen, die in der Stille zum Vorschein kommen und das Über-Ich, die patriarchalische Kontrollinstanz, überwältigen. Ähnlich wie Courtauld wird auch Moitessier seiner *Persona* ›entkleidet‹ und ihm wird sein öffentliches Selbst gestohlen, sodass sein wahres Selbst nackt zurückblieb. (Ich merke, wie ich hier in Abwehrhaltung gehe. Mich erstaunt immer noch, wie viele Menschen – auch solche, die mir nie persönlich begegnet sind – sich die Freiheit nehmen, mir zu sagen, meine Suche nach Stille sei »selbstsüchtig«.)

Und drittens erwähnt fast jeder Bericht über längere Zeiten von Stille, dass der Verfasser »Stimmen hörte«, ob er diese nun als göttliches Eingreifen oder Sprache der Verrücktheit erlebte, die ihn zutiefst erschreckte. Da ich selbst Erfahrungen mit dem Stimmenhören habe, fragte ich mich, ob die lange Stille für mich nicht bedenklich sein könne. Ich weiß, dass sich auch einige meiner Freundinnen und Freunde das fragten, als ich nach Skye aufbrach. Hätte ich vorher gewusst, dass dieses Erlebnis mit dem Verlust gewisser Hemmschwellen verbunden sein würde, hätte ich vielleicht gezögert, diese Reise überhaupt anzutreten.

Wie sich herausstellte, hätte ich mir aber diese Sorge sparen können. Obwohl viele Menschen in der Stille Stimmen hören, ist das für mich kein Beweis dafür, dass frei gewählte Stille uns verrückt macht. Tatsächlich denke ich heute, dass ich gerade, *weil* ich eine Stimmenhörerin bin, die verschiedenen Arten von Stimmen besser unterscheiden kann als andere Menschen, sodass dieses

Phänomen für mich bei weitem nicht so alarmierend ist und es mir leichter fällt, darüber nachzudenken.

Ganz gleich, ob wir das Stimmenhören als »pathologisch« oder »visionär« interpretieren (und ich bin mir nicht sicher, ob es da große Unterschiede gibt, außer aus der Sicht des Diagnostikers, sei er Psychiater oder Priester), es gibt zwei weitere Arten von Stimmenhören, die für mich etwas anders geartet sind und mit Stille zusammenhängen könnten. Die ersten Stimmen würde ich »Stressstimmen« nennen. Sie gehen darauf zurück, dass es unter extrem schwierigen Umständen zu einer Art Ich-Spaltung kommen kann. Das Ich ist in solchen Situationen weitgehend von den akuten »Schwierigkeiten« absorbiert, zu denen große körperliche Schmerzen oder schwere Verletzungen gehören können. Doch ein weiterer Teil von uns handelt weiterhin »vernünftig« und konstruktiv, um unser Überleben zu sichern. Dieser Teil der Persönlichkeit scheint sich vom Körper zu lösen und ihm von außen, das heißt als äußere Stimme, Anweisungen zu geben. Diese Stimme ist oft barsch und einschüchternd, behauptet sich aber wirkungsvoll gegen den Wunsch, aufzugeben, einzuschlafen, zu verzweifeln oder Dummheiten zu machen. In seinem Buch *Sturz ins Leere* gibt Joe Simpson, der Bergsteiger, der mit seinem Unfall durch den gleichnamigen Film berühmt geworden ist, einen sehr lebendigen Bericht von einer solchen Episode mit Stimmenhören.

Diese Reaktion auf großen Stress ist nicht unüblich und scheint nicht zwangsläufig mit Stille zusammenzuhängen. Außer in dem schlichten Sinn, dass wenn in schwierigen Situationen weitere Menschen anwesend sind, einer von ihnen und nicht der Betroffene selbst die Anregungen und Anweisungen geben würde, die Simpson von seiner *Stimme* erhielt. Es scheint sich hier um einen nützlichen Überlebensmechanismus zu handeln.

Aber es gibt noch eine zweite, vielschichtigere Art von Stimmenhören, die meiner Meinung nach eng mit Stille zusammenhängt und ein positiver Aspekt dieser Erfahrung sein kann.

In meinem Tagebuch berichte ich wiederholt, dass ich das Gefühl habe, jemanden singen zu hören. Zum Beispiel:

> Eine Frau, jung, doch kein Mädchen, singt draußen. Ich ertappe mich dabei, wie ich ihr lausche. Fast höre ich Worte. Es klingt, als sänge sie Worte, aber ich kann sie nicht verstehen. Das ängstigt oder beunruhigt mich nicht. Außer im allerersten Augenblick wusste ich genau, dass es der Wind war, den ich hörte. Tatsächlich finde ich dieses Singen unheimlicher und schöner als alles, was ich hier sonst noch höre.[21]

An einem anderen Abend hörte ich im Schlafzimmer einen Männerchor gregorianische Gesänge singen. Fast sofort war mir klar, dass das Unsinn war, denn die Akustik stimmte überhaupt nicht. Das Schlafzimmer war winzig, doch der Chor klang wie der im Benediktinerkloster Quarr Abbey auf der Isle of Wight, der hauptsächlich die täglichen Gebete singt und das wunderschön. Oder als sängen die Männer in einer weitläufigen Kathedrale und in einer größeren Entfernung als der, die zwischen der Küche, wo ich saß, und dem Schlafzimmer bestand. Doch ich hörte sie deutlich singen, auf Lateinisch, und gelegentlich erhaschte ich einige Worte.

Ich habe viel über dieses Phänomen nachgedacht. Es ist möglich, dass Menschen, die längere Zeit in Stille verbringen, plötzlich und ohne bestimmte Prädispositionen psychotische Schübe bekommen, von denen sie sofort und dauerhaft genesen, sobald sie wieder in Gesellschaft sind. Doch ich halte diese Erklärung für nicht sehr wahrscheinlich. Ich glaube, es gibt eine bessere. In seinem Buch *Der Sprachinstinkt* beschreibt Steven Pinker ein Erlebnis, das ihn kurz glauben ließ, er sei im Begriff, verrückt zu werden. Er hörte menschliche Stimmen aus einem Synthesizer, der, wie er wusste, nicht programmiert war. Dieses Phänomen heißt »Sinuswellensprache«, das heißt, man kann einen Synthesizer so manipulieren, dass menschliche Sätze hörbar werden. Stark vereinfacht ausgedrückt, erzeugen manche Kombinationen von zwei oder drei Klangbändern Geräusche, die wir als menschliche oder quasimenschliche Stimmen hören. Ich habe mich gefragt, ob die verschiedenen Windgeräusche, die ich weiter oben beschrieben habe, ähnliche Kombinationen bilden, sodass ich wie aus der Ferne diese wunderschönen Chöre »singen« hören konnte. Ich muss sagen, für mich ist das eine ziemlich komplizierte, aber auch wunderschöne Vorstellung.[22]

Um das zu verstehen, kehrte ich zu John Cages Gedanken zurück, den ich bereits im vorigen Kapitel erwähnt habe, nämlich dass es so etwas wie »wirkliche« Stille nicht gibt. Es gibt immer Geräusche und seien es nur die, die der menschliche Körper erzeugt. Nun ist das menschliche Gehirn ein enorm effizienter *Interpret* von Geräuschen. Auch wenn unser Gehör bei weitem nicht so scharf ist wie das vieler Tiere, ist unsere Fähigkeit, aus dem, was wir hören, Sinn zu bilden, phänomenal. Wir brauchen diese raffinierte mentale Fähigkeit wegen der menschlichen Sprache. Schwer aber wichtig zu begreifen ist, dass es beim Verstehen von gesprochener Sprache um die Aufgabe des Interpretierens geht und weniger um das Hören im physischen Sinne. Um ein simples Beispiel zu nehmen: In der gesprochenen Sprache gibt es *keine Hörpausen zwischen den Worten*, keine Stillephasen, wie die kleinen weißen Zwischenräume auf einer mit Worten bedruckten Seite suggerieren. Deswegen ist es so schwer, Gespräche in einer Sprache zu verstehen, die wir nicht fließend beherrschen: Beim Sprechen von Angesicht zu Angesicht oder beim Lesen können wir vielleicht gut verstehen, was gesagt/geschrieben wird, aber dem Gehirn fällt es extrem schwer zu entscheiden, wo es Lücken zwischen den einzelnen Worten ansetzen soll, wenn sie schnell und ohne vollständige »Lippensynchronisation« gesprochen werden. Tatsächlich hören wir im Englischen beim Aussprechen der folgenden Worte keine Unterschiede: »I scream« (»Ich schreie«) und »icecream« (»Eiscreme«), »some mothers« (»einige Mütter«) und »some others« (»einige andere«), »The good can decay many ways« (»Das Gute kann auf vielerlei Weise enden«) und »The good candy came anyways« (»Leckerlis gab es auf jeden Fall«). Wenn ein Wort für den Hörenden neu ist, zeigt sich der Einfallsreichtum des Gehirns besonders deutlich: »They played the Bohemian Rap City« (»Sie spielten den Bohemien-Rap-City«), schrieb ein amerikanischer High-School Student über ein Konzert, anstelle von »Bohemian Rhapsody«. Und diese Missverständnisse beruhen nicht darauf, dass Menschen »nuscheln«, wie man uns als Kindern oft vorwarf. Solche Wortpaare heißen »Homöonyme«, und offensichtlich haben besonders kleine Kinder große Freude daran. Viele Spielplatzwitze und Kinderreime greifen sie auf:

Fuzzy Wuzzy was a bear,
Fuzzy Wuzzy had no hair,
Fuzzy wuzzy wasn't Fuzzy was'e?

Das Gehirn füllt die Lücken aus, wo es notwendig ist, um aus dem kontinuierlichen Strom von Lauten (Vibrationen), die das Ohr ihm über die cochleären Nerven sendet, einen Sinn abzuleiten.

Vor allem in der »abenteuerlichen« Stille können wir beobachten, dass sich die körperlichen und emotionalen Sinnesempfindungen von Menschen intensivieren und ihre normalen rationalen Prozesse außer Kraft gesetzt sind, wenn sie mit komplexen Geräuschen bombardiert werden, während sie eigentlich auf Stille eingestellt sind. Das Gehirn ist dann ständig damit beschäftigt, den Strom des akustischen Inputs zu dekodieren. Tatsächlich existiert keine gesprochene Sprache, an der die Geräusche »abgeglichen« werden können. Das Gehirn interpretiert die Geräusche als Sprache.

Charles Lindbergh, von dem man nicht annehmen würde, dass er schizoid war, hörte Stimmen, als er die *Spirit of St. Louis* flog. Er war allein und in gewisser Hinsicht auch »still«, doch umgeben vom Motorengeräusch, dem er aus Sicherheitsgründen ständig Gehör schenken musste. Ihn packte nicht der verzweifelte Stress, mit dem Simpson zu kämpfen hatte, noch weist seine Beschreibung aufschlussreiche Ähnlichkeiten mit der von Simpson auf. Am leichtesten lassen sich die »Stimmen«, die er hörte, als Interpretationen von Geräuschen erklären.

> Erst drückt sich eine und dann eine weitere von hinten gegen meine Schulter, um die Stimme der Maschine zu übertönen … [Oder sie] kommen direkt aus der Luft, klingen klar und doch weit entfernt, legen Entfernungen zurück, die wir mit menschlichem Maß nicht messen können … [Sie] kommentieren meinen Flug und erteilen mir Ratschläge, diskutieren meine Navigationsprobleme, bestätigen mich und schicken mir wichtige Botschaften, die mich im gewöhnlichen Leben gar nicht erreichen würden.[23]

Ich schwankte lange zwischen den Informationen, die mir meine Ohren vermittelten – dass zum Beispiel in meinem Schlafzimmer ein Chor lateinische Lieder sang –, und dem intellektuellen Wissen, dass diese Stimmen eine normale Folgeerscheinung starker, wechselnder Winde und einer langen Phase stillen Alleinseins waren.

Diese Theorie wird auch dadurch bestätigt, dass solche Stimmen unter Seeleuten sehr verbreitet sind. Segelschiffe sind besonders laut, und die Geräusche an Bord sind genau von der Art, wie das Gehirn sie »gern« bearbeitet. Sie treten unregelmäßig auf und sind nicht so leicht und schnell zu identifizieren (anders als, sagen wir, ein bellender Hund oder ein Auto). Peter Nichols beschreibt, wie Knox-Johnston mit seinem Schiff in einen Sturm geriet:

> Das eigenartige Geräusch, das starker Wind in der Takelage eines Bootes erzeugt, welches sich bei Sturm auf See seinen Weg bahnt, findet keine Entsprechung in der Welt des Festlands, wo lange elektrische Leitungen und Telefonkabel ohne größere Spannung über der Erde verlaufen. Die Tonstärke des Windes, der in diesen Drähten und Kabeln heult, ist gedämpft und erzeugt keine variationsreichen atonalen Akkorde. Die *Suhaili* hingegen war mit dreißig oder noch mehr einzelnen langen Drähten und Seilen ausgestattet, die sich wie ein Spinnennetz an ihrem Mast hochwanden und mit beträchtlicher Spannung fest darum gebunden waren.[24]

Knox-Johnston Klage, das »scheußliche, unheimliche Kreischen« der *Suhaili* sei »schwer zu ertragen« und »zerre an seinen Nerven«, kommt nicht überraschend.

Einhandsegler gehen davon aus, dass sie auch ohne Sturm »Stimmen hören« werden, vor allem die ihrer Yacht. Bill Howell vermerkte bei einem Rennen von Einhandseglern 1972 in seinem Logbuch: »Gewöhnliche Stimmen in der Takelage riefen in ziemlich hohen Tönen: ›Bill, Bill‹.«[25]

Ann Davison, die ihr Segelboot nach dem Tod ihres Mannes allein nach Hause brachte, notierte: »Die *Reliance* sprach mit vielen hohen, dünnen Stimmen, die hinter Balken, unter Bodendielen und überall um mich herum unaufhörlich plapperten, schwatzten, brabbelten und mit Gnomengelächter aufkreischten.«[26]

Wenn ich diese Stimmen, die Menschen in der Stille hören, auf die spezielle Funktionsweise des menschlichen Gehirns zurückführe, ist das keine reduktionistische »Erklärung«, denn der Inhalt, die *Bedeutung* dessen, was solche Stimmen tatsächlich sagen, hängt völlig von demjenigen ab, der sie hört, sowie von der Stimmung, in der er sich zu dem Zeitpunkt befindet. Ich möchte hier einige der negativen Vorstellungen von Menschen, die Stille mit Verrücktheit gleichsetzen, aus dem Weg räumen. Nur dann ist es möglich, den hier geschilderten Interpretationen dieser Stimmen und damit der Bedeutung, die sie für das Herz und den »stillen Geist« haben, unvoreingenommen zu lauschen. Hier wird meiner Meinung nach ganz deutlich, dass die Interpretationen dieser Stimmen durch das Gehirn unter großem Druck wie bei Angst oder Einsamkeit sicher bösartiger ausfallen, als die Interpretationen, die es in einem friedlichen Zustand, bei Freude oder im Gefühl des Einsseins mit dem Universum vornimmt.

Viertens berichten Menschen, die die Stille *genießen* (was bei weitem nicht für alle gilt, die diese Erfahrung machen), häufig von einer großen Freude, die sich anfühlt, als wäre sie »von außen« an sie herangetragen und ihnen einfach »gegeben« worden.

In meinem Tagebuch finden sich auf Skye, vor allem in der zweiten Hälfte der sechs Wochen dort, mehrere Eintragungen, in denen ich von intensiven Glücksgefühlen berichte, die verbunden waren mit der starken Überzeugung, dass diese Momente ein reines Geschenk waren. Ich hatte nichts getan und hätte auch nichts tun können, um dazu beizutragen oder diese Gefühle zu wiederholen. Ich hatte nur die Möglichkeit, sie zu genießen.

An einem besonders strahlenden Tag, der nahezu golden leuchtete und an dem zauberhafte Wolkengebilde am Himmel standen, wanderte ich an dem kleinen Bach entlang, der oberhalb des Hauses fließt. Es war schneidend kalt, doch nicht so windig wie üblich. Am obersten Punkt des Tales verläuft die Wasserscheide zwischen Glenbrittle und Sligachan. Für mich war das ein eigenartiger und unheimlicher Ort. Das Wasser, das vom Hügel oben herabfließt, sammelt sich hier in zwei winzigen Seen (Lochs) und fließt aus deren beiden Enden nach Norden und Süden. Im Laufe der Jahre hatten Wanderer hier einen großen Steinhügel aufgeschichtet, einen stummen Zeugen für jeden, der sich an diesem stillen Ort erfreut hat. Weit unten fließt der Fluss in theatralischen silbernen Schlaufen und Windungen hin zum Meer. Statt dem Pfad nach unten Richtung Glenbrittle zu folgen, kletterte ich hoch zu dem Kessel mit seinen steilen Wänden. Mit den fast senkrecht zu beiden Seiten aufragenden Bergen war das ein geschützter und prachtvoller Ort aus schimmerndem Fels und Geröll. Weiter unten blinkten winzige Wasserlachen, die aussahen, als hätte jemand wie im Spiel eine Handvoll schimmernder Münzen dort hingeworfen. Ich setzte mich auf einen Stein und aß Käsebrote – und hielt mich für einen *vollkommen* glücklichen Menschen. Alles, was mich umgab, war so gewaltig. Und so wild, leer und frei.

Und dann war es, als würde ich plötzlich und unerwartet einen anderen Gang einlegen. Es gab mich und die Landschaft nicht mehr, wir waren eins: so verbunden, als hätte ich keine Haut mehr. Ja, mehr als das – als hätten sich die Moleküle und Atome, aus denen ich bestehe, mit den Molekülen und Atomen vereinigt, aus denen die restliche Welt gemacht ist. Ich fühlte mich allem absolut verbunden. Ich kann mich nicht erinnern, dieses außergewöhnliche Gefühl von Verbundenheit seit meiner frühen Kindheit zu irgendeinem anderen Zeitpunkt je wieder empfunden zu haben.

Dieses Gefühl, mit dem ganzen Universum und besonders seinen natürlichen Erscheinungsformen verbunden zu sein, war zentral für die Romantik. In der Poesie dieser Epoche taucht es wieder und wieder auf, fast immer im Zusammenhang mit Orten der Stille oder Erlebnissen mit Stille in der Welt der Natur. Ein bekanntes Beispiel dafür ist das von dem berühmten englischen Dichter William Wordsworth verfasste Gedicht »Als wenn ein Schlaf mich hat betört«:

> Erfaßt vom Kreiseln dieser Erde
> mit Fels und Stein und Baum.[27]

Dieses »Geschenk« wird als inneres Einssein erlebt – das ganze Selbst ist beteiligt und *weiß* um sich, weiß auf ganz neue Weise um sich als Subjekt – *und* als Erfahrung, dass dieses Selbst mit etwas Umfassenderem verbunden ist. Dieses Gefühl, so würden wir denken, kennt natürlich jeder Mensch, der sehr gläubig ist – ganz gleich welcher Religion er angehört –, und es ist besonders jenen vertraut, die in der Stille genau danach suchten. Das ist ein gutes Beispiel dafür, dass es nützlich sein kann, uns nicht nur religiöse sondern auch andere Beschreibungen von Stille anzuschauen. In vielen Berichten über Stille von Menschen, die kein religiöses Anliegen haben, finden wir mehr oder weniger die gleichen Gefühle beschrieben. Und das lässt mich vermuten, dass es sich hier nicht nur um religiöse Ekstase, sondern um eine Resonanz auf Stille als solche handelt, auch wenn erstere viele Auslegungen zulässt. Richard Byrd, der über den Einbruch der Polarnacht sinniert (und nicht einfach nur über den ›Abend‹), beschreibt die Erfahrung, dass alles miteinander verbunden ist, mit einer nahezu mystischen Sprache:

> Der Tag war im Sterben begriffen und die Nacht wurde geboren – doch das geschah überaus friedlich. Hier waren die unergründlichen Abläufe und Kräfte des Kosmos' harmonisch und lautlos am Werk. Und dann entstand aus dieser Stille, dieser Harmonie, ein sanfter Rhythmus, der Spannungsbogen eines vollkommenen Akkords, die Musik der Sphären vielleicht. Es reichte, diesen Rhythmus flüchtig zu erhaschen, um selbst Teil davon zu werden. In einem einzigen Augenblick spürte ich, dass der Mensch ganz ohne Zweifel mit dem Universum eins ist … Das Universum ist Kosmos, nicht Chaos; und der Mensch ist ebenso rechtmäßig Teil dieses Kosmos' wie die Nacht und der Tag.[28]

Auch Moitessier spricht ausführlich über die Erfahrung des Einsseins, die er auf See oft machte, besonders in seinem Film *Song of the Siren*:

> Mann und Boot gab es nicht mehr, sondern nur Mann-Boot, Boot-Mann … Was andere vielleicht Isolation nennen würden, nenne ich Kommunion. Die Dinge, die beim Start noch wichtig waren, waren es nun nicht mehr … Ich möchte diesen Weg weitergehen, denn es gibt da noch viel mehr zu entdecken.[29]

Noch ausführlicher berichtet Moitessier von der ungewöhnlichen Begegnung mit einer Schule von über hundert Tümmlern, die er sah, als er an der Südküste Australiens entlangsegelte. Die Tiere verhielten sich ganz offensichtlich nicht normal, sondern waren »nervös« und aufgeregt. Einige von ihnen brachen immer wieder schnell nach rechts aus, um dann zur Gruppe zurückzukehren und diesen Ausbruch zu wiederholen, was Moitessier fast wie ein militärisches Manöver vorkam. Er beobachtete sie, gebannt und verblüfft, bis er zufällig einen Blick auf seinen Kompass warf und sah, dass die *Joshua* bei umschlagendem Wind vom Kurs abgekommen war und direkt auf Stewart Island zufuhr, eine felsige Erhebung, an der seine Yacht sehr wohl hätte zerschellen können. Sobald er wieder auf Kurs war, schienen die Tümmler das »zu feiern«, um dann zu verschwinden. Er schrieb:

> Zum allerersten Mal empfinde ich einen solchen Frieden – einen Frieden, der zur Gewissheit geworden und ebenso wenig erklärlich ist wie Glaube. Ich weiß, ich werde mein Ziel erreichen und finde das zu meiner eigenen Verblüffung völlig normal: Das ist das Großartige, diese absolute Gewissheit ohne jeden Stolz, ohne Angst oder Erstaunen. Das ganze Meer singt, wie ich es nie zuvor habe singen hören, und das erfüllt mich mit etwas, das Frage und Antwort zugleich ist … Dank der Tümmler und der Märchen, die mir halfen, die Zeit der allerersten

Anfänge, wo die Dinge ganz einfach sind, neu zu entdecken, werde ich das Horn umrunden … Frei nach rechts, frei nach links, frei in alle Richtungen.[30]

Christiane Ritter schreibt über ihre Polar-Erfahrungen:

> Ich lege mich in meinem kleinen Zimmer hin, wo das Mondlicht durch die schmalen Fenster, an denen der Schnee hochwächst, wie durch einen grünen Filter in den Raum fällt. Weder die Wände noch das Dach der Hütte können mir die Phantasie nehmen, dass ich selbst Mondlicht bin und über die Gipfel und Kämme der Berge und durch die weißen Täler gleite.[31]

Auch wenn er eindeutig ein Sachbuchschreiber ist, berichtet Geoffrey Williams, ein weiterer Einhandsegler, von einer sehr ähnlichen Erfahrung:

> Ich war nicht länger der Steuermann der *Lipton*. Ich wurde zu einem Teil von ihr. Ich war ein Glied der *Lipton*, ein weiteres Segel, ein weiteres Ruder – das Schiff und ich waren eins. Aber die *Lipton* war Teil des Bildes, also wurde auch ich Teil des Bildes. Ich schaute nicht mehr von außen nach innen, sondern von innen nach außen. Ich war Teil des Chores, war weder Dirigent noch Zuhörer, sondern sang mit als Teil von allem, was mich umgab.[32]

Dieses Gefühl von einer umfassenden Verbundenheit, von Einssein mit allem, ist so zentral für den Kern des mystischen Gebets, dass die sachliche Lässigkeit, mit der viele dieser Abenteurerinnen und Abenteurer von ähnlichen Erfahrungen berichten, beim Lesen dieser Zeugnisse befremdlich sein mag. Oft klingen sie kaum überrascht oder sogar beiläufig, obwohl die Berichtenden diese Momente, geboren aus der eigenartigen Mischung von Mut und Stille, häufig als äußerst kostbar und wichtig erleben.

Wenn du dich auf einer tiefen Ebene mit dem Kosmos eins fühlst, verwischen sich wahrscheinlich auch für dich die Grenzen.

Das war die fünfte Empfindung, die mir bewusst wurde. Wenn ein Mensch eins mit und Teil von *allem* ist, dann ist nicht länger klar, wo er selbst beginnt und endet.

In *Julie oder Die neue Héloïse* beschreibt Jean-Jacques Rousseau, der einflussreiche französische Philosoph und Autobiograf, ziemlich genau, was ich meine:

> Hügellandschaften haben etwas Magisches und Übernatürliches an sich, was Geist und Sinne in seinen Bann schlägt. Man vergißt alles andere, vergißt sein eigenes Sein, *man weiß nicht länger, wo man steht.*[33]

In gewisser Weise ist diese Empfindung lediglich eine Erweiterung der Verbundenheit oder des Gefühls, dass in der Stille alles einfach »gegeben« ist, so wie ich es gerade erläutert habe, nur dass diese Auflösung der Grenzen meistens weniger ekstatisch und viel bewusster erlebt wird. Während die sechs Wochen dahingingen, begann sich mein Gefühl, von allem, was mich umgab, unterschieden zu sein, allmählich aufzulösen und damit die präzise Wahrnehmung all der externen Faktoren, die unser Gefühl von Grenzen stützen.

Für mich gehörte die klare, wenn auch künstliche Markierung des Vergehens der Zeit zu den ersten Dingen, die unter dem »Druck« der Stille wegfielen. Während ich mich immer tiefer auf meine Zeit der Stille einließ, fiel es mir zunehmend schwerer zu spüren, wie die Zeit verging. Ich verlor das »übliche« Empfinden dafür, wie lange ich etwas tat oder warum ich mit einer Tätigkeit hätte fortfahren oder aufhören sollen. Das fühlte sich nicht an wie geistige Abwesenheit. Verstärkt wurde dieses Schwinden des Zeitgefühls wahrscheinlich dadurch, dass die Tage so lange dunkel waren. Das macht mir bewusst, wie besessen wir alle von Uhren sind, die unsere Tage rituell markieren, sodass uns – ähnlich wie das weiße Kaninchen in Alices Wunderland – die Angst packt, wenn wir Zeit »verlieren«. Es ist heilsam, sich einmal klarzumachen, dass dieser Umgang mit Zeit noch gar nicht so alt ist: Bevor in Großbritannien das Schienennetz verlegt wurde und entsprechende Zeitpläne erforderlich wurden, gab es keine »nationale Einheitszeit«. Die Zeit richtete sich nach dem Tageslicht, und die Oxford-Zeit war zum Beispiel fünf Minuten später als die London-Zeit. Als ich diese Zusammenhänge erst einmal begriff, fand ich das sehr befreiend. Dieses Gefühl von Freiheit war mit einer fast kindlichen Frechheit oder Sorglosigkeit verbunden. Anfangs hatte ich die Uhr aus dem Zimmer verbannt, in dem ich mich tagsüber aufhielt, weil ihr lautes Ticken die Stille zu stören schien. In den ersten Wochen flitzte ich ständig nach nebenan, um zu sehen, wie spät es war, doch allmählich wurde mir das immer unwichtiger.

Von all den Empfindungen, die ich bislang erläutert habe, erleben Seeleute diesen Verlust des Zeitgefühls seltener als andere. Ich vermute, der Grund dafür ist die Navigation, insbesondere vor Einführung des GPS (das globale Satelliten-Positionierungssystem, das ein kleines Boot mit absoluter Präzision vom Boot selbst aus und aus der Entfernung orten kann), die ein ständiges Registrieren von Zeit und Ort erfordert. Donald Crowhurst gab in seinen letzten Tagen das Navigieren auf und hatte daraufhin – seinen Notizbüchern nach zu urteilen – sofort das Gefühl, dass die Zeit von ihm abfiel. Mit Rousseau ausgedrückt: Er wusste in ganz konkretem Sinne nicht mehr, wo er stand.

Viele Menschen, die Stille und Alleinsein suchen, finden es schwer, mit dieser Verwirrung zurechtzukommen. Immer wieder stieß ich auf Berichte, deren Verfasser beträchtliche Anstrengungen unternahmen, um die Zeit im Auge zu behalten. Sie teilten sich ihre Tage streng ein, legten für verschiedene Aktivitäten genaue Zeiten fest und fanden Wege, Uhren und Tagebücher zu ersetzen, indem sie die Tage mit einer Kerbe auf einem Stock oder mit einem Stein auf einem Steinhügel markierten und sich bestimmte »Aufgaben« stellten oder diese zumindest planten. Ich hingegen genoss diesen Verlust des Zeitgefühls. Ich denke, es gibt zwei Gründe dafür, dass ich dieses Phänomen nicht nur interessant fand, sondern auch als höchst angenehm erlebte. Erstens befand ich mich in völliger Sicherheit. Ich wusste genau, wie lange ich an diesem Ort sein würde, und hatte jeden Grund zu der Annahme, dass jemand nach mir schauen würde, sollte ich vollständig die Orientierung verlieren und nach sechs Wochen nicht wieder auftauchen. Außerdem hatte ich für den Notfall ein Telefon, und ich besaß auch eine Uhr und hatte sogar eine weitere im Wagen. Der zweite Grund ist komplexer: Wenn ich an einen Gott glaube, der ewig ist und das heißt auch außerhalb der Zeit, komme ich ihm näher, bin ich mehr von ihm durchdrungen, wenn die Zeit an Bedeutung verliert und mein Zeitgefühl sich auflöst. Gott als Zeit verliert an Wichtigkeit und ich empfinde ihn weniger als Zeit. Fast alle Menschen, die voller Freude erlebt haben, dass die Zeit aufhört zu existieren, waren religiös. Für uns ist das Wegfallen der Zeit ein positives, vertrautes »Anzeichen« für eine mystische Erfahrung, die oft auch als »Trance« beschrieben wird.

Das Verschwimmen von Grenzen äußerte sich für mich noch in anderer Form, nämlich in einer merkwürdigen Unfähigkeit, zwischen meinen eigenen Worten und den Worten anderer Menschen zu unterscheiden. Ich habe ein sehr gutes Gedächtnis, vor allem in Bezug auf Poesie, und gewöhnlich weiß ich genau, ob Wortschöpfungen von mir oder aus meinem Gedächtnisspeicher stammen. Das ist für mich als Autorin, deren Literatur häufig durch das Umschreiben älteren Textmaterials entsteht, ganz entscheidend. Wenn ich hier nicht klar trennen könnte, würde ich ernste Probleme bekommen und Plagiate riskieren oder starke Zweifel an meiner Zuverlässigkeit wecken. Doch zu der Zeit, als ich mich tiefer auf die Stille einließ, enthält mein Tagebuch immer häufiger Sätze, Ausdrücke und sogar ganze Passagen, die eindeutig Zitate sind, ohne dass mir das bewusst gewesen wäre und ich sie als solche deutlich hervorgehoben hätte. Es fehlen hier nicht nur Anführungsstriche oder andere Markierungen, sondern drei oder vier Gedichtzeilen fügen sich (ohne Zeilensprünge) nahtlos in die fließende Prosa meiner eigenen Sätze ein. Rückblickend fühlt sich das an, als sei die Grenze zwischen »kreativem« Schreiben und Gedächtnis durchlässig geworden.

Einige Zeit später, als ich nicht mehr ohne Weiteres unterscheiden konnte, was sich in meinem eigenen Geist und was sich »draußen« abspielte, machte ich eine Reihe von merkwürdigen Erfahrungen. In der vierten Woche verzeichnet mein Tagebuch mehrere solcher Erlebnisse, von denen das folgende am prägnantesten ist:

> Ich hörte ein Auto den Weg zum Haus hochkommen und sah durch das Fenster einen weißen Lieferwagen vorbeifahren. Dann passierte nichts weiter. Ich war wütend über diese Störung. Doch dass jetzt nichts weiter geschah – kein Klopfen an der Tür, keine weiteren Geräusche von draußen –, war merkwürdig. Dann hörte ich mehrere durchdringende Pfiffe. Ich versteckte mich vor einem möglichen Eindringling in meinem Schlafzimmer, und als ich von dort aus dem Fenster schaute, erblickte ich einen Schäferhund. Nur dass es nicht wirklich ein Schäferhund war, sondern ein kleiner Terrier, der jedoch am anderen Ufer des Baches als Hütehund in Aktion war. Ich zog meine Jacke an, um nach draußen zu gehen. Der Wind heulte, und der Regen peitschte vom Himmel. Ich blieb an der Tür stehen. Der Hund hielt vier Schafe in Schach, die sich am anderen Ufer des Baches zusammendrängten, und auf meiner Seite stand ein Schäfer. Keinesfalls ein romantischer Schäfer, weder ein biblischer noch ein »knorriger Highlander«, sondern ein schmuddeliger Typ mit einer blauen Wollmütze. Als er mich sah, rief er den Hund, der von den Schafen abließ und sich durch den aufspritzenden Bach seinen Weg zurück erkämpfte. Der Schäfer

lächelte mich an und sagte: »Ich habe nach einem verirrten Schaf gesucht.« Dann kehrte ich ins Haus zurück, und er und der Hund, nehme ich an, stiegen wieder in den weißen Lieferwagen (der auf der Fahrerseite eine große Delle hatte) und fuhren weg. Ich sagte die ganze Zeit kein Wort.

Das Beängstigende ist, dass ich mir schon nach wenigen Minuten nicht mehr sicher war und mir *heute immer noch* keinesfalls sicher bin, ob das alles tatsächlich geschehen ist, oder ich es halluziniert oder mir nur eingebildet habe. Das Verhalten des Mannes war völlig unsinnig. Später an jenem Tag war ich über dieses Erlebnis äußerst bestürzt und verstört, also versuchte ich einen kleinen »Realitätscheck« zu machen: Meine Jacke war knochentrocken. (Aber ich hatte ja den schützenden Türeingang auch nicht verlassen und überprüfte die Jacke erst mehrere Stunden später, weil ich nicht gleich daran gedacht hatte.) Sollte das eine Halluzination gewesen sein, war sie merkwürdig weltlich und lächerlich detailgetreu. Doch obwohl ich mich an die Delle im Wagen und die blaue Wollmütze erinnerte, fielen mir keine weiteren Einzelheiten ein, wie lokaler Akzent/weitere Kleidungsstücke/Körperhaltung oder wo der Mann überhaupt gestanden hatte. Und wenn er »real« war, was zum Teufel hatte er dann hier gewollt? Warum sollte ein Mensch bei diesem Wetter einem verirrten Schaf nachjagen oder seine Suche so schnell wieder aufgeben? Ehrlich gesagt, ich weiß es nicht.

Noch interessanter scheint mir zu sein, wie wenig mich dieses Erlebnis tatsächlich alarmierte. Wenn ich das Tagebuch als Ganzes lese, fällt mir auf, mit welcher Unbekümmertheit, ja sogar mit welchem Vergnügen, ich Vorkommnisse wie diese, die mich in meinem Leben vor der Stille als erste Anzeichen von Wahnsinn entsetzlich aufgeregt hätten, offensichtlich hingenommen habe.

Ich frage mich jedoch weiterhin, wie oft Menschen dieses Gefühl, das klare Gespür für die eigenen Grenzen zu verlieren, *körperlich* erleben. Die meisten extremen Situationen wie Wüstenträgheit, Tiefenrausch oder Höhenrausch sind mit dem körperlichen Phänomen verbunden, dass das normale Selbstschutzbewusstsein nicht mehr richtig funktioniert. In all diesen Fällen gibt es dafür logische körperliche Erklärungen (Dehydrierung, Druck, Sauerstoffmangel). Trotzdem scheinen auch diese Situationen mit bestimmten emotionalen Symptomen einherzugehen. Mein Tagebuch berichtet häufiger von entsprechenden Erfahrungen:

> Von Tag zu Tag fällt es mir leichter, still zu sein und mich in die Stille hineinsinken zu lassen. Schwerer ist es hingegen, körperlich in Gang zu kommen. Sobald ich ausschreite, fühle ich mich wunderbar – energiegeladen, lebendig, geistig klar, körperlich gut, »frisch« –, und doch verspüre ich Widerstände gegen das Wandern, die ich in den letzten Tagen auf das Wetter zurückgeführt habe. Aber heute kann das nicht stimmen, denn heute ist der Tag mit dem besten Wetter, das ich hier bislang hatte. Ich sitze da, die Zeit vergeht, und das macht gar nichts. Ich fühle mich wie leicht betrunken, bin beschwingt, aber irgendwie unkoordiniert, oder einfach verträumt, wie in Trance und völlig unbekümmert. Wie im Tiefenrausch. Genau so fühle ich mich heute.

Jacques Cousteau war der erste Tiefseetaucher überhaupt und erfand den Begriff »Tiefenrausch« (*l'ivresse des grandes profondeurs*), um die Stickstoff – oder Inertgasnarkose zu beschreiben – so der wissenschaftliche Begriff für ein Phänomen, das Tiefseetauchern zu schaffen macht und das meiner Erfahrung nicht unähnlich war.

> Das erste Stadium besteht in einer leichten Anästhesie, bei welcher der Taucher zum Gott wird. Denkt er, ein vorbeischwimmender Fisch brauche Luft, kann es sein, das der Taucher sich seinen Sauerstoffschlauch oder sein Mundstück abreißt, um dem Fisch ein großzügiges Geschenk zu machen ... Ich persönlich bin ziemlich empfänglich für diesen Rausch. Ich liebe ihn und fürchte ihn wie ein Verderben. Er zerstört den Lebensinstinkt.[34]

Dieser »Rausch« lässt sich auf einen völlig erklärlichen biologischen Prozess zurückführen. Doch der emotionale Aspekt dieser Erfahrung kommt dem, was ich selbst in entsprechenden Situationen empfunden habe, sehr nahe, was die Vermutung rechtfertigt, dass die Stille hier mit hineinspielt.

In seinem Buch *Die Welt des Schweigens* zitiert Max Picard, der deutsche Existenzialist, der großen Einfluss auf Thomas Merton hatte, einen gewissen Goutran de Procius:

Hier im Land der Eskimos gibt es keinen Wind in den Bäumen, denn hier gibt es keine Blätter. Kein Vogel singt. Kein fließendes Wasser ist zu hören. Keine verängstigten Tiere fliehen in der Dunkelheit. Es gibt keinen Stein, der sich unter menschlichen Füßen lockern und das Flussufer hinunterpoltern könnte, denn alle Steine sind eingemauert vom Frost und unter Schnee begraben. Und doch ist diese Welt bei weitem nicht tot: Nur dass die Geschöpfe, die in dieser Abgeschiedenheit zu Hause sind, geräuschlos und unsichtbar sind.

Diese Stille, diese Verlassenheit, die mich zunächst beruhigte und meinen überstrapazierten Nerven guttat, senkte sich allmählich schwer wie Blei auf mich. Unsere innere Lebensflamme zog sich immer tiefer zurück bis an einen geheimen, verborgenen Ort, und unser Herz schlug immer langsamer. Der Tag würde kommen, an dem wir uns würden schütteln müssen, damit unser Herz weiterschlägt. Wir versanken tiefer und tiefer in dieser Stille, waren wie gelähmt davon. Wir befanden uns auf dem Grund eines Brunnens, und es schien unvorstellbar schwer zu sein, uns aus diesen Tiefen selbst hochzuziehen.[35]

In großer Höhe verlieren Bergsteiger ihr Urteilsvermögen, vernachlässigen sich und verlieren jede Vorsicht, verhalten sich, als »wären sie betrunken«, oder lassen selbst die rudimentärsten und eingefleischtesten Sicherheitsmaßregeln außer Acht. Bei starker Kälte verliert der Geist die Orientierung. Der Wunsch, sich »hinzukuscheln und zu schlafen« und sich den wirren Gedanken einfach wohlig zu überlassen, ist hier sehr verbreitet – neben den physiologischen Auswirkungen des Sauerstoffentzugs, die offenkundiger sind.³⁶

Mir geht es darum, deutlich zu machen, dass es außer diesen körperlichen Erscheinungen noch bestimmte mentale oder psychische Reaktionen auf die Stille gibt. Viele Berichte schildern, wie das Zeit- und/oder Raumgefühl verloren geht und auch die Unterscheidung zwischen schwer/leicht und oben/unten wegfällt. Fallen und Fliegen können zu Synonymen werden. Doch noch verbreiteter und tiefgreifender ist die Erfahrung, dass sich die Grenzen zwischen dem Selbst und Anderen (oder Ich und Du) verwischen. Meistens bereitet das Ich diesem Zustand ein Ende, indem es sich neu behauptet. Wird er jedoch beendet, erleben die Betreffenden das als enormen Verlust, den sie betrauern. Diese Erlebnisse sind natürlich ein zentraler und klassischer Aspekt der mystischen Erfahrung, den wir in den Schriften dieser Tradition im Osten wie im Westen nachverfolgen können. Am deutlichsten brachte ihn Teresa von Ávila, die Mystikerin aus dem 16. Jahrhundert, zur Sprache, da sie ihr Leben lang über das mystische Gebet geschrieben hat. Sie bezieht sich direkt auf ihre persönlichen Erfahrungen, wenn sie solche Verwirrungen schildert, wozu auch die Levitation, ein trance-ähnlicher Verlust des chronologischen Zeitgefühls und das Fliegen (in den Klauen eines Adlers) gehört. Mit diesen Erfahrungen sind bestimmte körperliche Veränderungen verbunden: Das Gewichtsempfinden verändert sich, sie hat das Gefühl, dass ihre Glieder sich auflösen, ihr Körper in Stücke zerfällt, schrumpft, größer wird, sich verzerrt oder von der Lanze eines Engels durchbohrt wird. (Die letzte Erfahrung ist aufgrund von Berninis Statue *Die Verzückung der heiligen Theresa* am bekanntesten.)

Wir leben in einer Kultur, die mit Stille Wahnsinn assoziiert. Es ist also möglich, dass das berauschende Gefühl von Wagnis, das mit Stille verbunden wird, nichts anderes ist als die kulturell eingeflößte Furcht vor dem Verrücktwerden. Trotzdem taucht diese emotionale Reaktion in entsprechenden Berichten ziemlich durchgängig auf und gehört, wie ich herausfand, zu den sechs positiven Auswirkungen von Stille. Dieses Gefühl ist nicht gleichzusetzen mit Angst oder Schrecken. Viele Menschen, zu denen auch ich gehöre, empfinden es als positiv und aufregend. Mehrmals verzeichne ich in meinem Tagebuch freudig, dass mir das Risiko dessen, was ich da vorhatte, durchaus bewusst war und ich mich diesem Wagnis in diesem Bewusstsein aussetzte. Für mich war das Risiko ein zweifaches – zum einen die Gefahr, dass ich aufgrund der Enthemmung etwas sehr Dummes tun würde oder dass mir das Gefühl für die eigenen Grenzen so sehr verloren ging, dass ich tatsächlich dem Wahnsinn verfiel. Trotzdem ist dieses berauschende Gefühl für mich wie für andere weiterhin ein eindringlicher und positiver Aspekt von Stille.

Die meisten von uns machen in ihrer Kindheit die Erfahrung, dass bestimmte Wagnisse merkwürdig *aufregend* sein können. Im späten 17. Jahrhundert kam dieses Schaudern vor erregter Angst geradezu in Mode und galt als ein Aspekt der Ästhetik des Erhabenen: »ein verzückter Schrecken, eine schreckliche Freude«.[37] Dieses Gefühl kann als solches süchtig machen und ist wahrscheinlich einer der Gründe dafür, dass Menschen die Stille immer wieder mit Verhaltensmaßregeln und Anordnungen umgeben.

In seinem ausgezeichneten Buch über die Geschichte der Emotionen und Phantasien in Bezug auf das Bergsteigen, *Berge im Kopf*[38], widmet Robert Macfarlane ein Kapitel dem, was er »Die Suche nach Angst« nennt. Er hält sich nicht groß auf bei erhabenen Wagnissen. Sein zentrales Thema ist, dass die Berge Menschen töten, und wenn wir nicht immer noch falschen Vorstellungen von Heldentum und Grandiosität nachhingen, würden wir solche Sentimentalitäten meiden. Über viele Helden der Romantik und ihre gezielte Suche nach diesen Empfindungen macht er sich sehr gekonnt lustig. Doch weil er sich ausschließlich auf die Geschichte des Bergsteigens konzentriert, denke ich, dass Macfarlane hier etwas entgeht. Dieser »verzückte Schrecken, eine schreckliche Freude« ist geschichtlich viel älter, als er behauptet. Tatsächlich waren diese Empfindungen die vorherrschende Reaktion auf Begegnungen mit dem Göttlichen. Moses hütete draußen in der Wildnis (der Wüste) die Schafherde seines Schwiegervaters, als er einen »Busch brennen« sah, »ohne dass die Flammen ihn verzehrten«. Moses war natürlich fasziniert von diesem Anblick und »sah sich um«, um herauszufinden, was da vor sich ging. Doch als der Busch ihm offenbarte, er sei »der Gott Abrahams, der Gott Isaaks und der Gott Jakobs«, verbarg Moses sofort sein Angesicht, denn »er fürchtete sich, Gott anzuschauen«.[39] Als Maria, wie im Neuen Testament beschrieben, der Engel erschien, »erschrak« sie. Die körperlichen Risiken des Bergsteigens und Kliffkletterns dienen vielleicht nicht nur als Ersatz für diese erregende »heilige Furcht«, sondern spiegeln auch den romantischen Aspekt wider. Jede extreme Situation ist riskant für das eigene Identitätsgefühl und die Selbstkontrolle, vor allem wenn sie in Stille eingebettet ist.

Da dieses Gefühl von erregendem Wagnis so häufig auftaucht, komme ich zu dem Schluss, dass die Stille der Ort, der Sammelpunkt für die radikale Begegnung mit dem Göttlichen ist, die der Theologe Martin Buber als eine (oder sogar *die*) Ich/Du-Begegnung beschreibt. Wenn das stimmt, gibt es für das Gefühl, dass diese Begegnung ein Wagnis ist, gute Gründe. Es besteht immer die Gefahr, dass unsere Identität überwältigt wird von etwas, das über sie hinausgeht, doch das muss nicht heißen, dass es hier nicht ebenso gute Gründe für Gefühle wie »schreckliche Freude« gibt. Der Wunsch, die Stille durch ständige menschliche Geräusche zu stören, zielt meiner Meinung nach auf die Vermeidung genau dieses heiligen Schreckens, dieser Begegnung mit dem Göttlichen ab. Auf Skye gelangte ich zu dem Schluss, dass die Stille möglicherweise der einzige »Ort« ist, wo es sicher (nun, sagen wir relativ sicher) ist, zuzulassen, dass die Grenzen des autonomen Selbst sich öffnen, ohne dass sie einreißen. Ob das eine gute Sache ist oder nicht, ist eine völlig andere Frage.

An früherer Stelle in diesem Kapitel schrieb ich über Unaussprechlichkeit und erwähnte, dass Stille selbst unbeschreiblich ist, »unsagbar« im wahrsten Sinne des Wortes. Dazu kann ich natürlich nicht viel sagen! Mit dieser Schwierigkeit haben offensichtlich alle zu kämpfen, die sich auf die Suche nach Stille begeben. »Ich kann das nicht erklären oder beschreiben«, lautet der häufigste Kommentar – ganz gleich, ob der Sprechende es dann doch versucht oder mit dieser Erklärung die Mühe meidet. Unaussprechlichkeit ist die siebte Empfindung, die mir bei meinen eigenen Erfahrungen mit Stille auffiel und die ich bei anderen wiederfand.

Es ist nicht nur schwer, über intensive Augenblicke von Stille – wo äußere und innere Stille zusammenfließen und das Subjekt sich dessen bewusst wird, ohne die Stille dadurch zu brechen – zu sprechen. Es ist auch sehr schwer, diese Momente überhaupt zu erinnern, sie sich noch einmal zu vergegenwärtigen und emotional nachzuvollziehen. Der bloße Versuch kann uns sogar inhaltslos oder bedeutungslos vorkommen – »jenseits« von Sprache.

Das Gefühl, durch eine intensive Erfahrung mit Stille »zum Stillschweigen« gebracht zu werden, sodass wir innerlich und äußerlich auf mysteriöse Weise verstummen, ist in vielen religiösen Traditionen durchaus erklärlich, denn wir können Gott – seinem Wesen nach – weder kennen noch etwas über ihn sagen. Auch wenn alle Dinge durch Gottes Wort ins Leben gerufen werden, erfährt Gott durch sein Wort keinerlei Begrenzungen oder Einschränkungen. Schwerer ist zu verstehen, was passieren könnte, wenn die Stille nicht auf der bewussten Begegnung mit dem beruht, was »jenseits« von Sprache ist, was immer das sein mag.

Und schließlich sprechen fast alle, die positive Erfahrungen mit längeren Phasen der Stille gemacht haben, von einem Zustand der Glückseligkeit – einer heftigen Freude, die weit über »Glück« oder »Wohlbehagen« hinausgeht.

Ich bevorzuge dafür inzwischen das französische Wort *jouissance*, das Verspieltheit *(jouer* – spielen) und Freude (englisch: *joy*) vereint. Es gibt noch weitere Begriffe für diese Freude wie »Jubel« und »Seligkeit«. In seinem Buch *Die Lust am Text* beschreibt der französische Kritiker und Theoretiker Roland Barthes die Freuden, die damit verbunden sind, dass wir etwas zum »Abschluss« oder zu einer befriedigenden Lösung bringen. *Jouissance* hingegen definiert er als ein unendliches sich Öffnen für ein Entzücken und weit über das Entzücken hinaus. Er bezieht sich hier auf literarische Texte, aber diese innere Öffnung oder Bewusstseinserweiterung beschränkt sich nicht auf Literatur. Für manche ist diese *jouissance* tatsächlich Sinn und Zweck von Stille.

Die meisten kleinen Kinder erleben dieses Gefühl von tiefer Freude völlig absichtslos und offensichtlich häufig. Der Dichter William Wordsworth betrauert den Verlust dieser Freude in seinem Gedicht »Hinweise auf die Unsterblichkeit aus Erinnerungen an die frühe Kindheit« (1807):

> Es gab die Zeit, da Wiese, Fluß, des Waldes Saum,
> auch wenn es ungewöhnlich nicht,
> was ich da konnte schaun,
> gekleidet schien mir in ein Himmelslicht,
> in Glanz und Frische wie im Traum.
> Doch jetzt ist alles anders, als es früher war,

wohin ich mich auch wenden mag,
zur Nacht, am Tag,
die Dinge kann ich nicht mehr sehn, wie ich sie einmal sah.

Der Regenbogen kommt und geht,
in Blüte schön die Rose steht;
der Mond schaut um sich, wenn der Himmel klar,
und was er sieht, ihm Freude macht;
in einer sternenklaren Nacht
die Wasser glitzern wunderbar.
Im Glanz die Sonne wird uns neugeboren,
und doch ich seh, wohin ich immer geh:
Die Erde hat den alten Glanz verloren.

Dieser verlorene Glanz steht hier nicht speziell im Zusammenhang mit Stille, doch da Wordsworth Glückseligkeit häufig mit Sturm, Wind und Wildheit verbindet, finde ich es faszinierend, dass alle Bilder aus der Natur, die er in diesen Zeilen benutzt, stille Bilder sind. Für mich persönlich hängt *jouissance* eng mit Stille zusammen.

An vielen Tagen auf Skye erlebte ich diese freudigen Augenblicke mehrmals. Manchmal waren sie sehr sanft und wonnig. An einem dieser Tage, der wie durch Zauberhand windfrei war, fuhr ich hinunter zur Halbinsel von Strathaird hinter Elgol, einem kleinen Küstenstädtchen. An einer Stelle führt die Straße auf der Kliffkante steil nach oben. Ich stieg aus dem Wagen, es war warm in der Sonne. Zum ersten Mal schien hier eine wirklich tiefe und vollkommene Stille zu herrschen. Als sich meine Ohren mit Stille vollgesogen hatten, drang von unten gelegentlich das Geräusch der Wellen herauf, die ruhig gegen die Felsen anbrandeten, obwohl das Wasser von hier oben völlig still, flach und glatt aussah. Kein Wind wehte. Um mich herum in jede Richtung nichts als Meer und Berge: die Inseln, dann Knoydart und Torridons, die Cuillin Hills und die winzigen weißen Häuser an der Küste von Sleat.

Dann erblickte ich einen Wal oder Tümmler – nein, ein Seeungeheuer, das sich im Wasser drehte und wälzte. Ein Fabelwesen vielleicht, eine Meerjungfrau, wunderschön und gefährlich. Tatsächlich war es ein Felsen, über den das Wasser hinwegspülte – doch das Wasser schien stillzustehen, während sich die schwarze Gestalt darin herumrollte. Ich lehnte mich mit dem Rücken gegen den Wagen und genoss diesen Anblick. Nicht Wehmut über diese Schönheit empfand ich, sondern vollkommene, tiefe, ruhige und stille Freude. Ich wollte dieses Gefühl noch nicht einmal festhalten oder es mir bewahren. Einmal dachte ich: »Wenn ich diesen Anblick Tag für Tag vor Augen hätte, würde ich sicherlich ein guter Mensch werden.« Ich wusste aber sofort, dass das nicht stimmte, und lachte über mich selbst.

Ich war im Inneren der Stille, der Schönheit angekommen, vollkommen glücklich. Die vielen Inseln schwebten, tanzten auf dem Meer, und die Wasseroberfläche war von einer seidigen Glätte. Die schneebedeckten Gipfel noch der fernsten Berge schienen in einem besonderen Glanz zu erstrahlen. Das sanfte Geräusch des Meeres war ein Klang der Stille.

Bei anderer Gelegenheit empfand ich eine viel wildere Freude. Die letzten Tage meines Aufenthalts waren ziemlich schwierig. Ein Teil von mir war bereits aus Allt Dearg ausgezogen, und ein anderer Teil wollte niemals fort von hier. Das Wetter wurde scheußlich, sodass ich keinen letzten Gang machen oder meine Zeit hier auf andere Weise befriedigend zum Abschluss bringen konnte. Ich musste das Haus putzen und dann eine weite Strecke fahren. Seit zwei Tagen hatte ich mich depressiv und lethargisch gefühlt, und dann, am allerletzten Abend, ergriff mich plötzlich eine überwältigende *jouissance*. Ich schrieb:

Es heißt, das Stück ist erst zu Ende, wenn der Vorhang fällt. Nun, jetzt fällt er. Draußen heftiger Wind – und ich bin einfach hier drinnen. Ich bin jetzt voller Freude und Dankbarkeit und empfinde eine fast feierliche *und* überschäumende Heiterkeit. Und ja, Dankbarkeit. Überschwänglich – so fühle ich mich – und aufgeregt, und das *jetzt*. Unmittelbar vor dem Ende meines Aufenthalts kehrt die Freude zu mir zurück.

Stundenlang genoss ich eine ganze Reihe von Emotionen in ungewöhnlich rhythmischer Folge – Wellen des Entzückens, der Dankbarkeit und des Friedens; das Wissen darum, wie viel ich in den vergangenen sechs Wochen getan hatte und wie weit ich gekommen war; ein kraftvolles Aufwallen von Hoffnung angesichts all der Möglichkeiten, die sich für mich und meine Zukunft auftaten. Und vor allem das Gefühl, privilegiert zu sein. Aber auch eine Entblößtheit oder Offenheit, die in irgendeiner Weise gewürdigt werden musste.

Ich empfand einen heftigen, *freudigen* ... freudigen was? ... weder »Stolz« noch »Triumph« war dafür das richtige Wort. Gegen Ende von Ursula le Guins Saga *Das ferne Ufer* (dem letzten Band der Erdsee-Trilogie) rettet Arren, der junge Prinz und Held, der einen kühnen Mut besitzt, welcher in Liebe wurzelt, den Zauberer Sperber und damit die ganze Gemeinschaft vor der Vernichtung und wacht allein am Weststrand der Insel Selidor. »Dann lächelte er ein Lächeln, das ebenso feierlich wie freudig war, und erfuhr zum ersten Mal in seinem Leben, hier für sich allein, ohne alle Ehrungen und am Ende der Welt, wie es sich anfühlt zu siegen.« Genau so fühlte ich mich, allein auf An t-Eilean Sgitheanach, der Geflügelten Insel. In mir stieg ein gewaltiges, sieghaftes JA hoch – für mich und die ganze Welt. Für eine kleine Weile war ich von Kopf bis Fuß nichts als reine Freude. Ich tanzte meine Freude, tanzte und floss über vor Energie. An einem Punkt schnappte ich mir meine Jacke und stürzte hinaus in den Wind und den Sturm. Man konnte sich eigentlich nicht länger als eine Minute draußen aufhalten, weil es so heftig stürmte und regnete. Als ich zurückkam, triefte ich vor Nässe, obwohl ich nur kurz vor der Tür gewesen war. Doch ich kehrte voller Energie, lachend und jubelnd ins Haus zurück. Ich war erregt *und* wunschlos zufrieden. Das ist ein seltenes und kostbares Zusammentreffen. Ich wusste und schrieb in mein Tagebuch, dass diese Gefühle nicht anhalten würden, aber das war unwichtig. Sie waren JETZT. Im dem Augenblick waren dieses Jetzt und der heftige Wind genug. Mehr als genug.

Und wieder bin ich mit diesen Gefühlen nicht allein. In jeder historischen Epoche, in jedem nur denkbaren Umfeld, in unzähligen verschiedenen Sprachen und Formen beschreiben Menschen, die aus freiem Willen die Stille suchten, dass sie aus dieser Erfahrung – aus irgendeiner Form der Begegnung mit der Natur, mit sich selbst, ihrem Gott oder einer namenlosen Kraftquelle – Botschaften von intensiver *jouissance* mitbringen, die nur geringfügig voneinander abweichen.

Schauen wir uns jetzt noch einmal die acht speziellen Erfahrungen an, die ich hier bislang beschrieben habe: die Intensivierung von körperlichen wie psychischen Empfindungen; Enthemmung; das Gefühl von »Gegebenheit« oder Verbundenheit; akustische Halluzinationen – eine bestimme Art des Stimmenhörens; das Verschwimmen von Grenzen; ein berauschendes Gefühl von Risiko, von Wagnis; Unaussprechlichkeit und Glückseligkeit.

Ich will nicht behaupten, dass diese Liste endgültig ist. Aber selbst wenn das der Fall wäre, käme es mir regelrecht dumm vor, diese Erfahrungen mit Begriffen wie »Verlust« oder »Abwesenheit« zu beschreiben.

Frank Mulville, ein weiterer Einhandsegler, schreibt in einem Artikel mit dem Titel »Die Einsamkeit des Langstreckenseglers«

über eine Erfahrung, die sämtliche Elemente von Stille enthält, die ich hier so eifrig einzeln herauszuarbeiten versucht habe. Mulville war »glückselig« (sein Ausdruck), als er allein in der Karibik segelte, verliebt in sein Schiff und die lange Stille. Er wollte das Schiff und sich selbst von außen sehen, also band er sich eines Tages an einem langen Seil fest und ließ sich, obwohl sein Schiff mit vollen Segeln fuhr, ins Wasser gleiten und abtreiben.

> Es machte mich ganz benommen, mein Schiff so zu sehen. Wie es da in Sicht kam und wieder verschwand, während es die Dünung des Atlantik erklomm und wieder in die Wellentäler hinabglitt, schien es mir das Wunderschönste zu sein, was es überhaupt geben kann. Dieser Moment, so kam mir plötzlich, war der Höhepunkt meines Lebens. Nie zuvor hatte ich Vergleichbares erlebt und würde es wahrscheinlich auch in Zukunft nicht wieder erleben. Das war eine Gipfelerfahrung … Das war mein Traum, und ich erlebte ihn. Warum das Seil nicht losbinden? Auf dem Höhepunkt dieser Erfahrung mit dem Meer zu verschmelzen war das Einzige, was noch blieb. Nichts, was in Zukunft geschehen würde, konnte dieses Erlebnis übertreffen. Warum nicht die Trumpfkarte ausspielen und einfach gehen?
> Ich ließ mich eine Weile am langen Seil treiben, und dann bekam ich es mit der Angst – nicht so sehr davor, was mir passieren, sondern was ich mir selbst antun könnte … Ich schaute tief hinunter in den Schoß des Meeres und sah, wie die Sonnenstrahlen in der dichten Tiefe nutzlos ihre Kraft vergeudeten … Ich streifte die Rettungsleine von meiner Schulter und hing einen Moment lang nur am Seilende – meine Finger umklammerten das bloße Lebensende –, dann zog ich mich Hand um Hand zum Boot zurück. Als ich auf dem mir so vertrauten Deck wieder festen Boden unter den Füßen hatte, schwor ich mir, so etwas nie wieder zu tun. Ich war schweißüberströmt und zitterte am ganzen Leib.[40]

Das fühlt sich für mich in keiner Weise an, als würde hier etwas »fehlen« oder »abwesend« sein. Als ich von Skye aus gen Süden fuhr, wusste ich, dass ich diese Art Stille viel länger würde einhalten können als sechs Wochen. Ich wusste aber auch, dass dies von allem, was ich in meinem Leben jemals getan und erfahren hatte, das Bedeutungsvollste war. Es war interessant, eine Herausforderung, aufregend, ein großer Spaß und eine tiefe Freude und hat meine Entscheidungen und mein Leben seitdem maßgeblich geprägt. Ich habe versucht, diese Erfahrungen so in meinen Alltag einzubauen, dass sie meinen Lebensstil nachhaltig prägen. Skye war ein Meilenstein und ein Anstoß für vieles, was mein jetziges Leben ausmacht.

KAPITEL 3

Die dunkle Seite

In diesem Bericht über meinen Aufenthalt auf Skye fehlt offensichtlich etwas. Alles, was ich hier beschreibe, ist sehr positiv und wunderbar, doch wir leben in einer Gesellschaft, die *weiß*, dass Stille gefährlich ist. Als ich, bevor ich aufbrach und auch nach meiner Rückkehr, über meine Pläne sprach, reagierten fast alle mit warnender Besorgnis: »Bist du sicher, dass dir das guttun wird? Denkst du nicht, dass das ziemlich tollkühn ist? Sara, pass gut auf dich auf.« Als Gesellschaft tun wir alles in unserer Macht Stehende, um Stille in jeder Hinsicht zu meiden. Stille ist erschreckend unnatürlich und treibt Menschen in den Wahnsinn. Stille, so nimmt man an, ist etwas Dunkles, Schweres.

Um ehrlich zu sein, hatte ich bei meiner Rückkehr nach Weardale das Gefühl, etwas versäumt zu haben: Ich war der zu erwartenden »dunklen Seite« von Stille nicht wirklich begegnet. Zwar war ich einige Momente und sogar Tage deprimiert, verstimmt und labil gewesen, aber nicht länger oder intensiver als ich es auch sonst erlebe. Im Gegenteil: Tatsächlich traten diese Gefühle schwächer auf als normalerweise, weil ich mich nicht mit anderen Menschen und ihren Anforderungen auseinandersetzen musste, was mich hätte frustrieren oder mir sonst wie unangenehm hätte sein können. Anders als die positiven Empfindungen schienen diese negativen Gefühle nicht typisch für Stille zu sein.

Ich hatte auf Skye nur ein beängstigendes Erlebnis, das ich direkt auf die Stille zurückführen würde. Eines Morgens beschloss ich, eine Wanderung von Luib zum Loch Slapin zu machen, von Meer zu Meer auf einem gut markierten Weg, der zwischen den Bergen verläuft. Den Touristen-Prospekten im Haus hatte ich entnommen, dass dort erst vor kurzem Überreste aus der Bronzezeit entdeckt worden waren, Beweise für die älteste Besiedlung der Insel, und das weckte meine Neugier. Es war ein eigenartiger Tag, sehr still und ohne Wind. Ich stieg aus dem Wagen und ging den Weg hoch, und nach einigen hundert Metern wand dieser sich um einen kleinen Hügel, und ich lief ins *Nirgendwo*. Vor mir lang eine enge, steile Schlucht, in der es keinen Ausblick gab. Nirgendwo. Niemand. Nichts. Das Wort »verlassen« lässt uns an etwas Trauriges denken, doch zu dem Zeitpunkt gab es nichts, was mich traurig machte, und ich war auch nicht traurig, obwohl der Pfad glitschig vor Nässe und holprig war und das Gehen anstrengend. Es war schrecklich still und schön, aber irgendwie unheimlich. Schon bald gelangte ich an einen kleinen See, wo im vollkommen klaren Wasser, das die zu beiden Seiten schroff ansteigenden Hügel spiegelte, Schilf stand. Zuerst war ich wie verzaubert. Ich hörte einen kleinen Vogel singen, auch wenn ich ihn nirgendwo erblickte, setzte mich ans Wasser und lauschte der Stille. Und plötzlich, wie aus dem Nichts heraus, fühlte ich mich wie in einem bösen »Spuk«.

Es ist schwer, das alles zu beschreiben – die Stille, die Tatsache, dass die Wolken tief hingen oder es nebelig war, die Schlucht, die auf meiner Seite aus Felsmassiv bestand, sodass ich nicht sehen konnte, wohin die steilen Hügel hoch über mir tatsächlich verliefen. Und auf der gegenüberliegenden Seite standen bauschige Wolken, die aus tiefen Felsenspalten aufzusteigen schienen wie der Rauch des Atems, der dem feurigen Maul des Drachens entweicht. Ich stellte fest, dass mein Unbehagen wuchs und ich zunehmend nervös wurde. Allmählich gewann ich das sichere Gefühl, beobachtet zu werden. Oben auf dem Hügel über mir sah ich zwei schwarze Gestalten. Ich dachte oder hatte vielmehr das Gefühl, dass sie lebendig waren. Es waren zwei zwerghafte Kühe aus dem Feenreich mit riesigen Augen. Bevor durch die Räumungen der Highlands Schafe nach Skye kamen, hatten die Kleinbauern hier früher »schwarze« Rinder gehalten. Jedes Jahr trieben sie die Tiere, an Mäulern und Schwänzen zusammengebunden, durch das flache Wasser von Kylerhea aufs Festland zum Markt: Vielleicht waren das, dachte ich, die Geister dieser Rinder. Vollkommen still standen sie da und beobachteten mich. Ich sagte mir energisch und vernünftig, das seien einfach zwei ganz gewöhnliche Steine, konnte mich aber nicht ganz davon überzeugen.

Das stille Glotzen der Geister-Rinder bedrängte mich – oder war es die Stille selbst? Ich hatte das Gefühl, dass die Stille mich vollkommen entblößte, ausdörrte. Ich konnte sie kreischen hören. Augustine Courtauld berichtete aus seinem Polar-Zelt von merkwürdigen, unerklärlichen, kreischenden Geräuschen und sagte hinterher, das sei das Einzige gewesen, was ihm wirklich Angst gemacht habe. Kommentatoren haben spekuliert, die Geräusche seien wahrscheinlich auf brechendes oder knirschendes Eis zurückzuführen gewesen, doch seit diesem Tag auf Skye frage ich mich, ob das stimmt. Wenn ich bereits nach drei Wochen, in denen ich ziemlich aktiv war, mich körperlich in Sicherheit befand und die Stille als angenehm erlebte, dieses Kreischen hörte, überrascht es vielleicht nicht, dass ein Mensch, der sechs Monate eingeschlossen in einem Zelt verbrachte, ähnliche Geräusche vernahm.

Für mich – und ich gehe davon aus, das gilt auch für andere Menschen in Zeiten von Stille – war das zentrale Thema hier Panik. Damit meine ich nicht die extreme Angstreaktion, die wir »Panikattacken« nennen, sondern etwas viel Ursprünglicheres. Plötzlich verstand ich das Wort in seiner ganzen Tragweite und Bedeutung, so wie es H. G. Liddell und R. Scott in ihrem *Greek-English Lexicon* definieren: »Geräusche, die nachts von den Bergen und aus den Tälern vernehmbar wurden, schrieb man Pan zu, und so wurde er bekannt als Verursacher jeder plötzlichen oder grundlosen Furcht.«[1]

Pan ist nicht nur der liebenswerte kleine Faun oder ziegenfüßige Kobold, der im Frühling munter seine Flöte spielt, sondern ein mächtiger, primitiver Gott, der die Macht der Wildnis und die unerbittliche Last ihrer Stille verkörpert. Sein Name stammt vom griechischen Wort für »alles« oder »alle Dinge« ab. So heißen zum Beispiel die Geräusche, die alle Dämonen zusammen veranstalten, »Pandämonium«. Panik führt zu sinnlosen und selbstzerstörerischen Reaktionen auf eingebildete Situationen und hat in Gruppen einen Ansteckungseffekt, der Massenflucht oder irrationale Aggressionen auslösen und Menschen dahin bringen kann, durchzudrehen.

Panik hat etwas von dem schierem Entsetzen an sich, das Menschen eher körperlich als emotional erleben. Sie ist ohne Sinn. Ich hatte keine »Angst vor …« oder »fürchtete mich vor …«. Hier ging es um etwas viel Tieferes in mir, das an meinen Eingeweiden zu zerren schien. Ich floh buchstäblich. Ich stolperte in höchster Eile aus dieser Schlucht heraus, als wäre mir etwas Dunkles auf den Fersen. Wieder zurück im Wagen, war ich nass bis auf die Haut und schlammbedeckt, obwohl ich mich nicht erinnern konnte, hingefallen zu sein. Ich fühlte mich vollkommen gespalten. Das vernünftige Ich sagte: »Das ist doch dumm«, während eine andere Seite in mir der Situation auf Gedeih und Verderb ausgeliefert war. So hatte ich noch nie empfunden, zumindest seit meiner Kindheit nicht mehr. In gewisser Weise hingen diese Gefühle tief mit der Stille, aber auch mit der schroffen Verlassenheit dieser Landschaft zusammen.

Doch auch wenn ich dieses Erlebnis wirklich beängstigend und beunruhigend fand, kann ich nicht sagen, dass die Stille auf Skye den Erwartungen vom erhabenen Schrecken, die ich damit verband, entsprach. Die schwierigen oder dunklen Erlebnisse dort waren nie so intensiv wie die »Hochs«. Wo blieben der Wahnsinn und die Verlassenheit, die ich aufgrund unserer kulturellen Einstellungen zu Stille zu erwarten hatte? Meine Freundinnen und Freunde hatten sich, bevor ich nach Skye aufbrach, besorgt zu meinem Unterfangen geäußert. Manchmal stellte ich mir morgens sogar vor, mir selbst über die Schulter zu schauen, um zu sehen, ob diese Gefühle darauf lauerten, von hinten zuzuschlagen. Wer sich auf die Jagd nach Stille begibt, kann nicht davon ausgehen, dass sie glatt und gradlinig verläuft. Solch ein Unterfangen ist zwangsläufig komplex und kann nach allem, was wir hören, Menschen tatsächlich in den Wahnsinn treiben. Selbst Suchende auf dem Weg der Stille, die sich in den Berichten, die ich las, höchst positiv äußerten, waren sich dieser Bedrohung bewusst. Moitessier schrieb schwärmerisch: »Umhüllt von totaler Stille, von einer gewaltigen inneren Leere nach unten gesogen, versank ich im Abgrund … Ich spürte, wie der Wahnsinn seine Klauen in meine Eingeweide grub wie ein scheußliches wildes Tier.«[2] Und bei Byrd, der etwas besonnener war, heißt es: »Kälte und Dunkelheit laugen den Körper allmählich aus; das Denken wird träge; das Nervensystem verlangsamt seine Tätigkeit … Wie sehr ich mich auch bemühe, ich kann meine Einsamkeit nicht einfach so hinnehmen. Sie ist zu groß. Aber ich darf nicht darin schwelgen. Sonst bringt sie mich zu Fall.«[3]

Vielleicht hatte ich einfach Glück, doch eigentlich glaube ich das nicht. Ich denke, ich achte immer darauf, mich vernünftig zu schützen. Und es hat auch Vorteile, eine solche Reise in späteren Lebensjahren zu unternehmen, in einem Alter, in dem man sozial stärker eingebunden ist und jenseits oder außerhalb der Zeiten von Stille verbindliche Verpflichtungen hat. Dass diese Reise erschreckend schiefgeht, passiert meistens jüngeren Abenteurern. Eine Seite von mir war natürlich total erfreut, weil alles gutging, und fühlte sich dadurch ermutigt. Die Stille entsprach mir offensichtlich, und ich konnte sie genießen. Andrerseits jedoch fühlte ich mich ein wenig »betrogen«. Ich wollte die Stille ganz erleben. Ich wollte nicht nur Donald Crowhurst, sondern auch Bernard Moitessier verstehen – den dunklen Zusammenbruch, die heulende Einsamkeit, die Dämonen der Wüsteneremiten.

Und dann schneite ich ein.

Es war anders als das Eingeschneitwerden sonst. Zu Beginn des Jahres 2001 gab es im Land einen heftigen Ausbruch der Maul- und Klauenseuche. Das war schrecklich. Und noch schrecklicher wurde die Situation dadurch, dass die Regierung offensichtlich völlig unfähig war. Die von ihr erlassenen Regeln und Regulierungen ergaben überhaupt keinen Sinn. Das Abschlachten gesunder Tiere auf angrenzenden Farmen war wahrscheinlich illegal und aus Sicht der meisten Menschen nutzlos. Und die Entsorgung der geschlachteten Bestände verlief ebenso unhygienisch wie gefühllos. In vielen ländlichen Gebieten hatten die Menschen Angst und fühlten sich ohnmächtig, und in abseits gelegenen Landstrichen wie den Durham Moors kam das soziale Leben völlig zum Erliegen. Die Märkte waren geschlossen, die Menschen wollten den umliegenden Höfen keine Besuche abstatten und selbst keine Besucher empfangen. Mich persönlich traf besonders hart, dass die Moore wie auch die restliche Landschaft für Wanderer gesperrt waren, sodass ich mich nicht wie üblich bewegen konnte und mich wie Macbeth »umschränkt, gepfercht, umpfählt« fühlte.

Gegen Ende März gab es eine Reihe von heftigen Schneefällen und Schneestürmen. Die Landstraßen des County Durham werden normalerweise vom Schneepflug geräumt, wofür man Farmer anheuert, die ihre eigenen Traktoren benutzen. Diese aber durften wegen des Ausbruchs der Seuche ihre Farmen nicht verlassen. Die Straße vor meinem Haus wurde also nicht geräumt und war, da der Schnee ständig darüber wehte, schon bald nicht mehr passierbar. Unfreiwillig und ohne mich groß darauf vorbereiten zu können, war ich allein und zu einer Zeit der Stille verurteilt. Da die Telefonleitungen zusammengebrochen waren, konnte ich auch nicht in Erfahrung bringen, was draußen in der »wirklichen« Welt passierte. Ich wusste zum Beispiel, dass die Farm meines Bruders speziellen Auflagen unterlag – sich an eine Reihe von rechtsverbindlichen Beschränkungen in Bezug auf das Kommen und Gehen halten musste – und dass er die Schlachtung seines Viehbestandes fürchtete. Was ich aber nicht wusste, war, ob die Tiere nun tatsächlich geschlachtet worden waren (seine Schafe wurden schließlich zur Abschlachtung bestimmt, sein Milchvieh jedoch nicht, was für ihn ziemlich frustrierend und verwirrend war). Ich wusste auch nicht, wie die Seuche sich im Land und damit auch hier oben auf meinem Moor ausbreitete. Die Umstände waren also nicht dazu angetan, es sich auf engem Raum gemütlich zu machen. Ich regredierte ein wenig, baute im Garten eine stattliche Schneefrau, vergrößerte täglich ihren zauberhaften Busen und staffierte sie prächtig aus. Aber eine Seite in mir geriet zunehmend in Angst. Einige Ängste waren »realistisch«: Würden mir schließlich die Lebensmittel ausgehen (oder, was in meinem Fall noch schwerwiegender war, die Zigaretten)? Was, wenn das Wetter nicht besser wurde? Wie ging es meiner Familie? Doch überwiegend waren diese Ängste emotional und packten mich, obwohl man doch hätte meinen können, dass ich die Ruhe begrüßte. Ich fühlte mich immer mehr in die Enge getrieben. Die Stille zermürbte mich und ließ mich leer und nackt zurück.

Die Kälte verstärkte das Gefühl, ausgeliefert zu sein, und manchmal, wenn das Wetter besonders verrückt spielte, war es anstrengend bis zur Erschöpfung und beängstigend, auch nur Kohlen aus dem Schuppen zu holen. Als sich das Wetter beruhigte, fiel mir auf, dass Schnee einen eigenartigen akustischen Effekt hat. Er lässt nahe Geräusche verstummen (wahrscheinlich, weil der weiche Belag auf dem Boden sie verschluckt), holt aber ferne Geräusche näher heran, sodass sie verblüffend deutlich werden. Außerdem flacht der Schnee visuell alles ab. Das alles verwirrte mich, sodass ich immer nervöser und schreckhafter wurde. Als ich eines Tages auf mein Tor zuging, schlug der Wind mir den Kragen meiner Jacke gegen den Hinterkopf, und ich schrie laut auf, weil ich sicher war, dass mich jemand von hinten angriff.

Eines Nachmittags musste ich einfach ausbrechen und unternahm einen Spaziergang auf der unbefahrbaren Straße, obwohl draußen Graupel fiel, der mir, vom starken Wind aufgestöbert, ins Gesicht peitschte. Dann, etwa eine halbe Meile vom Haus entfernt, hörte ich plötzlich ein äußerst qualvolles Wimmern – das Wimmern, so kam es mir vor, der Verdammten. Ich erschrak heftig. Ich würde für immer hier auf diesem Hügel im Wind allein bleiben und verzweifelt heulen. Nie wieder würde ich eine andere Menschenseele sehen. Ich würde in der Hölle erfrieren. Wie sich herausstellte, war dieses merkwürdige und zutiefst verstörende Geräusch kein äußerer Ausdruck meiner inneren Qualen, sondern wurde ausgelöst durch ein eigenartiges und faszinierendes Phänomen. Die nicht befestigten Straßen werden in diesem Teil des Nordostens von Schneepfosten gesäumt, großen Pfählen mit schwarzen und weißen Streifen in fußbreiten Abständen, die anzeigen, wo die Straße verläuft und wie tief der Schnee ist. Ältere Schneepfosten sind aus Eisen und haben, damit sie nicht umgeweht werden, eingebohrte Löcher, durch die der Wind blasen kann. Man könnte diese Stäbe, denen der Wind die ungewöhnlichen Klänge entlockt, mit Äolsharfen oder Orgelpfeifen vergleichen. Es war ein Glück für mich, dass ich die Ursache für diese Geräusche schnell entdeckte, denn sonst hätten sie mich in den Wahnsinn getrieben. Ich kann mir lebhaft vorstellen, dass diese Art Stille Menschen nicht nur in Panik versetzt, sondern tatsächlich und in einem ganz realen Sinn verrückt macht.

Als die Maul- und Klauenseuche ausgestanden war, erhielt ich einen Brief von dem Dichter Robert Drake aus Cumbria, in dem er schrieb:

> Immer wieder berichteten die Bewohner der Farmen, deren gesundes Vieh notgeschlachtet wurde, von der besonderen Stille nach dem Schlachten, entweder unmittelbar danach oder insbesondere am nächsten Morgen. Das hatten sie bislang noch nicht erlebt. Das Interessante ist, es muss Geräusche gegeben haben – Vogelgesang, entfernter Verkehr, Wind in den Bäumen und so fort –, aber diese wurden ausgeblendet, und die Stille hatte eine ganz eigene, undurchdringliche Dichte. Der letzte Vers meines jüngsten Gedichtes lautet:
>
>> In der Abenddämmerung kehrte er zurück durch eine Stille,
>> die so dicht war, dass sie in den Ohren schmerzte,
>> ließ Stiefel und Mantel auf der Veranda zurück
>> und fand sie auf allen Vieren, heulend
>> über einen Fußboden gebeugt,
>> der einfach nicht trocknen wollte.

Heute kann ich mir nur mit großer Mühe die ungewöhnlich heftigen Gefühle von Verlassenheit, Verzweiflung, Wut und Verrücktheit vergegenwärtigen, die mich damals durchrüttelten. Das Ganze dauerte nicht sehr lange. Es waren nur kurzfristige negative Erlebnisse, und doch verstand ich jetzt besser, wie überwältigend und zerstörerisch Stille sein kann und wie eng der Schrecken demselben Pfad und denselben Mustern folgt wie die Freuden. Ich fand es wichtig, mich bei der Suche nach meinem eigenen freudigen Erleben von Stille daran zu erinnern, dass andere Menschen die ihnen auferlegte Stille nur schwer ausgehalten, darunter gelitten und sie manchmal nur knapp überlebt haben.

Zunächst verblüffte mich, was da passierte. Warum hatten sechs ganze Wochen fern von zu Hause und bei ebenfalls ungünstigem Wetter mich mit Freude, ja, Ekstase erfüllt und mir erfreuliche neue Gedanken und Emotionen in Hülle und Fülle beschert, während ich nach bloß zehn Tagen in meinem eigenen Haus, umgeben von meinen eigenen Dingen, fast hysterisch wurde?

Durch ein scheinbar nebensächliches Erlebnis verstand ich das dann besser. Eine Freundin schenkte mir eine Doppelsitzung in einem »Floating-Tank«. Sie wollte mich mit diesem Geschenk nicht unbedingt verwöhnen, sondern fand, es sei ein Experiment, bei dem ich eine ganz spezielle Art von Stille erleben würde. Floating-Tanks gehören heute zur therapeutischen Ausstattung vieler Wellness-Einrichtungen. Sie bestehen aus einem großen Zuber mit verschließbarem Deckel. Dieser Zuber ist mit Wasser gefüllt, das auf Körpertemperatur erhitzt wird und einen hohen Salzgehalt hat, sodass man wie im Toten Meer schwerelos darin treibt, wobei das Gesicht aus dem Wasser schaut. Im Zuber ist es vollkommen dunkel und geräuschlos (wobei ich bei meiner Sitzung auch die Wahl hatte, eine sanfte Musik zu hören), und man spürt weder Temperatur noch Schwerkraft. Ich bekam von meiner großzügigen Freundin eine Doppelsitzung geschenkt, weil sie davon ausging, dass ich mit Stille besser vertraut war als die meisten anderen Menschen und eine Stunde nicht gereicht hätte, um mich in den vollen Genuss dieser Erfahrung zu bringen.

Eigentlich lag mir nicht viel an einem solchen Erlebnis. Der bloße Gedanke an ein Wellness-Center mit seiner kuriosen Mischung aus »gesund« und »luxuriös« weckte in mir die letzten hartnäckigen Überreste eines presbyterianischen Puritanismus. (Ich stehe Schönheitsbehandlungen so skeptisch gegenüber, dass ich seit einem Vierteljahrhundert nicht mehr beim Friseur war.) Außerdem bezweifelte ich, dass sich die starken Emotionen, die ich in der Stille erlebt hatte, so leicht auslösen ließen. Mir kam das ähnlich vor wie die Einnahme von halluzinogenen Drogen zur »Selbstfindung« als Abkürzung zu einem Seinszustand, der eher die Folge eines langen, heiklen, streng geregelten Prozesses sein sollte. Das Ambiente im Wellness-Center mit seinen Angeboten wie Waxing der Bikinizone, falsche Fingernägel, »natürliche« Behandlungsmethoden und »Erweiterung der Spiritualität und Kreativität« im Gesamtpaket löste einen solchen Argwohn in mir aus, dass ich mich dort nicht wirklich wohl fühlen konnte. Außerdem war ich sehr müde, als ich das Center besuchte. Jedes Mal, wenn ich in die Stille eintauchte, döste ich weg und rollte oder kippte in dem tragenden Wasser um und mein Mund füllte sich mit der übel schmeckenden Flüssigkeit. Wahrscheinlich war ich also nicht in der richtigen Stimmung für diese spezielle Art von Stille.

Laut Prospekt (und um der Gerechtigkeit willen sei erwähnt, auch der Aussagen von Benutzern) bewirkt das Floating

> eine total ruhige, friedliche Entspannung. Es vertreibt Müdigkeit und Jetlag, verbessert den Schlaf und baut Stress ab, mentalen wie körperlichen. Es kommt zu einer Energetisierung, Verjüngung und Neubelebung. Floating stimuliert die Synchronisation der beiden Gehirnhälften und beeinflusst die Gehirnwellen, die sich von Beta zu den niedrigeren Frequenzen Alpha, Theta und sogar Delta verändern. Es fördert geistige Klarheit und Wachheit, die Kreativität und die Fähigkeit zur Problemlösung, unterstützt Visualisierungen, vertieft die Meditation, erweitert das Bewusstsein, schärft alle Sinne, beschleunigt das Lernen. Floating wirkt unterstützend bei Hypnotherapie und Selbsthypnose, steigert die Motivation, lindert Depressionen, Ängste und Befürchtungen, hilft beim Aufgeben negativer Gewohnheiten, bei Phobien und Süchten. Verbessert die sportlichen Leistungen. Beschleunigt Rehabilitation und Genesung, lindert Schmerzen – bei Arthritis, Migräne, Verletzungen und so weiter. Stärkt die Immunabwehr. Verbessert die Sauerstoffzirkulation und die Absorption von Nährstoffen, senkt Blutdruck, Puls und Herzschlag und den Sauerstoffverbrauch.[4]

(Mich überrascht nur, dass hier nicht noch multiple Orgasmen, der Weltfrieden und die Erhöhung der Artenvielfalt versprochen werden.)

Als ich dort lag und versuchte, mein Gesicht über Wasser zu halten, kam mir plötzlich ein scheußlicher Gedanke. »Floaten« ist einfach ein »Sinnesreizentzug«. Tatsächlich erfuhr ich später, dass die Tanks anfangs für therapeutische Zwecke benutzt wurden und sogar »Tanks für die sensorische Deprivation« hießen, bis einem gewieften Betreiber klar wurde, dass das bei der Kundschaft wahrscheinlich nicht gut ankam. Diese Bezeichnung löst keine angenehmen Gefühle aus. Die englischsprachige Wikipedia definiert die »sensorische Deprivation« als:

> Freiwillige Reduzierung oder völligen Entzug von einem oder mehreren Sinnesreizen. Einfache Hilfsmittel wie Hauben oder Ohrenschützer können Sehen und Hören verhindern, während komplexere Hilfsmittel dem Betroffenen auch den Geruchs-, Tast- und Geschmackssinn, die Thermozeption (das Temperaturempfinden) und das »Schwerkraftempfinden« nehmen können.[5]

Die sensorische Deprivation wird auch bei Verhören eingesetzt. Auch wenn der Europäische Gerichtshof 1998 beschloss, dass sie »kein Leiden im Sinne der besonders intensiven Grausamkeit verursacht, auf die das Wort ›Folter‹ verweist«, wird diese Technik trotzdem »zu den unmenschlichen und degradierenden Behandlungsmethoden« gezählt.

Manche Experten gehen da noch weiter als der Gerichtshof:

> Die sensorische Deprivation ist, wie Forschungen der CIA und anderer Institutionen zeigen, ein bemerkenswert simples Prinzip. *Sie kann durchgeführt werden, indem man Individuen in kleinen, schallgedämpften Räumen ruhigstellt und sie mit Verdunklungsbrillen und Ohrschützern ausstattet.* Als Erstes stellen sich ungewöhnliche Halluzinationen

ein, ähnlich wie unter Meskalin ... Ich meine extreme Halluzinationen in Bezug auf Sicht und Klang. Dann folgt, in manchen Fällen innerhalb von nur zwei Tagen, ein Zusammenbruch, ähnlich einer Psychose. Ein Verfahren, das manchen harmlos vorkommen mag, hat sich durch Anwendung über die Jahre zu einer schrecklichen Foltermethode verschärft ... und ist zum bevorzugten Mittel von Folterern geworden, das seit neuestem gesetzlichen Einschränkungen unterliegt (Hervorhebungen von mir, S. M.).[6]

Ein und dieselbe Technik kann also ruhige, friedliche Entspannung bewirken, geistige Klarheit, Kreativität und Bewusstseinserweiterung fördern sowie Schmerzen lindern *und* einen Zusammenbruch, ähnlich einer Psychose auslösen. Oder, um es anders auszudrücken, die gleiche Stille, das gleiche Wegbrechen der eigenen Grenzen in der gewaltigen Einsamkeit des Ozeans, das Moitessier in Ekstase versetzte, trieb Donald Crowhurst in die Psychose und den Selbstmord. Die einzige Variable bei dieser Erfahrung ist das Individuum, das sie macht.

Über die milderen Formen von sensorischer Deprivation wissen wir leider mehr als genug, denn die Isolationshaft als eine Form von Strafe (oder, nachsichtiger ausgedrückt, von »Gefängnisverwahrung«) ist weit verbreitet, vor allem in den USA und in der früheren Sowjetunion. Wenn man Menschen isoliert, so weiß man heute, löst das mit solcher Regelmäßigkeit bestimmte Reaktionen aus, dass Dr. Stuart Grassian, ein Psychiater, der viel Erfahrung mit der Evaluierung psychiatrischer Folgewirkungen von strengen Haftbedingungen hat, diese als diagnostizierbares »Syndrom« definiert, vergleichbar mit anderen psychotischen oder stressbedingten Störungen, jedoch mit bemerkenswerten Unterschieden. Typisch für dieses Syndrom ist ein hirnlokales organisches Psychosyndrom oder Delirium. Grassian beschreibt das Krankheitsbild wie folgt: Hyperreaktivität, Beeinträchtigung des Denkens, der Konzentration und des Erinnerungsvermögens; sich aufdrängende Zwangsgedanken, Verfolgungswahn, Panikattacken, gestörte Impulskontrolle, Wahrnehmungsstörungen wie Illusionen und Halluzinationen (seine Definitionen). Er gibt detaillierte Beispiele für alle diese psychischen Zustände, oft mit Zitaten von Personen, die daran leiden, und kommt zu dem Schluss:

> Manche [dieser Symptome] finden sich bei keiner anderen psychischen Krankheit: So ist zum Beispiel der Verlust der Wahrnehmungsgenauigkeit (Gegenstände werden größer oder kleiner, scheinen miteinander zu verschmelzen oder verändern ihre Form, Geräusche werden lauter und gedämpfter) sehr selten bei primär psychisch bedingten Krankheiten.* Außerdem findet man bei funktionellen psychischen Erkrankungen sehr selten solche schweren und floriden Wahrnehmungsstörungen, Illusionen und Halluzinationen, die gleichzeitig multiple Wahrnehmungsmodalitäten – auditive, visuelle, olfaktorische, taktile, kinästhetische – beeinträchtigen. Tatsächlich treten bei häufiger vorkommenden psychotischen Krankheiten wie Schizophrenie und psychotischen Depressionen auditive Halluzinationen am häufigsten auf, während visuelle Halluzinationen erst an zweiter Stelle kommen und Halluzinationen in allen anderen Wahrnehmungsmodalitäten sehr selten sind. Außerdem sind hier auch Kombinationen von halluzinatorischen Modalitäten – bis auf die Kombination von auditiven und visuellen – außerordentlich selten.[7]

Grassian sagt hier nichts anderes, als dass Gefängnisinsassen nicht im normalen Sinne »verrückt« sind, ihre Reaktionen auf Stille und Isolation jedoch psychotischem Wahn sehr nahe kommen. Aber was mich an meiner eigenen kurzen Erfahrung mit dem Floating-Tank und Grassians Arbeit mit sensorischer Deprivation am meisten fasziniert, ist, wie ähnlich die von ihm aufgelisteten

---

* Interessant ist, dass diese Phänomene auch in den Berichten über mystische Erfahrungen ziemlich häufig vorkommen, wenngleich sie dort positiv interpretiert werden.

Symptome den positiven Auswirkungen von Stille sind, die ich auf Skye kennenlernte, nur dass bei ihm – was nicht weiter überrascht – die Glückseligkeit fehlt. Selbst wenn jeder Mensch diese Erlebnisse anders benennt und emotional anders auslegt, sind die Erfahrungen als solche mehr oder weniger identisch.

Was ich als »Intensivierung des körperlichen wie psychischen Empfindens« bezeichne, nennt er »Hyperreaktivität auf äußere Stimuli«, doch beides umschreibt einen sehr ähnlichen Zustand (einmal positiv und einmal negativ.) So war ich »plötzlich geradezu überwältigt von der wunderbaren, köstlichen Köstlichkeit des Porridge«, während einer von Grassians Gefängnisinsassen berichtet, dass er »empfindlich gegen Geräusche in der Kanalisation« wurde. »Jemand in der Etage über mir dreht den Wasserhahn auf. Mir ist das zu laut. Ich halte das nicht aus.«

Vergleichbar dem, was ich als Gefühl von »Gegebenheit« bezeichne – das Gefühl, dass meine Empfindungen nicht dem eigenen Willen oder der eigenen Macht unterliegen, sondern mir von außen auferlegt werden –, spricht er von »sich aufdrängenden Zwangsgedanken«, und seine Gefängnisinsassen berichten von dem schrecklichen Gefühl, dass sich ihre Individualität auflöst und sie sich im Universum verloren fühlen. Was ich als aufregendes Gefühl von Gefahr oder Wagnis erlebe, diagnostiziert er als »Wahnvorstellungen«. Die Erfahrung von »Enthemmung« kann ein tiefes Gefühl von Freiheit sein oder als »gestörte Impulskontrolle« erlebt werden. Auditive Halluzinationen können einfach interessant sein und zum Nachdenken anregen oder als »Wahrnehmungsstörungen« auf einen ungewöhnlichen psychotischen Zustand hinweisen. In der Unaussprechlichkeit kann sich der Glanz des Göttlichen widerspiegeln, aber sie kann auch bewirken, dass die entsprechenden Erfahrungen dem Betreffenden nicht wirklich zugänglich sind und ihn überwältigen. Grenzverschwimmungen sind in ihrem dunklen Gewand vielleicht am alarmierendsten. Einer von Grassians Untersuchungsteilnehmern konstatiert: »Du hast das Gefühl, etwas zu verlieren, das du vielleicht nie wieder zurückbekommst.« Wenn die Welt jenseits meiner Grenzen mir eine ganze Reihe von schmerzlichen und verwirrenden Erfahrungen auferlegt und sich daraufhin meine Fähigkeit trübt, genau zu unterscheiden zwischen dem, was »Ich« bin, und dem, was sich außerhalb von mir befindet (körperlich oder psychisch), dann fühlt sich dieses Verschwimmen nicht wie freudige Freiheit an. Vielmehr löst es wahrscheinlich starke Schuldgefühle aus, die ich zusätzlich zur Last dieser unverständlichen Empfindungen tragen muss.

Grassian ist Psychiater und versucht hier, ein neues psychisches Krankheitsbild zu definieren. Und das wahrscheinlich aus guten Gründen, nämlich um für eine Reduzierung von Einzelhaft und sensorischer Deprivation, wie sie über seine Patienten verhängt wurden, zu plädieren. Er möchte beweisen, dass der Grund für deren Symptome die Stille als solche ist und nicht eine bereits vor der Inhaftierung bei seinen Patienten existierende Prädisposition für Wahnzustände. Natürlich muss er die Symptome auf diesem Hintergrund pathologisieren und argumentieren, dass Deprivation der Grund für diese Krankheit ist. Doch wenn ich mir meine eigenen Erfahrungen und die der anderen Suchenden auf dem Weg der Stille anschaue, die eine ähnliche Freude und ein ähnliches Entzücken erlebten wie ich, denke ich, es wäre sinnvoller, hier nicht von Symptomen des Wahnsinns oder von anderen Krankheiten zu sprechen, sondern von den Auswirkungen von Stille als solcher in einem Kontext, der durchaus Gefahren birgt.

Ich hatte keineswegs, so wurde mir klar, einen Aspekt oder eine Nuance von Stille verpasst. Ich hatte die gleichen Erfahrungen gemacht, wie Grassian sie aufzählt, aber ich hatte sie genossen und *darum* waren es andere Erfahrungen. Die Grenzlinie zwischen beiden Formen des Erlebens ist nahezu vollständig subjektiv bedingt. Wenn ich einen Chor lateinische Choräle singen höre, weckt das natürlich völlig andere Empfindungen, als wenn ich zu hören glaube, dass mich Dämonen verhöhnen. Und die Köstlichkeit von Porridge intensiv zu schmecken ist etwas anderes, als intensive Schmerzen zu verspüren. So enthemmt sein, dass ich unbekümmert laut und falsch singe, ist nicht das Gleiche, wie so enthemmt sein, dass ich mich ins eigene Fleisch ritze, ohne die Gründe für mein Verhalten zu wissen, wie es auf manche Untersuchungsteilnehmer zutraf. Es gibt hier bestimmte Parallelen in Bezug auf die Wirkung mancher Drogen. Die physiologischen Auswirkungen von Alkohol sind gründlich erforscht, doch ich kenne keine Studien, die belegen, welcher Typ Mensch unter welchen Umständen glücklicher, unglücklicher oder gewalttätiger ist, wenn er sich betrunken hat. Diese Verhaltensfolgen lassen sich zweifellos auf den Alkoholkonsum zurückführen, doch das emotionale Erleben von Menschen, die sich im alkoholisierten Zustand befinden, zeigt starke Unterschiede.

Ich begann mir Gedanken darüber zu machen, welche Faktoren ausschlaggebend dafür sind, ob Erfahrungen mit extremer Stille positiv verlaufen oder ins Negative kippen. Ich schaute mir meine eigene Zeiten der Stille wie auch die von anderen Menschen, die über dieses Thema schrieben, noch einmal genauer an. Ich glaube inzwischen, dass der primär ausschlaggebende Faktor dafür, ob Stille positive oder negative Auswirkungen hat, ist, ob Menschen sie freiwillig wählen oder nicht. Neben Grassians Forschungen über heutige Gefängnisinsassen in Isolationshaft existieren erstaunlich viele Berichte über Kerkerhaft, Aussetzung und Verbannung. Ich finde es sehr befremdlich, dass Menschen das anderen Menschen antun – sie nicht nur aus ihrem Ort und der eigenen Familie, sondern aus der menschlichen Gesellschaft überhaupt verbannen. Und doch kursieren in vielen Kulturen und seit Urzeiten Geschichten, Legenden und Mythen über Menschen, die ins Exil verbannt, aus der Gemeinschaft ausgeschlossen und zum Schweigen verurteilt wurden.

In der griechischen Mythologie gibt es viele Geschichten über Personen, die eingemauert oder ins Exil verbannt wurden, um sie am Sprechen zu hindern. Eine der grausamsten und vielschichtigsten handelt von Prokne.[8] Proknes Schwester, Philomela, war mit dem König von Thrakien verheiratet, der anreiste, um Prokne für einen Besuch abzuholen. Auf dem Weg zurück nach Thrakien jedoch vergewaltigte er sie. Hinterher war er so beschämt über seine Tat, dass er, damit sie nicht bekannt wurde, Prokne die Zunge abschnitt und sie in eine einsame Hütte im Wald sperrte. Dann reiste er nach Hause und erzählte seiner Frau, ihre Schwester sei an einem Fieber gestorben. Da Prokne nicht sprechen und nicht fliehen konnte, stickte sie ihre Geschichte in einen Wandteppich. Nach vielem Hin und Her gelangte diese Botschaft in Philomelas Hände. Sie rettete ihre Schwester, und die beiden nahmen schonungslos Rache am König: Sie töteten seinen achtjährigen Sohn – der auch Philomelas Sohn war – und servierten ihn dem König als Braten, den er mit Genuss verzehrte, ehe ihm klar wurde, was er da aß. Wie bei vielen griechischen Mythen geht es auch hier um die Frage der angemessenen Rache. In dieser Geschichte erleiden alle Beteiligten die gleiche Strafe: Sie werden in Vögel verwandelt. Das mag uns zeigen, dass es zumindest in der griechischen Kultur als schweres Vergehen galt (das mit Kindesmord und Kannibalismus gleichgesetzt wurde), jemanden zum Stillschweigen zu zwingen, selbst wenn das damit verbundene Ziel nicht erreicht wird.

Die hebräischen Schriften erzählen von Hagar, Abrahams Geliebter und Mutter seines (zu der Zeit) einzigen Kindes, die mit ihrem kleinen Sohn in die Wüste geschickt wurde. Sarah, Abrahams unfruchtbare Ehefrau, hatte ihre Sklavin Hagar als Leihmutter benutzt, und Hagar hatte mit Abraham einen Sohn, Ismael. Doch als das Kind geboren war, wurde Sarah eifersüchtig und überredete Abraham, Hagar aus dem Lager zu vertreiben. Abraham versorgte Hagar und ihr Kind, das auch sein Kind war, mit Brot und Wasser und zwang sie, das Lager zu verlassen, was ihren sicheren Tod bedeutete. Draußen in der Wüste, ihr sterbendes Kind im Arm, erlebte Hagar das totale Entsetzen, das die unfreiwillige Stille bei ihr auslöste. Sie »warf ihr Kind« unter einen verkrüppelten Busch, ging hin und ließ sich in einiger Entfernung von ihm nieder, denn sie konnte es nicht ertragen, es sterben zu sehen. Dann erschien ihr Gott, der ihre Verbannung offensichtlich zugelassen hatte. Sie hörte seine Stimme und im Handumdrehen wurde sie (was nicht näher beschrieben wird) zu einem der wenigen Menschen in der Hebräischen Schrift, der »Gott sah und lebte«.[9]

Die Geschichte nimmt ein gutes Ende. Gott zeigt Hagar einen Brunnen, und sie und ihr Kind überleben. Die meisten dieser Geschichten gehen gut aus, denn wenn jemand aus dem Schutz der Gemeinschaft in die Wildnis vertrieben wird, endet das gewöhnlich mit seinem Tod und er kann keine Geschichte mehr über seine Erlebnisse erzählen. In Legenden und Mythen blühen und gedeihen Kinder oft, die – aus welchen Gründen auch immer – aus ihrer Gemeinschaft vertrieben wurden. Romolus und Remus, von Wölfen großgezogen, gründeten schließlich die Stadt Rom. In *Hayy Ibn Yaqdhan*, dem ersten europäischen philosophischen Roman von Ibn Tufail, einem iberisch-arabischen Denker und Dichter aus dem zwölften Jahrhundert, der zum »Bestseller« wurde, wird der titelgebende Held auf einer unbewohnten Insel von Gazellen großgezogen und gelangt durch direkte Einsicht zur religiösen Wahrheit. Rudyard Kiplings Mogli, bekannt aus dem *Dschungelbuch* (1894) und seinen Fortsetzungen, der ebenfalls von Wölfen großgezogen wird, entwickelt geradezu magische Kräfte, die aus seiner Fähigkeit erwachsen, sich in der menschlichen Gesellschaft wie unter wilden Tieren zu Hause zu fühlen.

Wenn Kinder früh allein gelassen werden, nimmt das in Wirklichkeit jedoch kein gutes Ende. Es gibt etwa hundert aufgezeichnete Fälle von »Wolfskindern«, wobei die meisten heiß umstritten sind. Man muss sich fragen: Wie präzise sind diese Berichte? Wie lange und von wie früh an hat das Kind unter den Tieren gelebt, die es »adoptiert« haben? Wurde das Kind ausgesetzt, weil es bereits einen Gehirnschaden hatte? Generell gesehen, hat diese ganz spezielle Erfahrung mit unfreiwilliger Stille schwere Folgen. Kinder, die außerhalb der menschlichen Gesellschaft aufwachsen, haben die größten Schwierigkeiten, in diese zurückzufinden. Selten lernen sie sprechen oder Beziehungen zu anderen Menschen einzugehen, und die meisten sterben jung. Da die uralten Geschichten in ihrem Kern auf Wahrheit gründen, finden wir diese Tatsachen in den frühesten Legenden bis zu einem gewissen Grad bestätigt. In der Genesis heißt es, dass Ismael zwar überlebt, aber er wird »ein wilder Mensch sein, seine Hand wider alle und aller Hand wider ihn und wird gegen allen seinen Brüdern wohnen«. Romolus hingegen ermordete seinen Bruder und ordnete die Massenvergewaltigungen der Sabinerinnen an, um seine neue Stadt zu bevölkern.

Einige der negativen psychischen Auswirkungen, die Grassian bei seinen Gefängnisinsassen beobachtet, gehen auf die Gefangenschaft wie das damit verbundene »Alleinsein« zurück. Doch zum Glück für mich existiert auch erstaunlich viel Literatur über Erfahrungen mit unfreiwilliger Stille, die sich nicht in Gefangenschaft abspielten.

So gibt es viele recht gut dokumentierte Beispiele für das Aussetzen von Menschen am Strand einer unbewohnten Insel. Diese

Maßnahme dachten sich Anfang des 18. Jahrhunderts zuerst Piraten aus. Sie hielten die »Regelungen und Bedingungen« für das Aussetzen ganz formal in ihren Musterrollen fest. 1724 ergänzte John Phillips, Kapitän der *Revenge*, diese Aufzeichnungen um eine Klausel, in der es heißt: »Sollte ein Mann beabsichtigen zu fliehen oder Geheimnisse vor der Schiffsführung haben, soll er ausgesetzt werden, und zwar nur mit einer Flasche Pulver, einer Flasche Wasser, einer Kleinwaffe und Munition.«[10]

Bevor die Piraten das englische Wort für Aussetzung, *maroon*, für ihre Zwecke übernahmen, war *marooner* eine Bezeichnung für geflohene Sklaven. Es wurde jedoch auf Schiffen so häufig benutzt, dass man Piraten schließlich *maroones* nannte. Die Aussetzung wurde vom Kapitän als Strafe für rebellische Mannschaftsmitglieder wie auch von erfolgreich rebellierenden Mannschaften über ihren Kapitän verhängt. Die in entsprechenden Satzungen übliche Klausel »eine Kleinwaffe und Munition« war dazu gedacht, dass der Ausgesetzte sich, wenn er wollte, umbringen konnte. Und das konnte durchaus passieren, denn soweit wir heute wissen, war die Wahrscheinlichkeit, dass der Ausgesetzte, so allein gelassen, eines langsamen Todes starb, im Normalfall sehr hoch. In Zeiten, in denen für geringfügigste Vergehen die Todesstrafe verhängt wurde, mag uns dieses Zögern, den Verräter auf der Stelle hinzurichten, merkwürdig vorkommen. Vielleicht hat das Wissen der Ausgesetzten um ihren unweigerlich eintretenden Tod, das sie in Stille ertragen mussten, ihre geistige Gesundheit so zerrüttet, dass es dunkel um sie wurde. Diese Angst ist nicht irreal: Die Stille kann Menschen umbringen oder so verrückt machen, dass sie nicht mehr von ihrer Rückkehr erzählen können. Und wenn du tot bist, kannst du natürlich auch niemandem mehr von deinen Erlebnissen berichten. Du bist endgültig und vollkommen zum Stillschweigen gebracht worden.

Es ist fast ein Wunder, dass manche Menschen trotzdem überleben und eine Sprache finden, um uns von ihren Erlebnissen zu erzählen. In diesen Berichten finden wir wieder und wieder Schilderungen von den Schattenseiten der positiven Erfahrungen mit Stille. Ein anderes subjektives Empfinden, ein anderer Tag, ein Quäntchen Glück oder Pech und die Balance zwischen positiven und negativen Erfahrungen mit Stille verschiebt sich ebenso wie sie sich zwischen Leben und Tod jederzeit verschieben kann.

Marguerite de la Rocque überlebte. Sie wurde 1542 von ihrem Onkel, der sie für ihr unmoralisches Verhalten bestrafen wollte, auf einer Insel im Sankt-Lorenz-Strom ausgesetzt. Sie überlebte dort zwei Jahre und fünf Monate, bevor sie gerettet wurde. Wahrscheinlich ist sie die erste europäische Frau, die in Kanada überwinterte, und wohl auch die erste, die in der Neuen Welt ein Kind gebar. Damit gehört sie zu den ersten uns bekannten Menschen, die eine solche Erfahrung überlebten. Sie beschäftigt meine Phantasie ebenso wie sie die Phantasie anderer Autoren und vor allem Autorinnen beschäftigt hat, angefangen mit Marguerite de Navarre, die ihre Geschichte in ihrem Buch *Das Heptameron* nacherzählt.[11] Einer meiner ersten Versuche, aus der Stille heraus einen Roman über die Stille zu verfassen, basierte auf ihren Erlebnissen.[12]

Auf jeden Fall ist dies eine äußerst ungewöhnliche Überlebensgeschichte. Marguerite war eine junge Frau aus der Oberschicht, die Frankreich zuvor noch nie verlassen hatte und somit auch keinerlei Erfahrungen darin besaß, in der »Wildnis« zu leben. Sie war Mitglied einer der am schlechtesten organisierten Expeditionen in der Geschichte der Forschungsreisen. Der Leiter, ihr Onkel Roberval, hatte offensichtlich keine Ahnung, auf was er da zusteuerte. Seine »Mannschaft« bestand aus einer Mischung von höchst unqualifizierten und unzuverlässigen Sträflingen, Freunden und Verwandten, von denen viele offensichtlich als Touristen mitreisten. Er weigerte sich, den Rat Jacques Cartiers anzunehmen, damals der französische Kapitän und Steuermann mit der meisten Erfahrung, den der König zu Robervals stellvertretendem kommandierenden Offizier ernannt hatte. Cartier verließ die Expedition schließlich ohne direkte Order und kehrte nach Frankreich zurück. Die ursprüngliche Idee hinter diesem schlecht geplanten Unternehmen war, den Sankt-Lorenz-Strom hinaufzusegeln und in Höhe des heutigen Quebec eine Siedlung zu gründen, die Ausgangspunkt für die Erforschung und Kolonisierung des kanadischen Binnenlandes sein sollte. Als die Expedition, kurz nachdem Cartier erklärt hatte, die ganze Mission sei reiner Selbstmord, und desertierte,* von Neufundland aus den Fluss hinaufsegelte, entdeckte Roberval, dass seine Nichte eine Affäre mit einem Mitglied der Expedition hatte und setzte die beiden (mit einer Dienstmagd!) auf einer kleinen Insel am nördlichen Ufer des Sankt-Lorenz-Stromes aus, oberhalb des 50. Breitengrades (der Polarkreis beginnt bei

---

* Man konnte Cartier deswegen wahrscheinlich keine großen Vorwürfe machen. Die Expedition war bereits in einem chaotischen Zustand. Er war die Strecke ein Jahr vor Roberval als selbstständiger Kapitän gesegelt. Roberval hätte ihm schon bald folgen sollen, doch aufgrund einer finanziellen Krise brach er tatsächlich erst im folgenden Frühjahr auf. Cartier hatte inzwischen ein Lager errichtet und erlebte einen schrecklichen Winter auf dem Sankt-Lorenz-Strom, wo seine Mannschaft – ohne die Ausrüstung, die Roberval ihm hatte bringen sollen – entsetzlich litt. Im Frühling, als er glaubte, Roberval hätte sich verirrt, verließ er das Lager und plante, nach Frankreich zurückzukehren. Zufällig begegneten er und Roberval sich in Neufundland, wo herauskam, dass sich Roberval zu Cartiers Admiral hatte ernennen lassen. Cartiers Beharren darauf, die geplante Expedition sei nicht machbar, stieß auf taube Ohren, und er segelte im Schutz der Nacht schließlich nach Osten. Der Punkt hier ist, dass die Mitglieder dieser Expedition sehr wohl gewusst haben müssen, dass Cartier die Pläne nicht für durchführbar hielt und lieber eine strafrechtliche Verfolgung und den Tod riskierte, als den Sankt-Lorenz-Strom wieder zurückzusegeln. Zu der Zeit, als Marguerite ausgesetzt wurde, muss es an Bord bereits große Spannungen und viel Leid gegeben haben.

66 Grad nördlicher Breite). Der Seeweg ist hier vier Monate im Jahr fest zugefroren. Das war also keine karibische Insel.

Im ersten Herbst starben ihr Geliebter und die Dienstmagd, und später, im ersten Winter, auch das Baby, das Marguerite ohne fremde Hilfe zur Welt gebracht hatte. In jenem Frühling verließ Roberval die Festung und segelte an der Insel vorbei zurück. Es gibt keinerlei Hinweise darauf, dass er auch nur den Versuch gemacht hätte, herauszufinden, was mit seiner Nichte geschehen war. Länger als ein weiteres Jahr, das heißt, auch einen ganzen weiteren Winter, überlebte Marguerite allein. Wir wissen sehr wenig über die Details ihres Überlebens, wahrscheinlich jagte und angelte sie. Sie tötete ein Eisbärenjunges, »weiß wie ein Ei«. Wir wissen auch, dass sie von Dämonen verfolgt wurde. Diese schrien Beleidigungen und drohten ihr in der Dunkelheit, und sie schoss auf sie durch das Dach ihrer Hütte. Später, als ihr das Schießpulver ausgegangen war, schrie sie ihnen Textstellen aus der Bibel entgegen. Aber sie überlebte. Schließlich wurde sie von Fischern gerettet. (Trotz all des Geredes über Forschungen und Entdeckungen, Tatsache ist, dass bretonische wie baskische Flotten bereits seit Jahren in diesen Gewässern fischten.) Sie überlebte, kehrte nach Hause in die Picardie zurück und gründete dort eine Schule. Irgendwann erzählte sie ihre Geschichte einem Schiffskapitän namens Jean Alfonce, der sie wiederum André Thevet weitererzählte, einem Franziskanerpriester, Forscher und Autor, dessen schriftlicher Bericht über ihre Erlebnisse als weitgehend zutreffend und zeitgeschichtlich korrekt akzeptiert wird. Es ist so gut wie sicher, dass die Königin, Marguerite de Navarre, durch diesen Bericht von der Geschichte erfuhr.

Ich saß in dem kleinen Haus auf Skye, das ich mir selbst gesucht hatte, warm, sicher, mit Telefon und einem Auto, sollte ich wegwollen, mit elektrischem Licht und einem reichlichen Vorrat an Lebensmitteln. Ich hörte den Wind im Dach lateinische Choräle singen, und es gehört nicht viel Phantasie dazu, mir Marguerite vorzustellen, die in der unfassbar langen Dunkelheit eines Winters ausharrt, in einem Land, von dem sie nichts weiß, mit dem Tod, der überall um sie herum lauert, und ohne wirkliche Hoffnung auf Rettung. Sie, die einzig Hinterbliebene, geschwächt von der Geburt, war wahrscheinlich voller quälender Schuldgefühle und ohne den Trost eines Zuhauses oder ihrer Religion. Beim bloßen Gedanken an sie kommen mir unweigerlich die Tränen, doch ich empfinde auch große Bewunderung für den Mut und den Einfallsreichtum, die ihr halfen zu überleben.

Alexander Selkirk überlebte ebenfalls. Es gibt eine ganze Reihe von Berichten aus dem späten 17. und frühen 18. Jahrhundert über ausgesetzte Seeleute, die schließlich gerettet wurden. Doch Alexander Selkirk erlangte Unsterblichkeit, weil er zum Prototypen von Daniel Defoes Roman *Das Leben und die seltsamen Abenteuer des Robinson Crusoe* oder, in Kurzform, *Robinson Crusoe* (1719) wurde, der interessanterweise direkt von Ibn Tufails Roman beeinflusst ist. Selkirk, ein aufsässiger Schotte, der ursprünglich zur See fuhr, um einer gerichtlichen Vorladung wegen aufrührerischen Verhaltens in der Kirche zu entkommen, verbrachte viereinhalb Jahre allein auf einer der Juan-Fernandez-Inseln, etwa 300 Meilen von der chilenischen Küste entfernt. Man kann sich kaum eine Insel vorstellen, die für Ausgesetzte besser geeignet wäre. Es gab dort frisches Wasser, fruchtbaren Boden, ein mildes Klima und wilde Ziegen und Katzen. Außerdem war Selkirk sehr gut ausgerüstet, denn in gewisser Weise hatte er sein Schiff freiwillig verlassen, da er die Zustände an Bord ziemlich fragwürdig fand und der Kapitän ebenso unfähig wie tyrannisch war (und später aufgrund der Anklagen anderer Mannschaftsmitglieder seinen Kapitänsrang verlor). Selkirk ging also an Land mit:

seiner Seemannskiste, der Kleidung, die er am Leibe trug, und seinem Bettzeug, einem Vorderlader, einem Pfund Schießpulver, einem großen Vorrat an Gewehrkugeln, einem Feuerstein, ein paar Pfund Tabak, einem Beil, einem Messer, einem Kochkessel, einer Bibel und anderen Gebetsbüchern sowie Navigationsgerätschaften und seinen mathematischen Instrumenten.[13]

Er konnte sich auch realistische Hoffnungen auf eine baldige Rettung machen, denn die Insel war für britische wie für spanische Freibeuter, die sich dort mit frischem Wasser versorgten, ein beliebter Ankerplatz. Trotzdem heißt es, er sei nach seiner Aussetzung noch im letzten Moment am Strand entlanggelaufen und habe darum gebettelt, wieder an Bord genommen zu werden, was sein empörter Kapitän verweigerte. Anders als de la Rocque wahrscheinlich war Selkirk hart im Nehmen. Er war äußerst erfindungsreich und besaß viele Fähigkeiten, die seine Überlebenschancen erhöhten.

Bei seiner Rückkehr nach Großbritannien zog Selkirk sehr viel Aufmerksamkeit auf sich. Reiseberichte erfreuten sich damals großer Beliebtheit, und diese Geschichte war ganz offensichtlich besonders reizvoll – wir wissen also sehr viel über seine Erlebnisse. Vor allem Richard Steele, der irische Autor und Politiker, interviewte ihn und veröffentlichte 1713 einen Essay über ihn in einer Fachzeitschrift mit dem Titel *The Englishman*. Anders als die meisten Berichte über ihn, für die sein körperliches Überleben an einem exotischen Ort im Mittelpunkt stand, interessierte Steel vor allem, wie Selkirk sein Abenteuer emotional erlebte:

> Wenn wir bedenken, wie schmerzlich es für die meisten Menschen ist, auch nur einen Abend nicht in Gesellschaft zu verbringen, können wir uns vielleicht vorstellen, wie schmerzlich die ständige Einsamkeit ist, die diesem Mann, der als Seemann aufwuchs, aufgezwungen wurde …

Grundlegende Nöte wie Hunger und Durst lenkten ihn am besten davon ab, über seine Einsamkeit nachsinnen zu müssen. Waren diese Bedürfnisse erfüllt, wurde der Ruf nach Gesellschaft in ihm sehr stark. Am wenigsten bedürftig kam er sich demnach vor, wenn er alles auf einmal wollte und brauchte, wobei die Befriedigung der körperlichen Bedürfnisse leicht zu bewerkstelligen war. Die große Sehnsucht jedoch, wieder einmal das Gesicht eines Menschen zu sehen, wurde in den Pausen zwischen Anfällen von quälendem körperlichem Hunger nahezu unerträglich. Er wurde deprimiert, träge und melancholisch und konnte sich nur mit Mühe davon abhalten, sich selbst Gewalt anzutun. Bis er allmählich durch die Macht der Vernunft und häufiges Lesen in den Schriften und durch die Konzentration seiner Gedanken auf das Studium der Navigation nach einer Zeitspanne von achtzehn Monaten völlig versöhnt mit seiner Situation war. Als ihm das erst einmal gelungen war, wurde sein Leben durch seine vitale Gesundheit, die Loslösung von der Welt, einen durchweg heiteren Himmel und das milde Klima zu einem immerwährenden Fest, und sein Wesen war nun viel freudvoller als zuvor, wo er oft verdrießlich gewesen war ... Ich vergaß zu erwähnen, dass in Zeiten von Unzufriedenheit Ungeheuer aus den Tiefen des Meeres, die oft am Strand herumlungerten, das Entsetzen über seine Einsamkeit noch verstärkten. Ihr grässliches Heulen und ihre schauderhaften Stimmen schienen zu schrecklich, als dass menschliche Ohren sie ertragen konnten. Doch als er sein inneres Gleichgewicht erst einmal zurückgewonnen hatte, konnte er diesen Stimmen nicht nur mit Wohlgefallen lauschen, sondern sich den Ungeheuern vollkommen unerschrocken nähern.

Als ich ihm zum ersten Mal begegnete, dachte ich: Selbst wenn ich von seinem Charakter und seiner Geschichte nicht schon gewusst hätte, würde ich an seinem Aussehen und seiner Haltung zu erkennen vermögen, dass er viel Zeit ohne menschliche Gesellschaft verbracht haben musste. Sein Blick verriet eine große und doch zugleich heitere Ernsthaftigkeit und eine gewisse Verachtung für die banalen Alltagsdinge, die ihn umgaben.[14]

Tatsächlich nahm Selkirk sein früheres Leben nie wieder auf. Nachdem er seinen Ruhm für kurze Zeit offensichtlich genossen hatte, zog er sich immer mehr zurück, lebte schließlich in einer Höhle und starb im Alter von fünfundvierzig Jahren. Steeles Bericht über ihn enthält eine beeindruckende Mischung von positiven und negativen Auswirkungen von Stille.

Auch Joe Simpson überlebte. Für diejenigen, die weder den Film *Sturz ins Leere*[15] gesehen noch das gleichnamige Buch gelesen haben: Simpson ist Bergsteiger. 1985 kletterte er mit seinem Freund und Kletterpartner Simon Yates in einer sehr entlegenen Gegend in den peruanischen Anden. Am Ende der erfolgreichen Besteigung des bislang unbestiegenen Siula Grande (6356 Meter hoch) brach Simpson sich den Oberschenkel. Auf dieser Höhe und unter diesen Umständen kommt eine solche Verletzung meistens einem Todesurteil gleich, und es wäre durchaus verständlich gewesen, wenn Yates ihn zurückgelassen hätte. Die beiden starteten jedoch einen Versuch, Simpson vom Berg herunterzubringen, indem sie ihn nachts und bei sich ständig verschlechterndem Wetter abseilten. Als sich Yates schließlich nicht mehr in der Lage sah, Simpson, der nach einem weiteren Ausrutscher nur noch halb bei Bewusstsein über einer Gletscherspalte baumelte, zu unterstützen, schnitt er das Kletterseil durch – was offensichtlich die einzige Möglichkeit war, dass wenigstens einer von ihnen überlebte – und ließ Simpson in seinen mutmaßlichen Tod stürzen. Am nächsten Morgen gelang es Yates unter größten Schwierigkeiten, sich ins Basislager zurückzuschleppen.

Simpson war jedoch nicht tot. Schwer verletzt und an großen Schmerzen leidend, ohne Lebensmittel oder frisches Wasser, mit einem üblen Beinbruch und weiteren Verletzungen durch den Sturz, mit dem Wissen (aufgrund des abgeschnittenen Seilendes), dass dies kein Unfall gewesen war, allein gelassen, verbrachte er vier Tage in der Spalte, in denen er versuchte, sich daraus hochzukämpfen und sich dann durch höchst unwirtliches Gelände weiter den

Berg hinunterzuschleppen. Er erreichte das Lager nur wenige Stunden, bevor Yates und das dritte Mitglied der Mannschaft, Richard Hawking, der kein Bergsteiger war, das Lager räumen wollten. *Sturz ins Leere* ist ein nahezu unerträglich zu lesender Bericht über extreme menschliche Isolation und körperliche und psychische Qualen. Für Simpson war dieses Erlebnis auch verbunden mit Unaussprechlichkeit, was er jedoch negativ erlebte: »Mir gelingt es in diesem Buch einfach nicht, klar zum Ausdruck zu bringen, wie entsetzlich einige dieser einsamen Tage waren. Ich fand schlichtweg keine Worte für die abgrundtiefe Verlassenheit.«[16]

Überleben half ihm unter anderem eine *Stimme* (deren Worte er in seinem Buch immer kursiv setzt). Sie trieb ihn erbarmungslos an, nicht zu Untergang und Zusammenbruch, sondern genau in die andere Richtung:

> Da war Stille, Schnee, ein klarer, leerer, lebloser Himmel und ich, der ich dort hockte. Es war, als gäbe es in mir zwei Denker mit unterschiedlichen Meinungen, die sich ständig stritten. Die *Stimme* war klar, scharf und gebieterisch. Sie hatte immer recht, und ich hörte auf sie und das, was sie sagte, und befolgte ihre Entscheidungen. Der andere Denker streifte zwischen einer Reihe zusammenhangloser Bilder, Erinnerungen und Hoffnungen hin und her wie in einer Art Tagtraum, während ich mich daran machte, den Anordnungen der *Stimme* Folge zu leisten … Die *Stimme* vertrieb die Wahnideen aus meinem Denken. Eine große Dringlichkeit erfasste mich, und die *Stimme* sagte: »Mach weiter, nicht aufgeben … los, schneller.«[17]

Sobald er das Lager und seine Gefährten gefunden hatte, verschwand die *Stimme*, und er war nur noch ein einziges schluchzendes, zusammengebrochenes Wrack.

> Sowie ich wusste, dass Hilfe zur Hand war, brach ich innerlich zusammen. Was immer mich bis dahin gehalten hatte, fiel weg. Ich konnte

jetzt nicht mehr eigenständig denken, geschweige denn kriechen. Es gab nichts, was ich erkämpfen musste, keine Anweisungen, denen ich Folge leisten musste, keine *Stimme*, und ich bekam entsetzliche Angst bei dem Gedanken, ohne das könne alles Leben aus mir entweichen.[18]

In gewisser Weise war dies eine kurze »unfreiwillige Stille«, doch die Intensität der Erfahrung – die Höhe, die abenteuerlichen Umstände, das extreme emotionale Trauma, die absolute Ungewissheit und vor allem die körperlichen Schmerzen – hat deren psychische Auswirkungen auf Simpson offensichtlich in Hochgeschwindigkeit verstärkt. Damit ist dieses Buch der bei weitem erschütterndste mir bekannte Bericht über eine solche Erfahrung. Er enthält in verdichteter Form viele Auswirkungen von negativer Stille: Simpson hörte nicht nur die *Stimme*, sondern verfiel in konfuse rituelle Verhaltensmuster; er verlor das normale Zeitgefühl; er hatte heftige Stimmungsschwankungen und verlor zunehmend die Kontrolle über sein Denken.

Auch Anthony Grey überlebte. Er befand sich als Journalist der internationalen Nachrichtenagentur Reuter auf dem Höhepunkt der Kulturrevolution in Peking. 1967 drang eine »rasende« Gruppe politisierter Anhänger der Roten Garde um Mitternacht in sein Haus ein, folterte seine Katze und erhängte sie vor seinen Augen, beschmierte ihn mit schwarzer Farbe und hielt ihn in seinem eigenen Keller über zwei Jahre in Isolationshaft fest. Die chinesische Regierung sprach von einer »Einschränkung der Bewegungsfreiheit«. Im Grunde war er eine politische Geisel und in gewisser Weise eine gute Wahl, denn er war kein Diplomat. Seine »Isolationshaft« war verbunden mit einer besonderen Art von Stille, denn eigentlich war es um ihn herum gar nicht still. Grey begann in einem späteren Stadium seiner qualvollen Lage Chinesisch zu lernen. Bis dahin hatte er ständig mit anhören müssen, wie seine Wächter miteinander schwatzten, sangen und Sprüche aus der

Mao-Bibel von sich gaben, doch niemand sprach mit ihm. Er hätte ohnehin auch nicht verstanden, was sie sagten, und außer bei zwei halbstündigen Konsulatsbesuchen sprach er die ganze Zeit über mit keiner Menschenseele. In seinem Bericht über dieses Ereignis schildert er sehr anrührend den zusätzlichen Druck aufgrund des ständigen Lärms, der Überwachung und der Ungewissheit, während er selbst zum Schweigen verurteilt war. Doch trotz einiger Unterschiede ähneln die von ihm geschilderten Emotionen erstaunlicherweise denen, die Steele in seinem Bericht über Selkirk beschreibt. Er spricht von einer praktischen Phase, in der er sich mit den physischen Realitäten seiner Situation auseinandersetzen und deren Grenzen ausloten musste, gefolgt von einer wachsenden Trägheit, überwältigenden Depressionen und zunehmenden Gefühlen von Klaustrophobie, Paranoia, Entsetzen wie entsprechenden Phantasien und auch einer immer stärkeren Abhängigkeit von Ritualen. In seinem Fall waren das tägliche Gebete und Yoga (interessanterweise die gleichen Rituale wie sie Moitessier in seiner freudigen und freiwilligen Isolation praktizierte) sowie ein merkwürdiges, nahezu gnostisches Ritual, das im Zählen und Benennen der Tage bestand.

In all den genannten Fällen überlebten nicht nur die Menschen, sondern auch ihre Geschichten. Simpson und Grey sind beide Autoren. Selkirk und Marguerite de la Rocque begegneten Schriftstellern, die Interesse an ihren Geschichten fanden und die Fähigkeit besaßen, sie nachzuerzählen. Es gibt noch mehr Beispiele, von denen wir wissen, und unzählige weitere, von denen wir nichts wissen oder erzählen können.

Natürlich existieren viel weniger Geschichten über Menschen, die sich an Orte der Stille begaben oder eine Zeit der Stille einlegten und *nicht* überlebten.

Chris McCandless überlebte nicht. Als junger Amerikaner aus

einer wohlhabenden Familie, die an der Ostküste lebte, »stieg« McCandless nach seinem College-Abschluss 1990 »aus« und wurde zwei Jahre später im Hinterland von Alaska tot aufgefunden. Die Autopsie gab Verhungern als wahrscheinliche Todesursache an. Er hatte »zurückgezogen« gelebt, allein und in Stille in einem klapprigen Bus, und hatte vier Monate vor seinem Tod geäußert, dass er vorhabe, in einem extremen Gelände »vom Land« zu leben. Mit seinem Buch *In die Wildnis* unternahm Jon Krakauer den mutigen Versuch, diese letzten Monate von McCandless zu erforschen. *In die Wildnis*[19] ist eine außergewöhnliche Meditation auf ein Leben in Abgeschiedenheit, den Ruf der Wildnis und vor allem die verführerische Erregung, die mit Wagnissen, Widrigkeiten und dem, was Krakauer »tolstoisches« Asketenleben und Entsagung nennt, verbunden ist. Als Journalist, der über extreme Abenteuer schreibt, baut er in sein Buch Details seiner eigenen Erfahrungen wie auch von weiteren modernen »Wandereremiten« ein. Und obwohl der Kontext und die Absichten seiner Charaktere anders aussehen als bei mir, finde ich dieses Buch ebenso berührend wie hilfreich.

Ein Grund für meine Sympathie mag sein, dass ich meinen eigenen Vorstoß in die Stille in einigen Aspekten als ziemlich ähnlich empfinde wie McCandless' Unterfangen. Auch sein Abenteuer begann offensichtlich damit, dass er es einfach genoss, allein und frei von familiären und gesellschaftlichen Verpflichtungen zu sein. Er war äußerst idealistisch. Bevor er aufbrach, spendete er sein lebenslang Erspartes, fast 10 000 Dollar, Oxfam. Stark motiviert wurde er durch eine gewisse Verachtung für die westliche Kultur (die ich in seinem Alter ebenfalls empfand und bis heute nicht ganz überwunden habe) und Autoren wie Tolstoi und Thoreau, die uns eine freie, unverstellte und ekstatische Sicht von der »Natur« und persönlicher Entsagung erschließen. Wie ich beschloss McCandless, sich an einem öden, verlassenen Ort unter extremen Bedingungen in Stille selbst zu erforschen. Er führte dieses Leben viel länger als ich, 113 Tage voller Höhen und Tiefen, wie auch ich sie erlebte. Doch es war klar, dass er nicht vorhatte, für immer zu bleiben. Schlecht ausgerüstet und unerfahren wie er war, kam er eine Zeitlang erstaunlich gut zurecht. So wie Krakauer die letzten zwei Lebensjahre von McCandless nachzeichnet, sehe ich einen Menschen vor mir, der sich durch eine Reihe von bestimmten zeitgenössischen Idealen gedrängt fühlte, sich immer tiefer auf die Herausforderungen einzulassen, die mit absoluter Stille verbunden sind.

Es gibt aber auch Unterschiede zwischen uns. Ich denke, der wichtigste betrifft schlicht unser Alter und die Erfahrung oder das Lebensgefühl (oder die Angst), die damit verbunden sind. Ich habe gelernt, meine eigenen Grenzen zu respektieren, statt einfach darüber hinwegzugehen. Mit erstaunlicher Unvernunft oder Arroganz oder beidem begab sich McCandless ohne Landkarte ins Hinterland von Alaska. (Auf einer Karte hätte er sofort gesehen, dass es aus der Gegend, in der er sich befand, mehrere Rückwege gab, nicht nur die Strecke, die er gekommen war und die wegen Hochwasser eines nahe gelegenen Flusses gesperrt war. Er hätte auch gesehen, dass ihn nur sechs Meilen davon trennten, sich in Sicherheit zu bringen.) Ich hatte nicht nur eine großformatige Übersichtskarte dabei, sondern auch, was vielleicht noch entscheidender war, regionale Landkarten und einen Kompass. Ich führte ein stabiles, höchst erfreuliches Leben, in das ich gern zurückkehren wollte. Ein weiterer Unterschied ist, dass ich weder ein Mann noch Amerikanerin bin und deswegen auch nicht in einem Kulturkreis aufwuchs, der von extremen Mythen geprägt ist, die um Wildnis, Mut, Männlichkeit und Grenzkämpfe ranken. Außerdem glaube ich, dass meine religiösen Überzeugungen – ein fester, vernünftiger, kritischer Glaube – mir helfen, mich in der Stille sicher zu fühlen.

Niemand wird jemals erfahren, was mit Chris McCandless passierte oder was er sich bei seinem Abenteuer dachte. Es gibt jedoch einen weiteren, ziemlich präzisen Bericht über tödliche Stille, den wir bis zu seinem bedauerlichen Ende verfolgen können. Und das bringt mich noch einmal zurück zu der Golden Globe Regatta im Jahr 1968.

Donald Crowhurst überlebte nicht, führte aber bis zum allerletzten Moment sein Logbuch. Wir wissen also ziemlich genau, was mit ihm passierte, auch wenn es schwer ist, darin einen Sinn zu finden. Die Geschichte ist reichlich merkwürdig. Donald Crowhurst, ein Elektroingenieur und »Erfinder«, trat die Golden Globe Regatta mit einem neu gebauten, radikal durchkonstruierten Mehrrumpfboot an, der *Teignmouth Electron*, von dem sich herausstellte, dass es für seine Zwecke gar nicht geeignet war. Außerdem war die *Teignmouth Electron* aufgrund von baulichen Verzögerungen nicht seeerprobt. Crowhurst verließ Devon am letzten Tag, der nach den Regatta-Regeln dafür noch zulässig war, dem 31. Oktober 1968. Schon nach zwei Wochen heißt es in seinem Logbuch, er befinde sich in einer verzweifelten Lage, nichts am Boot würde richtig funktionieren und eigentlich müsste er aus dem Rennen aussteigen. An diesem Punkt schien er noch völlig vernünftig zu denken. Ihm war zwar klar, dass ein Ausstieg für ihn mit ziemlicher Sicherheit den Bankrott bedeutet hätte, doch er habe dann immer noch Clare, seine Frau, und seine Kinder, wie er schrieb. An Bord tröstete er sich mit Zeilen aus Kiplings Gedicht »Wenn« und schöpfte Mut aus ihnen.

Irgendwann in den ersten Dezemberwochen jedoch brütete er einen absurden Plan aus. Ab 6. Dezember begann er zwei Logbücher zu führen – ein wahres über sein zunehmend passives Treiben im westlichen Atlantik und ein erfundenes, das schilderte, wie er mit immer größerer, atemberaubender Geschwindigkeit (zuweilen den damaligen Weltrekord brechend) nach Süden und Osten und um Kap Horn herum flitzt. Als diese Täuschung unhaltbar wurde, schnitt er sich von jedem Radiokontakt ab und verschwand für elf Wochen von der Bildfläche. Offensichtlich plante er, so zu tun, als wäre er rund um die Welt gesegelt. Als er wieder Radiokontakt aufnahm, erfuhr er, dass Robin Knox-Johnston am 23. April nach Falmouth zurückgekehrt war. Damit war die erste Solo-Non-Stop-Weltumrundung erfolgt. Er hörte auch, dass Nigel Tetley ziemlich schnell den Atlantik hoch segelte und gute Chancen hatte, den Preis für den »Geschwindigkeitsrekord« zu gewinnen. Crowhurst muss das Gefühl gehabt haben, dass er gute Chancen hatte, mit seinem Täuschungsmanöver durchzukommen. Er hätte hinter Tetley einlaufen können, sein Ruf wäre unbeschadet gewesen und er hätte die Verpflichtungen gegenüber seinen Sponsoren eingehalten, auch wenn man ihm sicher einige unbequeme Fragen stellen würde.

An diesem Punkt geschah etwas Tragisch-Komisches. Tetley wiederum erfuhr auf seiner inzwischen schwer angeschlagenen *Victresse*, dass Crowhurst immer noch im Rennen war. Hätte er nicht gewusst, dass Crowhurst ihm dicht auf den Fersen war und offensichtlich an Geschwindigkeit zulegte, hätte er die *Victresse* wahrscheinlich mit gebotener Umsicht nach Hause gebracht und dennoch den Preis für den Geschwindigkeitsrekord eingestrichen. In dieser Situation fühlte er sich jedoch gezwungen, seinem beschädigten kleinen Boot mehr abzuverlangen, als es hergab, und am 23. Mai brach die *Victresse*, gut tausend Seemeilen von Großbritannien entfernt, buchstäblich auseinander. Tetley wurde gerettet, aber als Crowhurst diese Neuigkeiten über seine wiederhergestellte Radioverbindung erfuhr, wurden ihm die Folgen seines Verhaltens mit aller Deutlichkeit klar: Er würde das Rennen *gewinnen* und damit die Aufmerksamkeit in einem höchst unerwünschten Maß auf sich lenken, was Untersuchungen nach sich ziehen würde, die sein Täuschungsmanöver mit ziemlicher Sicherheit aufdecken würden. Nach dem 23. Mai segelte er nicht mehr auf ein Ziel zu, sondern ließ die *Teignmouth Electron* einfach treiben. Anfang Juni brach seine Radioverbindung tatsächlich zusammen. Auch wenn er sie reparieren und am 22. Juni wieder Verbindung aufnehmen konnte, war es zu spät: Die Informationen, die ihn über seinen Verleger erreichten, waren voller freudiger Pläne, seinen »Sieg« zu feiern. Danach kommunizierte Crowhurst mit niemandem mehr und versank in seiner eigenen Stille. Die Einträge in seine Logbücher veränderten sich: In acht Tagen schrieb er 25 000 Worte, die ein einziges unverständliches, verrücktes Gestammel waren. Er debattierte mit Einstein, prophezeite das Ende der Welt und formulierte magische Einsichten über das Universum. Wie die meisten psychotischen Diskurse enthielt auch dieser ein in sich schlüssiges zentrales Selbstbild – er als zukünftiger Supermann, der sich allein durch Willenskraft von den Begrenzungen der physischen Welt befreien konnte.

Als er am 30. Juni zu sich kam, waren alle seine Uhren stehen geblieben, und er wusste weder, wo er war, noch Uhrzeit und Wochentag. Das ist für jeden Tiefwassersegler die größte Katastrophe. Er versuchte, die Zeit und seine Position an der Sonne abzulesen und gelangte zu einer Einschätzung, die offensichtlich ziemlich absurd war. Zunehmend verzweifelt und in dem Wissen, dass ihm die Zeit entglitt, widmete er sich wieder den Einträgen in sein bizarres Logbuch. Zwischen 10.03 Uhr (wenn das wirklich der Zeitpunkt war) und 11.17 Uhr schrieb er fortlaufend und vermerkte jetzt die Minuten, und gegen Ende, in einem letzten Versuch, die Zeit zu bezwingen, selbst die Sekunden. Um 10.29 Uhr schrieb er:

> Ich gebe dieses Spiel nur auf
> wenn du zustimmst dass
> dieses Spiel gespielt wird und es wird gespielt
> nach den Regeln
> die mein großer Gott ersonnen hat der
> seinem Sohn schließlich
> nicht nur den tieferen Grund
> für die Spiele
> sondern auch die Wahrheit offenbart hat
> über den Weg zur Beendigung des nächsten Spiels das
> Es ist zu Ende –
> Es ist zu Ende
> ES IST DIE GNADE[20]

Um 11.20 Uhr hörte er mitten im Satz (doch am Ende einer Seite) auf zu schreiben.

Es ist natürlich unklar, was unmittelbar danach geschah. Am 10. Juli fand man die *Teignmouth Electron* unbemannt auf dem Wasser treibend. Das Wetter war so ruhig gewesen, dass ein Lötkolben, der auf dem Kabinentisch auf einer Milchdose lag, dort immer noch die Balance hielt. Crowhurst war nicht an Bord, und außerdem fehlte, was merkwürdig genug war, das Messing-Chronometer vom Schott, das abgeschraubt worden war. Crowhurst hatte versucht, die Zeit mitzunehmen, als er sich auf den Weg in die endgültige Stille begab.

Man könnte argumentieren, dass beide, Chris McCandless wie Donald Crowhurst, Stille und Isolation selbst *wählten*, da diese nicht unfreiwillig oder erzwungen worden waren. Trotzdem scheint es mir bedeutungsvoll, dass die Dinge genau an dem Punkt, wo sie das Gefühl hatten, dass es kein Entrinnen mehr gab, in die falsche Richtung liefen. McCandless überlebte diese Erfahrung zunächst unbeschadet und seine Tagebücher klingen ziemlich vernünftig bis zu dem Punkt, an dem er entdeckte, dass der Weg zurück in die

Zivilisation unter den Fluten des Hochwassers verschwunden und für ihn nicht mehr zugänglich war. Sollte er tatsächlich nicht gewusst haben, dass es andere Auswege gab (obwohl er das hätte wissen können), muss er sich in der Falle gefühlt haben. Ähnlich erging es Crowhurst: Erst als ihm klar wurde, dass er die *Teignmouth Electron* nicht mehr steuern konnte, dass seine Fähigkeiten für die ihm gestellte Aufgabe nicht ausreichten und er tatsächlich ein Gefangener seiner eigenen Phantasien und Wahnvorstellungen war, verlor er den gesunden Menschenverstand.

An all diesen Geschichten faszinierte mich besonders, wie sehr sie sich mit den Erfahrungen mit der dunklen Seite von Stille deckten, die ich machte, als ich nur für kurze Zeit eingeschneit war, ebenso wie ich auf Skye erlebt hatte, dass sich bestimmte Reaktionen auf »gute Stille« mit einer gewissen Beharrlichkeit einstellen. Tatsächlich bin ich, wie schon erwähnt, zu der Überzeugung gelangt, dass die schwierigen Erlebnisse mit Stille die Schattenseite der positiven Erfahrungen sind.

Als die Straße schließlich geräumt wurde, ein später Frühling einsetzte, die Tage länger und die Bäume grüner wurden, war ich glücklich über diese kurze Erfahrung, eingesperrt zu sein. Rückblickend weiß ich, dass ich durch dieses Erlebnis tiefer verstand und sicherer wusste: Es gab nichts, wovor ich mich in meiner eigenen, freiwillig gewählten Stille hätte ängstigen müssen. Freudig machte ich mich wieder daran herauszufinden, wie ich einen Teil der intensiven Freude und freudigen Erregung, die ich in Skye erfahren hatte, in meinen Alltag einbauen konnte.

So dachte ich jedenfalls. Später in jenem Sommer machte ich jedoch Bekanntschaft mit einer völlig anderen negativen Folge von Stille. Ich hatte einen Anfall von Acedia.

Acedia ist ein Geisteszustand, der so eng mit Stille verbunden wird, dass das *Oxford English Dictionary* ihn definiert als »mentale

Erschöpfung bei Einsiedlern, die durch Fasten oder andere physische Ursachen herbeigeführt wird«, obwohl weder die Wüstenmönche noch ihre Kommentatoren einen Zusammenhang zwischen Acedia und Asketentum sahen. Dieser Zustand kommt in so vielen Berichten über Zeiten der Stille vor, die nicht mit anderen asketischen Praktiken wie Fasten einhergingen, dass diese Definition mir sehr nach einer für das 19. Jahrhundert typischen rationalistischen Wissenschaftlichkeit klingt. Für die »Einsiedler« selbst war dieser Zustand eine Sünde. Er wurde später zum theologischen Begriff für die vierte Todsünde – Trägheit oder Faulheit –, hatte jedoch ursprünglich im Zusammenhang mit Stille eine ganz spezielle Bedeutung. Acedia ist eine Art Dumpfheit oder, um den ursprünglichen griechischen Begriff wörtlicher zu übersetzen, ein Zustand, in dem wir »nicht Sorge tragen« *(a = ›nicht‹ + kedos =* ›Sorge‹) oder, anders ausgedrückt, nachlässig sind. Die mittelalterlichen Verfasser spiritueller Werke, die das Griechische weniger gründlich beherrschten als Autoren nach der Renaissance, leiteten den Begriff – was eher sympathisch ist – von dem lateinischen Wort *acidum* ab, das sauer oder bitter bedeutet (und offensichtlich auf dieselbe Quelle zurückgeht wie das Wort Acid, das mit »Säure« wie auch »LSD« übersetzt wird, die eine ähnlich zermürbende Wirkung haben). Für mich ließ Acedia die Freuden der Stille tatsächlich »sauer« werden.

Es ist schwer, Acedia zu beschreiben, denn ihr wichtigstes Merkmal ist der Mangel an jeglichen Affekten, ein überwältigendes Gefühl von Leere, eine eigenartige Ruhelosigkeit und unzufriedene Langeweile. Ich erwachte in solchen Zeiten morgens immer mit dem festen Entschluss zu arbeiten, zu beten oder mich zu bewegen, alles Dinge, von denen ich wusste, dass sie mir guttun würden. Abends aber musste ich feststellen, dass ich den ganzen Tag lang Krimis wiedergelesen und Patiencen gelegt hatte, obwohl mich diese Tätigkeiten langweilten. Für mich wie auch für andere bestand ein deutliches »Symptom« für Acedia darin, dass es mir enorm schwer fiel, von einer Aktivität zur anderen zu wechseln – nur noch ein Kapitel weiterlesen, nur noch ein Spiel Sudoku, nur noch einen Faden in den Wandteppich sticken und *dann* gehe ich eine Runde spazieren.

Zu Beginn des fünften Jahrhunderts unserer Zeitrechnung verfasste Johannes Cassianus einen Text über Acedia, der diesen Zustand für mich immer noch gut auf den Punkt bringt. Er hatte als junger Mann in der ägyptischen Wüste als Asket gelebt, war dann aber ins südliche Gallien weitergezogen, wirkte dort als Missionar und gründete mehrere Klöster, um die Tradition der Wüstenmönche zu verbreiten. Auch wenn er seinen französischen Mönchen den vernünftigen Rat gab, die Regeln der Wüste abzumildern, da sie in einem kälteren Klima lebten, beschrieb er beim Rückblick auf seine Jugend das Leben der früheren Heiligen mit einer Detailliertheit, die viel Sympathie für diese verrät. Seine Einstellungen sind überraschend modern, weil er uns, wie Helen Waddell es formuliert,

> das für uns eher befremdliche Leben in der Wüste, das innerhalb der vier Wände der Mönchszelle in konzentrierter Form abläuft, mit seinem ebenso ironischen wie menschlichen Blick zum Greifen nahe bringt. Cassianus zu lesen, wie er über Acedia schreibt, heißt, die »weiße Melancholie« von Gray in Pembroke zu begreifen und die missmutige Lethargie, die Gelehrte und Künstler in unproduktiven Phasen als Fluch erleben.[21]

Cassianus schrieb einen ganzen Abschnitt speziell über Acedia und wie man sie »bekämpft«:

> Acedia, ein Zustand, den wir als Überdruss oder Unruhe des Herzens beschreiben können, ist vergleichbar mit tiefer Niedergeschlagenheit

und befällt besonders Einsiedler. Wie ein beharrlicher, widerwärtiger Feind lauert er denen auf, die sich in der Wüste niederlassen, und belästigt den Mönch vor allem um die Mittagszeit ... Der unglückliche Geist, der davon gequält wird, verspürt Abneigung gegen den Ort, an dem er sich befindet. Ihn langweilt das Leben in der Zelle, und er empfindet Bitterkeit und Verachtung für die eigenen Brüder. Und diese Gefühle schließen auch jegliche Arbeit ein, die wir in der Klausur unserer eigenen vier Wände zu verrichten haben mögen. Wir werden lustlos und träge. Wir ertragen es nicht, in unserer Zelle zu bleiben oder uns der Lektüre der Schriften zu widmen ... Dieser Zustand löst eine solche körperliche Mattigkeit und einen solchen Heißhunger aus, wie wir sie sonst nur nach den Anstrengungen einer langen Reise und schwerer körperlicher Arbeit verspüren. Ständig läuft man aus der Zelle und kehrt wieder zurück in diese, starrt auf die Sonne, als bewege sie sich nicht von der Stelle. Das Denken ist vor lauter irrationaler Wirrnis trübe wie die Erde, wenn sie im Nebel versinkt, man ist träge und kann sich zu keiner spirituellen Praxis aufheben.[22]

Die frühen Wüstenmönche waren sich dieser Qualen sehr bewusst, sahen darin aber offensichtlich keine Folge des asketischen Lebens als solchem, sondern eine Auswirkung der Stille. Das Gleiche berichten viele Menschen, deren Zeiten der Stille, aus welchen Gründen auch immer, nicht mit einer »Kasteiung des Fleisches« oder strenger körperlicher Disziplin in dem Sinne, wie Cassianus es verstand, verbunden waren. Für Spitzensportler hingegen, die körperlich ebenso diszipliniert sind und Entsagungen auf sich nehmen wie die Wüstenmönche, ist Acedia offensichtlich kein Problem. Eine weitere eindringliche Beschreibung dieses dumpfen Zustands finden wir in Anthony Greys Buch *Als Geisel in Peking*, in dem er über seine zweijährige Haft schreibt, die 1968 begann:

Ich möchte davon berichten, dass ich mich im Moment vollkommen leer fühle. In meinen Gebeten bitte ich oft darum, von diesem »Vakuum der Hölle« erlöst zu werden. Irgendwie hat sich dieses tote Gefühl allmählich eingeschlichen und macht es mir schwer, mich zu irgendetwas aufzuraffen. In manchen Augenblicken packt mich die Verzweiflung, doch meistens laufen die Wochen dahin mit dieser Leere, die völlig gefühllos ist ... Ich kann mich immer schwerer für Yoga oder ähnliches begeistern. Mein Leben scheint so stillgestellt zu sein wie ein glatter See, in den nie wieder Bewegung kommt.[23]

Christiane Ritter beschreibt in einer eher poetischen Sprache, wie auch sie mit ähnlichen Zuständen zu kämpfen hat:

> Für Menschen ist diese absolute Stille schrecklich. Seit Tagen habe ich die Hütte nicht mehr verlassen. Allmählich bekomme ich Angst vor der Totenstarre des Landes da draußen. Ich sitze in der Hütte und nähe bis zur Erschöpfung. Es ist egal, ob die Arbeit heute oder morgen fertig wird, aber wenigstens habe ich etwas zu tun. Ich möchte den Kopf nicht auch nur einen Moment frei haben, um nachzudenken und mir dieses Nichts da draußen bewusst zu machen ... Ich weiß genau, dass dieses Nichts für den Tod von Hunderten von Männern im Laufe der vergangenen Jahrhunderte hier in Spitzbergen verantwortlich ist ... Es gibt nicht den geringsten Schimmer von Tageslicht, nicht einmal um die Mittagszeit. Ich komme damit besonders schlecht zurecht, und die Jäger behaupten, ich sei mondsüchtig. Am liebsten würde ich den ganzen Tag lang am Strand stehen, wo die Eisschollen, die im Wasser schaukeln, das Licht einfangen, brechen und zum Mond zurückwerfen. Doch die Männer sind sehr streng mit mir und verordnen mir oft Hausarrest.[24]

Acedia fühlt sich ganz anders an als die anderen negativen Auswirkungen von Stille, denn es ist nicht die Schattenseite oder subjektiv verzerrte Sicht eines der positiven Gefühle, die ich ausfindig machen konnte. Ich habe versucht, Acedia als die Kehrseite des Gefühls von »Gegebenheit« zu sehen, das ich bereits beschrieben habe. Die Sicht, dass alles ein Geschenk ist, das von außen stammt, kann sehr wohl zu einer nervenaufreibenden Passivität führen – dem Gefühl, dass es sich nicht lohnt, für die eigenen Belange aktiv zu werden oder Entscheidungen zu treffen und dass kein Willensakt etwas bewirken kann. Warum sich also anstrengen? So jedoch fühlte sich dieser Zustand nicht an, sondern wie eine eigenständige Empfindung, die sich von allen anderen Zuständen, die ich beschrieben habe, deutlich unterschied.

Unser heutiges Verständnis von Depressionen und besonders die Auffassung, dass diese eine physische Krankheit seien, die unserem Willen ebenso wenig unterliegt wie ein gebrochenes Bein, macht es besonders schwer, herauszufinden, was im Zustand von Acedia tatsächlich passiert. Es gilt heute fast als Regel, dass alle unseren negativen Erfahrungen auf einer neuronalen Fehlfunktion oder Unausgewogenheit beruhen. Die frühen Theologen und die mittelalterliche Kirche jedoch haben Acedia auf Sünde zurückgeführt. Die sanftmütige und sehr klar denkende Verfasserin des *Ancrene Riwle* jedoch, des Handbuchs für Anchoritinnen (zurückgezogen lebende Nonnen, deren Zellen wie die von Juliana von Norwich an Kirchengemeinden angeschlossen waren) aus dem frühen 13. Jahrhundert, schreibt völlig offen und eindringlich über Acedia und drängt ihre Anchoritinnen, diese Anfälle durch Gebet und Willenskraft abzuwehren.

Es gibt ein wunderschönes und wichtiges Beispiel für diese Verwirrung in Bezug auf Depressionen und Acedia. Die Wüstenväter, auf die Cassianus sich wiederholt beruft, vergleichen Acedia in Psalm 91 mit einer »Seuche«:

> Du fürchtest dich nicht vor dem Schrecken der Nacht,
> vor dem Pfeil, der am Tag fliegt,
> vor der Pest, die im Finstern umgeht,
> vor der Seuche, die am Mittag verwüstet.[25]

2002 veröffentlichte Andrew Solomon einen ausgezeichneten, umfassenden Bericht über Depressionen, dem er den Titel *Saturns Schatten. Die dunklen Welten der Depression* gab.

Ich halte es durchaus für möglich, dass Depressionen und Acedia verschiedene Worte für ein und denselben Zustand sind, doch da ich selbst beides durchlitten habe, denke ich, dass es auch reale Unterschiede zwischen beiden gibt. Simpel betrachtet, taucht Acedia im Zusammenhang mit Stille auf (nicht nur bei asketischen Einsiedlern, sondern auch bei Gelehrten in Zeiten exzessiver Zurückgezogenheit und bei Kranken während ihrer Isolation aufgrund einer langwierigen Genesung), was auf Depressionen nicht zutrifft. Gäbe es tatsächlich einen direkten Zusammenhang zwischen Depressionen und Stille, müsste diese Krankheit in einer Gesellschaft, in der die Stille ständig abnimmt, ebenfalls zurückgehen. Sämtliche Belege – wie zum Beispiel die Zahl der Menschen, die Antidepressiva nehmen, oder die Zahl der Arbeitstage, die aufgrund von Depressionen verloren gehen – weisen jedoch darauf hin, dass diese Krankheit geradezu epidemische Ausmaße erreicht hat.

Die Autoren, die über Acedia geschrieben haben, konnten auch Depressionen erkennen, die sie meistens als Melancholie bezeichneten. Für sie gab es da einen klaren Unterschied. Sie hatten sehr viel mehr Erfahrung mit den Auswirkungen von Stille, Zurückgezogenheit, asketischen Übungen und einem Leben, das dem Gebet gewidmet ist, als wir heute, und es scheint mir nur weise, von ihnen zu lernen: Acedia ist nicht gleichzusetzen mit Depressionen. Selbst wenn die »Symptome« sehr ähnlich zu sein scheinen, handelt es sich hier um zwei grundverschiedene Phänomene, und es ist wichtig, zwischen beiden zu unterscheiden, und zwar aus folgendem Grund: Die »Behandlungsmethoden« für diese beiden Zustände sind diametral entgegengesetzt, wie es Richard Burton, der sich mit seiner Sichtweise sozusagen auf der Scheide zwischen mittelalterlichem und neuzeitlichem Verständnis von menschlichen Emotionen bewegt, in seinem Buch *Die Anatomie der Schwermut* (1621) bestätigt.[26] Die allgemein akzeptierte Behandlung von Depressionen, ob mit oder ohne medikamentöse Intervention, ist Freundlichkeit und Sanftheit. Iss gut, vermeide Stress, mach dir keine Schuldgefühle, geh wohlwollend mit dir um, such nach Dingen, die dir wirklich Spaß machen, ohne dich aufzuregen, ruhe viel aus. Doch diese Anweisungen würden bei den spirituellen Lehrern von Menschen, die unter Acedia leiden, nicht auf Sympathie stoßen. Die klassische Kur für Acedia ist Buße, eine strenge »Regelung« des Lebens, Selbstdisziplin und harte Arbeit. Cassianus geht das tatkräftig an:

> Und so duldeten die weisen Väter in Ägypten bei den Mönchen, vor allem den jüngeren, keinerlei Müßiggang und maßen den Zustand ihres Herzens und ihre Fortschritte in Geduld und Demut an ihrem stetigen Bemühen bei der Arbeit. Sie nahmen von niemandem Unterstützung an und versorgten durch die eigenen Anstrengungen noch Brüder auf Besuch oder Brüder, die aus der Fremde kamen, wie auch die, die ihr Leben in elenden Gefängnissen fristeten, mit großen Mengen an Nahrungsmitteln. Die Väter in Ägypten hießen den Spruch gut: Ein arbeitsamer Mensch wird von einem einzigen Teufel bedrängt, der untätige Mönch jedoch wird von unzähligen Geistern heimgesucht.[27]

Diese uralte Regel wird durch das praktische Vorgehen von Zeitgenossen, die lange und schwierige Phasen von Stille am besten überstanden haben, bestätigt. »Lebensregeln« aufstellen, strenge Tagesabläufe oder Stundeneinteilungen planen und sich im Willen üben, *sich daran auch zu halten* – das alles scheinen notwendige Abwehrmaßnamen gegen die träge Dumpfheit von Acedia und die damit verbundenen Gefahren zu sein. Cassianus fährt fort, indem er lobend die Geschichte von Abt Paulus erzählt, einem Einsiedler

> »in der weitläufigen Wüste von Porphyrio, der das Glück hatte, seine körperlichen Bedürfnisse durch eine Dattelpalme und seinen kleinen Garten erfüllen zu können, und der so isoliert lebte, dass er keinerlei

Möglichkeiten hatte, mögliche Überschüsse oder etwaiges Kunsthandwerk zu vermarkten.

Trotzdem sammelte er Palmblätter und verlangte sich täglich so viel Arbeit ab, als müsste er damit seinen Lebensunterhalt verdienen. Und wenn sich seine Höhle füllte mit der Arbeit eines ganzen Jahres, setzte er sie in Brand … Damit bewies er, dass kein Mönch es ohne eigener Hände Arbeit an seinem Ort aushalten könnte, noch könnte er auf dem Weg zum Gipfel der Heiligkeit vorankommen. Verrichte also die Arbeit aus dem bloßen Grund, das Herz zu reinigen, die Gedanken zu ordnen, in der Zelle auszuharren, Acedia zu bändigen und schließlich zu überwinden, auch wenn die Notwendigkeit, für den eigenen Lebensunterhalt zu sorgen, das in keiner Weise erfordern mag.[28]

Ritters Nähen, Greys Beschluss, sich Kreuzworträtsel auszudenken, Chinesisch zu lernen und Yoga zu machen, Tenzin Palmos stundenlange, anstrengende Meditationen, die zeitlich strikt eingeteilte dreifache Disziplin von Studieren, körperlicher Arbeit und Gebet, die Benedikt seinen Mönchen empfahl, die regulären Waschungen und täglichen Wetterbeobachtungen, die Byrd sich mühte, selbst bei Krankheit einzuhalten – das alles sind bewährte und wirkungsvolle Strategien gegen die »Seuche« um Mittag.

Doch leicht ist das alles nicht. Wer im Schweigen verweilt, muss nicht nur seinen Zustand präzise einschätzen können und klug mit sich umgehen, sondern auch die entgegengesetzte Gefahr im Auge behalten. Rigorose Geschäftigkeit kann schnell dazu führen, dass wir die Stille selbst wie auch die eigene Verletzlichkeit im Angesicht der Stille meiden oder abwehren, was Adam Nicolson in seinem Buch *Sea Room* bestätigt, in dem er über sein Leben auf den winzigen, abgelegenen Inseln, die er in den Äußeren Hebriden besitzt, berichtet.

Ich habe zwei Wochen auf den Shiant-Inseln verbracht … und genug Lärm damit veranstaltet, Fischkörbe auszubessern und auszubringen,

Zäune zu reparieren, ein Gemüsebeet in den brachliegenden alten Beeten anzulegen, Ankerwinden am Strand anzubringen, Drahtgitter auf den Schornsteinen zu befestigen, damit die Ratten von dort nicht ins Haus hinunterhuschen, das Haus innen und außen zu streichen – und das alles letzten Endes, um die Stille von mir fernzuhalten.

Am Ende all dieser Geschäftigkeit steht immer das Wissen, dass sie uns davor bewahrt, uns der Situation wirklich zu stellen. Crusoe verausgabte seine Kräfte vor allem für die Errichtung von Zäunen. Er stellte rund um seine beiden Insel-Hütten große Pfähle auf, rammte sie in den Boden und spitzte sie am oberen Ende zu, verstärkte und sicherte sie und das alles, um die Welt draußen zu halten. Doch war es nicht die Welt, die er mit seinen Zäunen auszusperren suchte, sondern sein zutiefst zermürbendes und alarmierendes Gefühl von Isolation.[29]

Es war in vieler Hinsicht ein langer Winter: eine Reise, die mich von den großartigen Erlebnissen und der *jouissance* auf Skye zu den Ängsten führte, die in mir aufkamen, als ich eingeschneit war, und die dann weiterging zum »Sumpf der Verzagtheit«. Ich fand es ermüdend und manchmal auch lästig, mich ständig überwachen zu müssen. Oft nahm ich erstaunt wahr, dass meine Wünsche und mein tatsächliches Verhalten weit auseinanderklafften. Doch tief in meinem Inneren wusste ich, dass ich von der Stille lernte und durch sie wuchs, und das fand ich aufregend.

KAPITEL 4

Stille und die Götter

Der Sommer kommt spät und langsam auf den Hochmooren, und er kommt aus zwei Richtungen gleichzeitig: an den längeren Tagen vom Himmel und der leuchtenden Helligkeit, und zugleich kriecht er grün und golden aus dem Tal hoch. Im Frühling stehen die Osterglocken unten im Tal in voller Blüte, während die gleichen Blumen oben auf dem Moor und um mein Haus herum noch kaum ihre ersten harten Blattspitzen aus dem Boden getrieben haben. Wenn ich auf der Straße zwischen meinem Haus und dem Dorf entlangspazierte, konnte ich sehen, wie die sattgelben Knospen sich eifrig hügelan kämpften und das neue Grün der Bäume hinter sich herzogen. Diese behutsame aber unaufhaltsame Bewegung der Jahreszeiten gehört ebenfalls zu den stillen elementaren Kräften, die unser Leben gestalten und die wir meistens gar nicht wahrnehmen.

So langsam wie die Jahreszeiten kamen, begann ich mich in jenem Sommer, nachdem ich physisch aus Skye zurückgekehrt war und psychisch die vielen Schwierigkeiten dieses Winters verarbeitet hatte, niederzulassen. Ich verspürte ebenso viel Entschlossenheit wie freudige Erwartung. Was auch immer ich über die Stille und mich selbst erfahren hatte, sei es zum Guten oder zum Schlechten, war für mich eine eindringliche Bestätigung. Genau das wollte ich.

Zunächst einmal musste ich jedoch schlucken, dass die Intensität dieses Winters leider nicht endlos anhält. In den folgenden drei Jahren erforschte ich freudig, wie ich mein Leben nachhaltig so gestalten konnte, dass es möglichst viel Stille enthielt. Ein Schritt bestand darin, es einfach zu tun – innerlich und äußerlich regelmäßig Stille zu praktizieren und Freundinnen, Freunde und Familie davon zu überzeugen, dass ich das wirklich wollte. Das hieß, mit viel Disziplin Zeiten von Meditation und Gebet einlegen, das Telefon ausstöpseln, das Leben behutsam angehen, wandern, schauen, der Stille lauschen.

Ein weiterer Schritt bestand darin, noch mehr über Stille zu erfahren und mir anzuschauen, wie Menschen sie früher verstanden hatten und gegenwärtig für sich nutzten. Ich forsche über Stille – ihre Geschichte, ihre Landschaft und ihre Kultur. Auf dem Hintergrund meiner Erfahrungen mit Stille auf Skye wollte ich verstehen, *warum* die westliche Gesellschaft zunehmend davon ausging, dass Stille eine »Abwesenheit« und vor allem eine *gefährliche* Abwesenheit von etwas sei. Dabei fiel mir wieder der Brief von Janet Batsleer ein, den ich bereits im ersten Kapitel dieses Buches zitiert habe.

> Im Anfang *sprach* Gott.
> Stille ist ein Ort des Nicht-Seins, ein Ort der Herrschaft, dem zu entkommen wir uns von ganzem Herzen sehnen. Alle sozialen Bewegungen von unterdrückten Menschen in der zweiten Hälfte des 20. Jahrhunderts haben postuliert, dass es für ihre Politik absolut notwendig war, »eine Sprache zu finden« und »die Stimme zu erheben« … Im Anfang war das Wort … Stille ist Unterdrückung. »Das Wort« ist der Anfang von Freiheit.
> Jede Stille wartet darauf, dass wir sie brechen.[1]

Meine schriftstellerische Phantasie wurzelte schon immer in Mythen und vielen, ganz unterschiedlichen alten Geschichten. Sie nachzuerzählen war ein Weg, zu starken, bleibenden Geschichten zu gelangen und mich mit Gedanken, die mich verblüfften, auseinanderzusetzen. Dort oben auf dem Moor, wo ich in der Stille und vor allem der stillen Wiederkehr des Lichts schwelgte, begann ich also, mich mit Schöpfungsgeschichten zu beschäftigen und über sie nachzudenken.

Im Anfang sprach Gott, »Es werde Licht« und es ward Licht.[2]

Im Anfang war das Wort, und das Wort war bei Gott, und Gott war das Wort.[3]

Im Anfang ... Im Anfang der Schöpfungsgeschichte, welche die Christenheit wie der Islam vom Judentum übernahm, war nichts. Es war Chaos, Leere, ein Fallen ohne Richtung, Vakuum, Ödnis, Nichtheit. Es gibt keine Worte für dieses Nichts, weil es keine Worte gab. Und da es keine Worte gab, gab es auch keine Stille, denn Stille ist in dieser Geschichte die Abwesenheit von Worten. Sprache schafft die Möglichkeit von Stille durch ihre Abwesenheit. Da war nichts, nicht einmal Abwesenheit oder Stille. Es gab *nothing*, kein Ding. »Die Erde war ohne Form und leer.« Gott schöpfte *ex nihilo*, aus dem Nichts, indem er sprach.

Im Anfang schuf Gott Himmel und Erde ... Gott *sprach*: »Es werde Licht«, und es wurde Licht. Indem Gott sprach, durchbrach er die Leere. Die Stille wurde gebrochen, und weil es Licht gab, gab es Dunkelheit. Weil es das Wort gab, gab es Stille. Die Zeit begann. »Es wurde Abend und es wurde Morgen: erster Tag.«[4]

Danach ging es schnurstracks voran, auch wenn jede Schöpfungsphase für ihre Verwirklichung immer längere Sätze, immer mehr Worte brauchte. Der letzte Akt – die Erschaffung des Menschen – war am kompliziertesten. Gott musste direkt kommunizieren, ein Ich und ein Du erschaffen. Er musste nicht nur sprechen, sondern *zu* jemandem sprechen, gehört werden.

Im Anfang war das Wort ... Im Anfang war es bei Gott. Alles ist durch das Wort geworden, und ohne das Wort wurde nichts.[5]

Diese Geschichte hat sich als überaus mächtiger Schöpfungsmythos erwiesen.

Nun gibt es noch einen weiteren Schöpfungsmythos. Er ist um einiges kürzer:

> Am* Anfang war der Urknall.

Ich benutze das Wort »Mythos« hier nicht in dem Sinne, dass die Theorie, das Universum sei durch eine einzige und einmalige Explosion erschaffen worden – deren Kraft den gesamten Entwicklungsprozess des Universums ins Rollen brachte, einschließlich der Zeit als solcher –, eine Fiktion ist. Oder dass ich nicht daran glaube. Ich benutze das Wort hier eher technisch. Der Urknall ist ein Versuch, das, was nicht ausgedrückt werden kann, mit Hilfe von Bildern und einer Geschichte zum Ausdruck zu bringen. Um die Stille tatsächlich zu brechen. Der Urknall ist nicht »wortwörtlich« gemeint – er ist ein Bild, ein gewähltes, nicht ein zwingendes Bild – eine Darstellung, eine Reihung von Worten. Der Urknall war nicht »groß«, wie der englische Begriff *Big Bang* suggeriert, er war subatomar. Und es war kein Knall, denn es existierte nichts, das Geräusche erzeugen oder hören konnte. Urknall ist auch kein besonders raffinierter sprachlicher Begriff – KNALL. Ich könnte argumentieren, dass die Autoren der Genesis ihre Arbeit besser verstanden, aber unter den gegebenen Umständen reicht dieser Begriff aus. Er muss ausreichen.

Es ist kein Zufall, dass die Entdecker – oder Berichterstatter – dieses anfänglichen einmaligen Ereignisses diese Bilder und keine anderen benutzten. Stille ist Abwesenheit, ist Nichts. Damit die Welt entstehen konnte, musste die Stille gebrochen, beendet, durch

---

* Ich denke, die Veränderung der Präposition am Satzanfang wird der modernen Geschichte besser gerecht, denn diese ist keine Wiederholung, wie einige ihrer christlichen Verfechter gern denken möchten, sondern brandneu. Sie weist lediglich einige bemerkenswerte Ähnlichkeiten auf …

anderes ersetzt werden. Selbst in diesem höchst modernen Mythos, dieser Schöpfung durch ein zufälliges Ereignis ohne Absicht oder Sinn, ohne Große Erzählung oder göttliche Weisung, brauchen wir offensichtlich immer noch die Artikulation von Klang. Wir brauchen ein Geräusch, einen ganz besonderen und präzisen Moment, in dem die Stille gebrochen wird.

Doch, so meine ersten Überlegungen, etwas fehlt in diesen Geschichten, mit denen wir in der einen oder anderen Version alle aufgewachsen sind. Wer ist dieses »Wir«? Es ist ein sehr westliches »Wir«. Dieses »Wir«, und ich bin Teil davon, lebt in einem ursprünglichen Mythos, der von schöpferischem Tun erzählt. Die Schöpfung geschieht, als die Stille gebrochen wird, als jemand spricht, als die form- und sinnlose Leere von Klang oder Worten verdrängt wird. Diese ganz spezielle mythologische *Konstruktion* in all ihren unterschiedlichen Formen hat sich in Bezug auf die Kolonisation, wissenschaftliche Beschreibungen und Voraussagen, politische Stabilität und militärische Macht so gut bewährt, dass uns kaum noch auffällt, dass es sich hier tatsächlich um einen sehr ungewöhnlichen und merkwürdigen Mythos handelt. Als »Menschen der Schrift«, wie der Islam uns nennt – das heißt, als Erbinnen und Erben der drei Weltreligionen, die im kulturellen Drama des Nahen Ostens wurzeln –, sind wir einzigartig. Der erfolgreiche invasive militärische und kulturelle Vorstoß des Christentums und des Islams sollte uns nicht überraschen. Laut Gründungsgeschichte beider Religionen haben wir ein Recht auf und Macht über alles, was wir benennen. Indem wir es benennen, erschaffen wir es, und was wir erschaffen, gehört uns. Es ist kein Zufall, dass die Worte »Autor« und »Autorität« zusammenhängen.

In der Tat geht die biblische Version dieser Geschichte, mit der ich diese Überlegungen hier begann, sofort dazu über zu erzählen, dass Gott Adam das Recht gibt, die wilden Tiere zu benennen. Und wie auch immer der Mensch sie nannte, so war das fortan ihr Name. Sehr präzise wird hier dargelegt, wie Adam seine »Herrschaft« über die Tierwelt begründete, indem er sprach, indem er benannte, indem er die Stille der Wildnis brach. Sobald er Adam nach seinem eigenen Bilde geschaffen hat, überträgt ihm Gott etwas von seiner eigenen göttlichen Schöpfungsmacht.

Der Gedanke der Gabe ist hier wichtig. Diese Geschichte handelt nicht von Prometheus, von Loki oder von Babel.

In der griechischen Mythologie heißt es, dass Prometheus das Feuer vom Olymp stahl, um es den Menschen zu bringen. Aufgrund dieser Anmaßung wurde er für immer an einen Felsen gefesselt, wo die Geier seine Leber aufpickten (wenn wir nicht mit Shelley[6] glauben, dass der wissenschaftliche Rationalismus ihn am Ende von der Fessel der Götter befreite).

Loki aus der nordischen Mythologie ist eine merkwürdige Gestalt, ein ebenso kindlicher wie gerissener Gott. Oft stahl er anderen Göttern materielle oder spirituelle Schätze und ließ zu, dass Menschen diese an sich brachten. Durch seinen ständigen Unfug setzte er schließlich die Götter und die tugendhaften Helden, die an ihrer Seite kämpfen sollten, der realen Gefahr aus, in der letzten Schlacht von Ragnarök geschlagen zu werden.

In Genesis 11 waren der Zusammenbruch des Turmbaus zu Babel und die anschließende »Sprachverwirrung« (die Aufspaltung der menschlichen Sprache in viele Sprachen, die sich gegenseitig nicht verstanden) eine Strafe für maßlosen Stolz.

In dieser Geschichte der Genesis stehlen Menschen die Macht, zu benennen und zu erschaffen, jedoch nicht Gott. Gott gewährt sie ihnen aus freien Stücken und ohne Gegenleistung. Sprache, und damit die Macht zu benennen und zu herrschen, existiert vor dem Sündenfall – nicht als Übel, sondern als gute Gabe. Sie ist Teil des ursprünglichen Großen Entwurfs. Alle drei Religionen, um die es hier geht – Judentum, Christentum und Islam –, beruhen auf einem Glauben, der höchst verbal und narrativ ist. Ihre Anhänger *sprechen* direkt zu ihrem Gott, und ihr Gott spricht zu ihnen durch Texte wie auch von Angesicht zu Angesicht. Für alle drei Religionen ist das kreative Potenzial der Sprache »unschuldig«, nicht anmaßend. Sie betrachten es als göttlich, nicht als dämonisch.

Eine Kultur, für die Sprache Macht hat, entwickelt wahrscheinlich eine Schöpfungsgeschichte, die auf direkter göttlicher Weisung beruht. Und in solch einer Kultur wird Stille unweigerlich als Mangel, als Abwesenheit und nicht vor allem als negativ, sondern als inhaltsleer empfunden. Paul Davis, der Kosmologe, Physiker und Autor, argumentiert, dass die Frage, »Was geschah vor dem Urknall?«, eigentlich keine Frage ist. Sie entspräche der Frage: »Was befindet sich nördlich vom Nordpol?« Nördlich vom Nordpol ist nichts – das ist ja gerade der springende Punkt beim Nordpol. Der springende Punkt bei der biblischen Schöpfungsgeschichte und der Geschichte vom Urknall ist, dass es kein »Davor« gibt. Da ist nichts. In solch einem poetisch-religiösen Kontext ist es keinesfalls »unvernünftig« zu argumentieren, jede Stille warte darauf, gebrochen zu werden. Ist sie erst einmal gebrochen worden, so der Mythos, verbessert sich die Lage des Menschen drastisch. Materie, Ordnung, Komplexität, Sozialisation, Sprache, Symbolisierung, Identität, das Individuum, ICH – das alles kann entstehen und sich entfalten. Da liegt die Schlussfolgerung nahe, dass die Stille, da »ich« Sinn, Mittelpunkt und Ziel des gesamten Projekts bin, darauf gewartet hat, gebrochen zu werden, dass sie sich danach sehnt und wünscht, gebrochen zu werden, und dass sie gebrochen werden soll und muss. Das Wort wünscht die Stille zu brechen. Das ist seine Aufgabe.

Es gibt da jedoch ein Problem. Auch wenn sich dieser Mythos als höchst wirkungsvoll erwiesen hat, vor allem für jene, die die Welt erobern und die Dunkelheit vertreiben oder zumindest fest unter Kontrolle bringen wollen, ist er nicht wirklich notwendig oder zwingend. Die globale Macht, die dieser Mythos seinen Eignern verliehen hat, verschleiert die Tatsache, dass es sich hier um eine sehr ungewöhnliche, ja, merkwürdige Geschichte handelt. Es gibt viele andere Schöpfungsmythen, die ohne diesen ursprünglichen Bruch auskommen. Die Welt ist voll davon. Götter, Pioniere aller Arten und ihre heutigen wissenschaftlichen Stellvertreter erschaffen den Ursprung von Materie, indem sie verdauen, grübeln, gebären, töten, sich zurückziehen, den Darm entleeren, sich erbrechen, masturbieren, ficken, begehren, sich selbst verstümmeln oder einfach nur Fehler machen.

Hier eine Schöpfungsgeschichte der Maori:

Am Anfang war Te Kore – das Nichts, die Stille. Der Anfang entstand aus dem Nichts und lange, lange Zeit existierte nichts. Dann war da Te Po, die Große Nacht, und sie war dunkel und still und dauerte lange, lange Zeit. In der Stille und in der Dunkelheit war nichts, und es gab keine Augen, um zu sehen, dass es nichts gab, und keine Ohren, um zu hören, dass es still war, nicht einmal die Augen und Ohren der Götter.

Dann umarmten sich Papa Tu Anuku, die Erde, die Mutter, und Rangi Nui, der Himmel, der Vater, und lagen beieinander und liebten sich. In fester Umarmung lagen sie in ihrer Liebe so eng beisammen, dass es kein Licht zwischen ihnen gab. Und sie sprachen nicht, weil es keinen Raum zwischen ihnen gab. Und obwohl ihre Liebe reich und fruchtbar war, war ihr Nachwuchs zwischen ihnen eingesperrt, eingeschlossen in der Dunkelheit, sodass er nicht wachsen, Gestalt annehmen und leben konnte. So war es lange, lange Zeit, *von der ersten Teilung der Zeit bis zur zehnten, und bis zur hundertsten, und bis zur tausendsten war alles Dunkelheit und Stille.*

Doch endlich kamen die Kinder von Papa und Rangi zu dem Schluss, dass sie ihre Eltern trennen mussten, damit sie, die Kinder, leben konnten. Tane, der der Vater der Wälder werden sollte und dessen Kraft die Kraft des Wachsens war, legte sich auf seine Mutter und stemmte die

Füße gegen seinen Vater. Und so langsam, wie ein Baum wächst, drückte und drückte er, bis Papa und Rangi mit einem Aufschrei voller Schmerz und Verlust voneinander lassen mussten. Licht strömte in den Raum zwischen ihnen. Ihre vielen Nachkommen wurden sichtbar, nahmen Gestalt an und lebten.

Später nahm Tane Erde, rot vom Blut der verletzten Liebe seiner Eltern, und erschuf daraus eine Frau, Hine Ahu One, die erdgestaltige Jungfrau. Und diese gebar eine wunderschöne Tochter, Hine Titama, die Jungfrau der Morgendämmerung. Und die Kinder von Hine Titama und ihrem Vater Tane wurden Männer und Frauen in der Welt, und lange, lange Zeit hatte der Tod keine Macht über sie.

Hier ein nordischer Mythos:

Am Anfang war Ginnungagap – die Leere, der Abgrund. Weil es nichts gab, war es kalt und dunkel in Ginnungagap. Es war so kalt und dunkel, dass sich in der dunklen Leere Schichten von ewigem salzigen Eis bildeten. Dann kam Audhumbla, die Große Kuh, um an dem Eis zu lecken, und mit ihrer rauen, warmen Zunge leckte sie den Riesen Ymir hervor. Als er aus dem Eis hervorkam, fütterte sie ihn mit ihrer nahrhaften, warmen Milch, bis er erwachsen war. Jetzt allein, nahm er Fleisch von seinen Füßen und seinen Achselhöhlen und erschuf daraus die Riesen. Von den Riesen, den Aesir und den Vanir, den Göttern des Nordens, stammten alle ab.

Nach vielen Generationen töteten Odin, Gott der Aesir, und seine Brüder Ymir und erschufen aus den Teilen seines zerstückelten Körpers die Welten, mit Yggdrasil, dem Weltenbaum in der Mitte. Nachdem die drei Welten erschaffen waren, machte Odin einen Spaziergang am Strand von Mittelerde mit zweien seiner Mitgötter, Lodur und Hönir, dem stillen Gott. Sie fanden am Strand zwei Bäume – Askr und Embla – und hauchten ihnen mit ihrem Atem menschliches Leben ein. Odin verlieh ihnen Leben, Lodur verlieh ihnen Gestalt, und Hönir, der stille, verlieh ihnen Verständnis. Das war der Anfang von Mensch und Zeit, Sprache und Gesang.

Ich liebe diese Geschichte und bin sehr in Versuchung, einen Zusammenhang zwischen Audhumbla und der Idee der »Muttersprache« herzustellen – der ersten Sprache, die wir alle lernen. Doch der Ehrlichkeit halber muss ich sagen, dass es diesen Zusammenhang nicht gibt. Audhumbla ist still, ist Tier, sie leckt, aber spricht nicht – sie existiert vor jeder Sprache. Und genau das ist hier der Punkt.

Es folgt eine ägyptische Version:

> Im Anfang war nichts als die grenzenlose Weite von dunklem Wasser, reglos und düster. Dann erhob sich *Benben*, der Urhügel, aus dem Wasser, so wie auch die Inseln und Sandbänke und Ufer sich aus dem Wasser erheben, wenn sich die Fluten des Nils zurückziehen. Und Atum, Herr der Grenzen des Himmels, erschuf sich selbst aus dem Nichts und stand auf *Benben*. Atum war die Sonne, die Ganzheit, die in sich alles Potenzial birgt, alles Sein, die Lebenskraft jeder Gottheit und jedes belebten und unbelebten Dinges, das noch kommen wird. Atum stand allein auf *Benben*, und während Licht in die Welt strömte, zeugte er aus seinem Samen alles Existierende.
>
> »Kein Himmel existierte, keine Erde existierte … Ich erschuf aus mir heraus alles Sein … Meine Faust wurde meine Gemahlin … Ich begattete mit meiner Hand … ich schnäubte Shu hervor, ich spie Tefnut aus … und später gebaren Shu und Tefnut Geb und Nut … und Geb und Nut gebaren Osiris, Seth, Isis und Nephtys … und schließlich erschufen sie die gesamte Bevölkerung dieses Landes.«

Nun, so erzählte man sich in Heliopolis. Doch die ägyptische Mythologie ist äußerst komplex, was vor allem daran liegt, dass Oberägypten und Unterägypten ursprünglich zwei Länder mit zwei Kulturen waren, jede mit ihrer eigenen mythologischen Hierarchie, ihren eigenen Gottheiten und Geschichten. Für die Autorität des Pharao war es von entscheidender Bedeutung, dass diese Mythen sich zu einer einzigen Geschichte zusammenfügten. Die

Nahtstellen sind immer noch deutlich. Im äußersten Süden von Hermopolis hielt man Atum für einen Nachzügler. Im Anfang, hieß es dort, war das dunkle Wasser, die Urmaterie. Sie barg Macht: Es gab acht Götter, die in Gestalt von Fröschen und Schlangen erschienen und die vier tiefen Kräfte von Wasser, Flut, Dunkelheit und Tatkraft verkörperten. Nach langer Zeit durchbrachen diese Kräfte die Trägheit des Wassers, und aus der Kraft ihres Zusammenpralls erhob sich *Benben*, nicht im Delta, sondern in Khemnu im Süden. Thoth, der Ibis-Gott, flog herab und legte das kosmische Ei auf *Benben*. Aus diesem Ei wurde Atum geboren, und der Rest ist Geschichte.

Ich habe diese Geschichten mehr oder weniger zufällig aus einer enormen Auswahl herausgesucht. Ebenso gut hätte ich die Geschichte von Vishnus Lotos, Pangu und dem Gelben Kaiser, vom Flug der Krähe oder Uranus' Kastration erzählen können. Ich habe sie mit eigenen Worten und nach eigenem Gutdünken erzählt, so wie die alten Geschichten immer und unbedingt erzählt werden müssen, hoffe jedoch, dass ich sie respektvoll erzählt habe. Ich werde hier noch eine weitere erzählen, weil sie auf einem Denken beruht, das völlig anders ist als mein eigenes.

In zahlreichen Mythen heißt es, dass *es keinen Anfang gab*. Für die Cherokee zum Beispiel war das Land immer da. Bevor der Große Adler darüber hinwegflog und mit jedem Flügelschlag nach unten Täler in die Erde drückte und mit jedem Flügelschlag nach oben Berge hochzog, war es jedoch flach. Doch in dem folgenden Mythos der australischen Aborigines wirken die Menschen selbst aktiv mit an der Schöpfung, die kontinuierlich weitergeht und nicht auf Worten, sondern auf Taten beruht. Die *Songlines*, die uralten gesungenen Gedichte des australischen Volkes, erzählen von der Erschaffung von Bedeutung für das Land, erschaffen jedoch nicht das Land selbst. Die Reisen der Ahnen und der Menschen, die auf ihren Spuren reisen, sind die schöpferischen Momente.

Im Anfang ist das Land, und das Land hat keinen Anfang – es ist vor dem Anfang und auf immer und ewig da. Doch im Anfang war das Land flach, dunkel und ohne Gestalt. Es hatte weder Gestalt noch Bedeutung. Es gab in oder auf diesem Land keine Orte, bis die Ahnen sich aufmachten, um auf seinen Pfaden zu reisen. Die Ahnen erschufen nicht das Land selbst, verliehen ihm aber Bedeutung und Gestalt. Während sie reisten, erschufen sie Berge und Hügel, Steine und Tiere, Menschen und Orte. Sie erschufen das alles nicht ein für allemal, sondern erschaffen es immer weiter, indem sie laufen und tanzen, singen und träumen. Die Pfade müssen gegangen werden. Die Schöpfungsarbeit muss getan werden. Die Ahnen fingen damit an, aber das Land ist immer da, und die Erschaffung des Landes geht immer weiter. Die Ahnen sind keine Götter, sie sterben und werden zu Sternen oder zu Tieren oder zu Bergen, aber sie wandern immer noch auf den Pfaden und erschaffen das Land. Im Anfang, immer noch, immer, ohne Anfang. Das Träumen, Singen, Tanzen, Laufen geht immer und auf ewig weiter.

Was den meisten dieser Geschichten gemeinsam ist, lässt sich schwer finden. Viel deutlicher zeigt sich, was sie von dem verbal kreativen, hochintellektuellen, monotheistischen Gott der Menschen der Schrift unterscheidet. Sie verkörpern eine andere Art des Sehens, erzählen anders von Dingen, die Menschen nur imaginieren können. Die zeitgenössische Geschichte zum Beispiel, der wir den Titel »Der Urknall« geben, könnte ebenso gut »Das winzige Ei« heißen, aber so heißt sie nicht. Und das ist kein Zufall.

Diese Geschichten erzählen nicht von einem plötzlichen, einmaligen Ereignis, einem deutlich markierten Vorfall, der für den Anfang steht, oder einem Geräusch, das die Stille durchbricht, sondern schildern einen Prozess, der graduell verläuft. Zeit und Stille kommen in einem sich langsam entfaltenden, ja aus einzelnen Teilen bestehenden kreativen Drama zusammen. In einer der klassischen griechischen Versionen heißt der erste Gott Kronos – Zeit.[7] Hier ist die Sprache tatsächlich »des Schweigens Kind, von sachter Zeit umringt«.[8] Sie kommt erst ziemlich spät ins Spiel, meistens nach der Entstehung von Emotionen, Spaltungen und Wachstum. Die Stille wird nicht durch das Wort gebrochen, ist nicht jenseits des Anfangs, sondern ein integraler, wenn auch eigenständiger Teil der Schöpfung.

Es gibt gute Gründe dafür, sich mit diesen Geschichten zu beschäftigen. Der erste ist offensichtlich: Sie räumen der Stille eine positive, aktive Rolle ein. Diese ist hier keine Negation, kein Mangel, keine Kastration oder etwas, was wir »brechen« müssen, sondern eine kreative, zeugende Kraft. Die Gnostiker, die tendenziell denken, die Erschaffung der Materie sei ein schockierender Fehler, unvorstellbar für den wahren Gott, der reiner Geist ist, erzählten lange genealogische Schöpfungsmythen. Diese beginnen mit einem ursprünglichen Wesen, das der Anfang aller Dinge war und durch einen Prozess der Emanation andere Wesen hervorbrachte (oft Äonen oder Demiurgen genannt). Aus diesen wiederum gehen weitere Wesen hervor und immer so weiter, wobei sich jede Generation ein wenig mehr vom reinen Geist entfernt. Bis einer dieser Nachfahren, meistens aus Versehen, manchmal aber auch durch willkürliche Fehler, Materie erschafft und damit die Welt, so wie wir sie erfahren. Valentinus, einer der wichtigsten christlichen Gnostiker aus dem zweiten Jahrhundert, bezeichnet Stille als einen der aktiven Demiurgen, welche die materielle Welt erschaffen haben (was aus der Sicht der gnostischen Philosophie eine Tragödie ist). Die Stille ist hier selbst ein Gott oder zumindest eine göttliche Kraft (und nicht die nichtsnutzige, die schließlich die Welt erschuf – das war Nous – der Intellekt). Nur selten wird Stille in dieser Form personifiziert. Selbst die mittelalterliche christliche Kirche, die abstrakten Eigenschaften, Tugenden und Lastern gern eine konkrete Gestalt verlieh (Justitia mit ihrer Augenbinde und ihrer Waage zum Beispiel), hat der Stille offensichtlich kein menschliches Antlitz verliehen.[9]

Im Grunde entsprechen diese Schöpfungsgeschichten unserem heutigen Wissen über die Evolution, den wissenschaftlichen Erkenntnissen von der »Entstehung« des Universums und vor allem von der Entwicklung unserer eigenen Spezies viel besser als ein Gott (oder andere Mächte), der *ex nihilo* erschafft, indem er plötzlich die Stille durchbricht. Wir wissen heute, wie langsam, unerbittlich, unberechenbar und still die Evolution über lange Zeiträume hinweg verläuft. Wir sehen die Komplexität wie die Zufälligkeit unseres eigenen Werdens und des Werdens der Welt, die uns umgibt. Könnten wir in unserer Vorstellung das Wissen wirklich akzeptieren, das uns die Evolution und die Astrophysik vermitteln, würden wir vielleicht feststellen, dass die vielschichtigen Genealogien der Götter und ihrer kreativen Vorgehensweisen tatsächlich weniger befremdlich sind als die Idee, dass die Menschheit durch eine einzige verbale Anweisung wie aus dem Nichts heraus plötzlich auftauchte, klug und in allen Dingen bewandert, außer in modischen Fragen.

Vielleicht noch wichtiger ist, da ich mir hier Mythen, die Poesie der Seele, anschaue, dass diese komplexen, verwickelten Geschichten, die von Trennungen, Veränderungen, unterschiedlichsten Beweggründen und Zufällen handeln, unserer eigenen »Erschaffung«, wie wir sie als Individuen erleben, näher kommen. Trotz unserer wirkmächtigen Ideen von unbestreitbaren menschlichen Geburtsrechten *erleben* wir uns meistens als Individuen, die sich in einem ständigen Prozess des Werdens befinden, und nicht als Geschöpfe, die zu dem Zeitpunkt, als unsere Eltern einen Namen für uns aussuchten, bereits ein für alle Mal fix und fertig waren. Der Augenblick unserer Entstehung, unseres Werdens, der Augenblick unserer Erschaffung als in sich schlüssiges, autonomes Selbst bleibt verschwommen und graduell: eine Reise von der Kleinkindzeit zum erwachsenen Selbst.

Zumindest seit dem Wiederaufblühen der Romantik im 18. Jahrhundert haben wir außerdem akzeptiert, dass die *menschliche* Kreativität Zeit und Mühe und den Rückzug vom sozialen Rummel erfordert. Man erwartet von kreativen Menschen – in der Kunst wie in der Wissenschaft –, dass sie einen gewissen Abstand zum gesellschaftlichen Getriebe halten und sich zwecks stiller Innenschau und Selbsterforschung zurückziehen. Dabei geht es nicht nur um die praktische Arbeit und das Experimentieren, sondern um den Prozess des Ausbrütens, der neue Ideen oder kreative Werke hervorbringt. Alle Mythen sind komplex, und wir können sie nicht wortwörtlich nehmen. Doch es kommt mir merkwürdig vor, dass die drei monotheistischen Religionen für sich reklamieren, dass wir »nach Gottes Ebenbild erschaffen« wurden, Gott aber auf völlig andere Art und Weise schöpferisch tätig ist als wir. George Steiner hat darauf hingewiesen, dass sich alle Künstler aufführen wie »rivalisierende Götter«.[10] Sie befinden sich in einem kreativen Wettstreit mit Gott. Wir können ihnen mit Sicherheit eine rivalisierende *Vorgehensweise* bescheinigen. Gott erschafft, indem er in einem einzigen plötzlichen Augenblick die Stille bricht: Gott *spricht*. Doch wenn wir uns selbst als schöpferische Wesen mythologisieren, gehen wir offensichtlich davon aus, dass Stille für diesen Prozess unentbehrlich ist.

Wenn wir also Stille als Mangel begreifen, als etwas, das wir durchbrechen müssen, damit Raum entsteht für Leben und Bedeutung, dürfen wir nicht vergessen, dass das nur eine Sichtweise von vielen ist, wenn auch eine sehr folgenschwere. Doch ist es keine »natürliche«, offenkundige oder zwangsläufige Sicht. Tatsächlich ist es in vielen Schöpfungsgeschichten weder notwendig noch erstrebenswert, dass die Stimme Gottes oder eine andere Macht die Stille gewaltsam bricht. In manchen ist Stille selbst eine kreative Kraft, die aktiv und maßgeblich am Schöpfungsprozess mitwirkt.

Da stellt sich natürlich die große, wahrscheinlich nicht zu beantwortende Frage, *warum* die verschiedenen Kulturen unterschiedliche Schöpfungsgeschichten hervorgebracht haben. Doch der Gott, der alles aus dem Nichts erschafft, indem er spricht, ist ein Gott der Wüste. Die Stille der Wüste hat etwas Erschreckendes und ist zugleich von einer tiefen und freudigen Schönheit, die aus diesem Erschrecken geboren wurde. Die Wüste ist weit, grausam und sehr still. Vielleicht übt da ein Gott, der spricht – eine Schöpfung durch Laute – zwangsläufig eine große Anziehungskraft aus.

Aber es muss eine Geschichte geben, die erklärt, warum wir diese Mythologie ersonnen haben, und vor allem, warum wir so beharrlich daran festhalten, dass sich selbst die rationalsten wissenschaftlichen Denker des säkularen 20. Jahrhunderts offensichtlich unbewusst und jeder Logik zum Trotz daran klammerten, wenn sie einen Namen für die radikale Neuerzählung der Schöpfung – den Urknall – suchten. Für mich sieht das nach Angst aus, und ich habe den Eindruck, dass diese Angst tief in der westlichen Psyche verankert ist. Neugierig fragte ich mich, warum wir diese Angst verspüren und woher sie kommt. Ich glaube, es gibt dafür eine plausible Geschichte, und die lautet ungefähr so:

Es war einmal vor langer, langer Zeit, fast ganz am Anfang, der Große Chthonische Schrecken.* Niemand hatte in diesen ersten

---

* Das Wort »chthonisch« verdiente es, häufiger benutzt zu werden. Es stammt von dem griechischen Wort *khthōn* ab und bezeichnet meistens das Innere der Erde, statt die lebendige Oberfläche des Landes (Gaia) oder das Land als Territorium (*khora*). Es findet meistens nur im Rahmen von Diskussionen über die griechische Religion Anwendung, auch wenn Jung es im gleichen Sinn benutzt wie ich hier. Im Grunde hat es eine ähnliche Bedeutung wie das Wort »primitiv«, aber ohne dessen negative Beiklänge.

menschlichen Gemeinschaften Zeit, über abstrakte Fragen nachzudenken. Zu dem Zeitpunkt stellten sich zwei weitaus dringendere Fragen, die eng miteinander zusammenhängen. Eine davon (die zweite) lautet: »Sind wir uns unserer selbst sicher? Wie können wir uns sicher sein, dass wir keine Tiere sind?« Und eine mythologische Antwort darauf besteht darin, dass wir sprechen. Wir als Menschen haben die Sprache, die Tiere per definitionem nicht haben. Die erste dringende Frage jedoch lautet schlichtweg: »Wie überleben wir?«

Der Große Chthonische Schrecken ist, dass die Dunkelheit das Licht schlucken, verschlingen oder für immer auslöschen könnte. Dass die Nacht den Tag erobert, dass die Sonne nicht aufgeht, dass die Feuer erlöschen und die Kälte triumphiert und wir alle sterben werden. Licht ist Leben, Dunkelheit ist Tod. Das ist keinesfalls nur symbolisch, sondern eine biologische Tatsache.

Alles, was wir tun können, um den Schrecken zu beschwichtigen und die Sonne hervorzulocken, zu überzeugen, zu verführen, zu beschwören, zu bewahren, zu belohnen oder einzuschüchtern, müssen wir tun und werden wir tun. Anthropologisch gesehen, sind Sonnenrituale universell verbreitet – wir finden sie bei den Azteken wie bei Beltane. Sie sind grausam, aufwändig und skrupellos. Sie sind kreativ, wunderschön und reich an Symbolen.

Und außerdem *wirken* sie. Jeden Morgen geht die Sonne auf. Und weiter nördlich, wo Licht und Wärme noch wichtiger sind, kehrt die Sonne jedes Frühjahr wieder.

Interessant ist, dass die Zweifel bleiben, und je kälter die Gegend ist, desto tiefer gehen sie. Die Wikinger waren sich niemals wirklich sicher, ob sie auf die Sonne vertrauen konnten: Die nordische Mythologie ist die einzige mir bekannte theistische Theologie, für die dieses Thema immer mit Unsicherheiten und Gefahren verbunden ist. Die Götter machen sich auf, um in Ragnarök zu kämpfen. Sie werden ihr Bestes geben, für sich, für die Menschen und für das Licht. Doch Baldur, der Schöne, ist tot, und wir wissen nicht ob die Götter oder die Mächte der Dunkelheit siegen werden. Und selbst wenn die Götter gewinnen, wird es große Verluste und tragische Einbußen geben (wie bei den Hobbits am Ende von *Herr der Ringe*). Der Schrecken wurde abgewehrt, ist aber niemals gänzlich besiegt. Die Lage bleibt heikel. Möglicherweise ist das der Grund dafür, dass die Kultur der Wikinger die einzige mir bislang bekannte Kultur ist, die der Stille niemals einen positiven Stellenwert eingeräumt und sie geschätzt oder gesucht hat. Außerdem ist Walhalla der *lauteste* Himmel, der mir je begegnet ist und keinesfalls eine ewige Ruhestätte voll süßer Musik für die heroischen Normannen. Deren Traum ist voll von betrunkenem Aufruhr, viel Lärm und Getöse.

Für die meisten Kulturen jedoch wirkt die Magie, und weil sie wirkt, halten wir uns für ziemlich schlau (durchaus zu recht, das muss hier gesagt werden). Wir haben gewonnen. Die Sonne geht auf, der Frühling kommt, das Eis schmilzt, die Flüsse überschwemmen die fruchtbaren Ebenen. Und so fühlen wir uns clever und sicher genug, um »die Wissenschaft« im Sinne von nicht-theologischen, nicht-magischen Regeln zu erfinden, die erklären sollen, warum die Sonne nicht verschluckt wurde und warum sie – was ebenso wichtig ist – auch morgen *nicht* verschluckt werden wird. Das ist nicht nur tröstlich, sondern spart enorm viel Energie, Zeit und Kosten. Das ist ein kolossaler Sieg – wirklich. *Unsere* Regeln – unsere *eigenen* Gesetze und nicht die der Götter, nicht die des Lichts, sondern unsere – verankert in *Sprache*. Unsere Sprache – und nicht die der Tiere – erhält die Sonne (das Licht, das Leben, die Zukunft, die Spezies, die Welt) am Leben.

Und was geschieht dann? Was immer geschieht, wenn wir versuchen, ganz reale Ängste zu unterdrücken, statt sie uns einzugestehen. Der Schrecken erscheint in einem anderen Gewand. Wie es auf der sprachlichen Ebene immer geschieht, verlagert er sich vom Materiellen zum Abstrakten, von der faktischen Aktualität zum Symbolischen. Jetzt taucht der Schrecken an anderer Stelle auf.

(Es kann natürlich sein, dass die psychoanalytische Sicht stimmt und das alles in Wirklichkeit unterdrückte ödipale Themen sind. Werden Vatis Gesetze Muttis Liebe verschlingen? Wird Vatis Ordnung in Muttis Chaos untergehen? Doch das bezweifele ich, ehrlich gesagt.)

Der diffuse Schrecken ist jetzt, dass die Stille die Worte ver- oder herunterschlingen wird. Dass die Bedeutung in der Stille verloren geht, sodass die Leere wieder einsetzt, das Licht verlöscht und wir alle zu Toten werden. Und die Toten sind sehr still. Wir haben inzwischen die Magie hinter uns gelassen und können die Sprache nicht mehr mit Ritualen zu unseren Gunsten beschwören, wie wir es einst mit der Sonne taten. Wir brauchen eine neue Strategie. Ich muss wohl kaum besonders hervorheben, dass wir uns etwas ziemlich Ausgefuchstes ausgedacht haben: Wir verleugnen die Realität von Stille, wir reduzieren diese auf einen Mangel oder eine Abwesenheit und entmachten sie damit. Wir sagen, die Stille »muss« – und wartet demnach darauf – gebrochen werden, wie ein Pferd, das wir zureiten und dessen Willen wir »brechen« müssen. Aber wir haben immer noch Angst. Und die drohende ökologische Katastrophe verstärkt unsere Angst, die Wissenschaft könne eines Tages nicht mehr funktionieren, die Sprache versagen und das Licht ausgehen. Wir haben schreckliche Angst vor Stille, also versuchen wir, ihr so selten wie möglich zu begegnen, selbst wenn das heißt, dass uns Erfahrungen verloren gehen, von denen wir wissen, dass sie uns guttun würden, vergleichbar den Erlebnissen von Kindern, die auf dem Land unbeaufsichtigt herumstromern. Wir sagen, Stille sei eine Abwesenheit von etwas, ein negativer Zustand. Wir verleugnen die Macht und die Bedeutung von Stille. Wir haben schreckliche Angst vor Stille, und so verbannen wir sie aus unserem Leben.

Bevor ich nach Weardale zog, war mir der Lärm an öffentlichen Orten gar nicht aufgefallen. Doch sobald ich in meinem Leben Stillephasen einlegte, erlebte ich Lärm zunehmend als Reizüberflutung. Bevor mir das wirklich klar wurde, ging ich eines Tages in Gateshead ins Metro Centre, um einen Papierkorb zu kaufen. Ich brauchte ihn zwar, aber nicht dringend, suchte folglich nach einem Gegenstand, der für mich nicht besonders wichtig war und den ich mir ohne Weiteres leisten konnte. Nicht das Einkaufen selbst war also für den inneren Aufruhr verantwortlich, in den ich dabei geriet. Einkaufszentren sind meistens als mehr oder weniger laute Orte konzipiert. Die meisten haben viele glatte, harte Oberflächen, an denen die Klangwellen energetisch abprallen. Sie haben keine Dächer, welche die Klangwellen nach draußen weiterleiten, sondern Decken, von denen sie wie ein Echo zurückgeworfen werfen. Viele Läden lassen im Hintergrund Musik laufen, die sich bis in die Passagen ergießt. Lautsprecheransagen überblaffen das ständige Getöse, und es sind sehr viele Leute, oft in kleinen Gruppen, unterwegs. Ich fand es dort ziemlich schnell extrem stressig. Mir wurde körperlich unwohl, ich geriet zunehmend in Panik und fühlte mich völlig überfordert. Es war mir nicht möglich, irgendetwas zu kaufen, und nach weniger als einer Stunde musste ich gehen, in Tränen aufgelöst.

Ich brauchte eine Weile, um herauszufinden, was da passiert war. Ich habe nie an Agoraphobie oder Klaustrophobie gelitten, deren Symptome, wie ich herausfand, auf mein Erleben ziemlich gut zutrafen, sich anschließend bei mir jedoch nicht verfestigten. Ich bin überzeugt davon, dass es sich hier um eine Lärmüberreizung handelte, und das ist für mich inzwischen nicht besser geworden. Jetzt, wo ich weiß, was es ist, kann ich gut damit umgehen. Doch es ist für mich nach wie vor stressig und im besten Fall ermüdend, Großstädte, große Partys oder andere Orte zu besuchen, wo es laut ist und sich viele unterschiedliche Geräusche überlagern. Ich habe lange Jahre in London gelebt und mir fiel der Lärm damals gar nicht weiter auf, geschweige denn, dass er mich gestresst hätte. Aber inzwischen finde ich diesen ständigen Krach fast unerträglich. Wenn ich mich in Städten aufhalte, schlafe ich schlecht, ich trinke zu viel Alkohol und bin körperlich sehr schnell erschöpft. Millionen von Menschen leben tatsächlich ständig in einer lauten Umgebung. Das muss sehr ungesund sein und ist für mich zumindest eine teilweise Erklärung für die Anspannung, Gewaltbereitschaft und Grimmigkeit in den verschlossenen Gesichtern, die uns auf der Straße begegnen. Die inzwischen weit verbreitete Gewohnheit, sich weitere Klänge über eigene Stereogeräte freiwillig direkt in die Ohren zu leiten und damit den Lärm der Umgebung auszublenden, ergibt in diesem Zusammenhang für mich durchaus Sinn, obwohl dadurch natürlich noch mehr Krach entsteht – lärmendes Oropax.

Das ist nicht nur meine subjektive Meinung. Es gibt inzwischen einige Nachweise dafür, dass ständiger Lärm körperlich und psychisch schädlich und unter anderem verantwortlich ist für Bluthochdruck, Aggressionen, Schlaflosigkeit, starken Stress, Tinnitus und Hörverlust, was wiederum zu weiteren gesundheitlichen Problemen wie Herzerkrankungen führen kann. Die Ursprünge des englischen Wortes *noise* (Lärm) sind ungewiss, aber zwei mögliche Abstammungen sind *nausea* (Lateinisch für Übelkeit) und *noxius* (Lateinisch für schädlich).[11] Ich bin zu der Überzeugung gelangt, dass wir Gefahr laufen, diese Risiken zu unterschätzen: Selbst ein geringer Geräuschpegel könnte bislang nicht erforschte schädliche Folgen haben, vor allem wenn er dauerhaft ist und nicht unserer Kontrolle unterliegt. Lärm kann sich also auch dann negativ auswirken, wenn wir ihn gar nicht als extrem erleben.

Wie andere Formen von Umweltverschmutzung ist auch diese ein relativ neues Problem. Je dichter besiedelt ein Gebiet ist, desto lauter ist es unweigerlich. Es ist menschlichen Wesen nicht möglich, sich geräuschlos zu bewegen. Je mehr Menschen an einem Ort versammelt sind, desto lauter ist es dort. Im Laufe der letzten zweihundert Jahre ist die Bevölkerung in Europa enorm gewachsen, aber die ländliche Bevölkerung hat radikal abgenommen und nimmt noch weiter ab: Immer mehr Menschen haben immer weniger Raum zur Verfügung und sind aus diesem Grund auch mehr Lärm ausgesetzt, als es im 18. Jahrhundert noch vorstellbar gewesen wäre. Diese Entwicklung setzt sich weiter fort: Die Bevölkerung der Schottischen Inseln, zum Beispiel, ist in den letzten zehn Jahren um weitere drei Prozent zurückgegangen.[12] Und je mehr harte, flache Oberflächen und je weniger Horizontraum es gibt, desto mehr nimmt der Lärm zu. Auch Henry Mayhew, ein Journalist und Soziologe aus dem 19. Jahrhundert, weist in seinem berühmtesten Buch, *Arbeit und Armut in London,* darauf hin, wie schädlich die Bevölkerungsdichte und das ständige Getöse, das dadurch unweigerlich entsteht, geistig und moralisch für die städtischen Armen war. Dieser Effekt wurde noch dadurch verstärkt, dass Menschen, die bis dahin allein oder in kleinen Gruppen landwirtschaftliche Arbeit unter freiem Himmel verrichtet hatten, nun in den enorm lauten, dampfbetriebenen Fabriken der Industriellen Revolution arbeiteten. Immer mehr Menschen gingen Tag für Tag extrem viele Stunden in den geschlossenen Räumen und inmitten des höllischen Krachs von Industrieanlagen und Minen ihrem Broterwerb nach.

Nachdem der Pegel der Umweltgeräusche im 19. Jahrhundert aufgrund der Urbanisierung und Industrialisierung angestiegen war, kam im 20. Jahrhundert als Nebeneffekt der Technologie und des wachsenden Wohlstands noch mehr Lärm dazu. Pferdegetrappel ist lauter als menschliche Schritte, Autos und Züge machen mehr Lärm als Pferde, und Flugzeuge sind lauter als das alles zusammen. Fast alle zeitsparenden Geräte – Staubsauger, Kühlschränke, Mixer, Zentralheizung und Klimaanlagen, Computer und selbst Haartrockner – sind lauter als die Handarbeit, die sie dem Menschen abnehmen. Radios, Stereoanlagen und Fernseher – und sonstige Geräte für die Freizeitgestaltung – verstärken den Krach noch weiter. Unsere Häuser und Wohnungen mögen uns mehr Privatsphäre erlauben als früher, aber ruhiger sind sie nicht. Und vor allem hat die Kommunikationstechnik, durch die unsere Kontaktmöglichkeiten enorm gewachsen sind, die uns umgebende Stille noch weiter schrumpfen lassen. Das allgegenwärtige Handy (das in Großbritannien 117 Prozent der Bevölkerung besitzen) ist die jüngste Form von Instant-Kommunikation.

Für christliche Gelehrte im Mittelalter bestand die grundlegende Strategie des Teufels darin, Menschen an einen Punkt zu bringen, an dem sie nie mehr allein sind mit ihrem Gott und auch keinem anderen Menschen von Angesicht zu Angesicht aufmerksam begegnen. In der christlichen Tradition bestand Satans ständiges Handicap in seiner Unfähigkeit, Neues zu ersinnen – es fehlt ihm an Phantasie wie an Kunstfertigkeit. So betrachtet, kommt es mir vor, als sei das Handy für die Mächte der Hölle ein großer Durchbruch, ermöglicht es doch dem Teufel, mit seinem großen Plan einen bedeutenden Schritt voranzukommen. Mit Handy ist ein Mensch nie allein und nie wirklich aufmerksam für andere. Aus teuflischer Sicht ist es großartig, dass so viele Leute davon überzeugt worden sind, dass das Handy nicht nur eine Annehmlichkeit (und die Anschaffung eine freie Entscheidung) ist, sondern eine Notwendigkeit. Natürlich ist mir bewusst, dass Mobiltelefone die Arbeitsbedingungen für manche Menschen radikal verbessert haben, doch nimmt ihre Benutzung auch hier oft eine völlig absurde Wendung. Ärzte zum Beispiel haben mir erzählt, wie sehr das Handy Hausbesuche erleichtert, ohne offensichtlich zu registrieren, dass sie genau zu dem Zeitpunkt, wo sich diese Verbesserung der Kommunikationsmöglichkeit auftat, Hausbesuche ganz einstellten.

In seinem Buch *Dienstanweisung für einen Unterteufel* lässt C.S. Lewis, ein Apologet des Christentums und heute vor allem für seine Kinderbücher über Narnia bekannt, seinen Teufel schreiben:

> Musik und Stille – wie ich beides verabscheue! Wie dankbar wir dafür sein können, dass seit der Zeit, wo unser Vater die Hölle betrat …, kein Zentimeter Höllenboden und kein einziger Augenblick der Höllenzeit einer dieser beiden grässlichen Kräfte überlassen wurde, sondern dass alles sich mit Krach füllte – Krach, die großartige Dynamik, laut vernehmbarer Ausdruck von allem, was skrupellose, frohlockende Mannhaftigkeit ist – Krach, der allein uns vor dummen Skrupeln, verzweifelten Bedenken und nicht erfüllbaren Wünschen bewahrt. Wir werden am Ende aus dem ganzen Universum einen einzigen großen Krach machen. Wir haben in dieser Richtung, was die Erde betrifft, bereits große Fortschritte erzielt. Die Melodien und die Stille des Himmels werden am Ende ganz in Grund und Boden gebrüllt.[13]

Dieses ehrgeizige Ziel scheint inzwischen nahezu vollständig erreicht. Ich glaube, das hat psychische Folgen. 1985 schrieb Ernest Gellner, Philosoph und Soziologe, dazu: »Unsere Umwelt besteht heute im Grunde aus unseren Beziehungen zu anderen.«[14] Und Anthony Storr entwickelt in seinem Buch *Die schöpferische Einsamkeit: Das Geheimnis des Genies* den Gedanken:

> Die Last der Überbewertung, mit der wir heute zwischenmenschliche Beziehungen befrachten, ist zu schwer für diese heikle Kunst … Liebe und Freundschaft sind natürlich Bestandteile eines lebenswerten Lebens. Aber sie sind nicht die einzige Quelle von Glück.[15]

Die Vorstellung, dass wir nur glücklich und zufrieden sind, wenn wir mit anderen Menschen interagieren, lässt sich nicht mit der ebenfalls populären Vorstellung in Einklang bringen, die individuelle Autonomie und Persönlichkeitsrechte in den Vordergrund rückt. Wenn ich zwischenmenschliche Beziehungen brauche und ein Recht habe auf das, was ich brauche, ist es schwer, in meinen Beziehungen wirklich ich selbst zu sein oder gleichberechtigte Beziehungen zu leben. Diesen Problemen jedoch wendet sich unsere heutige Kultur generell nicht zu – sie vertuscht sie eher. Eine fast unweigerliche Folge davon ist, dass oberflächliche Beziehungen zunehmen – Beziehungen, in denen Menschen nur scheinbar in Kontakt mit anderen sind, sich jedoch nicht so verletzlich zeigen, wie Liebe es verlangt; Beziehungen, die daher nicht dauerhaft sind und denen es an der nötigen Selbstdisziplin fehlt. Die Überreizung in modernen Gesellschaften, zu der Lärm entscheidend beiträgt, hat Suchtqualität: Je mehr Reize und je mehr Neues wir erleben, desto stärker glauben wir, beides zu brauchen.

Ständiger Lärm übertüncht die Seichtigkeit von Beziehungen und lässt Stille als gefährlich und bedrohlich erscheinen. Das nervöse Geplapper, mit dem Menschen in Gruppen selbst kurze Phasen von Stille ausfüllen, ist ein Beispiel dafür. Noch alarmierender ist, dass wir Katastrophen nicht mehr mit respektvoller Stille begegnen, sondern mit Applaus feiern. Was um Himmels willen passiert da, wenn Menschen in Gruppen zusammenkommen und als Reaktion auf plötzliche oder schockierende Todesfälle feiern und klatschen, wie es eine anonyme Menschenmenge vor der Liverpool Cathedral bei Rhys Jones' Beerdigung tat? Der Tod eines Elfjährigen, der auf offener Straße erschossen wurde, ist eine schwere Tragödie. Was feiern wir da? Warum bringen uns solche Vorfälle nicht zum Schweigen?

Wenn wir auf solche Ereignisse mit lautem Applaus statt mit Stille reagieren, ist das ein Bruch mit einer uralten Tradition, der momentan offensichtlich in vielen Kulturen stattfindet. Ehrfurcht, ob angesichts positiver oder negativer Ereignisse, zeigte sich in Stille. In der Apokalypse verfällt das ganze Himmelreich in Stille »bei einer halben Stunde«, bevor das mystische Lamm »das siebente Siegel auftat«, was den Tag des Jüngsten Gerichts einleitet.[16] Dieser Gedanke geht offensichtlich auf die Poesie der Psalme zurück: »Der Herr ist in seinem heiligen Tempel; es sei vor ihm stille alle Welt.« Oder »Alles Fleisch sei stille vor dem Herrn; denn er hat sich aufgemacht aus seiner heiligen Stätte.« Er findet auch Ausdruck in klassischen griechischen Gebräuchen, deren Geschichte Philip Howard skizziert hat:

> Stille war schon immer die menschliche Antwort auf Ereignisse von großer Tragweite, die am Tiefsten geht. Das Bild *Der Schrei* von Munch mag eine erste Reaktion auf eine Tragödie darstellen, doch letztlich ist Stille Ausdruck der Ehrfurcht vor Ereignissen, die uns so tief berühren, dass wir keine Worte dafür finden. Die Römer nannten den Auslöser für solche Gefühle, die nicht von dieser Welt zu sein scheinen, *numen* (daher das Wort »numinos«). Die Priesterinnen und Priester im Alten Griechenland riefen die Bürger angesichts von Tragödien oder Katastrophen zu Stille auf ... Diese Ehrfurcht gebietende Zeremonie hat bis heute überlebt.[17]

Im Englischen sind die Worte *awestruck* (von Ehrfurcht ergriffen) und *dumbstruck* (sprachlos vor Entsetzen) nahezu Synonyme.

In Anbetracht des ständig wachsenden Lärms ist die zweiminütige Stille am Remembrance Sunday (dem englischen Volkstrauertag) kurioserweise eines der wenigen bis heute noch existierenden sozialen Rituale, zu dem die Bevölkerung Großbritanniens angehalten wird, und etwa 75 Prozent der Bevölkerung leisten dem auch Folge – mit steigender Tendenz.

Die organisierte zweiminütige Stille zu Ehren der Kriegstoten und jüngstens auch für andere Gruppen geht auf eine verwickelte Geschichte zurück. Etliche verschiedene Länder und Individuen nehmen für sich in Anspruch, sie als erste eingeführt zu haben. Wahrscheinlich hat Frankreich nach dem Ersten Weltkrieg als erstes Land jedes Jahr eine nationale Schweigeminute eingelegt. Doch bereits 1912 hielten weite Bevölkerungskreise in den USA eine Schweigezeremonie ab, um den Untergang der *Titanic* und der *Maine* zu betrauern, während der portugiesische Senat angesichts des Todes von José Maria da Silva Parankos, Baron von Rio Branco – dem Minister für auswärtige Angelegenheiten – zehn Minuten Schweigen einlegte. Die britische Schweigezeremonie, die ursprünglich am Armistice Day (dem Tag des Waffenstillstands nach dem Ersten Weltkrieg) und in den Jahren danach an dem auf den 11. November folgenden Sonntag eingelegt wurde, begann 1919 nach einem formalen Appell von George V. auf den Seiten von *The Times*. Die Außenminister der EU baten nach der Zerstörung der Twin Towers am 11. September 2001 um eine Schweigeminute – ein eigenartiges Beispiel für das Gedenken an einen Krieg, ehe dieser wirklich begonnen hat. Ich halte eine solche Stille für angemessener und sinnvoller als ein Hurrageschrei, das zwangsläufig etwas Aufgesetztes hat.

Stille ist für viele Menschen etwas Unangenehmes geworden, selbst wenn sie ein Ausdruck von Ehrfurcht ist. Wir werden immer seltener gebeten, still zu sein. Kirchen und öffentliche Büchereien gelten nicht mehr als Orte, an denen Stille angemessen oder einfach nur höflich ist. Selbst die Stillephasen im Radio werden immer kürzer. Wir erleben Stille nicht als aufbauend oder förderlich für unser Konzentrationsvermögen, sondern als bedrohlich und störend.

Vielleicht kommt es deshalb nicht von ungefähr, dass in Großbritannien der Criminal Justice and Public Order Act von 1994 eine ganz spezielle Stille aushöhlte: Das Recht eines Menschen, der eines Verbrechens angeklagt wird, die Beantwortung von Fragen zu verweigern und nicht befürchten zu müssen, dass sein Schweigen nachteilige Folgen für ihn hat. Auch wenn dieses Recht erst 1912 gesetzlich verankert wurde, handelt es sich hier um ein altes Gewohnheitsrecht, das wahrscheinlich aus Protesten im 17. Jahrhundert gegen den Star Chamber (königlichen Gerichtshof) und die High Commission (Hohe Kommission) hervorging, die den Angeklagten (durch Folter) zwingen konnten, Fragen zu beantworten, ohne ihm mitzuteilen, was man ihm vorwarf. Dieses Recht auf Schweigen beruht auf einer ganzen Reihe von legalen Grundsätzen. Man ging davon aus, dass Menschen die »natürliche Pflicht« haben, sich selbst zu schützen und deswegen nicht gezwungen werden können, »sich selbst zu beschuldigen«. Laut Gesetz sind Menschen, solange ihre Schuld nicht erwiesen ist, als unschuldig zu behandeln. Es ist also nicht ihre Aufgabe, ihre Unschuld zu beweisen, sondern der Kläger hat die Pflicht, ihre Schuld zu belegen. Diese Regelungen gehen wahrscheinlich zumindest teilweise darauf zurück, dass Jesus sich bei seiner Gerichtsverhandlung weigerte, Fragen zu beantworten: Jesus schwieg »und gab keine Antwort«.[18] Wenn dieses Recht heute untergraben wird, heißt das für mich, dass Stillschweigen – ob bewusst oder unbewusst – nicht geschätzt wird und als unheilvoll und unaufrichtig gilt. Es darf weder zugelassen noch dürfen Menschen dazu ermutigt werden.

Und doch wissen wir aus der Geschichte wie auch gefühlsmäßig, dass Schweigen eine mächtige Waffe ist. Das müssen wir Menschen, die mit einem schmollenden Teenager zu tun haben, nicht groß erklären. Stumme Proteste, die Freiheit, nichts zu sagen, um den, der vermutlich Vernünftiges zu sagen hat, zu provozieren, wortlose Unnachgiebigkeit und die Weigerung, die Kampfzone zu betreten – all diese Strategien sind nicht nur negativ, sondern füllen den Raum mit symbolischer und eindringlicher Bedeutung. Das Recht auf freien Ausdruck – das Recht, Dinge auszusprechen und gehört zu werden – ergibt keinen Sinn, wenn es nicht zugleich ein Recht auf Schweigen gibt.

Trotzdem und obwohl die Welle des Lärms immer höher schwappt, gibt es selbst an den lautesten Orten wirkliche Inseln der Stille. Ich begann danach zu suchen und fing mit denen an, die ich von Weardale aus leicht erreichen konnte. Als Erstes boten sich dafür natürlich Einrichtungen an, deren Stille religiös motiviert war.

Wie es ein glücklicher Zufall wollte, entdeckte ich, dass es weniger als zwanzig Meilen von Weatherhill entfernt ein Zen-Kloster gab. Ich werde an Throstlehole immer mit liebevoller Dankbarkeit zurückdenken. Die Mönche dort waren außerordentlich großzügig und gastfreundlich, offen dafür, mir ihren eigenen Glauben darzulegen, ohne jemals bohrende Fragen nach meinem religiösen Hintergrund zu stellen. Sie boten mir einfach an, wann immer ich wollte, an ihrer Abendmeditation teilzunehmen, die eine wahre Kraftquelle war.

Zen als eine Form des Buddhismus' entstand, als sich die buddhistischen Lehren von Indien nach China verbreiteten, auch wenn sich Zen dann vor allem in Japan und Korea entwickelt hat. Laut der Philosophie des Zen ist es unmöglich, Zen zu beschreiben. Trotzdem haben verschiedene Menschen genau das versucht. Ein grundlegendes Werk aus dem frühen zwölften Jahrhundert, *Ts'u-t'ing shih-yuan*, führt folgende Beschreibung des Zen auf den Zen-Meister Bodhidharma aus dem fünften Jahrhundert zurück:

> Eine besondere Übertragung, jenseits der Schriften,
> Nicht gründend in Worten und Buchstaben;
> Unmittelbar auf den Geist zielend,
> Erlaubt es uns, die Natur der Dinge zu durchdringen
> Um die Buddha-Natur zu erlangen.[19]

In seinem Buch *Gödel, Escher, Bach – Ein Endloses Geflochtenes Band* versucht Douglas Hofstadter eine zeitgenössische Beschreibung von Zen zu geben:

> Zen ist intellektueller Treibsand – Anarchie, Dunkelheit, Sinnlosigkeit, Chaos. Es ist quälend und macht wütend. Und doch ist es humorvoll, erfrischend, verlockend. Ein grundlegender Lehrsatz des Zen-Buddhismus' besagt, dass es unmöglich ist zu beschreiben, was Zen ist. Ganz gleich, wie du versuchst, Zen verbal einzukreisen, es rebelliert dagegen und sprengt den Rahmen … Die grundlegende Haltung von Zen ist, dass die Wahrheit nicht mit Worten vereinbar ist oder Worte die Wahrheit zumindest nicht erfassen können.[20]

Wenn Worte mit der Wahrheit unvereinbar sind, dann ist es besser, wenn wir gar nicht erst versuchen, unsere Sicht der Wahrheit sprachlich zu artikulieren, sondern andere, weniger logische* Wege zu deren Verwirklichung beschreiten. Da für Zen alles absolut eins ist, findet Zen viele Wege zur Erleuchtung. Das mag auch der Grund für seinen enormen kulturellen Einfluss sein, da Architektur, vor allem Landschaftsgärtnerei, ebenso wie Kalligraphie, Malerei und sogar »Blumen stecken«, *ikebana*, hier als gültige Wege für die Suche nach dem Ende aller Dualitäten gelten. Aber das Herz der Zen-Praxis ist eine strenge, disziplinierte Form von Meditation, *zazen* (von den japanischen Worten für »sitzen« und »Versenkung« abstammend).

Zu dieser täglichen Praxis hießen mich die Mönche in Throstlehole so freundlich willkommen: Ich besuchte ihr abendliches *zazen*, das in vollkommener Stille verlief, und diese Stille war äußerst kraftvoll und erfüllend. Mit mir waren mindestens vierzig Menschen anwesend. Alle sitzen mit dem Gesicht zur Wand (oder

---

* Logisch stammt ab vom griechischen Wort *logos*, das »Wort« bedeutet. Logisches Denken ist also ein Denken, dem bewussten Prozess der Versprachlichung unterworfen ist.

in diesem Fall vor einer Reihe von Spinden, weil das *dojo*, die Meditationshalle, auch der Gemeinschaftsschlafsaal für die Novizen ist, die auf dem Fußboden schlafen). Es sind also andere Menschen anwesend, doch weil man sie nicht sieht oder hört, sind sie auf eine ganz eigene Art und Weise präsent. Alle bringen ihr eigenes *zafu* (Kissen) mit zum *zazen*, so dass sich im Raum nichts Überflüssiges befindet und keine Sachen herumliegen. Das *dojo* ist weitläufig und luftig und hat eine hohe Decke; selbst wenn sich viele Menschen darin aufhalten, fühlt es sich geräumig an. Das Kloster selbst liegt abgeschieden auf dem Land in einer stillen Gegend, umgeben vom eigenen Garten und jenseits davon der hügeligen Landschaft von Cumbria. Alles Äußere wird so geregelt, dass es der Stille förderlich ist. Im Kloster selbst war immer ein starker Energiefluss spürbar – ein Fluss von stiller Energie. Bei ihren Tätigkeiten wirkten die Menschen konzentriert und vertieft, jedoch nicht übermäßig *geschäftig*. Die langen Stunden der stillen Meditation gingen über in einen behutsam geregelten Tagesablauf. Als Anfängerin in der Praxis des stillen Sitzens kann ich gar nicht genug betonen, wie unterstützend und bereichernd ich diese Stille fand, die mich so großzügig umgab, und wie sehr sie meine eigene, zutiefst christliche Praxis geprägt und geformt hat. So meditiere ich heute beispielsweise, was die rein äußere Ebene betrifft, auf einem runden, schwarzen buddhistischen *zafu*.*

Die Stille des Zen ist eine *rebellische* Stille. Du bist still, um dem Selbst und der Dualität der Welt zu entkommen, gegen verschleiernde Illusionen zu »protestieren« und sie zu transzendieren. Für die Philosophie des Zen und *zazen* als praktische Umsetzung dieser

---

* Das entbehrt nicht einer gewissen Ironie, denn als ich anfing, ernsthaft zu meditieren, saß ich nicht auf einem *zafu*, sondern auf einem dicken Band der kompakten Ausgabe des *Oxford English Dictionary*. Das hatte die gleiche Farbe und die gleiche Höhe wie das Kissen, enthielt aber viele Worte!

Philosophie sind sämtliche weltlichen Unterscheidungen Täuschungen, wie Hofstadter erläutert:

> Der Kern von Dualismus sind Worte – einfach nur Worte. Die Benutzung von Worten ist bereits als solche dualistisch, da jedes Wort ganz offensichtlich Ausdruck einer gedanklichen Kategorie ist. Deswegen besteht Zen zu großen Teilen aus dem Kampf gegen dieses Bauen auf Worte.[21]

Die berühmten verwirrenden Zen-Koans *sollen* verwirren. Verblüffung erlaubt dem Geist, nicht-logisch zu agieren, und durch den Ausstieg aus logischen Systemen wird der Sprung zur Erleuchtung möglich. Zen ist zutiefst anti-dualistisch, weitaus mehr als jede westliche Philosophie. Es fordert uns auf, nicht mehr in Kategorien zu denken: Es gibt kein Ich/Du; kein hier/dort; keine Unterschiede, keine Kategorisierungen; kein autonomes Selbst. Es gibt nur die Buddha-Natur, und der Rest ist Illusion. Worte erzeugen Kategorien.

> Was ist der Weg?, fragte ein neugieriger Mönch.
> Er ist direkt vor deinen Augen, sagte der Meister.
> Warum kann ich selbst ihn nicht sehen?
> Weil du an dich denkst.
> Was ist mit Euch? Seht Ihr ihn?
> Solange wie du doppelt siehst und sagst »Ich nicht« und »Du ja« ist deine Sicht getrübt, sagte der Meister.
> Wenn es weder »Ich« noch »Du« gibt, kann man ihn dann sehen?
> Wenn es weder »Ich« noch »Du« gibt, wer ist dann derjenige, der ihn sehen will?[22]

In jenem Sommer besuchte ich aus ähnlichen Beweggründen die Treffen der Quäker. Die äußeren Gegebenheiten hätten auf den ersten Blick nicht unterschiedlicher zu denen in Throstlehole sein können. Die Treffen, die ich in Durham besuchte, fanden in einem etwas schäbigen »Gemeinschaftssaal« statt, der nichts von der Schönheit und dem Zauber des *dojo* besaß, und wir versammelten uns auf Stapelstühlen zu einem unordentlichen Kreis. Doch in anderer Hinsicht unterscheidet sich die Andacht der Quäker gar nicht so sehr von *zazen*, auch wenn die Quäker die Stille um des stillen Zusammenkommens willen suchen, während die Zen-Mönche ihre bereits existierende Stille in die Meditation einbringen. Die Quäker – oder die Religiöse Gesellschaft der Freunde, wie sie eigentlich heißen – sind in Großbritannien wahrscheinlich am bekanntesten dafür, dass sie sich für den Pazifismus eingesetzt haben. Bereits im 17. Jahrhundert gaben sie ein radikales und maßgebliches Beispiel für das Engagement in vielen sozialen Bereichen, von der Abschaffung der Sklaverei bis zum Wahlrecht für Frauen, Gefängnisreformen und Gesundheitsfürsorge. Doch Dreh- und Angelpunkt im Leben eines Quäkers sind die Treffen zum Zweck der Andacht, und diese verlaufen im Wesentlichen still – oder vielmehr, die hier geäußerten Worte gehen aus der Stille hervor. Der zeitgenössische Quäker Pierre Lacout beschreibt die Stille bei diesen Treffen mit folgenden Worten:

> In einer aktiven, lebendigen Stille beginnt das Innere Licht zu glimmen – ein winziger Funke. Damit die Flamme entfacht werden und wachsen kann, müssen sich jedes noch so subtile innere Argumentieren und der Aufruhr unserer Emotionen legen. Durch liebevolle Aufmerksamkeit kann das Innere Licht hell scheinen und unsere innere Wohnstätte erleuchten, sodass unser ganzes Wesen zur Quelle wird, aus der sich dieses Licht nach außen ergießt.
>
> Worte müssen gereinigt werden durch eine erlösende Stille, wenn sie die Botschaft des Friedens in die Welt tragen sollen. Das Recht zu sprechen ist ein Aufruf zur Pflicht des Zuhörens. Ohne einen aufmerksamen Geist und ein stilles Herz ist Reden bedeutungslos. Stille heißt, andere willkommen zu heißen und zu akzeptieren. Das Wort, das aus der Stille geboren wird, muss in Stille empfangen werden.[23]

Theologisch gesehen, glauben der Zen-Buddhismus und die Freunde beide, dass wir die »Erleuchtung« (Zen) oder das »Innere Licht«, den »göttlichen Funken« (Quäkertum) in uns tragen und dass alle äußeren Definitionen und Verschlüsselungen – Dogmen, Rituale, Übereinkünfte, die Sprache selbst – nur im Weg sind, wenn es darum geht, die Barrieren zwischen uns und dem Unendlichen aufzulösen. Doch die faktischen Unterschiede sind beträchtlich.

Das Quäkertum hat seine Wurzeln in der turbulenten Religionspolitik und der politischen Religion des 17. Jahrhunderts in England. Ursprünglich gerieten die Quäker nicht nur dadurch in Schwierigkeiten, dass sie sich weigerten, militärischen Streitmächten zu dienen, Eide zu leisten oder den Zehnten (eine Form von Kirchensteuer zur Unterstützung der Staatskirche) zu zahlen, sondern weil sie äußeren Formalien generell keinerlei Respekt erwiesen. So lehnten sie es zum Beispiel ab, in Anwesenheit von sozial höherstehenden Personen oder gesetzlich ermächtigten Autoritäten »ihren Hut zu lüften«. Noch schlimmer war, dass sie die Gleichheit von Frauen vertraten, die ebenso wie Männer öffentliche Reden halten, reisen oder als Zeuginnen auftreten konnten. In der Gesellschaft selbst gab es keine Führung, keine bezahlten oder ausgebildeten Geistlichen, keine formalen Glaubensbekenntnisse und keine festen Rituale. Die Quäker kommen zusammen und sitzen *gemeinsam* in Stille, um »sich zu sammeln«. Ihre Treffen dienen einer Sammlung, in der Herz und Geist der Anwesenden jenseits von Worten vereint sind und die Wahrheit in ihrer umfassenden Fülle erkennbar wird. Ein Quäker-Freund beschrieb seine Erfahrungen bei einem Treffen zum Zweck der Andacht folgendermaßen:

Ich weiß nicht genau, was ich von diesen »Zusammenkünften« halten soll. Meine Meinung dazu ändert sich ständig, je häufiger ich sie besuche. Anfangs waren die Treffen für mich eine ganz persönliche Erfahrung, die so aussah, dass ich zuerst meditierte und dann betete, allerdings inmitten von anderen Menschen. Und wenn Menschen sich einbrachten [bei der Zusammenkunft sprachen, S.M.], fühlte sich das an wie eine Unterbrechung, die ich nicht hinnehmen konnte. Um mich meiner persönlichen Erfahrung wieder zuwenden zu können, musste ich mich dann immer bemühen, nicht ärgerlich zu werden. Aber in letzter Zeit erlebe ich die Übergänge hier fließender und kann Menschen zuhören, ohne mich in meinem eigenen Erleben gestört zu fühlen, selbst wenn ihre Worte »mich persönlich nicht ansprechen«. Ich kann sehen, wie hier meine falschen Einstellungen zu anderen Menschen widergespiegelt werden, und gehe davon aus, dass andere Menschen diese Zusammenkünfte ganz anders erleben. Für mich ähnelt das der Faszination, die das Tieftauchen auf uns ausüben kann. Das ist auch eine persönliche Erfahrung, für die es ganz wesentlich ist, dass andere Menschen in der Nähe sind … Spürt der eine die gemeinsame Andacht bei diesen Treffen tatsächlich, während ein anderer sie möglicherweise nur partiell wahrnimmt? Und woher weiß ich das? Manchmal habe ich das Gefühl, dass sich alle im Raum gemeinsam »sammeln«. Dann wieder äußert jemand prekäre Ängste, für die ich manchmal offen bin und doch weiter gesammelt bleiben kann, die mich manchmal aber wieder aus dem Gefühl von Gemeinschaft herausreißen, sodass ich uns einfach nur als zusammengewürfelten Haufen von Fremden erlebe, die alle in einem Raum sitzen. Sehr oft schlagen Menschen einen belehrenden Predigerton an und rennen offene Türen ein (insbesondere wenn es um den Krieg im Irak geht). Aber heißt gemeinsam Andacht halten denn, dass wir alle der gleichen Meinung sein müssen? Geht es bei der wahren gemeinsamen Andacht nicht darum, Unterschiede zu artikulieren und zu überbrücken? Vielleicht ist die Gemeinschaftlichkeit ebenso real wie das Gefühl von Vereinzelung und die Zusammenkünfte sind dazu da, erstere zu pflegen.[24]

Ich besuchte diese Zusammenkünfte gern, vor allem, als ich die älteren Orte der Andacht der Quäker entdeckte, wo sich in schlichten, schmucklosen Gebäuden dreihundert Jahre geballter Stille angesammelt hatten. Die Ernsthaftigkeit und Einfachheit der Quäker berührten mich, und mir gefiel auch, dass sie eine lange, radikale Geschichte hatten. Merkwürdigerweise erinnerten mich diese Zusammenkünfte an meine weit zurückliegenden feministischen Selbsterfahrungsgruppen – doch ohne den Krawall. Ich fragte mich rückblickend, ob wir nicht besser daran getan hätten, in Stille »zusammenzukommen«, statt lautstarke Reden zu führen. Daraus erwuchs die Frage, was Evelyn Underhill, die englische Autorin, die im 20. Jahrhundert über Mystizismus schrieb, *meinte*, wenn sie sagte, das »Sakrament der Stille« der Quäker oder ihr »gemeinschaftlicher Mystizismus« haben uns »nichts zu bieten und können uns keinerlei neue Erkenntnisse über die menschliche Seele vermitteln.«[25] Für Underhill zählt nur die mystische Erfahrung als solche, und diese ist für sie absolut individuell und »persönlich«. Ich vermute, vor meinen Besuchen bei den Quäkern hätte ich ihr zugestimmt. Doch bei diesen Treffen erfuhr ich, dass Menschen tatsächlich in einer dreihundert Jahre alten internationalen Organisation ohne jegliche Hierarchien leben *können*; dass aus der gemeinsamen Stille eine gemeinsame Stimme erwachsen kann; dass das gemeinsame Lauschen auf den Geist Menschen zu sozialen Aktionen inspiriert, die vor allem dem Frieden dienen. Die Quäker vermittelten mir auf jeden Fall eine zutiefst optimistische »neue Erkenntnis über die menschlichen Seele«, die in der Wertschätzung von Stille bestand.

Doch diese Stille hat eine völlig andere Ausrichtung als die Stille des Zen. Quäker sind zutiefst egalitär orientiert: Der Geist kann durch jeden Menschen sprechen, und aus diesem Grund ist die Stille bei den Treffen zum Zweck der Andacht eine *lauschende* Stille, die tatsächlich darauf wartet, »gebrochen zu werden«. So wie die Freunde das Innere Licht verstehen, gibt es keinen Unterschied zwischen einer authentischen Aufhebung der Stille, die auf dem inneren Impuls eines Individuums beruht, und der direkten

Stimme Gottes. Doch grundsätzlich soll die Stille den Versammelten helfen, hören zu können, und das Hören soll Quäkern ermöglichen, »die Wahrheit in Liebe auszusprechen«.

In Throstlehole wie bei den Treffen der Quäker fand ich eine Stille vor, die auf mich zutiefst befreiend wirkte und die ich als offene Weite erlebte. Ich wusste aber, dass ich gewisse Vorbehalte hatte, weil ich die Grundsätze, auf denen der Glaube dieser beiden Richtungen beruht, nicht teilte. Besuchte ich jedoch christliche Retreats, empfand ich die Stille dort zunehmend als kraftlos. Vielleicht hing das mit dem Namen dieser Veranstaltungen zusammen – »Retreat« (Rückzug). Ich wollte mich keinesfalls von irgendetwas zurückziehen, sondern vorwärts gehen. Vielleicht war in meinem Leben bereits genug Stille, sodass ich kein Bedürfnis nach der merkwürdig gekünstelten Stille von klösterlichen Gästehäusern hatte. Ganz gleich, wie still die Mönche oder Nonnen sein mochten – ich fand, dass wir Retreatteilnehmer selbst bei persönlichen Retreats Außenseiter blieben. Die Stille hier war für uns als Geschenk gedacht, das wir irgendwie *nutzen* konnten, wenn wir in die lärmige Welt zurückkehrten, statt dass wir eingeladen wurden, selbst dazu beizutragen. Bei christlichen Retreats scheint Stille eher eine Abwesenheit von Geräuschen zu meinen, was hier eher positiv gewertet wird, als bei der rein negativen Sicht.

Ich probiere in diesen drei Jahren viele unterschiedliche Formen von Retreats aus, gelangte aber zu der Überzeugung, dass ich die christliche Stille besser verstehen lernte, wenn ich darüber las, statt Retreats zu machen. Thomas Merton beschreibt in seinem Buch *Der Berg der sieben Stufen* detailliert, wie die Trappisten Stille in ihrer Gemeinschaft sehen. Die Trappisten sind ein römisch-katholischer Orden, der aus einer Reform der Ordensregeln der Benediktiner hervorging und in tiefer Stille und strenger Entsagung lebt. Die Trappisten unterscheiden sich von anderen stillen Orden wie den Karmelitern oder den Karthäusern, bei denen die Betonung auf einem eremitischen (einsiedlerischen, einzelgängerischen) Leben liegt. Ihre Gemeinschaften dienen der Funktion, das eremitische Leben einfacher und sicherer zu gestalten. Für die Trappisten hingegen ist die Gemeinschaft wesentlicher Bestandteil ihrer Lebensgestaltung. Wenn Karthäuser-Novizen ins Kloster eintreten, werden sie in ihre Zelle geführt. Benediktiner-Mönchen wird symbolisch ein eng begrenzter Raum zugewiesen – der Kirchenstuhl. Wie die meisten Bräuche der älteren religiösen Orden haben auch diese eine große symbolische Bedeutung.

Anders als die Stille des Zen oder der Quäker dient die Stille der Trappisten der Disziplin. Sie soll das Individuum in die Lage versetzen, »möglichst vollkommen nach den Regeln und im Geiste des Heiligen Benedikt zu leben und das heißt, in Gehorsam, Demut, Arbeit, Gebet, Einfachheit und Liebe zu Christus.« Gemeinschaft und Stille sind hier zwei unterschiedliche Ausdrucksformen von *Liebe*. Die Gemeinschaft ist darüber hinaus ein sichtbarer Ausdruck von gegenseitiger Abhängigkeit und folglich sind alle dafür verantwortlich. Diese Stille wartet nicht darauf, gebrochen zu werden, wie die Stille der Quäker, sondern wartet auf ihre Vervollkommnung.

Merkwürdigerweise galten christliche Kirchen nie primär als Orte der Stille. Das viktorianische Schweigen, das uns Engländerinnen und Engländer heute noch prägt, bildete da offensichtlich eine kurze und kurzlebige Ausnahme. Noch bis 1770 spielten Jungen in den Kirchenschiffen von Westminster Abbey ungestraft Kegeln.[26] Nur ganz selten fand ich in Kirchen einen Raum der Stille und wenn, dann meistens in kleinen Kirchen auf dem Land. Wenn ich mich in einer Stadt erschöpft und überreizt fühlte, konnte ich selten Zuflucht in Kirchen nehmen. Entweder sie waren geschlossen oder die berühmteren waren voll von hektischen, lärmenden

Touristen. Eines Tages jedoch entdeckte ich ein für mich überraschend neues Heiligtum. Ich besuchte die Tate Modern und landete eher zufällig im gedämpften Licht von Room 3, wo Rothkos Seagram-Bilder hingen: neun riesige pulsierende Verdichtungen von stiller Kraft.

Rothko selbst hat gesagt, diese Bilder sollten der »stillen Betrachtung« dienen, und Simon Schama hat sie beschrieben als einen »Raum, der dort angesiedelt sein könnte, woher wir kommen und wo wir schließlich enden werden. Sie sollen uns als Betrachter nicht außen vor lassen, sondern aufnehmen.« Für mich waren diese Bilder an jenem heißen, nervenaufreibenden Tag sichtbar gewordene Stille. Ich war erschüttert von ihrer Kraft und ihrer leidenschaftlichen dunklen Schönheit. Diese für mich neue Erfahrung weckte bei mir ein zunehmendes Interesse an Malerei und Skulpturen. Die bildenden Künste transportieren eine Stille, wie Literatur und Musik sie nicht vermitteln können, obwohl es natürlich auch viel »lautstarke« bildende Kunst gibt – von der lebendigen Geschäftigkeit auf christlichen narrativen Gemälden aus dem Mittelalter bis zur zeitgenössischen Installationskunst. Nichtsdestotrotz begann ich in der traditionellen wie der zeitgenössischen Kunst nach Stille zu suchen: dem heiteren, zärtlichen Blick von Raphaels *Madonna del Granduca*; dem verblüffenden Moment der Metamorphose von Berninis *Daphne und Apollo* – wo die stille Härte des Marmors die Transformation für einen stillen Augenblick stetig festhält; Turners Sonnenuntergänge; Andy Goldsworthys *Springing Arches*, die voll stiller Freude über die Grenzhügel von Schottland hüpfen. All diese Bilder und Skulpturen nutzen die Stille als Teil des Kunstwerks und erzeugen Stille in mir. Aus diesen wie vielen anderen Werken scheint die Stille in den sie umgebenden Raum zu fließen. Ich stellte fest, dass ich aufgrund meiner zunehmenden Erfahrung mit Stille genauer und feiner sehen konnte.

Doch mehr noch als über diese Form von Stille dachte ich über das Lesen nach und experimentierte damit. Lesen ist in diesem Kontext insofern eine seltene Aktivität, als es einerseits ganz in Stille vor sich geht *und* andererseits vollkommen positiv bewertet wird. Wenn ich versuche, anderen Menschen mein Leben zu beschreiben, sagen sie oft: »Ich nehme an, Sie lesen viel« und fühlen sich, wenn ich bejahe, offensichtlich bestätigt. Aber als ich anfing, über das Lesen nachzudenken, stieß ich auf etwas Mysteriöses. Ist Lesen »still« im wirklichen Sinne des Wortes? Vertieft es die Stille, die uns umgibt, oder bricht es sie? Lauschen wir der Autorin, wenn wir lesen, unterhalten wir uns mit ihr, oder bekommen wir einen direkten Einblick in ihr Denken und sehen wir ihre Gedanken vor uns, statt ihre Stimme zu hören? Wie könnten wir Stille in Beziehung zum schriftlichen (im Gegensatz zum mündlichen) Wort definieren?

Mir wurde klar, dass die Zwiespältigkeit, auf die ich in Bezug auf die Wortbedeutung von »Stille« selbst bereits hingewiesen habe, hier von entscheidender Bedeutung, wenngleich auch verzwickt ist. Wenn wir uns an die erste Definition im *Oxford English Dictionary* halten und Stille als Abwesenheit von *Sprache* verstehen, dann finden wir auf einer bedruckten Seite keine Stille, besteht sie doch ganz aus Sprache. Nehmen wir hingegen die zweite Definition, dass Stille die Abwesenheit von Lauten ist, dann ist die schriftliche Sprache eine stille Sprache, denn was immer wir von einer mit Text bedruckten Seite sonst noch sagen können, sie gibt auf jeden Fall keine Geräusche von sich.

Was bedeutet es zu sagen, ein leeres Blatt Papier sei »stiller« ist als ein beschriebenes? Oder wenn eine Person die Schrift eines ihr vorliegenden Textes überhaupt nicht entziffern kann? Was mich betrifft, so gilt das unter anderem für Keilschrift, Hieroglyphen, chinesische Ideogramme und kyrillische Schriftzeichen.

Wohlmöglich ist es leichter, so spekulierte ich, wenn ich davon ausgehe, dass das schriftliche-und-gelesene Englisch eine andere Sprache ist als das gesprochene-und-gehörte Englisch. Das Lesen zum Beispiel ist, wie auch die Gebärdensprache, eine Hand-Augen-Sprache und keine Mund-Ohren-Sprache, auch wenn beide Sprachen aus einer umfassenderen historischen Sicht gesehen wie auch beim einzelnen Leser am selben Punkt beginnen. Anfänger lesen meistens »laut« oder bewegen beim Lesen zumindest die Lippen. Bei »Lesekompetenz« denken wir vor allem an die Fähigkeit, still zu lesen. Wenn ein Mensch lernt, fließend zu lesen, tritt der Zusammenhang zwischen den schwarzen Zeichen auf der Seite und deren Umsetzung in gesprochene Sprache in den Hintergrund. Erfahrene Leser entnehmen dem Text die Bedeutung vollständig durch visuelle Wahrnehmung, was wir heute neurologisch nachweisen können. Gesprochenes Englisch und schriftliches Englisch (zum Beispiel) haben einen anderen Wortschatz und eine andere Grammatik und dienen unterschiedlichen Funktionen. Sie bringen auch unterschiedliche Literaturgattungen hervor. Heute wissen wir, dass es ein großer Unterschied ist, ob eine Autorin Geschichten erzählt oder Romane schreibt. ›Poetry Slam‹ ist etwas völlig anderes als geschriebene Gedichte. Hier gibt es große Unterschiede, wenn diese auch meistens unsichtbar bleiben.

Wenn eine mit Worten bedruckte Seite zu uns »spricht«, ist sie nicht still, aber jeder, der still liest, weiß, dass sich das *anders* anfühlt, als laut zu lesen oder vorgelesen zu bekommen. Das ist für uns heute so selbstverständlich, dass wir überrascht sind, wenn wir entdecken, dass das nicht immer so war. Bis zum vierten Jahrhundert hat jeder Mensch, der Texte las, laut gelesen.

UnddieTextediesieimWestenlasenwarenohneWortzwischenräumege schriebenineinemeinzigenununterbrochenenStromvonPhonemeno

derBuchstabenderdasSprechenvollständigwiedergabdasnenntman
ScripturaContinuadieseSchrifthattekeineInterpunktion

(Und die Texte, die sie im Westen lasen, waren ohne Wortzwischenräume geschrieben, in einem einzigen ununterbrochenen Strom von Phonemen oder Buchstaben, der das Sprechen vollständig wiedergab. Das nennt man *Scriptura continua*. Diese Schrift hatte keine Interpunktion.)

Etwa im Jahr 385 lernte Ambrosius, Bischof von Mailand, stumm zu lesen. Der junge Augustinus sah ihn dabei und hielt diese Beobachtung, die enorme Auswirkungen auf ihn hatte, schriftlich fest.

Vor seiner Bekehrung war Augustinus Lehrer für Philosophie und Rhetorik. Wie viele seiner Zeitgenossen war auch er ein Anhänger von Aristoteles, und für ihn waren schriftliche Texte »Zeichen für Laute«. Er äußert sich dazu ganz eindeutig: »Das geschriebene Wort gibt den Augen ein Zeichen, wodurch das, was den Ohren gilt, Eingang findet in den Geist.« Das ist der Kontext, in dem wir Augustinus' Bericht über den lesenden Ambrosius sehen müssen.

Im Jahr 385 war Augustinus einunddreißig Jahre alt. Er war sehr begabt, innerlich in Aufruhr und hochsensibel. Er verließ sein Zuhause in Nordafrika und ging nach Rom, wo man ihn wegen seines provinziellen Akzents – seiner Sprechstimme – auslachte, und es gelang ihm nicht, dort als selbstständiger Lehrer seinen Lebensunterhalt zu verdienen. Also nahm er in Mailand eine Stelle bei der Regierung an. Als er sich dort erst einmal niedergelassen hatte, suchte er Ambrosius auf, der nicht nur Bischof, sondern auch ein Freund seiner Mutter war.

> Ich konnte ihn nicht fragen, was ich ihn gern gefragt hätte, denn seine Ohren und seine Rede schlossen mich aus, da er ständig umgeben war von vielen geschäftigen Menschen, deren Kümmernissen er sich

annahm. Wenn er sich – was selten vorkam – nicht den Bedürftigen zuwandte … erholte er seinen Geist durch Lesen. Aber wenn er las, glitten seine Augen über die Seiten und sein Herz suchte den Sinn, seine Stimme und seine Zunge jedoch ruhten. Er las niemals laut.[27]

Diese Art zu lesen war eindeutig neu und für Augustinus auch ein wenig rätselhaft. Er liefert uns die erste explizite Beschreibung eines Menschen, der still liest (ohne die Lippen zu bewegen). Es gab natürlich eine große Debatte darüber, ob Ambrosius wirklich die allererste Person war, die so las.[28] Ich bin jedoch überzeugt davon, dass das stimmt, nicht zuletzt deswegen, weil Augustinus in seinen *Bekenntnissen* davon berichtet. Doch auch weil 349, weniger als ein halbes Jahrhundert, bevor Augustinus Ambrosius lesen sah, Cyrill von Jerusalem die Frauen in seiner Gemeinde anwies, in den ruhigen Phasen der Zeremonien zu lesen, »aber leise, sodass, auch wenn die Lippen sprechen, kein anderes Ohr hört, was sie sagen.« Paulus' Ermahnung folgend, Frauen sollten beim Gottesdienst schweigen,[29] war man im frühen Christentum ängstlich darauf bedacht, sie in der Kirche *still* zu halten. Das lässt mich schlussfolgern, dass Cyrill, wenn er das stille Lesen gekannt hätte, es den Frauen dringend nahegelegt hätte.

Wir wissen, dass Augustinus selbst schnell lernte, still zu lesen, denn es gibt in den *Bekenntnissen* jene berühmte Bekehrungsszene im Garten, die sich um das Lesen dreht. Nachdem er den ganzen Tag lang mit seinem Freund Alypius über den Glauben gesprochen und laut gelesen hatte, hatte Augustinus sich in eine gewisse Erregung hineingesteigert. Schließlich verließ er den Garten allein, brach in eine wahre Tränenflut aus und hörte die berühmte Kinderstimme, die sagte: »*Tolle, Lego*« (Nimm, lies). Ein Kodex der Episteln war gerade zur Hand, also »nahm ich ihn, öffnete ihn und las *in Stille* den Abschnitt, auf den meine Augen als Erstes fielen«. Und sofort »las ich nicht weiter, noch musste ich weiterlesen: Weil sich am Ende dieses Satzes auf der Stelle ein klares Licht direkt in mein Herz ergoss und die Dunkelheit der Zweifel sich zerstreute.« Was da wirkt und seine Zweifel zerstreut, ist das stille Lesen, durch das sich das Licht des Wissens »direkt ins Herz ergießt.«

Zehn Jahre nach seiner Bekehrung schrieb Augustinus *Die Bekenntnisse des heiligen Augustinus*. Ihr Erscheinen markierte eine entscheidende Wende in der Geschichte des menschlichen Selbstverständnisses. Die Rolle, die das stille Lesen bei dieser Wende spielte, ist für mich ein weiterer Beweis dafür, dass wir Stille nicht lediglich als Mangel oder Abwesenheit begreifen können. Beim stillen Lesen erleben wir sie als starke positive Quelle für die Entwicklung des modernen Selbst. Das wird verständlicher, wenn wir uns bestimmte Aspekte des Lesens in der Moderne anschauen und sehen, wie die Dinge sich verändert haben, seit Augustinus Ambrosius dabei beobachtete, wie dieser las, ohne die Lippen zu bewegen.

Erstens hat in Bezug auf das Lesen ein enormer sozialer Wandel stattgefunden. *Literacy*, die Fähigkeit zu lesen und zu schreiben, gilt heute als unabdingbar für das menschliche Leben. In der Situationskomödie *Friends* bewegt Joey beim Lesen ständig Lippen. Das ist ein Standardwitz, der zeigen soll, dass er dumm und ungebildet ist, und das Publikum versteht das sofort. Vor Augustinus jedoch galt diese Form des Lesens als aristokratische Errungenschaft. In Petronius' *Satyricon* gibt es eine schöne kleine Geschichte, die erzählt, wie jemand entschuldigend sagt, er habe einen bestimmten Jugendlichen nicht deswegen geküsst, weil er schön sei, sondern weil er »ein Buch durch bloßes Anschauen lesen könne«. Eine moderne Version solcher Begebenheiten existiert einfach nicht.

Da vernünftiges Lesen ein hohes Maß an Interpretation erfordert, können wir sagen, dass das fließende Lesen Folge einer gründlichen Bildung war, statt dieser voranzugehen. So existieren zum Beispiel Berichte von einem Streit, der darüber entbrannte, ob der

Satz von Virgil *collectamexiliopubem* (in Scriptura continua geschrieben) gelesen werden sollte als »*collectam exilio pubem*« – »Ein Volk, versammelt zum Auswandern« – oder »*collectam ex Ilio pubem* – »ein Volk von Troja versammelt«. Der Leser, die Leserin muss also die Handlung der *Aeneis* sehr gut kennen, um diese Frage klären zu können. Denn beim Lesen selbst ging es nicht darum, Handlungsstränge zu entwirren und Geheimnisse aufzudecken. Diese Einschränkung war damals nicht so umfassend wie heute, denn eine Folge davon, dass das Lesen uns heute leichter fällt, ist, dass das Textgedächtnis selbst bei gut gebildeten Personen erheblich schwächer geworden ist, ähnlich wie durch Taschenrechner die Fähigkeit des Kopfrechnens abgenommen hat.

Lesefähigkeit ist heute viel enger mit Schreibfähigkeit verbunden (*Literacy* bezeichnet beides mit einem Begriff). Weil Lesen in der späten Klassik weit mehr eine auditive Fähigkeit war, wurden damals die meisten Texte Schreibern diktiert. Der moderne lese- und schreibfähige Mensch hat nicht nur Zugang zum stillen Lesen, sondern auch zum stillen Schreiben. Damals waren Lesen und Schreiben soziale Aktivitäten, während heute beides eine höchst private Angelegenheit ist.

Adam Phillips erforscht diese neue Privatheit in seinem Buch *Promises, Promises*, wo er sie vor allem mit Träumen und Stille in Zusammenhang bringt.

> Immer wenn ich ein Buch lese, kommuniziert jemand mit mir in seiner Abwesenheit. Die moderne Technologie verdeckt, wie unglaublich es ist, dass Menschen mit uns in ihrer Abwesenheit und nach ihrem Tod kommunizieren können. Was ändert sich also, wenn sich jemand mit uns zusammen im selben Zimmer aufhält? Wir können uns vorstellen, dass Kinder ausprobieren, was möglich ist, wenn ein Gegenüber fehlt, und herausfinden wollen, welche Erfahrungen sie ohne die greifbare Präsenz einer anderen Person machen können … Im Idealfall kommt

eine Zeit, in der das Kind die Freuden des Alleinseins für sich entdeckt. Eine Möglichkeit, dieses Alleinsein zu nutzen, wäre, dass es liest ... Wie Träumen findet auch Lesen in Stille statt, es sei denn natürlich, man liest laut und hört in diesem Falle die eigene Stimme, was eigenartig genug ist. Welche Form des Austauschs findet zwischen einem Buch und seinem Leser, seiner Leserin statt? Was kann ein Buch uns geben, was eine Person uns nicht geben kann? Eine mögliche Antwort auf diese Frage wäre: »eine Beziehung erleben, die sich in Stille abspielt«, das heißt, die ungewöhnliche Erfahrung machen, dass in dieser Beziehung niemand spricht. Unser heutiges Interesse an der Biografie von Autorinnen und Autoren zeugt meiner Meinung nach von dem Wunsch, diese Stille aufzuheben.[30]

Mit diesem sozialen Wandel in Bezug auf das Lesen seit Augustinus' Zeiten gingen enorme äußere Veränderungen schriftlicher Texte einher. Beim stillen Lesen fallen zum Beispiel bestimmte Aspekte wie Geschwindigkeit, Lautstärke und Tonfall weg, die wir beim Sprechen einsetzen, nicht um intellektuelle, sondern vor allem emotionale Inhalte zu vermitteln. Um hier einen Ausgleich zu schaffen, erfand man die Interpunktion. Die Zeichensetzung markiert in Texten zusätzlich die Bedeutung (vor allem, weil beim stillen Lesen auch der natürliche Atemrhythmus wegfällt; wir können beim Einatmen nicht weitersprechen, wohl aber weiterlesen) wie auch Stimmungen oder Emotionen.

Das stille Lesen hat unsere Beziehung zu Büchern wie zu Leserinnen und Lesern verändert. Wenn jemand liest, ist das selbst an öffentlichen Orten seine »Privatangelegenheit«. Es wäre unhöflich, einer lesenden Mitreisenden im Zug über die Schulter zu schauen und mitzulesen. Hingegen haben wir keine Scheu, den Gesprächen anderer Menschen zuzuhören und uns daran zu beteiligen. In dieser Privatheit »eignen« sich Lesende den Text auf eine neue Art und Weise an. Sie können subversiv lesen, heimlich. Augustinus selbst war das bewusst. Es wurde für ihn schließlich zum dringenden

Anliegen, Texte eigenständig zu »interpretieren«: Privates (stilles) Lesen konnte – und das *war* tatsächlich so, wie Luther freudig bekannte – zu Ketzerei führen. Stilles Lesen fördert das individuelle oder selbstständige Denken. Das Gefühl, sich Texte eigenständig aneignen zu können, verbreitete sich schnell. Auf dieser neuen Beziehung zwischen Leser oder Leser und Text beruht auch der lange Machtkampf darum, wer heilige Schriften interpretieren und übersetzen darf. Das ist in allen Religionen, die auf Schriften beruhen, wie Judentum, Islam oder Christentum, immer noch eine entscheidende Frage.

Wenn das Lesen eine eigenständige Sprache ist, durch die Autoren mit ihren Lesern kommunizieren, inwiefern können wir es dann überhaupt als »still« bezeichnen? Vor allem, wenn wir davon ausgehen, dass Stille in erster Linie die Abwesenheit von Sprache ist? Sollte ein Mensch, der wahre Stille sucht, überhaupt lesen?

Hier gibt es zahlreiche verschiedene Traditionen. In den Hauptströmungen des westlichen Christentums ist Lesen – Gelehrsamkeit – für das kontemplative Leben oder ein Leben in Stille von zentraler Bedeutung. Der Protestantismus hat diesen Aspekt der katholischen Praxis beibehalten, selbst als er das Mönchtum abschuf, das die stille Versenkung in Texte ursprünglich gefördert hatte. Als Benedikt, der Begründer des westlichen Mönchtums, im sechsten Jahrhundert seine Regeln aufstellte, gehörte für ihn Lesen zu einem harmonischen Klosterleben: »Ein Kloster ohne Bücher ist wie eine Festung ohne Waffenkammer«, heißt es bei ihm.

Der klassische Buddhismus hingegen geht generell davon aus, dass Lesen für Meditation und Erleuchtung eher hinderlich ist. Die östlichen orthodoxen Kirchen nehmen hier, generell gesehen, eine Zwischenposition ein. Während Gelehrsamkeit und Bücher in den Klöstern Griechenlands und des Nahen Ostens über äußerst schwierige Phase hinweg beibehalten wurden, finden wir hier auch eine strenge asketische Abneigung gegen übermäßiges Lesen. In seinem Buch *From the Holy Mountain* berichtet William Dalrymple, wie ihm diese Einstellung begegnete. Er besucht das Kloster Mar Saba im Westjordanland – bekannt als asketische Gemeinschaft –, wo Pater Theophanes, der dort die Gäste betreut, schockiert reagiert, als er erfährt, dass Dalrymple Autor ist. Er verkündet, dass

> »ich selbst gar keine Bücher mehr lese … Die göttliche Liturgie enthält alle Schriften, die ich brauche. Wenn du einmal das Wort Gottes gelesen hast, wird alles andere stumpfsinnig.«
> »Es heißt, Bücher seien wie Nahrung«, sagte daraufhin Pater Evodimos. »Sie füttern dein Gehirn.«
> »Aber Pater«, entgegnete Theophanes ruhig, »Mönche sollten doch möglichst wenig essen.«[31]

Ich lese. Natürlich lese ich. Ich kann mir wirklich nicht vorstellen, nicht zu lesen. Aber mir wurde allmählich klar, dass ich durch die Stille angefangen hatte, auf eine neue Art und Weise zu lesen. Immer noch benutze ich das Lesen zu oft, um der Stille zu entkommen, indem ich mich in einen heftigen Disput mit Autoren und Autorinnen stürze, mit denen ich nicht übereinstimme, oder mich in fiktive Welten hineinziehen lasse. Letzteres passiert mir vor allem bei Genreliteratur, insbesondere bei Liebesromanen. Solche Bücher können mich völlig in ihren Bann schlagen. Am Ende fühle ich mich dann innerlich leer und mir ist sogar ein wenig übel, weil ich mich selbst verloren habe – wie Menschen, die von Feen entführt werden und bei ihrer Rückkehr nicht mehr wissen, wie lange sie weg waren, und halb verzaubert, verwirrt und wie im Fieber sind. Verloren für die Wirklichkeit. Das sind keine ›stillen‹ Leseerfahrungen, sondern überwältigende, wenn nicht sogar bedrückende Erlebnisse. Solche Romane sind zu eingängig, zu erfolgreich. Sie ›nähren‹ uns nicht, sondern lassen uns ausgelaugt zurück. Sie sind eskapistisch und können sogar süchtig machen.

Doch während meiner Zeit in Weardale entdeckte ich eine neue Art zu lesen. Ich lese heute langsamer und dadurch in gewisser Hinsicht weniger, aber ich lese sorgfältiger und aufmerksamer. Handlung, Spannung und Geschwindigkeit des Textes regen mich nicht mehr so auf. Ich bin viel mehr mit der Sprache, der Stimmung und den Orten beschäftigt. Ich lese jetzt häufiger Poesie und genieße das mehr als früher. Ich habe gelernt, stiller zu lesen, und habe beim Lesen auch ein Gefühl dafür, was für ein Mysterium das Lesen ist und auf wie tiefe und stille Weise es unser Selbstgefühl geprägt hat.

KAPITEL 5

Orte der Stille

In den drei auf mein Skye-Abenteuer folgenden Jahren war ich also eifrig damit beschäftigt, diesen Gedanken nachzugehen und weitere Erfahrungen mit Stille zu sammeln. Doch neben diesen vielen unterschiedlichen Ausflügen in die Stille und die Welt da draußen, der es an Stille fehlt, entdeckte ich noch etwas anderes. Eine mir vertrautere, näher liegende Stille kam mir zu Bewusstsein und bildete ein zunehmendes Gegengewicht zu diesen eher intellektuellen Forschungen.

Dazu gehörte, wie ich herausfand, dass jedem Tag Augenblicke von Stille eingewoben waren. Ich hielt nach ihnen Ausschau, um mich so rasch und ruhig wie möglich in sie hineinzubegeben. Manche dieser Augenblicke musste ich mir selbst schaffen: den Stecker des Telefons herausziehen, zu bestimmten Zeiten meditieren, dort spazieren gehen, wo ich mit ziemlicher Sicherheit keinem anderen Menschen begegnete, nein sagen zu verlockenden Einladungen, die mit meiner Arbeit zusammenhingen, oder zu anderen geselligen Anlässen. Doch einige dieser Momente waren einfach *da* und schienen nur auf mich zu warten.

Die Morgendämmerung war eine dieser Gelegenheiten, Stille zu erleben. Ich stellte fest, dass ich morgens immer früher aufwachte. Zu Sonnenaufgang und Sonnenuntergang legt sich oft der Wind, vor allem in den Sommermonaten, sodass es selbst in völlig ungeschütztem Gelände eine Zeitlang ganz ruhig wird, vor allem wenn der Himmel klar ist. Ich richtete mein Augenmerk auf diese frühe Morgenstunde, die sich so allmählich einstellte. Die Sterne verblassten, und das Schwarz des Himmels verwandelte sich in Indigoblau. Die Ferne schälte sich farblos aus der Dunkelheit hervor. Der Himmel änderte seine Farbe: von Indigoblau zu Grau und Cremefarben. Der Blick weitete sich auf mysteriöse Weise. Wie ein Schatten trennte die Linie des Horizonts Himmel und Moor. Der Himmel fuhr fort, sich zu wandeln: grau, cremefarben, pfirsichfarben. Obwohl die Sonne links von mir im Osten aufging, erblickte ich sie aufgrund der Form der Hügel zuerst rechts von mir. Die westlichen Hügel fingen zuerst Feuer, und plötzlich sprenkelte das Sonnenlicht sie mit hellen Flecken. Immer noch veränderte sich der Himmel: cremefarben, pfirsichfarben, weiß, blassestes Blau. Auf dem Moor gab es nur wenige Singvögel, sodass diese exquisite Stille nicht von ihrem freudigen, doch beharrlichen Gezeter gebrochen wurde, doch gelegentlich tauchten Bussarde auf, die hoch am Himmel jagten und durch die blaue Weite glitten. Manchmal beschien die aufgehende Sonne sie von unten, und das Mottenmuster ihrer Unterschwingen leuchtete plötzlich in einem lohfarbenen Goldton auf, während sie durch die helle Luft segelten. Manche Morgenstunden bescherten mir eine weitere Freude: Über Nacht hatte sich das Tal mit dichtem Nebel gefüllt, der nicht bis zu meinem Cottage oder zum Moor auf der offenen Seite des Tals hochgestiegen war, sodass ich die Pracht und Herrlichkeit der Schöpfung des Tages vor Augen hatte, als befände ich mich hoch über und außerhalb der Welt mit weitem Blick über einen schimmernden Nebelsee, der in der Ruhe der Morgendämmerung nahezu stillstand.

Vielleicht hatte es damit zu tun, dass ich so viel über die Schöpfung und das Land nachdachte oder weil das Leben in zunehmender Stille die Verbundenheit mit der Landschaft und der Umwelt vertieft – jedenfalls stellte ich in Weardale fest, dass mich die Naturkunde zunehmend faszinierte, ja dass ich sie zu lieben begann. Es scheint einen Zusammenhang zu geben zwischen dem *Nature Writing* – einer literarischen Gattung, die sich in Europa gegen Ende des 18. Jahrhunderts, besonders aber in den Vereinigten Staaten entwickelte und die wissenschaftliche Erkenntnisse und intensive, genau beobachtete persönliche Erfahrungen miteinander verbindet – und dem Alleinsein in der Natur. Gilbert White, dem Geistlichen und bedeutenden Naturforscher aus Selborne, Hampshire, und Thomas Bewick, dem Holzschnitzer, der in den Tälern aufwuchs, wo ich jetzt lebte, war vollkommen klar, dass ihre einsamen Wanderungen über Land den Schlüssel für ihre eindringlichen Beobachtungen und die damit verbundenen emotionalen Erfahrungen lieferten. Henry Thoreau machte diesen Zusammenhang schon zu einem früheren Zeitpunkt deutlich und schrieb, es sei praktisch unmöglich, menschliche Gesellschaft und die Natur gleichzeitig zu lieben.

> In den Straßen und in Gesellschaft fühle ich mich fast immer minderwertig und zerstreut, mein Leben ist unbeschreiblich elend ... Doch *allein* in den fernen Wäldern oder Feldern, zwischen schlichten, keimenden Äckern oder Wiesen, verfolgt von Kaninchen, komme ich selbst an einem für die meisten Menschen trostlosen, freudlosen Tag wie diesem, an dem ein Dorfbewohner an sein Gasthaus denken würde, zu mir. Wieder einmal spüre ich ganze Lasten von mir abfallen, und die Kälte und das Alleinsein sind meine Freunde. Ich kehre zurück in meine einsamen Wälder wie ein Heimwehkranker, der nach Hause zurückkehrt. So lasse ich alles Überflüssige hinter mir und sehe die Dinge, wie sie sind.[1] (Hervorhebungen von mir, S.M.)

Ein Jahrhundert später erlebte Thomas Merton eine ähnliche Entwicklung. Da er ausführlich und kontinuierlich Tagebuch schrieb, können wir bei Merton praktisch zusehen, wie eine Idee oder ein fruchtbares Thema, dem er sich intensiver widmen will, über einen längeren Zeitraum hinweg Gestalt annimmt, während wir bei den meisten anderen Autorinnen und Autorin nur mitbekommen, wie sie über dieses Wachsen reflektieren. Als er sich auf sein Einsiedlerleben noch intensiver einließ, wurde er sich der Naturgeschichte seines stillen Lebensraums – der Wälder von Kentucky auf dem Gelände seines Klosters – zunehmend bewusst und widmete sich dieser immer intensiver. Wie er nun einmal war, formulierte er diese Entwicklung zwar etwas umständlich, aber doch so, dass es für uns hilfreich ist.

> Vielleicht haben wir [kontemplativen Mönche] ein tiefes und legitimes Bedürfnis, mit unserem ganzen Wesen zu erfahren, wie der Tag beschaffen ist, ihn zu sehen und zu spüren, zu wissen, dass der Himmel grau und im Süden blasser ist, im Südwesten blaue Flecken hat, dass Schnee den Boden bedeckt, das Thermometer minus acht Grad zeigt und ein kalter Wind den Ohren weh tut. Ich habe wirklich das Bedürfnis, das alles zu erleben, weil ich selbst Teil des Wetters, Teil des Klimas und Teil dieses Ortes bin, und ein Tag, an dem ich an alledem nicht wirklich teilgehabt habe, ist für mich überhaupt kein Tag.[2]

Ich stellte fest, dass diese Worte zunehmend auch auf mich zutrafen. Ich wollte besser sehen können und mehr wissen über das, was ich sah. In gewisser Weise war das nichts Neues, auch wenn ich, wie die meisten britischen Schulkinder, leider in einem Schulsystem erzogen wurde, das die rigide Trennung zwischen Kunst und Wissenschaft konsequent durchzog. Ich hatte ganz eindeutig zur »Kunstfraktion« gehört, entwickelte jedoch in den neunziger Jahren ein starkes Interesse an bestimmten wissenschaftlichen Gebieten – vor allem an Kosmologie, Astrophysik, Paläontologie und bestimmten Richtungen der theoretischen Mathematik.[3] Hier geht es jedoch um ziemlich abstrakte Ideen. Niemand kann lange, genau und ruhig in ein Schwarzes Loch schauen und dann das Gesehene und dabei Empfundene in einen Zusammenhang bringen mit dem theoretischen Wissen, das wir über dieses Phänomen besitzen. Jetzt wollte ich sehen lernen, was um mich herum wirklich geschah, und dieser starke Wunsch war neu.

Es gab noch einen eher profanen Grund für diese neue Faszination. Als ich aus Northamptonshire wegzog, ging ich davon aus, dass ich weiter gärtnern würde, denn das Gärtnern hatte meine sehnsüchtigen Wünsche nach Wachsen, Schönheit, Wissen und Bewegung im Freien erfüllt. Leider stellte sich heraus, dass es praktisch unmöglich war, in Weardale einen Garten anzulegen, wie er mir vorschwebte. Ein Grund dafür war die extreme Wetterlage – das Haus, in dem ich wohnte, hieß nicht umsonst »Weatherhill« (Wetterhügel). Eine traditionelle Gartenweisheit besagt, dass man in Großbritannien ab 250 Metern über dem Meeresspiegel keinen vernünftigen Garten anlegen kann, und Weatherhill lag noch höher. Ich bin nicht wirklich überzeugt davon, dass das stimmt, und hätte vielleicht einen Weg gefunden, mich mit dem Wetter zu arrangieren, wären da nicht die Kaninchen gewesen. Auch Peter Rabbit (der berühmte Hase aus den Kinderbüchern der britischen Autorin Beatrix Potter) macht die Erfahrung, dass Hasen und Menschen sich keinen Garten teilen können. Ich weiß nicht, wie viele Kaninchen es dort gab – wenn ich aus dem Fenster schaute, zählte ich manchmal bis zu fünfzig. Sie hielten das Gras schön kurz, mähten aber auch alles andere ab, was dort hätte wachsen sollen. (Außer den Osterglocken. Kaninchen fressen keine Osterglocken. Tatsächlich sollen Kaninchen eine ganze Reihe von Pflanzen nicht fressen, und ich bestellte diese beharrlich und lud mir entsprechende Listen herunter, doch das war ziemlich entmutigend. In Sachen Lieblingspflanzen, schienen die Kaninchen und ich den gleichen Geschmack zu haben, und außerdem musste ich oft feststellen, dass die Kaninchen sich nicht an diese Listen hielten.) Alle meine Versuche jedoch, sie auszusperren, erwiesen sich als illusorisch. Die Trockenmauer, die das Anwesen umgab, war sehr alt. Sie war zerfallen, war zu häufig und häufig nicht gut repariert worden, sodass ihr bröckeliges Fundament keinen effektiven

Schutz bot. (Um Kaninchen wirkungsvoll fernzuhalten, muss man einen Drahtzaun gut im Boden verankern.) Ich lud Jugendliche ein, mit ihren Frettchen meine Kaninchen zu jagen. Ich lud Jugendliche mit ihren Gewehren ein, meine Kaninchen als Zielscheiben zu nutzen. Eines Nachtmittags töteten wir 36 Kaninchen, und schon am nächsten Morgen waren wieder ebenso viele in meinem sogenannten Garten. Ich gab mich geschlagen.

Stattdessen begann ich mich von Haus und Garten zu entfernen und in der freien Natur zu wandern. Die Stille hatte mir bereits beigebracht, besser zu lauschen und zu hören, aber jetzt wollte ich von ihr auch lernen, besser hinzuschauen und zu sehen. Glücklicherweise eignete sich Weardale gut für Wanderungen. Es lag hoch und bot sich geradezu an für meditative Wanderungen in der unberührten Natur. Außerdem konnte man dort problemlos allein unterwegs sein. Während ich in Stille wanderte, wurde mir bald klar, dass ich früher zwar gewandert war und nachgedacht hatte, dabei aber nie wirklich aufmerksam für meine Umgebung gewesen war.

Das war mir zum ersten Mal auf Skye aufgefallen. Eines Abends tauchten direkt vor meinem Haus zwei Hirschkühe auf. Im Licht der Taschenlampe starrten mich ihre großen Augen an, ehe die Tiere ruhig weiterzogen. Nach der Wanderung am nächsten Tag schrieb ich in mein Tagebuch:

> Ich weiß, es muss da draußen heute ziemlich viel Rotwild gegeben haben, doch obwohl ich mich hinsetzte und umschaute, konnte ich die Tiere nicht erblicken. Das würde ich aber liebend gern. Die großen Augen in der Dunkelheit draußen vor dem Haus haben meine Sehnsucht nach weiteren solchen Begegnungen geweckt und mir die Gewissheit vermittelt, dass es hier Rehe gibt. Seit ich das weiß, ohne die Tiere sehen zu können, frage ich mich auch, wie das mit Geräuschen ist. Was höre ich alles nicht oder nicht-höre ich nicht? Welche Arten von Stille verpasse ich, weil ich nicht genau genug höre? Oder besser,

nicht genau genug hinhöre (hören = sehen; lauschen = hinschauen). Ich weiß noch, wie Alan, als wir in den Highlands auf die Pirsch gingen, Rehe sah, die ich nicht sehen konnte, und geduldig immer wieder versuchte, sie mir zu zeigen. Und plötzlich sah ich sie, manchmal viele von ihnen, und verstand dann gar nicht mehr, dass ich sie vorher nicht gesehen hatte. Zumindest was Rehe betrifft, konnte Alan sehen und ich nicht.

Wie Merton und wahrscheinlich auch, weil meine Umgebung sich dafür anbot, begann ich mit dem Wetter, vor allem mit Wolken. Wolken sind in vieler Hinsicht zauberhaft, sie haben schöne Formen und Farben und sind voller Poesie. Ihre ständig wechselnde Gestalt weckt die Phantasie; sie sind prophetisch, bringen Warnungen und verkünden Zukünftiges; sie entstehen durch zahlreiche komplexe Prozesse, die physikalisch erklärbar sind; sie haben schöne Namen, wissenschaftliche wie umgangssprachliche – Kumulonimbus, Altocumulus castellanus, Zirrus, Lenticularis, Federwolken, Gewitterwolken, Schäfchenwolken. Und vor allem *kommen* sie, Tag für Tag, unermüdlich. Ohne dass sich jemals zwei gleichen, tauchen sie am Horizont auf und ziehen in langen, feierlichen oder verspielten Prozessionen über den Himmel. Sie sind eine weitere stille Kraft, die uns umgibt, verkünden im Vorbeiziehen, dass Stille bedeutungsvoll ist, dass sie eine Gestalt und einen Sinn hat und uns etwas beizubringen vermag.

Von Wolken und anderen Wetterphänomenen war es kein großer Schritt zu Insekten und Blumen. Ich war in der Lage, so weit zu entschleunigen, dass ich beobachten konnte, wie Spinnen ihre Netze webten, nicht aber, um einer Raupe so lange zuzusehen, bis sie ihr Gespinst fertig gesponnen und sich verpuppt hatte, oder eine Blattknospe ihr erstes goldgrünes Blatt entfaltete. Da sich Landwirtschaft im heute üblichen Stil in den nördlichen Tälern ökonomisch nicht lohnt und Naturschutz und Tourismus bessere Einkommensquellen sind, werden hier immer mehr Felder wieder traditionell bearbeitet, und Wildblumen siedeln sich wieder an. Sie waren für mich ein ständiger Quell der Freude und Faszination. Eines Tages im Juni geriet ich fast in Streit mit einem guten Freund, der sich darüber beklagte, dass die britische Flora so »unspektakulär« sei. Das war völlig falsch. Wiesenblumen sind für sich genommen nicht spektakulär, aber in ihrer Vielfalt, ihrer Bescheidenheit, ihrem Rhythmus wie ihren Details sind sie einfach zauberhaft. Ich wollte lernen, sie zu sehen und mehr über sie wissen, insbesondere seit ich praktisch keinen eigenen Garten mehr hatte.

Doch wirklich ernsthaft widmete ich mich schon bald der Beobachtung von Vögeln, was auch meiner Vorliebe für weite Aussichten und endlose Himmel entgegenkam. Die Ornithologie faszinierte mich zunehmend. Anfangs glich das Bestimmen der Vögel, die ich sah, einem Studienfach – es war ein intensives Lauschen auf die verschiedenen Arten von Stille und ihre wechselnden Intonierungen. Bei der Ausschau nach Vögeln und ihrer Beobachtung musste ich ganz wach sein für den gegenwärtigen Augenblick, das Jetzt, das heißt, ich musste die Haltung einnehmen, welche die Buddhisten »Achtsamkeit« nennen. Pflanzen, vor allem Blumen, halten still, während du sie anschaust, und regen sich selbst dann nicht, wenn du in deinem Wildblumenführer nach ihnen suchst und verschiedene Möglichkeiten abwägst. Doch bei Vögeln zählt nur das Jetzt. Jetzt musst du sie sehen, oder sie sind weg. Du musst dich ruhig und achtsam bewegen, bereit, dich dem Vogel, der sich dir zeigt, sofort zuzuwenden. Du musst warten können. Dieses Warten in Stille vertiefte sich, als ich noch einen Schritt weiter ging und mich in einem Unterschlupf oder im Schatten einer Trockenmauer verbarg und aufmerksam blieb für Nichts in der Hoffnung, dass daraus jeden Augenblick ein Vogel und damit Etwas würde.

Natürlich sind Vögel keinesfalls still. Wir können sie durch Hören ebenso identifizieren wie durch Sehen. Der Schrei eines

Brachvogels im Flug oder der beharrliche Doppelruf des Kuckucks können so eindringlich und weithin vernehmbar sein wie eine Autohupe, und doch erklingen Vogelstimmen in den Räumen der Stille. Du musst still sein, um Vögel sehen zu können. Sie kommen und gehen als Geschenk der Stille.

An dem Punkt stand ich unter dem Einfluss von Annie Dillards Buch *Der freie Fall der Spottdrossel*, in dem sie ihre stillen »Pirschjagden« und ihre aufmerksamen Beobachtungen präzise, wunderschön und achtsam beschreibt. Und ich wusste genau, dass ich nicht so aufmerksam, konzentriert und mit offenem Herzen hinschaute wie sie:

> Im Sommer gehe ich auf die Pirsch. Der Sommer lässt die Dinge im Verborgenen, die Hitze blendet, die Tierwelt verbirgt sich vor der glutäugigen Sonne und vor mir. Ich muss sie suchen gehen. Die Geschöpfe, die ich suche, haben mehrere Sinne und einen freien Willen. Es wird deutlich, dass sie nicht gesehen werden wollen. Ich kann mich auf zweierlei Arten an sie heranpirschen. Die erste entspricht gar nicht unseren Vorstellungen von einer Pirsch, sondern ist deren *via negativa,* doch ebenso ergiebig wie diese. Wenn ich so auf die Pirsch gehe, postiere ich mich auf einer Brücke, mache mich innerlich leer und warte. Ich stelle mich vorbeiziehenden Geschöpfen in den Weg, ähnlich wie die Eskimos, die im Frühling vor dem Atemloch einer Robbe Posten beziehen. Etwas mag kommen, etwas mag gehen. Ich bin Newton unter dem Apfelbaum, Buddha unter dem Bodhibaum. Bei der anderen Art von Pirsch wähle ich selbst einen Weg, suche ich das Geschöpf. Ich wandere am Ufer entlang und folge beharrlich wie ein Jagdhund oder die Eskimos bei ihrer Jagd auf Karibu-Herden der Spur, die ich finde. Ich bin Wilson, der in einer Nebelkammer nach Teilchen späht. Ich bin Jakob, der in Penuel mit dem Engel ringt.[4]

Ich wollte so sehen lernen, wie Dillard sieht.

Und schon bald war die Vogelbeobachtung kein Studienfach mehr, sondern ein höchst lohnenswertes Vergnügen. Überraschend schnell erlebte ich das Moor nicht mehr als Heimstätte einer einzigen Meute von LBJs *(Little Brown Jobs* (›Kleine braune Dinger‹) – ein kollektiver englischer Begriff für all die scheinbar identischen, tatsächlich aber phantastisch unterschiedlichen kleinen braunen Vögel), sondern als Zuhause einer außerordentlichen Vielfalt faszinierender Spezies, was mir viele Augenblicke des freudigen Wiedererkennens oder der Überraschung bescherte. Es gab viel zu lernen, nicht nur durch das Bestimmen von Vögeln, sondern auch durch das Studium ihrer Gewohnheiten und Beziehungen. Wie Blumen wechseln auch Vögel mit den Jahreszeiten. In Weardale zum Beispiel war es für mich immer aufregend, wenn sich im zeitigen Frühjahr die ersten Kiebitze zeigten, die vom Strand hochkamen, um ihre Nester zu bauen und zu brüten. Sie kommen in Scharen mit merkwürdig schlaffen Flügelschlägen, und weil die Oberseite ihrer Flügel dunkel und die Unterseite weiß ist, ist ihr Flug wie ein Flackern. Wenn sie auf dem Boden landen, zeigt sich der merkwürdige Kontrast zwischen ihrem schönen grün und purpurrot gefärbten Gefieder und ihrer lächerlich hohen, dünnen Haube, die sich im Wind auffächert. Sie sind Vorboten des Frühlings: Der Winter ist vorbei, die Kiebitze sind wieder da.

Und Vögel – nun, sie sind wunderhübsch, flink und frei. Sie fliegen. Wie ich im Eingangskapitel bereits erwähnte, war ich vom Fliegen immer fasziniert. In meiner Phantasie, meinen Träumen und meinen Romanen ist das Fliegen – Vögel, Engel, Drachen, Schmetterlinge, Hexen, die sich frei und anmutig in der stillen Luft bewegen – immer ein zentrales Bild für Freiheit und Freude.

In Weardale gab es kurzohrige Eulen. Anders als andere britische Eulen ist diese Sorte tagaktiv, sodass ich, wenn ich an meinem Schreibtisch oder in meinem Garten saß, sehen konnte, wie sie über dem Moor in großen, langsamen Kreisen systematisch ihr Revier absuchten. Wie bei allen Eulen gehören zu ihrem Flugbild tiefe Sinkflüge, aber ihre Flügel sind steifer als die der braunen

Eulen, sodass es aussieht, als ruderten sie in der Luft. Sie gleiten in langen, stillen Schwüngen über ihr Jagdrevier hinweg, balancieren mühelos im Wind. Eines sonnigen Spätnachmittags beobachtete ich eine bei ihrem stillen Flug am Himmel stundenlang wie hypnotisiert. Manchmal bewegte sie sich so grandios, dass ihr Schatten über den Boden unter ihr jagte. Alle Eulen haben ein sehr dichtes, an der Oberfläche weiches Federkleid, sodass ihr Flug ungewöhnlich still ist, selbst wenn sie ganz nahe kommen. Bei kurzohrigen Eulen kann man von Nahem sehen, dass sie gelbe Augen haben, gerahmt von deutlichen schwarzen Flecken in einem heller gefärbten Gesicht. Selbst mein ansonsten sehr seriöses Vogelbestimmungsbuch sagt, sie hätten einen »verschlagenen Gesichtsausdruck«, doch wenn sie langsam und zielstrebig durch einen langen, heißen Nachmittag jagen, wirken sie eher meditativ und elegant als verschlagen. Ihre sorgfältige, langsame Suche mit stillen Schwingen ist genau die Art von Fliegen, von der ich träume.

Ich hatte immer die Phantasie, dass ich, »wenn ich einmal reich bin«, lernen würde, ein kleines Flugzeug zu fliegen (es sollte *The Broomstick* – Der Besenstil – heißen). Als ich in Weardale lebte, machte einer meiner Schwäger seine Privatpilotenlizenz. Ich bat ihn, mich auf einen Flug mitzunehmen, um über den schönen flachen Feldern von Suffolk die Stille und Freiheit zu erleben, die der Blick von oben versprach. Das war tatsächlich ein großes Vergnügen. Wir flogen im Sturzflug auf sein Haus zu und winkten seinen Kindern, die im Garten standen, und wir sahen die Landschaft aus einer neuen und eigenartig wohltuenden Perspektive, aber still war der Flug keineswegs. Nicht nur dass der Motor laut dröhnte – das ganze Unterfangen war von einer Reihe unerlässlicher Regeln und Regelungen, von viel Kommunikation und Geschäftigkeit geprägt. Ich genoss den Flug, doch mein Traum vom Fliegen starb an Ort und Stelle und ist nie zurückgekehrt.

Ich versuchte es auch mit einer Fahrt im Heißluftballon. In gewisser Weise war das besser, denn da so ein Ballon mit Windgeschwindigkeit unterwegs ist, hat man gar nicht das Gefühl, sich zu bewegen. Du schaust über den Rand des Korbes und siehst, dass du über die Landschaft fliegst, hast aber den Eindruck, dass es die Landschaft ist, die unter dir dahingleitet. Das plötzliche Aufröhren des Gasbrenners jedoch zerstörte die besinnliche Atmosphäre, und auch hier gab es wieder viele Menschen, die viel machten und taten und das alles ziemlich lautstark. Vielleicht, wenn man reich genug wäre, um sich einen Ballon ganz für sich allein leisten zu können ...

Eines Nachmittags im Sommer kamen zwei Männer das Moor direkt hinter meinem Haus hoch und breiteten große, farbige Stoffbögen aus. Der Platz schien zum Gleitschirmfliegen ziemlich ungeeignet, da es hier keine schroffen Abhänge oder leeren Abgründe gab, die man hätte hinunterspringen können, um sich von den thermischen Winden aufwärts tragen zu lassen. Ich ging hin, um mich mit ihnen zu unterhalten. Sie waren »Motorschirmflieger«, eine neue Sportart, wie sie mir erzählten. Dabei schnallt man sich zusätzlich zu den Gleitschirmen einen Motor und einen Propeller auf den Rücken, sodass man nicht, wie sonst üblich, von Wind und Wetter abhängig ist. Sie wollten zurück nach Hause, nach Newcastle, fliegen, in einer Flughöhe, die unterhalb der Luftfahrtkontrolle lag, sodass sie fliegen konnten, wie und wann sie wollten. Die beiden Männer waren höchst charmant. Auf eine altmodische Art ähnelten sie Dädalus, der aus Federn und Wachs Flügel herstellte, um Minos zu entkommen. Als sie sich in die Luft schwangen, hingen ihre Beine nach unten wie bei großen Schnaken. Sie kreisten über dem Haus, machten ein paar wunderschöne Luftaufnahmen für mich und schwirrten dann ostwärts. Das kam »echtem« menschlichem Fliegen näher als alles, was ich bis dahin gesehen hatte, aber mir war auch das nicht genug. Der Flug war kein anmutiges Gleiten und Schweben, und die Motoren waren zu laut. Ich gab auf. Vielleicht hätte ich beharrlicher sein und es mit Drachenfliegen versuchen sollen, das vom Boden aus wunderbar aussieht, aber schon beim bloßen Gedanken daran fühlte ich mich alt, steif, nervös und auch arm, denn keines dieser Abenteuer war billig.

Ich gewann den Eindruck, dass sich das Fliegen in Wirklichkeit als eine der größten Enttäuschungen in der Geschichte der Technologie erwiesen hat. Jahrhundertelang haben Menschen vom Fliegen geträumt und Mythen und Geschichten darüber erfunden. Neben anderen Wissenschaftlern und Künstlerinnen widmete auch Leonardo da Vinci seinen enormen Schöpfergeist der Frage, wie man es anstellen könnte zu fliegen. Er trieb einen großen Aufwand, um zu erreichen, was Vögeln und Insekten so mühelos gelingt. Diese freie, schwerelose Bewegung in drei Dimensionen, wie in der Unterwasserwelt, nur dass du dabei noch atmen und schweben kannst. Das freie Fliegen ist eines der häufigsten Themen von angenehmen Träumen, so wie es in Alpträumen häufig um das Fallen geht. Und ja, wir haben gelernt zu fliegen – wir haben den Traum verwirklicht, doch er hat sich als Lug und Trug erwiesen. Ironischerweise ist alles am menschlichen Fliegen das genaue Gegenteil von dem, was wir uns erträumt haben. Flugzeuge sind laut, beengt und verschmutzen die Umwelt. Sie zerkratzen die glatte blaue Himmelsdecke und stören die Stille der Nacht. Festgeschnallt wie Kinder, wie Tiere zu einer Herde zusammengetrieben, betäubt nicht nur vom Maschinenlärm, sondern auch von überfüllten Flughäfen und einer generellen Atmosphäre von chaotischem Durcheinander, in Schach gehalten durch strikte Anordnungen, die man in keinem Gefängnis dulden würde, haben wir außerdem noch das Privileg, ein höchstmögliches Maß an Umweltverschmutzung anzurichten und eine tiefe Venenthrombose zu riskieren.

Ich ließ diesen Traum los und beobachtete stattdessen Vögel. Und stellte fest, dass ich zunehmende Widerstände gegen das Fliegen als Form des Reisens entwickelte.

Dann, an den letzten Weihnachtstagen, die ich in Weardale verbrachte, fuhr ich nach Liverpool, um dort meinen Sohn zu besuchen. Der zweite Weihnachtsfeiertag war ein rauer, kalter Tag mit einem schneidenden Wind, der von der Irischen See her wehte. Trotzdem hatten wir nach den genüsslichen Schlemmereien am Tag zuvor das Bedürfnis nach frischer Luft und Bewegung. Mein Sohn verkündete, er wisse, wohin wir fahren könnten und es würde mir dort gefallen. Wir fuhren nördlich durch die Stadt und dann die Küste hoch. Es herrschte Feiertagsruhe ohne viel Verkehr. Schließlich bogen wir von der Hauptstraße Richtung Meer ab. Wir waren in Crosby Beach und bei Anthony Gormleys Skulptur *Another Place* angelangt. Hier stehen über eine Strecke von fast zwei Meilen am flachen, grauen Strand seine hundert identischen Statuen mit dem Rücken zum Ufer und schauen über das Meer zum Horizont. Wenn die Flut kommt, werden sie mehr oder weniger überschwemmt. Weil sich die Installation eine Viertelmeile Richtung Meer erstreckt, ist von den letzten Figuren manchmal nur der Scheitel zu sehen oder sie werden ganz überflutet. Gormley, der Bildhauer, der neben anderen Werken *The Angel of the North* schuf, erforscht und zeigt den menschlichen Körper grundsätzlich als Ort der Erinnerung und Wandlung und benutzt oft Abgüsse von seinem eigenen Körper als Motiv, Werkzeug und Material.

Another Place macht sich Ebbe und Flut der Gezeiten zunutze, um die menschliche Beziehung zur Natur zu erforschen. Dazu Gormley:

> Das Meer ist ein guter Ort für diese Arbeit. Hier wird die Zeit durch die Gezeiten, die Architektur durch die Elemente auf die Probe gestellt,

und die Allgegenwart des Himmels scheint die Festigkeit der Erde zu hinterfragen. In dieser Arbeit steht das menschliche Leben, gemessen an der planetarischen Zeit, auf dem Prüfstand. Diese Skulptur setzt einen ganz bestimmten, einzigartigen Körper völlig entblößt dem Licht und der Zeit aus. Sie stellt keinen Helden dar, kein Ideal, nur den industriell gefertigten Körper eines Mannes in den mittleren Jahren, der versucht, sich aufrecht zu halten und zu atmen, den Horizont vor Augen, wo eifrige Schiffe Rohstoffe und Industrieprodukte rund um den Planeten transportieren.[5]

An jenem kalten zweiten Weihnachtsfeiertag war der Strand fast menschenleer. Die wenigen anderen Spaziergänger in der Ferne sahen aus wie weitere Statuen. Hier war eine unendliche Weite, monoton und still. Dann holte mein Sohn seinen Drachen aus dem Wagen. Er hatte als Kind Drachen steigen lassen und mir erzählt, dass er damit wieder angefangen habe, aber ich hatte dem nicht groß Beachtung geschenkt. An jenem Tag ließ er einen kleinen Lenkdrachen mit Doppelschnur aufsteigen. Es sah aus, als könne er ihn alles machen lassen – tanzen, herabschießen, sich treiben lassen, Schleifen ziehen, schweben. Das war Fliegen, wie wir es uns erträumen: der Kontrolle unterlegen und zugleich vollkommen frei; still in der größeren Stille; wie ein Vogel, doch von unserer Hand gezähmt; anmutig, doch sich in den Wind schmiegend. »Unsere Seele ist entronnen wie ein Vogel dem Stricke des Voglers. Der Strick ist zerrissen, und wir sind los.«[6] Stundenlang ließen wir den Drachen in der stillen Weite fliegen. Es war zu kalt und zu windig, um zu reden, und so blieben wir aus Ehrfurcht wie aus Bequemlichkeit still und waren voller Freude, obwohl unsere Hände taub vor Kälte waren und die Statuen sich nicht umdrehten, um uns zuzuschauen. Sie standen still da und starrten stumm über die flache, graue See.

Ich kaufte mir selbst einen Drachen, obwohl ich ihn nicht so geschickt und anmutig steigen lassen kann wie mein Sohn. Der

Drachen steht für mich für den freudigen Traum eines Kindes vom Fliegen, und ich spiele gern damit, aber er reicht nie an den freien Flug der Vögel heran.

Durch die Vogelbeobachtung kam ich mit Landschaften in Berührung, die Menschen von alters her mit Stille verbinden – Inseln. Inseln wecken romantische Träume. Von Korallenatollen bis zu sturmzerklüfteten Klippen stehen sie für etwas, das tief in der menschlichen Psyche angesiedelt ist – Alleinsein, Abenteuer, Stille und vielleicht, noch subtiler, eine Grenze, das Gefühl von einem eigenständigen Selbst, das in sich vollkommen ist. *Robinson Crusoe* und die Sendung *Desert Islands Discs*, die seit 1942 auf BBC Radio 4 läuft, haben wahrscheinlich deswegen überdauert, weil sie genau diese Phantasien ansprechen. Aber Inseln existieren auch ganz real – von Out Stack im Norden bis zu den Scilly-Inseln im Süden, von St. Kilda weit im Westen bis zu den Äußeren Hebriden im Osten ist Großbritannien, selbst eine Insel, die von Europa abgeschnitten ist, umgeben von kleineren Inseln, von unbewohnbaren Felsen, die kaum aus der Wasseroberfläche ragen, bis zu großen Landmassen, wie die Isle of Wight und die Isle of Man und natürlich Irland.

Viele dieser Inseln haben eine ganz eigene Ökologie und sind, vor allem im Sommer, das Zuhause ganzer Kolonien von Seevögeln, die kommen, um sich hier zu paaren und zu brüten. Obwohl viele dieser Spezies höchst soziale Geschöpfe sind und ihre Nistplätze so eng beieinander liegen, dass man sich nur schwer einen Weg hindurchbahnen könnte (allein auf St. Kilda gibt es fast 60 000 Nester von Tölpeln), siedeln sie sich natürlich am liebsten an möglichst menschenleeren Orten an. Meine Suche nach Möwen, Enten, Gänsen und Stelzvögeln brachte mich zu den abgelegensten Orten im Land.

Einen Sommer fuhr ich nach Unst, der nördlichsten der bewohnten Shetland-Inseln, die zugleich der nördlichste bewohnte Ort in

Großbritannien ist. Dieses Mal fuhr ich mit einem Freund zur Zeit der Sommersonnenwende, um die Mitternachtssonne so nahe zu erleben, wie es in Großbritannien möglich ist. Doch selbst dort oben im äußersten Norden kann man nicht erleben, dass die Sonne überhaupt nicht untergeht. Sie verschwindet lediglich etwa zwanzig Minuten kurz hinter dem Horizont. Es wurde zwar nie dunkel, doch das Licht war eigenartig grünlich, und bei dem zauberhaft ruhigen Wetter in dieser Woche hatte das stille Wasser im bleichen Schimmer der Nacht einen gespenstischen Glanz. Wir mieteten ein winziges Cottage direkt am Kieselstrand, und an den langen, hellen Abenden wanderte Simon auf den Steinen hin und her, um für die Robben zu singen, die ihre Köpfe aus dem Wasser streckten und ihm parallel zum Strand bis zu zwanzig Meter folgten, um ihm zuzuhören.

Eines Abends beobachteten wir eine Schule von Walen, die durch die Bucht sprangen, ihre Rücken spannten sich wie glatte schwarze Bögen über dem perlmuttfarbenen Wasserspiegel. Und tatsächlich gab es hier Vögel, Tausende und Abertausende von Vögeln: entzückende und irgendwie witzige Papageientaucher, riesige Tölpel, die steil ins Wasser tauchten, finster blickende Raubmöwen, Lummen und das, was wir schließlich die »diversen Taucher« nannten.

Ich war unter anderem deswegen hier, weil ich Goldregenpfeifer sehen wollte. Es hieß, auf dem Durham Moor gäbe es welche, doch war es mir nie gelungen, sie dort ausfindig zu machen. In Hermaness, dem Vogelschutzgebiet an der Nordspitze von Unst, paradierten sie auf dem kurz geschnittenen Seegras, sodass selbst der unaufmerksamste Ornithologe der Welt sie hätte entdecken können. Und als ich wieder zu Hause war, erblickte ich sie plötzlich auch auf dem Moor. Da ich wusste, wonach ich Ausschau hielt, sah ich es auch. Das war eine klare Belohnung für meine gründliche Suche und mein aufmerksames Schauen.

Doch tatsächlich waren es schließlich nicht die Vögel, die mich am meisten berührten, sondern die Inseln selbst. Unmittelbar im Norden von Unst und dicht an der Insel klebend, liegt Muckle Flugga, heute ein verlassener Felsen. Doch der Leuchtturm, der 1995 voll automatisiert wurde, steht dort noch immer als Mahnmal für das gefährliche und abgeschiedene Leben der Leuchtturmwächter, die mit ihrem einsamen Lebenswandel die metaphorische Aufgabe umsetzten, die sich ein Jahrtausend früher Einsiedler gestellt hatten: das Licht in Stille zu hüten und die Welt vor tödlichen Stürmen zu schützen. Muckle Flugga ist keinesfalls die einzige unbewohnte Insel, auf der früher Menschen lebten. Auf weniger als hundert der fast achthundert schottischen, vor der Küste gelegenen Inseln leben heute noch Menschen, und ihre Zahl nimmt weiter ab. Auf Inseln herrscht oft eine Atmosphäre von Traurigkeit – wie ein böser Spuk erheben sich die Ruinen der Gemeinden, die dort einst blühten. Die Stille hier ist neu, eine Folge der Moderne. Die berühmteste verlassene Insel ist St. Kilda, deren sechsunddreißig Inselbewohner 1930 auf eigenes Ersuchen evakuiert wurden, nachdem sie und ihre Vorfahren die Insel 2000 Jahre lang bewohnt hatten. 1697 schienen die Inselbewohner »glücklicher als die restliche Menschheit [gewesen zu sein], da sie fast das einzige Völkchen auf der Welt waren, das die Süße wahrer Freiheit kostete.« Ihre Kultur, ihr Ökosystem und sogar ihre Ernährung waren einzigartig. Heute hat St. Kilda wieder eine kleine Bevölkerung, die aus Militär besteht, aber das vorherrschende Gefühl dort ist ebenso geprägt von Schönheit wie von Verlorenheit und Stille und der rauen, wilden See.

Anders als diese Gemeinden in Bedrängnis haben viele der kleineren Inseln eine ganz andere Geschichte, die ich sehr reizvoll, wenn nicht romantisch finde. Auf einer Insel nach der anderen, je isolierter und abgelegener desto besser – auf St. Kilda, auf den Farne-Inseln, den Shiant-Inseln, sämtlichen Hebriden und nördlichen Inseln vor der Küste von Irland, überall in Island und möglicherweise sogar in Nordamerika –, finden wir die Spuren von Einsiedlern. Ihre Geschichte ist verworren und ungewiss, doch ausgehend vom fünften Jahrhundert gab es eine gut entwickelte christliche Spiritualität, die den Einsiedlern mit ihrer Berufung zur Stille große Wertschätzung entgegenbrachte. In Großbritannien war der berühmteste dieser freiwilligen Exilanten Columban. Mitte des sechsten Jahrhunderts verließ er Irland und überquerte die Irische See, um zuerst als Eremit und später als Missionar und Gründungsvater auf der winzigen Insel Iona zu leben, die unmittelbar westlich der Insel Mull liegt. Seine Gemeinde verbreitete sich später in ganz Schottland und bekehrte auch in Nordostengland Menschen zum Glauben, aber er war keinesfalls der einzige. In den nächsten Jahrhunderten ließen sich Einsiedler allein oder in kleinen Gemeinden überall im westlichen Schottland und in weiteren Gegenden nieder.

Ich fuhr also mehr um der Einsiedler als der Vögel willen nach Islay. Bereits die Fahrt dorthin war wunderschön und abwechslungsreich. Die Fähre nach Islay fährt von Kennacraig auf West Loch Tarbert ab, das auf halber Strecke die Landspitze hinunter nach Kintyre liegt. Sie tuckert durch die lange, enge Meeresöffnung und fährt dann nördlich von Gigha hinaus auf die offene See. Unmittelbar bevor sie mit den komplizierten Manövern beginnt, die sie nach Port Ellen auf Islay bringen, passiert sie eine hübsche, felsige kleine Insel, die tief im Wasser liegt, kaum mehr als fünf Quadratkilometer groß ist und sich in die Bucht schmiegt, wo heute Laphroaig, der wunderbar torfige Malt-Whiskey hergestellt wird. Die Insel heißt Texa und wird nur von wilden Ziegen und Seevögeln bewohnt. Außer einer guten Frischwasserquelle und einigen trockenen Höhlen hat sie der Besucherin offenkundig wenig zu bieten. Im 17. Jahrhundert lebten über hundert Menschen auf Texa (eigenartigerweise waren alle, bis auf sieben, römisch-katholisch). Weitaus älter ist eine Kapelle aus dem 14. Jahrhundert, von der die Archäologen behaupten, sie sei auf einem noch älteren Fundament erbaut worden. Aufgrund der alten Chroniken und der Namen der Orte können wir davon ausgehen, dass es hier bereits noch früher Einsiedler gab, auf jeden Fall aber im siebten und achten Jahrhundert, auch wenn es dafür kaum greifbare Beweise gibt. Die Legende besagt, dass der heilige Kenneth, nachdem er Columban auf Iona besucht und zu diesem Zweck etwa achtzig Meilen Richtung Norden gefährliche Gewässer durchquert hatte, bei seiner Rückreise nach Irland auf Texa Zwischenhalt machte. Geistesabwesend hatte er sein heiliges Kreuz auf Iona vergessen, und Columba warf es ins Meer, damit es ihm folgte. Es wurde an den Strand von Texa gespült, wo Kenneth es wieder an sich nahm. Indessen finden wir am anderen, dem nördlichen Ende von Islay die Überreste einer Einsiedlerkapelle auf Eilean Ard-Neimh (Ardnave), und Islay selbst ist übersät von weiteren kleineren Kapellen und auch Höhlen, in denen möglicherweise Einsiedler gewohnt haben.

Es ist schwer, sich das Leben dieser Menschen vorzustellen. Am Anfang seines Buches *Sea Room* beschreibt Adam Nicolson, wie er das erste Mal von Harris, ebenfalls eine Insel der Äußeren Hebriden, allein zu den Shiant-Inseln segelte, einer Gruppe von winzigen Eilanden mitten im Minch, einer Meerenge im nordwestlichen Schottland. Er besaß ein neues Boot, das extra für die Durchquerung dieser Gewässer konstruiert und gebaut worden war, er verfügte über Landkarten, ein GPS-Handgerät, Radiokontakt mit dem Küstenschutz und gute Beratung – und er hatte Angst:

> Die Gedanken ... kreisen ständig darum, welche Dummheit ich begangen habe. Nicht dass ich einen ertrinkenden Mann vor mir sah, aber ich musste feststellen, dass ich an die Menschen dachte, die ich liebe und

geliebt habe. Empfinden Menschen, die ertrinken, Bedauern darüber, was sie mit ihrem Leben angefangen haben und bereuen sie all ihre Dummheiten und Gemeinheiten, ihre Selbsttäuschungen und Lügen? Ich fuhr blind, und mir war unbehaglich zumute. Ich war jetzt fast drei Stunden mit dem Boot unterwegs, und trotz der vielen Kleiderschichten wurde mir allmählich kalt ... Eigentlich hätte ich die Inseln jetzt allmählich erreichen müssen, aber mein Blick konnte die Nebelbänke nördlich und östlich von mir nicht durchdringen ... Ich befand mich in einem Zustand höchster Angst. Dieses Unternehmen ist voller Gefahren.[7]

Und doch machten sich diese Mönche in weitaus kleineren Booten – laut Überlieferung in »Coracles«, Booten aus mit Leder bespanntem Korbgeflecht, die leicht getragen werden konnten – auf den Weg, ohne Landkarten, ohne überhaupt zu wissen, wohin sie sich begaben, und mit wenig Hoffnung darauf, jemals nach Hause zurückzukehren. Sie brachen auf, um auf den abgeschiedensten Inseln Einsiedeleien in Form von Clocháns (auch »Bienenkorbhütten« genannt) und Höhlen zu errichten. Nicolson erzählt uns, dass es auch auf den Shiant-Inseln Einsiedler gab. Diese Abenteurer waren in Irland als »grüne Märtyrer« bekannt, im Unterschied zu den »roten Märtyrern«, die sich töten ließen, um ihr Blut für den Glauben zu opfern. Von zu Hause wegzugehen und sich in Gegenden fern von aller Zivilisation zu begeben war ein Martyrium (das Wort bedeutet »Zeuge«), verbunden mit dem Tod des Egos und einer nahezu absoluten Selbstaufgabe.

Wir können uns heute kaum vorstellen, was diese Menschen damals antrieb oder warum Inseln für ihre Zwecke so besonders gut geeignet zu sein schienen. Wenn ich von den mysteriösen Zusammenhängen zwischen den bildlichen Darstellungen und der mutmaßlichen spirituellen Praxis der Einsiedler in Irland und der christlichen Wüstenmönche in Ägypten ausgehe, stelle ich mir gern vor, dass Inseln im öden Salzmeer für diese Menschen Oasen und Brunnen glichen – sie waren wie frisches Wasser in der Wüste.

Natürlich suchten sie die Stille, doch wollten sie eher den Lärm menschlicher Geselligkeit meiden, als die reine Stille der Wüste erfahren, denn auf britischen Küsteninseln ist es, wie ich selbst erlebte, eigentlich nicht wirklich still. Neben anderen Inseln, die ich besuchte, machte ich auch einen Tagesausflug zu den Farne-Inseln, einer kleinen Inselgruppe vor der Nordostküste und heute ein bekanntes Vogelreservat. Auf einer der Inneren Farne-Inseln, abgelegener als das Kloster auf Lindisfarne, Holy Island, aber von dort erreichbar, hatte der heilige Cuthbert seine Einsiedelei. Er ist der Schutzheilige der Kathedrale von Durham und eine Ikone des Nordostens. Ich wollte ja nicht nur verschiedene Möwen wie Eissturmvögel und Dreizehenmöwen unterscheiden lernen, sondern Cuthberts Stille am östlichen Rande seiner Welt zu spüren bekommen. Zwischen diesen beiden Anliegen besteht ein Zusammenhang. Cuthbert, der sich von seinen Ämtern als Bischof und Abt zurückgezogen hatte, um wieder als Einsiedler zu leben, gab seinen Mönchen spezielle Anweisungen für den Schutz der Eiderenten, weswegen diese Vögel im Nordosten Englands immer noch »Cuddy Ducks« (Cuthberts Enten) heißen. Obwohl es ein klarer, ruhiger Tag war, habe ich nie zuvor in meinem Leben einen solchen Lärm erlebt. Der misstönende Krawall, den die dicht aufeinander hockenden Vögel auf den Inseln veranstalteten, war ohrenbetäubend. Die Seeschwalben nisteten und waren ebenso ruhelos wie aufrührerisch. Außerdem stürzen sich Seeschwalben auf Menschen, von denen sie ihre Nester bedroht glauben, und attackieren sie so heftig, dass Blut fließt. Möwen kreischten, und es war ein ständiges Wimmern, Quaken und Schreien. Und das alles war unterlegt vom unaufhörlichen Heranrollen der Wellen, die sich in unterschiedlichen Rhythmen und Mustern am Ufer brachen. Mir wurde klar, dass ich auf einer Insel niemals zu der Stille finden würde, die mir persönlich entsprach.

Und doch war das hier Cuthberts stilles Paradies. Ich fand diesen Ort so ungeeignet für eine Einsiedelei, dass ich später die Royal Society for the Protection of Birds (Königliche Gesellschaft für den Vogelschutz) anrief, um herauszufinden, ob die Seeschwalben auch schon im siebten Jahrhundert auf den Inneren Farne-Inseln genistet hatten. Ich konnte nicht glauben, dass ein Mensch diesen Platz als geeignet für den stillen Rückzug empfand, und fragte mich, ob die Seeschwalben erst später dort eingetroffen waren. Meine Frage konnte der Mann am Telefon nicht beantworten, auch wenn er sehr zuvorkommend war. Doch bei näherem Nachdenken komme ich zu dem Schluss, dass sie zu Cuthberts Zeiten noch nicht dort genistet haben können, denn Seeschwalben (ob sie nun auf wundersamen Wegen zum Schweigen gebracht werden oder Cuthberts Gebet einfach nicht stören konnten) gehören genau zu den Details, die Bede in seinem Buch *Life of St. Cuthbert* mit Sicherheit erwähnt hätte. Er schreibt nämlich von Eiderenten und Raben – es ist also unwahrscheinlich, dass er sich die Schilderung von blutrünstigen Seeschwalben hätte entgehen lassen.

Wir wissen nicht viel über die spirituelle Theologie dieser frühen Einsiedler. Ihr Leben verliert sich in Legenden und in der Geschichte, ihre äußeren Hinterlassenschaften sind nahezu verschwunden oder von der Wildnis, die an den Orten herrschte, wo sie lebten, völlig ausgelöscht worden. Über Cuthbert wissen wir mehr als über viele andere, weil Bede ihn persönlich kannte und liebte und ausführlich über ihn schrieb. Doch Bede interessierten andere Dinge als mich. So berichtet er zum Beispiel, dass Cuthbert die ganze Nacht hindurch betete, dabei bis zum Hals im frostigen Wasser der Nordsee stand, und als er aus dem Wasser stieg, seien tatsächlich Fischotter gekommen, um ihn mit ihren Zungen und ihrem Pelz zu wärmen. Diese Mischung aus asketischer Härte und Wundern fasziniert Bede. Was er beschreibt, ist für ihn ein Gipfel an so offensichtlichen Begebenheiten, dass er nie auch nur erwähnt, welche Ziele Cuthbert vor Augen hatte oder wie seine Gebete lauteten.

Erst viel später, vom zehnten bis zum zwölften Jahrhundert, bekommen wir mit der betörenden Poesie irischer Mönche erste Informationen darüber, wonach die Insel-Einsiedler möglicherweise suchten:

> Ich stelle mir vor, dass es eine große Freude ist, mich im Schoß einer Insel oder auf dem Gipfel eines Felsens aufzuhalten und von dort immer wieder die Weite und Ruhe des Meeres erleben zu können. Seine schweren Wogen auf dem glitzernden Ozean zu sehen, wie sie bei ihrem ewigen Lauf ihrem Vater ein Lied darbringen. In der Ferne, wo keinerlei Trübnis ist, die glatten Gestade einer Landspitze deutlich zu erblicken; die Stimmen wundersamer Vögel zu hören, ihren freudigen Gesang. Dem Geräusch der flachen Wellen zu lauschen, die gegen die Felsen klatschen; ihr Aufröhren beim Friedhof zu hören, das Getöse der See. Die prächtigen Vogelscharen über den Wassermassen des Ozeans zu sehen und die mächtigen Wale, die allergrößten Wunder. Ebbe und Flut der Gezeiten des Meeres in ihrem endlosen Fließen zu sehen; dass dies mein Name sein möge, ein Geheimnis, das ich verrate, »Der, der Irland den Rücken zuwandte«. Dass die Reue des Herzens über mich kommen möge, während ich auf das Meer schaue; ich meine vielen Sünden beklagen möge, die einzugestehen so schwer ist. Dass ich den Herrn, den Allmächtigen, segnen möge, den Himmel mit seiner reinen Engelschar, Erde, Ebbe, Flut. Dass ich mich in eines meiner Bücher vertiefen kann, das gut für meine Seele ist; eine Weile für den geliebten Himmel knien, eine Weile vor den Psalmen. Eine Weile Algen von den Felsen sammeln, eine Weile fischen, eine Weile den Armen Nahrung geben, eine Weile in meiner Zelle verbringen. Eine Weile meditieren auf das Himmlische Königreich, heilig in der Erlösung; eine Weile arbeiten, nicht zu schwer; das wäre eine große Freude.[8]

Inseln sind »eine große Freude«, nicht nur für Einsiedler, sondern auch für viele heutige Menschen. 2003 wurde in den Äußeren Hebriden eine Insel von knapp 16 000 Quadratmetern zum Kauf angeboten. Dort stand an einem Ende in einer kleinen Bucht eine zerfallene kleine Hütte mit wunderbarer Aussicht über schroffe Klippen und einen Küstenstrand bis zu weiteren winzigen Inseln und das weite Meer. Mein Schwager und ich überlegten, sie zu kaufen. Ich würde die Hütte wieder herrichten lassen und allein dort leben, und später, wenn er in Rente ging, würde er am anderen Ende der Insel ein Haus bauen. Das war Tagträumerei, und wir beide wussten es. Als ich mir klar machte, wie kompliziert es sein würde, Strom zu erzeugen, mit dem Motorboot alles Lebensnotwendige heranzuschaffen und mir die lange, lange Dunkelheit des Winters, die große Entfernung vom Festland und die Abgeschiedenheit vor Augen führte, sank mir der Mut – ganz zu schweigen davon, dass meine Schwester sich für dieses Projekt überhaupt nicht begeistern konnte!

Und bei all diesen praktischen Erwägungen wuchs meine Gewissheit, dass Inseln – auch wenn sie mich verzauberten und ich für ihren menschenleeren Liebreiz höchst empfänglich war – einfach nicht mein Ort waren. Die endlose Bewegung und der endlose Klang des Meeres waren nicht meine Stille. Die sich flach ins Meer duckenden Inseln und die Weite des Ozeans gaben mir, trotz all ihres Zaubers, nicht den Auftrieb und das Gefühl von Raum, die mir das Moor vermittelte. Ich wusste auch, dass ich mich innerhalb der Grenzen einer Insel eingeschränkt und beengt fühlen und die langen Spaziergänge vermissen würde – das körperliche Gefühl von der unfassbaren Weite des Landes. Das Gefühl, Eigentümerin einer Insel zu sein, »Königin über alles, was meine Augen erblicken«[9], war für mich nicht so wichtig wie das Gefühl von Freiheit, das Recht, ungehindert umherzustreifen.

Diese kleine Phantasie machte mir jedoch klar, dass es mir in den drei Jahren nach meinem Abenteuer mit der vollkommenen Stille auf Skye ein Anliegen war, die verschiedenen Terrains der Stille in der Kultur wie in der unberührten Natur zu erforschen, wo ich überall die »große Freude« fand, die der bereits zitierte, namentlich nicht bekannte irische Poet besingt. Es ist schwer, diese Forschungsreisen so zu beschreiben, dass sie nicht nach Unruhe und Rastlosigkeit klingen, doch ich kehrte von meinen Streifzügen immer wieder in mein Haus auf dem Moor zurück und brütete allein und in Stille über meine Entdeckungen nach. Dabei fand ich auch heraus, dass es einen traditionellen Ort der Stille gab, den ich mied, weil er mir Angst machte.

Ich hatte Angst vor Wäldern.

Ich bin nicht die Einzige. Ich kenne eine ganze Reihe von Menschen, die sich nicht gern im Wald aufhalten, sondern Angst vor Wäldern haben oder im Wald sogar durchdrehen, darunter mutige Wanderer, die große Höhen erklimmen, oder Menschen, die in Gewässern, die Ebbe und Flut unterworfen sind, allein in kleinen Dingis segeln, was beides in körperlicher Hinsicht viel gefährlicher ist. Dieses Unbehagen mag unter anderem auf die unnatürlich »tote« Atmosphäre zurückgehen, die in den meisten uns bekannten Wäldern herrscht, wie zum Beispiel in den weitläufigen Monokulturen von Sitka-Fichten (*Picea sitchensis*), die dunkel und unschön große Flächen der wilderen Landstriche Großbritanniens bedecken. Sitka-Fichten, die wegen ihres schnellen Wachstums von der kommerziellen Forstwirtschaft zwischen den beiden Weltkriegen bevorzugt gepflanzt wurden, stammen ursprünglich aus Kanada. Auch wenn sie in Großbritannien gut gedeihen, zahlen wir dafür einen hohen ökologischen Preis: Man hat festgestellt, dass einheimische Eichen 284 verschiedenen Insektenarten Lebensraum bieten, während es bei den Sitka-Fichten nur 37 Insektenarten sind. Weniger Insekten heißt weniger Vögel, und weniger Vögel heißt weniger botanische Vielfalt, was wiederum die zoologische Vielfalt reduziert. Die Bäume werden in schnurgeraden Reihen gepflanzt, die oft sehr eng zusammen stehen. Die dabei benutzten riesigen Pflüge hinterlassen beim Aufbrechen des Bodens raue, trockene Erde und oft auch Drainage-Schnitte, in denen sich unter den Bäumen saures Wasser sammelt. Ältere Felderwirtschaften und landwirtschaftliche Betriebe mussten diesen Plantagen, die in einem technischen Sinn tatsächlich »tot« sind, weichen.[10]

Doch neben diesem Unbehagen gibt es noch eine weitere, eher verborgene Angst. Wälder sind, wie Freud sagte, »heimlich unheimlich«. In den meisten von uns Erwachsenen, die nach der Aufklärung geboren wurden und sich gern als vernünftige Menschen betrachten, gibt es ein Kind, das entsetzliche Angst vor dem wilden Wald hat.

> Alles war jetzt ganz still. Die Dunkelheit hüllte ihn rasch ein, verdichtete sich hinter und vor ihm, und das Licht schien zu weichen wie Flutwasser.
> Dann begannen die Gesichter …
> Dann begann das Pfeifen …
> Sie waren offensichtlich auf, wach und bereit, wer immer sie waren! Und er – er war allein, unbewaffnet, fern jeglicher Hilfe, und die Nacht rückte immer näher.
> Und dann begann das Prasseln …
> Und während er dort lag, schwer atmend und zitternd, und dem Pfeifen und Prasseln da draußen lauschte, erlebte er schließlich das total Bedrohliche, mit dem auch die anderen kleinen Bewohner von Feld und Hecke Bekanntschaft gemacht und ihre dunkelsten Augenblicke erlebt hatten – das, wovor der Rat ihn vergeblich zu bewahren gesucht hatte –, den entsetzlichen Schrecken des wilden Waldes.[11]

Es gab einmal eine Zeit, da hörte der Wald nie auf. Wir können uns heute kaum vorstellen, wie allgegenwärtig dieser Wald war. Damals waren die weiten Hänge der Hügellandschaften in Großbritannien alle bewaldet, und der Wald erstreckte sich lückenlos, außer auf den kahlen Gipfeln der Pennines, die sich durch fast ganz Nordschottland ziehen. Jeder unterirdische Kohleflöz zeugt von den umgestürzten Bäumen eines versteinerten Waldes. Auf dem europäischen Festland sah es ähnlich aus: Vom Mittelmeer bis hin zum nördlichen Polarkreis wuchs Wald, eine unvorstellbar riesige Weite voller stiller Gefahren, außer dort, wo Berge, Tundra oder Sümpfe das Land so unwirtlich machten, dass selbst Erlen und struppige, flach wachsende Birken keine Wurzeln schlagen konnten. Menschen machten kleine Parzellen urbar, um sich ein Zuhause zu schaffen. Meistens hielten sie sich am Waldsaum, kauerten sich an Küsten oder Flussufer und betraten den Wald möglichst selten. Wälder sind gewaltig, ohne uns ein Gefühl von Weite zu vermitteln, weil wir immer nur das kleine Waldstück vor Augen haben, in dem wir uns gerade befinden – es gibt keinen Ausblick aus dem Wald. Als sich Bonifazius im achten Jahrhundert in den endlosen Wald begab, der vom Rhein durch Deutschland, Polen und bis Russland verlief, um die Landbevölkerung zu bekehren, gehörte zu seinen ersten Schritten, dass er angelsächsische Benediktiner um sich versammelte, damit diese Klöster errichteten und in der Stille zu singen begannen. Denn diese Stille, das wusste er, war eine, die sie brechen mussten.

Ich wusste, dass es Wölfe im Wald gab sowie Hexen und Dämonen. Ich fühlte mich verfolgt von der Stille der Wälder, welche die Stille der Märchen ist. Diese nordeuropäischen Geschichten haben ihre Wurzeln in der Stille der Wälder und sind so uralt und zählebig wie der wilde Wald selbst. Es gefiel mir nicht, dass es ein stilles Terrain gab, das ich mied, weil ich Angst hatte. Außerdem hatte ich mich als *Autorin* lange mit diesen Geschichten beschäftigt. Viele meiner fiktiven Texte und vor allem meine Kurzgeschichten sind Nacherzählungen uralter Geschichten und stellen den Versuch dar, sie der heutigen Welt nahezubringen und mir anzuschauen, was sie uns über uns erzählen. Wenn ich heute über Stille nachdenke, muss ich mir eingestehen, dass ich diese Geschichten nicht nur auf einem feministischen Hintergrund neu zu deuten und fiktive Texte zu verfassen suchte, die universelle menschliche Themen erforschen. Ich schrieb hier auch über meine persönlichen Ängste, meinen eigenen Schatten und das tief empfundene Gefühl, dass Gewalt und Schönheit, Gefahr und Freude unlösbar miteinander verbunden sind. Und die Wurzeln dafür liegen in den Wäldern.

Ich beschloss, mich meinen Ängsten zu stellen, den Wald selbst zu erleben und seine Märchenwelten zu erforschen. Europäische Urwälder sind keinesfalls monoton, und es gab einmal eine Zeit, da müssen ihre verschiedenen Lebensräume von den skandinavischen Wäldern voller Birken und Erlen im Norden bis zu den Palmenwäldern auf Kreta im Süden sanft ineinander übergegangen sein. Heute jedoch existiert dieser Urwald nur noch in kleinen, begrenzten Beständen. Vielleicht hätte ich den Reinhardswald besuchen sollen, den großen Eichenwald zwischen Kassel und Göttingen. Jacob und Wilhelm Grimm, die 1812 die ersten *Märchen* (was ein besserer Name für solche Erzählungen ist als das englische *fairy stories*, Feengeschichten) herausgaben, waren Professoren für Sprachwissenschaft in Göttingen. Dort haben sie auch die mehr als achthundert lokalen Volkserzählungen aufgeschrieben, die für die nordeuropäische Kindheit zu zentralen Geschichten werden sollten. Es gibt heute eine »Deutsche Märchenstraße« durch dieses Gebiet, deren Ursprungsort Schloss Sababurg ist – das Zuhause von *Dornröschen*, wo im gleichnamigen Märchen einhundert Jahre lang vollkommene Stille herrschte.

Ich stellte jedoch fest, dass ich nicht für längere Zeit wegfahren wollte. Und ich wollte – aus ähnlichen Gründen, aus denen ich, als ich nach Skye fuhr, bestimmte religiöse Gemeinschaften gemieden hatte – auch nicht, dass meine Erfahrungen mit Wald auf einer touristischen Sicht beruhten. Außerdem weiß ich aus Erfahrung, dass beim Reisen in Ländern, deren Sprache ich nicht beherrsche, die Kommunikation zwangsläufig aufwändiger und anstrengender ist. Ich beschloss also stattdessen nach Norden zu fahren und einen der wenigen noch existierenden Bestände des Kaledonischen Waldes aufzusuchen, der Schottland früher einmal bis zu fast 40 000 Quadratkilometern bedeckt hat. Von diesem Wald ist nur noch sehr wenig übrig, sodass man sich heute schwer vorstellen kann, wie weitläufig er früher war. Im Norden und Süden hat die Schottische Kiefer die Vorherrschaft und im feuchteren Westen die Traubeneiche, auch Wintereiche genannt. Wer nur die modernen angelegten Forstplantagen kennt, kann sich kaum ein Bild davon machen, wie vielfältig und reich die Ökosysteme von natürlichen Wäldern sind. Wenn ich von »Vorherrschaft« spreche, soll das keine Ausschließlichkeit suggerieren. Die Ökosysteme von Urwäldern bergen eine große Vielfalt nicht nur an Bäumen, sondern auch an anderen Organismen. Allein in Großbritannien gibt es über sechshundert Moosarten und ebenso viele verschiedene Flechten.

Der Kaledonische Wald hat seine ganz eigenen Märchen und Sagen hervorgebracht, besonders die walisischen. Merlin, Zauberer und König Artus' Berater, zog sich, nach der Schlacht von Arfderydd wahnsinnig geworden, in diese Wälder zurück. Der Kaledonische Wald war, aus südlicher Sicht betrachtet, verbunden mit Wahnsinn und Magie. Der Schrecken der wilden Wälder ist älter als die ältesten Geschichten, die sie zu erzählen haben.

Heute ist weniger als ein Prozent des ursprünglichen Waldes übrig, der sich auf fünfunddreißig kleine Gebiete beschränkt. Ich beschloss, nach Glen Affric zu fahren, einen der größeren dieser Restbestände und berühmt für seine abgelegene, eigenartige Schönheit – ein Streifen Urwald, der sich am Loch entlangzieht, überragt von großen, düsteren Hügeln. Es ist schwer, die Einöde und Schroffheit des umliegenden Landes zu beschreiben, die das Gefühl, im Wald eingesperrt zu sein, noch verstärken. Unter anderem brüstet sich Glen Affric damit, dass es hier die entlegenste Jugendherberge im ganzen Land gibt. Sie ist acht Meilen von der nächsten Straße entfernt, und die Gäste werden angehalten, sich nicht ohne genaue Karte und Kompass auf den Weg dorthin zu machen. Ich habe es mir jedoch gegönnt, außerhalb des Tales in einer bequem erreichbaren Unterkunft zu logieren.

Drei Tage wanderte und saß ich in diesem Wald. Unter den alles überragenden Schottischen Kiefern wuchsen kleinere Bäume und Buscharten – Vogelbeere, Erlen, Birken, Espen, Haselnuss und Wacholder. Der Boden unter den kleinen Bäumen war uneben und moosbedeckt. Ein Teil des Mooses war von einem leuchtenden, nahezu grellen Grün und gab unter meinen Füßen unerwartet nach. Hier sprossen ganze Büschel von farnartigen Gewächsen. Anders als in einer Waldplantage finden wir in Urwäldern eine große Vielfalt: einzelne riesige Kiefern, umgeben von niedrigerem Gebüsch oder einem dichten Dickicht aus schütterem Pflanzengewirr, in dem viele kahle, tote Zweige stecken. Kleine kristallklare Bäche plätscherten eilig durch den Wald. Die Bäume waren mit hängenden Flechten drapiert. Flechten sind eine merkwürdige Lebensform – eine noch nicht vollständig erforschte Symbiose aus Pflanze und Alge, die in zahlreichen Formen auftritt. Die an feuchten Felsen haftenden gelben Flecken sind Flechten wie auch die grobe, orangefarbene Haut auf Baumstämmen und die grauen Strähnen, die in Urwäldern über kleinen Bächen hängen. Sie sehen aus wie Spinnengewebe, sind aber schwerer und dichter als diese.

Am Ufer eines Baches las ich vor den moosbedeckten Überresten einer verlassenen Steinmauer eine verwitterte Notiz, die besagte: »Zöpfe schneiden verboten« *(Tress Cutting is Probihited)*. In meiner ersten Verblüffung dachte ich, das bezöge sich auf die Flechten, doch bei genauerer Inspektion zeigte sich, dass es leider hieß: »Bäume fällen verboten.« *(Tree Cutting is Probihited.)* Mir gefiel die Vorstellung, Bäume seien verzauberte Jungfrauen, die ihr Haar, grau vom Alter und sanft im Winde schaukelnd, zu Zöpfen geflochten trugen. Das war wunderschön und sehr unheimlich.

Es war auch sehr still. Ich wusste, als ich dort saß, dass ich zu recht Angst gehabt hatte. Dies war eine ursprüngliche Landschaft voller stiller Schatten und Gefahren, der Gefahr, sich zu verirren und wie Merlin in seinem magischen Wahn von etwas, das wilder, größer und unendlich viel älter war als ich, verschlungen zu werden. Innerlich konnte ich die Geisterwölfe in Hungerwintern heulen hören. Augenblicklich wird viel darüber debattiert, ob die ursprünglich hier heimischen Spezies in diesen überlebenden Waldlandschaften und den sie umgebenden wilden Landschaften wieder angesiedelt werden sollten. Während fast alle Befragten sich wünschen, dass Wildblumen wie das einblütige Wintergrün hier wieder im Wind tanzen mögen, gibt es nahezu primitive Widerstände dagegen, auch den Wolf hier wieder heimisch werden zu lassen. Bevor ich nach Glen Affric fuhr, war ich, ohne groß nachzudenken, für Wölfe gewesen, überzeugt von dem Argument, dass das der effektivste Weg wäre, den ausufernden Bestand von Rotwild zu regulieren, das den Wald kahlfrisst und zerstört. Und mir war auch bewusst, dass die Vorurteile gegen den Wolf und seine daraus folgende Vernichtung fast gänzlich unbegründet waren. Doch als ich dort saß und etwas nervös die heimtückischen Mooshexen betrachtete, die merkwürdig verrenkten Bäume, die finstere Verschwiegenheit des Loch selbst und die Flechten, die jeden

Moment ihre kalten, verkrüppelten feuchten Finger hätten ausstrecken und mich damit berühren können, wurde ich mir der dichten Stille bewusst, die mich unmittelbar umgab – eine Stille, die ich mit meinem Blick nicht durchdringen konnte und in der alles Mögliche lauern konnte. Und in dem Augenblick war es für mich eine große Erleichterung zu wissen, dass es hier keine Wölfe gab.

Die Stille der Wälder erzählt von Geheimnissen, von Dingen, die im Verborgenen liegen. Die meisten stillen Landschaften – Wüsten, Berge, Ozeane, Inseln, Moore – eröffnen uns karge, doch weite Ausblicke. Die offene Weite dieser Landschaften kann erschreckend sein, aber zumindest kannst du sehen, was auf dich zukommt. Der endlose Himmel über dir ist hell, die Wolken warnen dich vor herannahendem Unwetter, und das Land erstreckt sich bis in die Ferne. Doch die Stille des Waldes verbirgt Dinge. Sie legt sie nicht offen dar, sondern verhüllt sie. Die Bäume sperren den Sonnenschein aus, und das Leben setzt sich unter den Bäumen im Dickicht und im Unterholz fort. Wälder sind voller Überraschungen. Es erstaunt nicht, dass Märchen, die auf den Wald zurückgehen, von verschleierten Identitäten, guten wie bösen, erzählen. Die Prinzessin sieht aus wie eine Gänsemagd, die böse Stiefmutter jedoch wie eine schöne Königin. In der Grimmschen Version von Aschenputtel sind die gemeinen »hässlichen Schwestern« nicht hässlich, sondern »schön und weiß von Angesicht, aber garstig und schwarz von Herzen«. Schneewittchens mörderische Stiefmutter war »die Schönste von allen«. Der Wolf verkleidete sich als liebenswürdige alte Großmutter.

Die Wälder bringen nicht den gewaltigen Gott der Wüste hervor und auch nicht die parteiischen, leidenschaftlichen, sexuell aktiven Gottheiten der griechischen Berge und Inseln. Im Wald entstehen kleine, bruchstückhafte Geschichten, die von Magie und menschlichem Mut handeln und von dunklen Machenschaften, Geschichten voller Geheimnisse und Verschwiegenheit. Immer wieder geht es in den alten Geschichten um das Stillschweigen: Mysterien, geheimgehaltene Namen; verborgene Identitäten; Dinge, die nicht erzählt, die zurückgehalten werden und umgeben sind von Stille. Diese Erzählungen gehen auf mündliche Überlieferung zurück, sie dienen also jedes Mal, wenn sie erzählt werden, einem anderen Zweck. Möchtest du dein Baby beruhigen, damit es einschläft? Dein Kind davor warnen, in der Welt herumzustromern? Deinen Teenager ermutigen, mehr zu unternehmen? Deinen schmollenden Heranwachsenden mit einer spannenden Horrorgeschichte unterhalten? Einen älteren Menschen trösten oder gar einen unerwünschten Liebhaber loswerden? Erzähle ihnen eine Geschichte, und die Geschichte wird sich, wie die Wälder, aus denen sie hervorging, deinen Erfordernissen anpassen.

Wir wissen heute, dass die Brüder Grimm die Geschichten trotz ihrer linguistischen und »wissenschaftlichen« Ausrichtung verändert und christlicher, familienorientierter gestaltet haben. Sie hoben den guten, aber abwesenden Vater hervor (ihrer starb, und dadurch verwandelte sich ihr idyllisches Leben über Nacht in ein ärmliches und karges) und auch die grausame, böse Stiefmutter, die unter dem Druck der Ereignisse nicht die liebenswerte, warmherzige Mutter ihrer Kleinkindzeit hatte bleiben können. Bruno Bettelheim vertritt in seinem enorm einflussreichen und überzeugenden Buch *Kinder brauchen Märchen*[12] die Meinung, dass diese Geschichten für Jungen befreiend sind.* Ich bin der Meinung, dass sie Frauen stärken. Du kannst aus Märchen machen, was du willst –

---

* Bettelheims Spezialgebiet war der Autismus. Wie zu der Zeit Mode, vertrat er die Theorie von der »Kühlschrankmutter«, die besagte, dass Autismus durch distanzierte Mütter verursacht wird. Kein Wunder, dass die hinterhältigen Stiefmütter und kalten Jungfrauen in Grimms Märchen für ihn eine so große Bedeutung hatten.

sie wechseln ständig ihre Gestalt. Wir wissen nicht, woher sie stammen, sie wurzeln tatsächlich in Stille. Die Stille der Märchen lässt sich nicht auf eine einzige, offensichtliche Bedeutung reduzieren. Realistischer ist wahrscheinlich, sich klarzumachen, dass im Wald ganz verschiedene Arten von Stille herrschen.

Da ist die Stille der Geheimnisse, der Dinge, die verschwiegen werden sollen. In Märchen hat diese »verschwiegene Stille« eine ganz unmittelbare erzählerische Funktion: Sie hält die Geschichte in Gang, sodass Dinge sich entwickeln, Handlungen sich entfalten, Babys zu Prinzessinnen heranwachsen können. Die Figuren in den Märchen sind also häufig an den unsinnigen Schwur gebunden, Stillschweigen zu bewahren über das, was ihnen widerfahren ist, was immer es gewesen sein mag. In dem Märchen »Die Gänsemagd« nimmt die heimtückische Kammerzofe der Prinzessin alles – ihr sprechendes Pferd, ihren königlichen Status und ihren prinzlichen Verlobten –, während diese aus dem Schloss vertrieben wird und Gänse hüten muss. Das Märchen beruht darauf, dass die Prinzessin sich an den Schwur hält, den sie »beim klaren Himmel über ihr« leisten muss, nämlich niemandem vom hinterhältigen Verhalten der Kammerzofe zu erzählen. Da die tugendhaften Charaktere in diesen Erzählungen ihr Versprechen um jeden Preis halten, steht es der Märchenerzählerin oder dem Märchenerzähler frei, sich eine verwickelte Geschichte auszudenken, welche die Wahrheit ans Licht bringt, ohne dass die Prinzessin ihr Wort brechen muss. In Wirklichkeit müsste sie nur sagen: »Ich bin eine Prinzessin, und diese Frau ist meine hinterlistige Kammerzofe«, und die ganze Geschichte klärte sich auf.

Aber ich denke, dass es bei der Konstruktion dieser Geschichte um mehr geht als um einen raffinierten erzählerischen Kunstgriff. Das Versprechen zu schweigen nehmen fast immer Erwachsene jüngeren Menschen ab, um diese mit Mitteln zu unterdrücken, die sozial nicht akzeptabel sind. Naheliegend ist, dass es hier auch um die Verdunklung von sexuellem Missbrauch geht, wobei das Kind durch eine komplizierte Mischung aus Scham und Angst gebunden wird, den Mund zu halten. Und tatsächlich kann es die Erinnerung an solche Vorfälle so wirkungsvoll unterdrücken, dass es regelrecht »verstummt«: Das Kind schweigt nicht nur, es *kann* nicht sprechen, und manchmal erinnert es sich vielleicht auch an nichts mehr. Das englische Wort für erinnern, *remember*, bedeutet im wortwörtlichen Sinn, etwas wieder zusammenfügen, ganz machen, die Teile oder Puzzlestücke eines Geschehens zu einer einzigen ungebrochenen Form zusammenfügen. Die Psychotherapie drängt Klientinnen und Klienten in diesen Fällen zu sprechen und nicht nur zu erzählen, was vorgefallen ist, sondern auch zu erzählen, wie es dazu kam, dass sie darüber Stillschweigen bewahrt haben.

Manche Märchen handeln auch von der Stille des Verzichts oder der Buße. Hier gehen die jungen Protagonisten in den Wald oder werden dorthin vertrieben. Dort begegnen sie einem Einsiedler oder einer alten, weisen Frau, von denen sich oft herausstellt, dass sie ursprünglich Krieger oder Prinzessin waren. Sie haben sich aus freien Stücken im Wald ins Exil begeben oder wurden dorthin verbannt und sind in der Stille weise geworden. Sie verstehen jetzt die Sprache der Vögel oder kennen sich mit Kräutern und Heilkunde aus, um jungen Menschen damit zu helfen und zu dienen. Der uralte Brauch, vor wichtigen Ereignissen im Leben – wie einer Visionssuche, einem Kreuzzug oder dem Ritterschlag – in einer Kirche allein Nachtwache zu halten, mag auf diese Märchen zurückgehen. Es sind nicht nur Männer, die sich in die Stille zurückziehen, um begangene Sünden zu sühnen und nicht nur frei davon zu werden, sondern auch ein tieferes Wissen zu gewinnen. Königin Guinevere und ihre Zofe Marian wurden beide Nonnen. Dornröschen wird in die absolute Stille des Schlafes versetzt als Strafe für den Stolz und die Säumigkeit ihrer Eltern. Erst versäumten diese es, zur Taufe ihres Kindes *alle* Zauberkräfte einzuladen, und dann glaubten sie, einen Schwur unterlaufen zu können. Dornröschen schläft einhundert Jahre lang, während die Dornen um sie herum immer dichter werden und das ganze Schloss mit ihr zusammen in Stille versinkt. Doch als die Zeit um ist, wird sie erweckt und erlebt Liebe und Freude. Angesichts der Gewalt von Unterdrückung ist Stille oft eine wirkungsvolle Strategie, zumindest kurzfristig.

Wir finden in Märchen noch eine weitere Stille, die mit diesen Formen von Stille verwandt ist, jedoch anders aussieht. Es ist immer gefährlich, über Feen zu sprechen. Wenn der Held oder die Heldin zu Feenwissen gelangten und auf diesem Weg Hilfe erhielten, reich wurden oder einfach Glück hatten, dürfen sie niemals erzählen, woher diese guten Dinge stammen, sonst werden sie ihnen wieder genommen. Manchmal erzwingt das Feenvolk Stillschweigen durch schreckliche Schwüre oder Drohungen. Manchmal verschließen die Feen einer Person sogar den Mund und machen sie stumm. Diese Form von erzwungenem Stillschweigen hat ihren Weg aus dem Märchenreich ins »wirkliche Leben gefunden«. Anhand mehrerer Hexenprozesse in Schottland zu Beginn des 17. Jahrhunderts kann nachgewiesen werden, dass man Menschen tatsächlich auf diese Art zum Schweigen gebracht hat. Elspeth Reochs Liebhaber aus dem Feenreich

> machte sie stumm, nachdem er sie gelehrt hatte, alles zu sehen und zu wissen, was sie zu sehen und zu wissen begehrte. Er sagte, sollte sie sprechen, würden Edelmänner sie quälen und ihr Gründe geben für ihr Verhalten … und am folgenden Tag hatte ihre Zunge keine Kraft mehr und sie konnte nicht mehr sprechen … sodass ihr Bruder sie mit einem Zügel schlug, bis sie blutete, weil sie nicht sprach, und eine Bogensehne um ihren Kopf wickelte, um sie zum Sprechen zu bringen. Von der Zeit an blieb sie stumm.[13]

Schottische Hexen machten mit den Werken des Teufels bizarrere und phantastischere Erfahrungen als englische Hexen. Das beruht wahrscheinlich weniger auf Unterschieden zwischen keltischer und angelsächsischer Vorstellungskraft als auf der Tatsache, dass das schottische Gesetz für Hexen grausamere Formen von Folter erlaubte als das englische. Isobel Gowdie verriet ihrem Gericht einen Zauberspruch für das Fliegen und versicherte, es sei ganz leicht. Elspeth Reoch erhielt geheimes Wissen und wurde gezwungen, Stillschweigen darüber zu bewahren. Wir wissen heute, dass »Geständnisse«, die unter Folter ans Licht kommen, extrem unzuverlässig sind, und diese Gerichtsverhandlungen liefern dafür Beweise aus früheren Zeiten. Bei den Hexenprozessen haben wir es meiner Meinung nach mit Frauen zu tun, die unter starkem und qualvollem Druck auf Geschichten aus ihren Gemeinden zurückgreifen, damit sie überhaupt etwas sagen können.

In vielen Märchen geht es um die wahre Identität einer Person. Vielleicht siehst du aus wie eine Gänsemagd, bist aufgrund von Armut oder Vernachlässigung so dreckig und ungepflegt, dass sie dich Aschenputtel nennen, aber in Wirklichkeit bist du eine Prinzessin. Und eines Tages wird ans Licht kommen, dass die böse Dienstmagd oder Stiefschwester sich deinen rechtmäßigen Platz angeeignet hat. Verwandt mit diesen Motiven ist das Stillschweigen in Bezug auf Namen. In ihrer Erdsee-Trilogie greift Ursula le Guin dies auf: Wenn du den richtigen Namen von Menschen oder Dingen weißt, erlangst du Macht über sie. Die Kunst der Magie ist die Kunst, die wahren Namen in Erfahrung zu bringen und davon richtig Gebrauch zu machen. Le Guin hat das nicht erfunden. Wir finden diesen Umgang mit Namen in Mythen und Geschichten aus vielen Kulturen: Wenn du den wahren Namen einer Person weißt, weißt du auch, wer sie wirklich ist, sei es im guten oder schlechten Sinne, und hast Macht über sie. Das Märchen vom Rumpelstilzchen ist eine bekannte europäische Version dieser Art, Stillschweigen zu bewahren. Der Kobold oder kleine Teufel hilft der Heldin aus der Klemme, indem er für sie Stroh zu Gold spinnt. Diese Aufgabe war ihr auferlegt worden, weil sie gelogen hatte. Er hilft ihr und fordert dafür ihr erstes Kind, wenn sie denn eines bekommt. Das Stroh wird gesponnen, sie heiratet den Prinzen und bringt ein Kind zur Welt. Der Kobold kehrt zurück, um seinen Lohn in Empfang zu nehmen, aber sie schließt einen Handel mit ihm: Wenn sie seinen wirklichen Namen herausfindet, wird ihr Pakt ungültig. Durch eine merkwürdige Mischung aus Zufällen und zielstrebiger Suche gelingt ihr das tatsächlich. Sie nennt ihn bei seinem wahren Namen, und er löst sich auf in einer Wolke von Rauch. Wir müssen unsere Identität, das sagen uns diese Geschichten, schützen und würdigen.

Die Idee einer Prüfung durch Stillschweigen ist uralt. Wir finden sie in der Volkskunde und den religiösen Ritualen fast jeder Kultur. Bei den Aborigines müssen sich Jungen einem Initiationsritus unterziehen, bei dem sie sich in die Stille der Wildnis begeben, um Mann zu werden, während auf der anderen Seite der Welt der Knappe und der Novize eine Nacht lang Wache halten müssen, um ihren Rang als Ritter oder Mönch zu erlangen, derweil sich über ihnen große Säulen hoch wie Bäume und ein gewölbtes Dach erheben.

Prüfungen sind in Märchen immer wieder Thema. Die Suche selbst ist im Grunde eine Prüfung, ganz gleich, ob sie nach außen in die unbekannte Welt oder nach innen in den moralischen Wesenskern der Protagonistin führt. Nur wer es wert ist, kann sich auch als wert erweisen. Nur die *wahre* Prinzessin kann durch alle Matratzen hindurch die Erbse spüren. Anders als in Mythen geht es in Märchen nie um die Transzendierung, sondern um die Offenlegung und Enthüllung einer bereits existierenden Identität. Prüfungen haben die Funktion, die Wahrheit ans Licht zu bringen. So konnte die Prüfung, die im Kampf zwischen zwei Männern bestand, über die Treue oder Untreue einer Frau entscheiden. Eine Prüfung durch Wasser konnte beweisen, dass eine Frau Hexe war, und die Prüfung durch ein Gericht unzweifelhaft den Kriminellen entlarven. Das englische Wort für Prüfung, *trial*, stammt von *to try* (versuchen), und zwar nicht im Sinne von »in Angriff nehmen«, sondern von »testen« – sei es ein neues Auto auszuprobieren oder ein neues Kleid anzuprobieren.

Das bekannteste europäische Märchen, das von einer »Prüfung durch Stillschweigen« handelt, ist wahrscheinlich das von den sechs Schwanenbrüdern.[14] Hier verwandelt die Stiefmutter der namenlosen Heldin deren sechs Brüder in Schwäne. Die Schwester unterzieht sich freiwillig der Prüfung durch Stillschweigen, um ihre Brüder zu befreien: Sieben Jahre lang wird sie schweigen. Sie ist weder einem ihr aufgezwungenen Schwur verpflichtet noch zum Verstummen gebracht worden, sondern wählt das Schweigen aus freien Stücken, und ihr einziger Beweggrund ist Liebe. Sie muss für jeden der Brüder ein Hemd aus Sternenmiere anfertigen. Das ist höchst mysteriös, denn die Sternenmiere ist eine Wildblume mit winzigen Blütenblättern und nicht besonders faserigem Stiel, aus der sich kaum Faden gewinnen lässt. Den einzigen Hinweis auf die Bedeutung dieser merkwürdigen Aufgabe fand ich darin, dass Sternenmiere bei uns in einigen Teilen des Landes auch *stitchwort* (*stitch* = »Stich«) genannt wird, vielleicht weil man glaubte, dass diese Pflanze, als Aufgussgetränk, »Stiche« heilen könne, und zwar Seitenstiche, die uns plagen, wenn wir zu schnell oder zu lange rennen. Der Schmerz, das Ertragen von Schmerz und die Schwierigkeit der Aufgabe – all das kommt hier zusammen.

Das Mädchen sitzt wie ein Vogel vollkommen still im Baum und näht die Hemden. Ein König findet sie dort, umwirbt sie, nimmt sie mit in seinen Palast und heiratet sie, doch sie spricht weiterhin kein Wort. Die hinterhältige Schwiegermutter stiehlt ihr die neugeborenen Babys, beschmiert ihr den Mund mit Ziegenblut und überzeugt den Ehemann schließlich davon, dass seine Frau eine Hexe ist und ihre Kinder aufgefressen hat. Die aber verteidigt sich nicht. Sie muss verbrannt werden. Sie wird zum Scheiterhaufen geführt, die fast fertigen Hemden trägt sie, sorgfältig zusammengelegt, über dem Arm – und im letzten Augenblick erfüllt das Rauschen von Schwänen die Luft. Sie stürzen herab, legen die Hemden an und gewinnen ihre menschliche Gestalt zurück. Jetzt ist das Mädchen frei zu sprechen. Sie erzählt ihre Geschichte, und alles ist gut, bis darauf, dass ein Hemd nicht fertig geworden ist, sodass der jüngste Bruder, der statt des linken Armes einen Schwanenflügel hat, fortan schief durchs Leben gehen muss.

Das ist eine höchst merkwürdige Geschichte. Von einer Frau erwarten wir sicher nicht, dass sie ihre Brüder mehr liebt als ihren Ehemann und ihre Kinder. In »Rumpelstilzchen« wird die »Heldin« aus ihrem faustischen Pakt entlassen, weil sich Mutterliebe über Gerechtigkeit hinwegsetzen darf. Sie wird von ihrem Versprechen entbunden, weil sie Mutter ist. Diese Einstellung zu Müttern und ihren Pflichten ist viel üblicher. Wenn durch Feuer der Mut eines Menschen geprüft werden kann und durch Wasser dessen Reinheit, was wird dann durch Stillschweigen geprüft? Sicherlich nicht die Liebe. Vielleicht die Grenzen des Selbst.

Integrität. Nachtwachen und Prüfungen durch Stillschweigen gehen einher mit Fasten und Hungern. Die schweigenden Einsiedler sind fanatische Asketen. Tabus in Bezug auf Nahrung und Tabus in Bezug auf Worte hängen oft eng zusammen. Persephone darf in der Hölle nichts essen. Sie muss den Mund halten, oder der Tod wird für immer Anspruch auf sie haben. Das alles kommt nicht überraschend. Unser Mund gehört zu den Körperöffnungen, über die wir scheinbar Kontrolle haben. Sprechen heißt nicht nur Geheimnisse preisgeben, sondern auch uns selbst. Schweigen heißt folglich, nicht die Selbstbeherrschung verlieren, ein autonomer, erwachsener Mensch ohne Fehl sein. Prüfungen durch Stillschweigen testen die Integrität.

Mein Besuch im Wald hat mich nicht von der Angst vor diesem geheilt, aber er hat mir gezeigt, dass der Schrecken der Stille vielschichtig ist und der Kampf, sich auf sie einzulassen und sie zu verstehen, seine schönen wie seine dunklen Seiten hat. Als ich aus Inverness nach Hause zurückkam, war ich in gewisser Weise selbst wie verzaubert und mir war stärker denn je bewusst, dass der lange Schatten, den die wilden Wälder werfen, für unsere heutigen negativen Einstellungen zu Stille eine ganz wesentliche Rolle spielt.

Wenn ich heute auf die drei Jahre in Weardale zurückblicke, betrachte ich sie als eine Art Noviziat. Tritt eine zukünftige Nonne (das gilt natürlich auch für den zukünftigen Mönch) in einen religiösen Orden ein, ist sie zunächst einmal »Postulantin«, eine Person, die ihre Anwartschaft auf diesen Eintritt »postuliert« oder diesen beantragt. Eine Postulantin leistet keine Eide und verpflichtet sich zu nichts. Verläuft diese Phase für beide Seiten gut, wird sie Novizin. Eine Novizin ist eine neue Nonne in der formalen Ausbildung. Sie nimmt nicht nur am Leben und an den praktischen Ritualen des Ordens teil, sondern erhält auch Unterricht – über das Beten, die dahinterstehenden Theorien, die Geschichte der Klöster und die Form des Klosterlebens, die sie gewählt hat. In gewisser Weise ist eine Novizin eine Anwärterin, die in Theorie und Praxis die Fähigkeit erwirbt, ihre Lebensaufgabe zu erfüllen. In Weardale war ich eine Novizin der Stille, die die Praxis, die Theorie und die Geschichte der Stille studierte.

Als ich nach Weardale zog, war mir das keinesfalls klar. Ich dachte, dies sei ein Neuanfang, der mein weiteres Leben bestimmen würde. In Wirklichkeit erwies sich diese Zeit jedoch eher als Pause. Auch wenn Stille in der heutigen Welt auf vielfältige Weise unterwandert wird, gibt es im Leben der meisten Menschen immer noch kleine Inseln der Stille, Pausen im Strom des ständigen Getöses, die sie zu schätzen wissen, auch wenn die meisten hier nicht von Stille reden würden. Ein Beispiel dafür ist das heiße Bad am Ende eines Arbeitstages, ob mit oder ohne Drink. »Entspannen« ist die populäre Bezeichnung für diese kurzen Momente von Stille, was zum Ausdruck bringt, dass wir durch den Lärm des Alltagslebens in eine gewisse Anspannung geraten. Und uns ist zumindest halb bewusst, dass ständige soziale Aktivitäten uns nicht nur aufbauen, sondern auch auslaugen können. Ich betrachte Weardale inzwischen als eine solche Pause.

Eine Pause ist ein ziemlich nebulöses kleines Dingsda und schwer zu fassen. Doch in jedem Fall sind Pausen mit Erwartungen verbunden. Die Notenschrift, so hat sich gezeigt, kann kurze Stillepausen besser verschlüsseln als die gesprochene Sprache: Hier heißt Stille tatsächlich »Pause«, wenn sie ein zeitlich präzise bemessenes Innehalten ist (wie zum Beispiel das Auslassen eines Taktes, eines halben Taktes und so weiter), jedoch »Fermate« (von *fermare* = (ital.) anhalten), wenn das Innehalten nicht zeitlich eingegrenzt ist, was in den Noten mit unterschiedlichen Zeichen vermerkt wird. Die Sprache hat viele Wörter für verschiedene kurze Stillephasen, kann aber nicht aufzeigen, wie sie sich in den Tumult der Worte, die sie umgeben, einfügen: Pause, Stopp, Rast, Ende, Zäsur, Verzögerung, Lücke, Aufschub. Bei der Definition des Begriffs »Pause« bevorzugt das *Oxford English Dictionary* in den Beispielen, die es dafür anführt, das Wort »Verzögerung«. Doch eine »Verzögerung« ist für mich verbunden mit einem gewissen Herumtasten, was für »Pause« nicht gilt. Es ist schwer, sich eine »gelassene Verzögerung« vorzustellen.

Das Offensichtlichste an Pausen ist, dass sie nicht endlos dauern. Wenn es sich *wirklich* um eine Pause handelt, muss sie früher oder später – und wahrscheinlich eher früher – aufhören, während Wörter wie »Stopp« oder »Ende« einen Abschluss signalisieren. Dass eine Pause also nicht ewig weitergeht, *wissen* wir auch. Eine Pause läuft auf etwas hinaus. Das ist wahrscheinlich der Grund dafür, warum das »Timing« der Komiker, die berühmte Pause-vor-der-Pointe, so wirkungsvoll ist. Der Komiker legt einen kurzen Moment der Stille ein, um dem Publikum Zeit zu geben, neugierig auf die Pointe zu werden, Zeit, in der diese Neugier wachsen kann. Aber die Zuschauerinnen und Zuschauer müssen auch wissen, dass es eine Pointe geben *wird*. Sie müssen »sich auskennen« mit der Gattung der Bühnenkomik, sonst funktioniert das Ganze nicht. Wenn die Pause zu lange dauert, verpufft die Erwartung und verwandelt sich in ängstliche Spannung, Langeweile oder übertriebene Erwartungen.

In seinem Essay *Die Lust am Text* argumentiert Roland Barthes, der französische Literaturkritiker und Sprachphilosoph, dass zeitgenössische literarische Formen einen »Abschluss« brauchen, dass aber den Lesenden durch die Zufriedenheit über diesen Abschluss (einem endgültigen Ende) die »große Freude« über ein offenes Ende entgeht. Wahrscheinlich möchte er, dass literarische Werke mit einer Pause *enden*. Und bei T. S. Eliot heißt es, Poesie sei »schreiben mit viel Stille auf dem Blatt«. Will er sagen, dass der Dichter beim Schreiben auf dem Blatt viele *Pausen* macht, da er ja jederzeit weiterschreiben kann?

Mir fällt als einziges Wort, das mit »Pause« ein *permanentes* Ende verbindet, nur das Wort »Menopause« ein. Als ich über die merkwürdige Beschönigung nachdachte, die dieser Begriff darstellt, fiel mir witzigerweise ein, dass das amerikanische Wort für einen vollständigen Stopp *period*, »Periode«, lautet.

In dieser meiner Pause lernte ich viel, innerlich wie äußerlich, und vieles davon kam völlig überraschend. Am verblüffendsten war für mich die Entdeckung, dass es so viele unterschiedliche Arten von Stille gibt. Ich war davon ausgegangen, dass Stille etwas Monotones und eine Stille wie die andere ist. Und wie immer man dorthin gelangte, das Endergebnis würde rein und wunderschön, aber irgendwie auch flach und undifferenziert sein. Skye und der Floating-Tank hatten mich eines Besseren belehrt, und Stille wurde für mich immer komplexer. Je mehr Arten von Stille ich mir anschaute, je mehr Orte der Stille ich aufsuchte, desto stärker wurde mir bewusst, dass es dichte Stränge aus vielen miteinander verwobenen unterschiedlichen Arten von Stille gibt.

Selbst auf der äußeren Ebene gibt es eine große Bandbreite an Stille. Im BBC Rundfunkarchiv finden sich Aufnahmen, die von einem bemerkenswerten Spektrum verschiedener Arten von Stille zeugen: »Nächtliche Stille in einer Stadtstraße«, »Morgenstille – Dämmerung, die South Downs«, »Morgenstille – Wintermoor«; »Stille, Wohnzimmer« – »Garage« – »Eingangshalle« – »Betonbunker« – »Strand« – und so weiter, und dennoch nehmen die meisten Rundfunkproduzenten für ihre Sendungen lieber ihre eigene Version von Stille auf. Ein Grund dafür ist, dass es tatsächlich praktisch niemals wirklich und vollkommen still ist, zumindest innerhalb der Erdatmosphäre nicht, aber auch, weil die unterschiedlichen Arten von Stille jeweils eine andere emotionale Färbung haben.

Über das reine Hören hinaus existiert ein noch größeres Spektrum. Es gibt emotional wie intellektuell unterschiedliche Arten von Stille. Auch wenn Geräusche und Klänge vor allem ein Gehirnphänomen sein mögen, bin ich zu der Überzeugung gelangt, dass Stille ein geistiges Erlebnis ist. Unser Erleben von Stille hängt enger mit der jeweiligen Kultur, mit kulturellen Erwartungen und – merkwürdigerweise – mit Sprache zusammen, als unsere Wahrnehmung von Geräuschen und Klängen. Selbstgewählte Stille kann kreativ sein, sie kann die Selbsterkenntnis und die Integration fördern und eine tiefe Freude auslösen. Erzwungene Stille hingegen (eine Stille, die von außen auferlegt ist) kann Menschen in den Wahnsinn treiben. Es ist möglich, äußere Stille ohne jede innere Stille zu erfahren und in wenigen Fällen auch umgekehrt. Die heilige Katharina von Siena, eine italienische Mystikerin, war berühmt dafür, dass sie ihre innere Stille bewusst wahrnehmen konnte, während sie geschickt die diffizile Rolle einer Botschafterin für die Politik des Papstes erfüllte. Stille hat viele Facetten – sie ist ein dichtes Gewebe aus vielen verschiedenen Strängen und Fäden.

Das bestärkte mich in meiner Überzeugung, dass Stille nicht nur ein Defizit oder Mangel ist, die Abwesenheit von Geräuschen und Klängen (oder Sprache und Lärm). Wenn Stille einfach ein negatives Phänomen wäre, die diffuse Abwesenheit der bedeutsamen Realität, die wir Klang nennen, dann – so dachte ich – könnte sie selbst keine spezifischen Eigenschaften vorweisen, keine Höhe, keine Lautstärke, keinen Klang und auch keinen Widerhall haben. Doch meine Erfahrungen zeigten zunehmend, dass Stille diese Qualitäten tatsächlich besitzt oder zumindest Qualitäten, die diesen nahekommen oder vergleichbar damit sind. »Eine beängstigende Stille« und »eine heilige Stille« sind krasse Beispiele dafür. Ich lernte, anhand der Qualität der Stille, mehr noch als am Stand des Lichts, morgens beim Aufwachen sagen zu können, ob es in der Nacht zuvor geschneit hatte, denn Schneestille ist eine andere Stille als nasse Stille oder sonnige Stille. Stille kann ruhig oder beängstigend sein, einsam oder freudig, tief oder schwach. Bestimmte Arten von Stille erzeugen offensichtlich einen Widerhall. So *fühlte* sich für mich die Stille im Floatingtank durch Entzug der Sinnesreize völlig anders an als zum Beispiel die Stille in Throstlehole.

Ich fand die Entdeckung, dass Stille so komplex ist und mich vor schwierige Fragen stellt, ziemlich entmutigend. Aber sie faszinierte und fesselte mich auch. Für mich hatte und hat die Tatsache, dass es verschiedene Arten von Stille gibt, etwas zutiefst Mysteriöses. Ich fand Trost in Georg Cantors elegantem mathematischen Beweis, dass verschiedene Abstufungen von Unendlichkeit existieren. Das war philosophisch wie mathematisch zutiefst schockierend (und verärgerte Wittgenstein sehr), und trotzdem wird es heute allgemein akzeptiert. Wenn die Unendlichkeit in verschiedenen Größen existiert, kann natürlich auch Stille unterschiedlich groß sein. Und tatsächlich hoffe ich inzwischen darauf, dass es möglicherweise ganze Symphonien von Stille gibt.

Kapitel 6

Wüsteneremiten

In diesen Jahren in Weardale wuchs in mir eine tiefe Zufriedenheit. Ich lebte an einem Ort von einer außergewöhnlich wilden Schönheit. Ich war gesund und munter. Es gab so viele faszinierende Dinge, über die ich nachdachte und Neues erfuhr. Ich war nie einsam, und Langeweile kannte ich nicht. Meine Arbeit erfüllte und befriedigte mich. Ich hatte das Gefühl, dass sich meine Gebetspraxis und mein theologisches Verständnis ganz natürlich vertieften und weiterentwickelten, was ich aufregend fand. Ich lebte ein freies Leben, das von Stille geprägt war und das für eine Welt voller Lärm und Getöse wie auch für mich persönlich möglicherweise nutzbringend war. Vor allem aber genoss ich das Gefühl, zu forschen und mir neue Möglichkeiten zu erschließen.

Und dann machte ich eine schockierende Entdeckung. Ich war aus vier Gründen, die mir völlig bewusst waren, nach Weardale gezogen: Ich wollte die Stille studieren und herausfinden, ob ich mich daran erfreuen konnte; ich wollte meine Gebetspraxis vertiefen und ich wollte als Autorin besser werden. Die ersten drei Vorhaben verfolgte ich tatsächlich aktiv und voller Freude, aber ich schrieb nicht. Oder, um es genauer zu sagen, ich schrieb keine fiktiven Texte und gewiss keine von der Art, wie ich sie gern schreiben wollte. Mein Umzug nach Norden war mit dem Gefühl verbunden gewesen, dass es meinen Geschichten an etwas *fehlte*. Ich wollte mich tiefer auf sie einlassen und mehr aus ihnen herausholen. Es war mir nicht in den Sinn gekommen, dass ich das Erzählen aufgeben könnte oder es mich. Der Wunsch zu schreiben, Geschichten zu erzählen, in denen mein Denken und Fühlen zusammenfließt, hatte mich begleitet, solange ich denken konnte. Er war ganz wesentlich für mein Wohlbefinden, ja, für meine Identität. Doch jetzt fielen mir einfach keine *Geschichten* ein. Meine Phantasie nahm keine narrative Gestalt an. Ich wusste auf eine eigenartige Weise buchstäblich nicht, wie es weiterging. Das fand ich beunruhigend.

Noch beunruhigender war, dass ich nicht verstand, was da passierte. Als ich zu meiner Reise in die Stille aufbrach, war ich von der berechtigten Annahme ausgegangen, dass ich als Autorin wie als Betende durch das disziplinierte Praktizieren von Stille in beidem besser werden würde.

Es ist eine Binsenweisheit, fast ein Klischee, dass Stille und Alleinsein für den kreativen Künstler und vor allem für Schriftsteller förderlich sind. »Die Menschenwelt im Übermaß sich in den Alltag drängt«, heißt es bei Wordsworth. Wir brauchen unsere Privatsphäre und ein friedliches Umfeld und ertragen nur ein Minimum an Unterbrechungen, denn »Alleinsein ist die Schule des Genies«, so Edward Gibbon, der britische Historiker zur Zeit der Aufklärung. Auch sämtliche religiösen Traditionen gehen im Allgemeinen davon aus, dass Stille (in größeren oder kleineren Dosen) notwendig für die Seele ist, die nach Höherem strebt. Wir finden diese Überzeugung nicht nur in den monotheistischen Glaubensrichtungen. Selbst Traditionen, für die das Leben in Gemeinschaft zentral ist, wie Judentum und Islam, haben eine Tradition der Stille, und viele ihrer wichtigsten Texte erzählen vom Rückzug ins Alleinsein und in die Stille als Vorbedingung dafür, »die Stimme Gottes« vernehmen und entschlossen handeln zu können.

Ich fand es also durchaus folgerichtig, dass ich mich auf ein Hochmoor zurückzog und mich diszipliniert in Konzentration und Meditation übte, um auf diesem Weg als Schriftstellerin besser, produktiver, phantasievoller zu werden *und* mich zuverlässiger und intensiver auf das Beten einzulassen.

Simpel gesagt: Es zeigte sich, dass ich falsch lag.

Glücklicherweise war mir bereits bewusst geworden, dass es verschiedene Arten von Stille gibt. Das brachte mich auf den Gedanken, dass die Stille der Einsiedler möglicherweise eine grundlegend andere war als die Stille kreativer Künstlerinnen. Ich begann die Texte beider Gruppierungen, in denen sie formulieren, *aus welchem Grund* sie die Stille suchten, aufmerksamer zu lesen. Dabei zeichnete sich allmählich ab, dass beide grundlegend verschiedene Vorhaben verfolgten. Hier zwei Zitate von berühmten Persönlichkeiten, die Stille praktizierten. Beide stammen aus persönlichen Briefen und nicht aus ihren veröffentlichten Werken, und ich denke, das ist kein Zufall.

> Du sagtest einmal, du würdest gern neben mir sitzen, wenn ich schreibe. Weißt du, wenn das der Fall wäre, könnte ich gar nicht schreiben. Denn Schreiben heißt, sich selbst exzessiv preisgeben, ein Höchstmaß an Selbstoffenbarung und Hingabe … Aus diesem Grund kann man, wenn man schreibt, gar nicht allein genug sein, man kann niemals genug Stille um sich haben, wenn man schreibt, und selbst die Nacht reicht als Nacht nicht aus.[1]

Und:

> Wir müssen die Wüste durchqueren und eine Zeitlang dort verweilen, um die Gnade Gottes so zu empfangen, wie wir sie empfangen sollten. Genau dort machen wir uns innerlich leer und schieben alles von uns weg, was nicht Gott ist, leeren das kleine Haus der eigenen Seele so vollständig, dass der Raum ganz frei wird für Gott allein … Das ist unumgänglich: Die Seele braucht diese Stille, die innere Zurückgezogenheit, dieses Vergessen alles Erschaffenen.[2]

Das erste Zitat stammt von Franz Kafka aus einem Brief an seine Verlobte (es überrascht vielleicht nicht, dass die beiden nie geheiratet haben). Kafka war ein in Tschechien geborener Österreicher und Sohn deutsch-jüdischer Eltern. Er war stark beeinflusst von der prä-existenzialistischen Theologie Kierkegaards, der das soziale Leben als einen ständigen Angriff einer sinnlosen und irrationalen Gesellschaft auf das Individuum erlebte. Kafka war hyper-sensibel und zutiefst introspektiv. In diesem Zitat sieht er in der Stille eindeutig ein Mittel, das eigene Ich zu stärken, indem er dieses vor sozialen Anforderungen schützt mit der Absicht, zu einem authentischen Selbst oder einer authentischen Stimme zu finden, die er als grundlegend für ein Schreiben erachtet, das ihn persönlich erfüllt.

Das zweite Zitat ist von Charles de Foucault und an einen Freund gerichtet. De Foucault stammte aus einer wohlhabenden militärisch geprägten Familie, die, wenn auch von unbedeutendem Rang, dem französischen Adel angehörte. Er diente in der Armee, bis er ein tiefgehendes spirituelles Erwachen erlebte. Zunächst schloss er sich den Trappisten an, fand jedoch, dass das strenge Asketentum dieses Ordens seiner tiefen persönlichen Sehnsucht nach Selbstaufopferung nicht entsprach. Schließlich wurde er aus dem Orden entlassen und ging als Einsiedler in die Sahara, wo ihn 1916 Tuareg-Nomaden ermordeten. Deutlich wird an diesem Zitat, dass Stille für ihn kein Weg war, das Ich zu stützen oder zu stärken, sondern durch einen extremen Akt der »Selbstentleerung« oder kosmischen Verschmelzung aufzulösen. De Foucault hätte der Gedanke der »Erfüllung« eher widerstrebt, da erfüllte Fülle und Selbstentleerung eindeutig Gegensätze sind. Seine grundlegende Absicht bestand ganz offensichtlich in der Auslöschung seines Egos durch radikale Selbstverleugnung.

Interessant ist, wie viel diese beiden in gewisser Hinsicht gemein haben. Für beide war Stille für ihr Lebenswerk von entscheidender

Bedeutung. Beide haben einen ähnlichen geschichtlichen Hintergrund. Beide benutzen die gleiche Gattung, den persönlichen Brief, um das gleiche Thema zu erörtern. Natürlich könnte ich die beiden, statt ihre Ähnlichkeiten hervorzuheben, anhand anderer persönlicher Eigenschaften auch als Gegensätze darstellen – kulturelle Herkunft, Gesellschaftsschicht, emotionaler Hintergrund: Kafka lebte in ständiger Furcht, vom eigenen Vater vereinnahmt zu werden. De Foucault war seit frühester Jugend vaterlos. Ich habe die beiden hier zitiert, weil sie ihre Absichten in diesen Texten ungewöhnlich klar formulieren, was auch ihre radikale Verschiedenheit deutlich macht. Es lassen sich nur schwer ähnlich eindeutige Zitate wie diese von Personen finden, deren Selbstgefühl in der Stille gestärkt wird oder sich auflöst.

Ich bin mir jedoch sicher, dass weder Kafka noch de Foucault in dieser Hinsicht einzigartig sind. Statt diese beiden könnte ich auch zwischen Virginia Woolf und ihrem Essay *Ein Zimmer für sich allein* und Katharina von Siena mit ihrem »kleinen, geheimen Raum« oder ihrer »Einsiedelei des Herzens« Ähnlichkeiten finden oder diese beiden Frauen in ihrer Gegensätzlichkeit schildern. Das Vokabular und die Bilder, die sie benutzen, sind bemerkenswert ähnlich, ihre Absichten radikal entgegengesetzt. Woolf sucht die Zurückgezogenheit, um dem sozialen Druck auf Frauen zu entkommen, ihre Persönlichkeit zu festigen und ihre eigene Stimme zu finden. Katharina sucht den Raum der Stille, um sich vom Ich zu befreien und mit ihrem Gott so zu verschmelzen, dass sich ihr Selbst in ihm auflöst.

So stellte sich mir eine neue, und ich muss sagen, schmerzliche Frage, die sich in die Freude und Aufregung meines Lebens in wachsender Stille mischte. Ist es möglich, beides zu haben – der Mensch zu sein, der betet, der die Einheit mit dem Göttlichen sucht, *und* die Person, die schreibt, und zwar speziell narrative

Prosa? Wie mir sehr bewusst war, hatte ich immer geglaubt, dass Stille, und vor allem die Stille in »der Natur«, beides fördert – künstlerische Kreativität und religiöse Spiritualität. Aber das entsprach nicht dem, was ich erlebte.

Ich hatte zunehmend das Gefühl, dass es zwei verschiedene Arten von Stille gab – oder zu geben schien –, die ganz unterschiedliche Vorgehensweisen erforderten. Im Gebet versuchen wir uns frei zu machen von unserem Ich, uns zu verströmen, durchlässig, durchscheinend, leer zu werden, offen für das Transzendente. Für den Akt künstlerischen Schaffens hingegen brauchen wir Stille, um alle unsere Kapazitäten zu sammeln und das Ich zu stützen und zu stärken. Ich verstand allmählich besser, was George Steiner meinte, wenn er Künstler als »rivalisierende Schöpfer« beschrieb. Ich hatte das immer für Unsinn gehalten, weil ich davon ausgegangen war, dass Gott uns als Mitschöpfer erleben möchte. Mit mehr oder weniger Akzeptanz, Frustration, Offenheit und Widerstand machte ich jetzt die Erfahrung, dass ich nicht gleichzeitig *still sein* und neue Worte hervorbringen und neue Welten erschaffen konnte. Die Stille erzählt nichts. Sie intensiviert das Empfinden, verwischt aber jedes Zeitgefühl.

Ich bekam zunehmend das Gefühl, grundlegend entscheiden zu müssen, wer ich sein wollte. Konnte es mich glücklich machen, das Schreiben aufzugeben? Konnte ich mich damit zufrieden geben, meine religiöse Praxis aktiver und systematischer zu verfolgen? Die Antwort auf beide Fragen lautete tendenziell nein.

Ich hatte ein Problem.

Ich beschloss also, bis zu den Wurzeln dieser beiden unterschiedlichen Arten von Stille vorzudringen, um sie besser zu verstehen. Da ich bei meiner früheren Suche die Atmosphäre bestimmter Orte als hilfreich empfunden hatte, beschloss ich, zwei weitere Reisen zu unternehmen: eine in die Wüste, wo die christlichen Einsiedler des dritten bis sechsten Jahrhunderts radikale Stille als möglichen Weg erforschten, ihrem Gott näher zu kommen; und eine in die Berge, die sich für die Autoren der Romantik, die unsere heutigen Vorstellungen von kreativem Künstlertum nachhaltig beeinflusst haben, als so wichtig erwiesen hatten.

Ich fuhr zuerst in die Wüste Sinai, weil sie die ältere der beiden Landschaften ist.

Geografisch gesehen, ist der Sinai Teil des weitläufigen Wüstengürtels, der vom Atlantik über die Nordspitze Afrikas (die Sahara) bis nach Saudi-Arabien und weiter nordwärts am Ostrand des Jordan entlang bis nach Syrien und dem Irak verläuft. Der Teil dieser Wüstenkette zwischen Nil und Euphrat ist Ursprung von Judentum, Christentum und Islam, dem Monotheismus der »Menschen der Schrift«, die manchmal auch »abrahamitische Religionen« genannt werden. Laut dieser ihrer gemeinsamen Geschichte kamen Abraham und Sarah aus Ur in Chaldäa, einer uralten Stadt am Euphrat, etwa hundertfünfzig Meilen südlich vom heutigen Bagdad, zogen am nördlichen Rand der Wüste weiter nach Haran (in Syrien), dann südlich durch das Land, das heute Israel ist, in die Wüste Negev im Nordwesten der Halbinsel Sinai und hinunter nach Ägypten und schließlich durch den Norden Sinais zurück in das Land der Kanaaniter, heute Israel und Palästina. Irgendwann auf dieser langen Reise durch karges Land begann die Idee Wurzeln zu schlagen von einem Gott, der allmächtig, aber namenlos und unbestechlich sowie an keinen Ort oder Tempel gebunden ist, dem man direkt und von Angesicht zu Angesicht begegnen kann und der zu Seinem Volk spricht.

Generationen später, so die Geschichte, erschien dem jungen Moses, der vor dem Gesetz floh (vielleicht der allererste Nationalist, der seinen Weg als Terrorist begann und als Patriarch endete), nachdem er einen ägyptischen Aufseher ermordet hatte, Gott in einem brennenden Busch am Fuße des Berges Sinai. Inspiriert durch diese Vision, führte Moses die Hebräer aus der Sklaverei in Ägypten vierzig Jahre lang durch diese Wüste, bis sie schließlich das »gelobte Land« erreichten, das auch das Land ihrer Vorfahren war. In der Wüste erfuhren die hebräischen Migranten eine strenge Reinigung, eine totale Abhängigkeit von ihrem Gott und vor allem eine unmittelbare und bleibende Begegnung mit dem Göttlichen. Auf dem Gipfel des Berges Sinai übergab Gott Moses die Tafeln mit den Geboten. Diese Sicht von der Wüste als Ort, an dem Gott zu finden war, war so wegweisend, dass sich Jesus und Mohammed, als sie Jahrhunderte später die religiöse Tradition weitertragen wollten, beide in die Wüste zurückzogen, um sich auf ihre Mission vorzubereiten.

Alle, die über die Wüste geschrieben haben, von Einsiedlern bis zu heutigen Touristen, berichten, wie dicht die Stille der Wüste ist. Gertrude Bell, die britische Reisende, die für die politische Entwicklung des Nahen Ostens nach dem Krieg von 1914 – 1918 eine so maßgebliche Rolle spielen würde, schrieb während ihrer ersten Wüstenreise an ihren Vater:

> Soll ich dir von meinem ersten Eindruck erzählen – der Stille. Sie ist wie die Stille auf Berggipfeln, aber intensiver, denn dort hörst du den Wind und in der Ferne Wasser, berstendes Eis und polternde Steine. In den Bergen gibt es eine Art Echoklang, du kennst das, Vater, doch hier – nichts ... Stille und Alleinsein umhüllen dich wie ein undurchdringbarer Schleier.[3]

Genau von dieser Stille wollte ich einen Geschmack bekommen. Ich schloss mich einem Wüstenretreat an, das der Reiseveranstalter *Wind, Sand and Stars* organisierte und das den Reisenden die »Gelegenheit bietet, eine Woche an ein und demselben Ort zu verbringen und sich in die Weite, Stille und Schönheit dieser uralten Gegend zu versenken.«[4]

Der Weg in die Wüste war mit viel nervenaufreibendem und lautstarkem Aufwand verbunden. Ich flog nach Sharm El-Sheikh, dem Touristenort an der Südküste der Sinai-Halbinsel. Die Gereiztheit, die ich im Laufe der letzten Jahre gegenüber dem Fliegen entwickelt hatte, bekam hier neue Nahrung: Das Flugzeug war brechend voll mit fröhlichen Familien auf dem Weg zum Strandurlaub. Die lauten Stimmen in einer hohen Tonlage und einer Sprache, die ich nicht verstand, waren besonders nervig, und die Abfertigung auf dem Flughafen war ein einziges organisatorisches Chaos. Der Flug hatte Verspätung, sodass wir an diesem ersten Abend nicht mehr bis zu unserem vorgesehenen Zeltlager fahren konnten. Die Zusammenkunft vieler unbekannter Menschen in der Dunkelheit, ohne dass ich wusste, wer da jeweils vor mir stand, war mit viel lautem Rabatz verbunden. Die Nacht war unruhig, und in der Morgendämmerung begann ein hektisches Umorganisieren. Es folgte eine lange Fahrt über holprige Straßen in einem brechend vollen Jeep.

Und dann waren wir in der Wüste.

Der Jeepmotor wurde ausgeschaltet, und wir stiegen um auf Kamele. Als ich mich erst einmal daran gewöhnt hatte, fand ich die schaukelnde Gangart meines Kamels seltsam einschläfernd – ich fühlte mich fast wie in einem kleinen Boot auf ruhiger See. Anders als ein Pferd, braucht ein Kamel nicht viel Anleitung oder Aufmerksamkeit. Es war heiß, und ich schaukelte unter der grellen Sonne dahin. Der Himmel war weiß, zu blendend, um hinzuschauen, und allmählich ergriff mich die Stille der Wüste und nahm mich vollständig in Besitz. Ich saß auf dem Kamel, schaukelte passiv im Einklang mit dem Tier und verlor jedes Gefühl von Zeit und Entfernung.

Die Wüste Sinai ist keine Sanddünenlandschaft, sondern felsig und bergig. Nie zuvor hatte ich mich an einem schöneren und strengeren Ort befunden. Unser Zeltlager hieß *White Wadi*: ein flacher Halbkreis aus weißem Sand, gesprenkelt mit kleinen schwarzen Steinen und nach drei Seiten hin von schroffen, unregelmäßig geformten Felswänden geschützt. Die klippenähnlichen Gebilde ragten bis in den Wadi. Ströme von Sand flossen an ihnen herab und gerieten, als ich versuchte, auf ihnen nach oben zu steigen, in Bewegung wie Wasser. Aus der Ferne sahen diese »Sandfälle« wie Gletscher aus.

Vor langer, langer Zeit hatte das ganze Gebiet unter dem Meer gelegen, einem warmen, flachen Ozean. Die Felsen sind aus Sandstein, der sich hier in dünnen Schichten abgelagert hat. Die gleiche langsame, unaufhaltsame Bewegung der tektonischen Platten der Erde, welche die Alpen nach oben geschoben hat, hat auch die Sinai-Halbinsel aus dem Wasser gehoben wie ein Monster, das aus den Tiefen grummelnd emporsteigt und sich das Wasser aus seinem zottigen Pelz schüttelt. Als sich das Meer erst einmal zurückgezogen hatte und die Felsen getrocknet waren, bearbeitete der Wind den Sandstein, trug ihn ab zu grotesken, wunderschönen Formen, fleckig an den Stellen, an denen ständig flüssiges Eisenoxid herabtropft. Im Zeltlager hatte ich manchmal den Eindruck, von großen toten Wildtieren umgeben zu sein, die Felswände waren ihre uralten Knochen. Und derselbe Wind mahlte den Stein zu dem feinsten, weißesten Sand, den ich je gesehen habe. Es gibt dort auch noch anderes Gestein wie gebrannten Basalt, der sehr viel widerstandsfähiger ist und schwarze Flecken im Weiß bildet.

Dieser Teil des Sinai ist von einer strengen, nahezu grausamen Schönheit, »ein trockenes und ödes Land, wo kein Wasser ist«. Auf den ersten Blick scheint dieses Land völlig unfruchtbar, ja, tot zu sein, doch jeden Morgen waren im weichen Sand winzige Fußabdrücke zu sehen, die oft schnurstracks auf meinen Schlafsack zuliefen: Skorpionspuren. Sie waren da, ohne dass ich jemals einen

Skorpion zu Gesicht bekam. Hier thronte ich eine Woche lang mit Blick auf unser Wüstencamp in einem Felsspalt, fast einer Höhle, um mich vor der Sonne zu schützen, und sann nach über Stille und Gebet. Unter mir erstreckte sich die flache, weite Wüste, die scharfen Felsenklippen schienen direkt aus dem Sand steil nach oben zu wachsen. Über mir der blaue Himmel. Einmal, spät am Morgen, sah ich einen einzelnen Beduinen in langen, dunklen Gewändern und mit einer schwarzen Kopfbedeckung. Er tauchte an der äußersten Grenze meines Blickfelds auf, wahrscheinlich mehr als drei Meilen entfernt, und kam durch den Sand stetig auf mich zu. Schließlich verbarg ihn die Felsenklippe, die unter mir abfiel. Er hatte ausgesehen wie ein Traumgeschöpf, und das war er vielleicht auch gewesen. Einmal sah ich eine Art Krähe mit scharfem Blick und mühelosen Flügelschlägen über das Zeltlager gleiten, und gelegentlich tauchten winzige Vögel auf, flink und eifrig wie Schwalben, die überraschend anmutig durch die zerklüfteten Felsen flatterten. Mehr gab es nicht zu sehen – nur ein riesiges, heißes Nichts. Die tiefste Stille, die ich je erlebt habe. Nichts und niemand war zu hören.

Es war heiß und es war still. Zum ersten Mal erlebte ich jenes mysteriöse »Lied« – jenen mysteriösen »Klang der Stille«. Dieser Klang lässt sich schwer beschreiben. Er fühlt sich an wie ein Hörerlebnis und du hörst ihn tatsächlich, doch ich glaube, in Wirklichkeit ist er die Abwesenheit von allem, was es zu hören gibt. Für John Cage handelte es sich hier um einen realen Klang, der für ihn ein Beweis dafür war, dass Stille gar nicht existiert:

> Aus bestimmten technischen Gründen ist es wünschenswert, eine Situation zu schaffen, die so still wie möglich ist. Einen solchen Raum bezeichnet man als »reflexionsarmen Raum«; seine sechs Begrenzungsflächen bestehen aus speziellem Material, sodass er kein Echo wirft. Vor einigen Jahren betrat ich an der Harvard Universität einen solchen

Raum und hörte zwei Töne, einen hohen und einen tiefen. Als ich das dem leitenden Techniker erzählte, sagte er mir, der hohe Ton sei mein eigenes Nervensystem in Aktion und der tiefe mein Blutkreislauf.[5]

Diese Erfahrung inspirierte Cage zu seinem Stück *4'33«*, das er 1952 komponierte und das darin besteht, dass ein Pianist am Flügel sitzt und mehr als viereinhalb Minuten lang nicht spielt. Cage ging es darum, dass jeder, der richtig lauschte, in der Konzerthalle Töne hören würde. Diese Töne, unvorhersehbar und absichtslos, machen die Musik seines Stückes aus.* Cage scheint die Ausführungen des Technikers über das, was er hörte, fraglos akzeptiert zu haben. Er schreibt mehrmals über dieses Schlüsselerlebnis. Bei späteren Wiederholungen unterlässt er jeden Hinweis darauf, dass der Techniker hier lediglich seine Meinung äußerte, und stellt dessen Erklärungen dar, als handelte es sich um wissenschaftlich erwiesene Tatsachen. Doch andere Menschen hören anders und sind sich nicht so sicher, dass es sich hier um reale Töne handelt. In seinem Buch über Wüsten, *Mit den Taschen voller Sand*, schreibt Martin Buckley:

> Da wahre Stille nahezu ein Vakuum ist, muss die Reibung von Luft an festen Gegenständen fehlen, sodass eine Leere und Lautlosigkeit entsteht, wie wir sie nur in der Wüste finden. Über den Dualitäten von Sand und Himmel, falb und blau, Schatten und Sonnenlicht schwebend, wird die Stille schließlich selbst zum Ton: ein Rauschen des Blutes in deinen Ohren.[6]

---

* Eine köstliche Anekdote dazu: Der britische Liedermacher Mike Batt gab 2002 ein Album heraus, das auch das Stück *A one minute silence* (Eine einminütige Stille) enthielt, das er sich selbst und John Cage zuschrieb. Die Nachlassverwalter von Cage strebten daraufhin ein Gerichtsverfahren gegen Batt an und behaupteten, er verletze das Copyright des bereits früher entstandenen Werkes von Cage. Leider wurde der Fall gegen eine große, nicht genannte Summe außergerichtlich geregelt, doch wirft er die interessante Frage auf, wie ein Copyright auf Stille aussehen könnte.

Ich habe über diesen höchst eigenartigen und deutlich vernehmbaren Ton mit zahlreichen Menschen gesprochen, die Zeit in Stille verbrachten. Fast alle waren sich einig, dass dieser Ton *da* ist – sehr leise, kontinuierlich und (meistens) zwei- oder mehrtönig, genau so wie Cage ihn beschreibt. Er ist nur in sehr intensiven Augenblicken von äußerer Stille vernehmbar. Ich weiß nicht, was das ist. Niemand scheint es zu wissen. Es ist die Stimme Gottes. Es sind die winzigen Partikel, die im Innenohr hängenbleiben. Es ist die Folge davon, dass jetzt so viele Menschen auf der Welt leben und einen solchen Lärm veranstalten, dass wir dem letzten absterbenden Widerhall menschlicher Geräusche nirgendwo entkommen. Es ist das Drehen des Universums oder die langsame Verschiebung der tektonischen Platten tief im Inneren der Erde, die sich ungefähr so schnell bewegen, wie Fingernägel wachsen. Obwohl ich diesen Ton zum ersten Mal in der Wüste Sinai hörte, kann dieses merkwürdige Phänomen überall auftreten, wo die Stille tief genug ist, wo sich nichts in der Luft regt und wir aufmerksam dafür sind. Ich finde das immer noch aufregend.

Oben in meinem Wüstenhorst machte ich eine weitere, potenziell gefährlichere Erfahrung. Während der Tag weiterhin ebenso still verstrich, wie er begonnen hatte, und es sogar noch heißer wurde, stellte ich fest, dass ich in eine müde Trägheit verfiel, die mir das Gefühl gab, dass selbst die simpelsten Dinge wie Trinken mit einer ungeheuren Anstrengung verbunden waren. Es war ein merkwürdiger, traumähnlicher Zustand, in dem nichts wichtig oder lohnenswert zu sein schien, ohne dass sich das besonders schrecklich oder alarmierend anfühlte. Dankbar begriff ich, warum Matt, unser großartiger Wüstenführer, uns ständig und immer wieder – *ad tedium* – zusetzte, viel zu trinken, denn mit seiner Beharrlichkeit hatte er zumindest in der Hinsicht meine Trägheit besiegt. Doch ab einem gewissen Zeitpunkt waren meine Beine, während die Sonne herumwanderte, nicht mehr im Schatten. Ich bekomme schnell einen Sonnenbrand und zwar einen heftigen. Doch obwohl ich wusste, dass ich mir an den Beinen und über kurz oder lang auch am restlichen Körper einen möglicherweise gefährlichen Sonnenbrand holen würde, starrte ich weiter träumerisch auf meine Beine in der Sonne und dachte: »Ich muss den Platz wechseln«, ohne dass ich die Kraft fand, das auch zu tun. Als ich Matt das erzählte, sagte er: »Wüstenträgheit« – sehr verbreitet und gefährlich. Seiner Meinung nach war das eine Reaktion auf das Alleinsein und die Hitze.

An jenem Tag im Sinai wurde ich vor schwerwiegenderen Folgen bewahrt, weil ich mich im Camp zum Abendessen zurückmelden musste und den anderen viele ärgerliche Umstände beschert hätte, wenn sie mich hätten suchen und zurückholen müssen, falls ich nicht aufgetaucht wäre. Als mir das klar wurde, fragte ich mich, ob nicht ein Aspekt der Übernahme des Gemeinschaftsmodells (des zönobitischen Modells) für das Klosterleben im Westen und dessen Bevorzugung gegenüber dem zurückgezogenen Einsiedlerleben genau darin bestand, das Individuum zu schützen. Nicht vor gefräßigen wilden Tieren oder den Überfällen der Barbaren, sondern vor diesem inneren Zustand eines Selbst, der von zunehmender Leere, schwindender eigener Wertschätzung und sich auflösenden Grenzen geprägt ist, sodass der Mensch für sein Überleben schlecht ausgerüstet ist. Enthemmung und das Wegbrechen klarer Grenzen hätten in der Wüste wahrscheinlich tödlichere Folgen als fast überall sonst.

Ich verbrachte den Großteil der Tage in der Wüste, von den atemberaubenden, rosenfarbenen Sonnenaufgängen bis zur langen, heißen Stille über Mittag, dort oben in den Felsen und versuchte über Stille und Gebet nachzudenken.

Viele Menschen gehen davon aus, Beten sei – anders als »vorgegebene religiöse Rituale« oder »auswendig gelernte Gebete« – primär eine persönliche und innere Angelegenheit. Doch anthropologische Untersuchungen weisen darauf hin, dass Beten zunächst ein Gemeinschaftsritual war und stille Meditation oder das persönliche Gebet in sämtlichen Kulturen viel später auftraten. Der früheste Bericht über das stille Gebet, den ich finden konnte, verdeutlicht das. Er steht in der Hebräischen Bibel:

> Vor langer, langer Zeit lebte im Gebirge Ephraim ein Mann namens Elkana. Er hatte zwei Ehefrauen – Peninna und Hanna, die keine Kinder hatte. Jedes Jahr begab sich die ganze Familie nach Shiloh, wo Eli Priester war, um zum Herrn der Heerscharen zu beten und die rituellen Opfer darzubringen. Jahr für Jahr nutzte Peninna diese Gelegenheit, Hanna wegen ihrer Unfruchtbarkeit zu verspotten, zu provozieren und zu ärgern. Hanna war darüber so aufgebracht, dass sie weinte und sich weigerte zu essen, obwohl Elkana sich ihr zärtlich zuwandte und sie fragte: »Hanna, warum weinst du? Warum ist dein Herz so traurig? Bin ich dir nicht mehr als zehn Söhne?« Aber Hanna war untröstlich und verließ in ihrer tiefen Verzweiflung die Familie und ging allein in den Tempel, um zu beten. Eli beobachtete sie dabei. Hanna sprach in ihrem Herzen. Nur ihre Lippen bewegten sich, und *ihre Stimme war nicht zu hören, deswegen glaubte Eli, sie sei betrunken.* Es überrascht nicht, dass er sie daraufhin schalt, doch sie erwiderte: »Ich bin eine tief bekümmerte, gekränkte Frau. Ich habe vor dem Herrn meine Seele ausgebreitet.« Eli, den das sichtlich rührte, sagte zu ihr: »Gehe hin in Frieden, und möge der Gott Israels dir deine Bitte gewähren.« Daraufhin verließ Hanna den Tempel und war nicht länger traurig. Im folgenden Jahr gebar sie einen Sohn, den sie Samuel nannte.[7]

Dies ist eine uralte Geschichte. Wahrscheinlich stammt sie ursprünglich aus dem elften Jahrhundert v. u. Z., doch beachtenswert ist, dass auch der spätere Herausgeber, der die Bücher Samuels nach dem Untergang Jerusalems 586 v. u. Z. in ihre heutige Form brachte, sie immer noch so außergewöhnlich fand, dass er sie bewahrte. Offensichtlich hat sich das stille Gebet nicht so schnell verbreitet, wie wir heute vielleicht annehmen.

Diese Geschichte ist in einer Kultur angesiedelt, die das Wort und die Gemeinschaft so hoch bewertet, dass Stille im klassischen Judentum kaum eine positive Rolle spielt. Als ich mit Christopher Rowland, Professor für Bibelstudien an der Universität von Oxford, über Stille in der Hebräischen Bibel sprach, meinte er, Stille sei für diese Gemeinschaft etwas Negatives gewesen. Sie habe hier tatsächlich als Mangel oder Manko gegolten und sei aus diesem Grund auch kaum oder gar nicht von Interesse gewesen.[8] In dieser Kultur heißt lebendig sein sprechen. Nur die Toten im Scheol, dem hebräischen Totenreich, sind still. Die Gläubigen sprechen zu Gott, und er spricht zu ihnen von Angesicht zu Angesicht oder durch Sendboten (»Engel«) und Propheten. Nicht dass es dem Judentum an mystischer oder visionärer Einsicht fehlt, und es verteufelt auch nicht das intensive persönliche Einswerden mit Gott, aber die akzeptierten Formen des Ausdrucks dieser inneren Autorität bestehen eher in Prophezeiung und Poesie als in stiller Sammlung.

Es ist zu erwarten, dass eine Gesellschaft, deren Spiritualität in der Stille der Wüste entstand und die sich bildliche Darstellungen versagt, auf Sprache besonders angewiesen ist und diese besonders schätzt. In diesem Kontext gewinnen Worte zusätzlich an Gewicht und Bedeutung, und Stille stellt eine besondere Gefahr dar. Vielleicht überrascht es nicht, dass »Stille« in der Hebräischen Bibel nicht nur einfach wie für uns heute Ruhe bedeutet, sondern für Ruin oder Zerstörung wie auch für Ausgeliefertsein, den Tod und das Grab steht. Das direkte Wort Gottes und dessen autorisierte gesetzliche und geschichtliche Wiedergabe ist für das Gemeinschaftsleben von grundlegender Bedeutung. In solch einer Kultur löst die Vorstellung, Gott könne in Stillschweigen verfallen, geradezu Entsetzen aus:

> Siehe, es kommt die Zeit, spricht der Herr, daß ich einen Hunger ins Land schicken werde, nicht einen Hunger nach Brot oder Durst nach Wasser, sondern *nach dem Wort des Herrn*; daß sie hin und her von einem Meer zum anderen, von Mitternacht gegen Morgen umlaufen und des Herrn Wort suchen und doch nicht finden werden.⁹

Und doch ist im Kern des Judentums die Große Stille. Der Name Gottes wird nicht ausgesprochen. Selbst Gott bricht diese Stille nicht. Als er nach seinem Namen gefragt wurde, sagte er lediglich: »Ich bin, der ich bin.« Einmal im Jahr sprach der Hohe Priester im Allerheiligsten des Tempels in Jerusalem den Namen Gottes mit Ehrfurcht und feierlichem Ernst. Doch selbst diese Lautwerdung Seines Namens wurde zum Stillschweigen gebracht: der Name wurde nur noch mit seinen Konsonanten niedergeschrieben, aber wir können ein Wort natürlich nicht laut sprechen, wenn wir nicht auch seine Vokale kennen. Nach der Zerstörung des Tempels durch die Römer im Jahre 70 u. Z. gab es keinen Ort mehr, an dem der Name ausgesprochen werden konnte. So ging dieses Aussprechen von Gottes Namen verloren und wurde erneut zum Stillschweigen gebracht.

Diese eine Stille wurde nicht gebrochen. Das Tabu geht so tief, dass es noch nicht einmal im Gesetz verzeichnet wurde. Aber es gibt eine uralte Geschichte, die erzählt, wie der Name Gottes ausgesprochen wurde. Als Gott die Welt erschuf, schuf er den Menschen »als sein Abbild; als Mann und Frau schuf er sie« (Genesis 1:27). Später, nachdem aus vielerlei Gründen viele weitere Dinge geschehen waren, sagte Gott der Herr: »Es ist nicht gut, daß der Mensch allein bleibt«, also nahm er eine Rippe von Adams Rippen und schuf daraus Eva, damit diese »Bein von seinem Bein und Fleisch von seinem Fleisch« werde (Genesis 2:18-23). Es gibt jedoch einen Mythos, der die Lücke füllt, die hier offensichtlich wird. Die erste Frau, die direkt nach dem Ebenbild Gottes geschaffen wurde und

Adam in jeder Hinsicht ebenbürtig war, hieß Lilith. Sie weigerte sich, sich Adam zu unterwerfen. In manchen Versionen des Mythos heißt es, sie wehrte sich dagegen, beim Sex unter ihm zu liegen, während er davon ausging, sein Status verlange die Missionarsstellung. Also begann sich das Paar zu streiten. Außer sich vor Wut, nannte sie den Unaussprechlichen beim Namen, und das verlieh ihr Macht. Sie floh aus dem Garten Eden südwärts an die Küste des Roten Meeres, wo sie (unberührt vom Sündenfall und deswegen unsterblich) auf ewig weiterlebt, genährt vom Fleisch ihrer eigenen Kinder, die sie allein empfängt, jeden Morgen gebiert und vor Einbruch der Nacht verzehrt. Sie ist das Käuzchen, und neugeborene Kinder müssen vor ihrer Habgier und ihrer Feindseligkeit mit Amuletten und Zaubersprüchen geschützt werden, denn da sie nicht genug hat an ihrem eigenen Nachwuchs, versucht sie auch deinen zu verzehren und zu vernichten. Macht und Gefahr, männlich und weiblich scheinen in dieser Geschichte gut ausgewogen zu sein. Doch die hier zentrale Stille wird durch Drohungen wie Versprechen geschützt.

Diesen nicht beim Namen genannten Gott erfahren wir nicht durch Stille, sondern durch die fortlaufende Geschichte der Gemeinde und sein eigenes, unmittelbar gesprochenes Wort. Nach seinem Namen gefragt, sagte Gott zunächst: »Ich bin, der ich bin«, fügte dann jedoch hinzu: »Der Gott eurer Väter, der Gott Abrahams, der Gott Isaaks und der Gott Jakobs … das ist mein Name in Ewigkeit und so wird man mich nennen in allen Generationen« (Exodus 3:14,15).

Das frühe Christentum brach nicht mit dieser Tradition. Obwohl das Evangelium Bericht gibt von Jesus' vierzigtägiger Fastenzeit, die er wahrscheinlich in Stille verbrachte, und den Versuchungen, denen er in der Wüste ausgesetzt war, und obwohl hier beschrieben wird, wie er sich gelegentlich in die Hügel zurückzog, um allein zu beten, unterwies er seine Schüler, als sie ihn baten, sie beten zu lehren, nicht in Meditation, noch riet er ihnen zu Innerlichkeit und Stille. Stattdessen übergab er ihnen sofort eine Reihe von formalen Sätzen, die eindeutig laut gesprochen werden sollten. (Das Vaterunser ist in der ersten Person Plural formuliert: »unser«, »uns« und »wir«). Auch in seinen Briefen, die den neuen Kirchengemeinden im Mittelmeerraum minutiöse Anweisungen für ein Leben in Christus geben, schenkt Paulus dem, was wir heute »Spiritualität« nennen, nämlich der stillen, inneren Praxis des persönlichen Gebets, keinerlei Beachtung. Die Einstellung, dass das Christentum im Wesentlichen durch die disziplinierte Andacht der Gemeinde sowie wohltätige und gerechte Werke praktiziert wird, hat sich bis heute beharrlich gehalten. »Und wessen Füße wirst du waschen?«, fragte Basilius der Große kritisch, als sich ein weiteres Mitglied seiner Gemeinde auf den Weg in die Wüste machte, um Eremit zu werden. Diese Haltung war einer der wichtigsten Punkte der Reformation, aber auch der Gegenreformation und findet sich in weiten Kreisen der zeitgenössischen Theologie immer noch.

Es ist also nicht ganz klar, *warum* Christen ab Mitte des dritten Jahrhunderts in die Wüste gingen, anfangs im Umkreis von Ägypten und östlich von Jerusalem, um dort eine intensive Spiritualität zu entwickeln, die auf strenger Askese und vor allem auf Stille beruhte. Aber in den nächsten Jahrhunderten taten sie genau das, und zwar in erstaunlicher Anzahl. Die Lebensbedingungen in der Wüste und der eremitischen Existenz gehen an die Grenze dessen, was ein Mensch ertragen kann – und dahin gingen sie.

Die einfachste Erklärung dafür wäre, dass die Einstellung der Christenverfolgung durch den römischen Staat für eine Kirche, die im Märtyrertum den edelsten Ausdruck ihres Glaubens sah, eine Herausforderung darstellte. Nicht nur weil das Sterben für eine gute Sache immer wirkungsvoll ist, sondern auch, weil der

Märtyrer dem Leben Jesu nacheifert. Die Extreme des asketischen Lebens waren eine Antwort darauf: Wirke hin auf etwas so Schwieriges und Unliebsames wie das Sterben und auch du kannst zum heldenhaften Märtyrer werden.

Auch wenn das generell stimmen mag, erklärt es nicht, warum *Stille* zur zentralen Form von Askese wurde. Es gibt eine ganze Reihe von weitaus spektakuläreren Praktiken, wie die frühe Kirche sich eifrig darzulegen bemühte. Laut Rowan Williams, Erzbischof von Canterbury, war die frühe christliche Spiritualität höchst experimentell: Setze dich auf einen Pfosten, richte dich auf einem Baum ein, lebe in der Wüste, tanze, studiere, faste, schweige und so weiter – *und schau, wie sich das auf dein Innenleben und deine Beziehung zu Gott auswirkt.* Angesichts der tatsächlichen körperlichen und psychischen Auswirkungen von Stille können wir durchaus annehmen, dass diese sich als wirkungsvolles Instrument für die Auslösung tiefer Erfahrungen erwies. Dazu gehört auch das Durchlässigwerden der Grenzen zwischen dem Selbst und dem Anderem schlechthin – dem auferstandenen Christus.

Peter Brown weist in seinem Buch *Die Keuschheit der Engel: Sexuelle Entsagung, Askese und Körperlichkeit im frühen Christentum* darauf hin, dass der Antrieb zu christlicher Keuschheit und Jungfräulichkeit (die wir heute vor allem als Körperhass und Dualismus deuten) tatsächlich auf die radikale Weigerung zurückging, am Römischen Reich mitzuwirken oder dieses zu unterstützen. Für Frauen bedeutete Jungfräulichkeit Kinderlosigkeit. Die Weigerung, Kinder zu gebären, war ein deutlicher Ausdruck ihrer Verachtung für das System, vor allem da die Bevölkerung im Reich in besorgniserregendem Maße abnahm. Aufschlussreich ist in diesem Zusammenhang auch, dass öffentliche Reden (Rhetorik) eine weitere Bürgerpflicht und für das römische Bildungssystem von zentraler Bedeutung waren: Stille war damit wie Jungfräulichkeit Ausdruck einer kritischen Haltung.

Wie auch immer, in erstaunlich kurzer Zeit streifte dieser neue Glaube die vagen Verdächtigungen ab, die Stille umgeben hatten, und begeisterte sich für diese. Es ist heute schwer nachvollziehbar, wie tiefgreifend und radikal diese Umorientierung auf das stille innere Gebet war.

Tag für Tag nahm ich Helen Waddells Übersetzung von *The Sayings of the Desert Fathers* mit in die Felsen, Äußerungen von Eremiten über das Einsiedlerleben, die verschiedene Zeitgenossen gesammelt hatten und die in der Kirche jahrhundertelang von großem Einfluss waren. Auch das *Leben des Heiligen Antonius* von Athanasius, einem streitlustigen Bischof und Politiker, der trotzdem ein äußerst bewegendes Buch über Antonius' Leben schrieb, hatte ich dabei. Ich versuchte, still zu sitzen und diesen Berichten in der Stille der Wüste zu lauschen, über die geschilderten Erfahrungen nachzusinnen und mich zu fragen, ob es hier Parallelen zu meinen eigenen Erlebnissen gab.

Das war, ehrlich gesagt, eine ziemlich knifflige Angelegenheit, weil diese Autoren so völlig anders dachten als ich. Besonders zwei Unterschiede verhindern den direkten Vergleich zwischen Menschen, die heute die Stille suchen, und Antonius' Suche. Der erste ist, dass er in einer Kultur lebte, die sich mit Askese und körperlicher Selbstkasteiung nicht weiter schwer tat. Die asketischen Praktiken, die für uns heute ein Ausdruck von Selbsthass oder sogar Masochismus sind, galten – laut Paulus in seinen Briefen – nicht als Buße, sondern vielmehr als Training, vergleichbar dem von Sportlerinnen oder Soldaten, und zwar für ein lohnenswertes Ziel. Wir gehen heute davon aus, dass Fasten und Schlafentzug, zum Beispiel, ganz bestimmte physiologische Auswirkungen haben, die wenig oder gar nicht mit unseren Vorstellungen von Heiligkeit verknüpft sind. Wahrscheinlich würden wir ziemlich vielen berühmten und hochverehrten Heiligen aus dieser Tradition eine »Essstörung« attestieren.[10]

Der zweite Unterschied besteht in dem völlig unhinterfragten Glauben an Teufel, Dämonen oder Satan selbst. Dieser geht weit über den Glauben an »die Kräfte des Bösen« als Abstraktum hinaus und existierte bereits vor der augustianischen Vorstellung, dass der Mensch für Sünde prädestiniert und sein Wille gespalten oder wankelmütig ist. Im Kontext dieses Glaubens hatten Phänomene wie akustische Halluzinationen, das Verschwimmen der Grenzen des Selbst und das Bewusstsein für Wagnisse eine völlig andere Bedeutung und einen völlig anderen Stellenwert. Natürlich drohte das alles, denn nichts bringt den Teufel so schnell auf den Plan wie ein Einsiedler, der versucht, seine Leidenschaften zu zügeln. Die Dämonen waren ständig präsent, bösartig, heimtückisch und gemein.

Selbst wenn ich diese Unterschiede erkennen konnte, blieb das Gefühl, dass die Quellen, zu denen wir in Bezug auf die Wüstenmönche Zugang haben, »ideologisch verseucht« sind, wie wir heute sagen würden. Athanasius, zum Beispiel, hat seine schöne und bewegende »Biografie« des Antonius' teilweise aus politischen Gründen verfasst. Er war sich über Antonius' enormes öffentliches Prestige durchaus im Klaren. Es war für ihn von großer Wichtigkeit aufzuzeigen, dass Antonius rigoros anti-arianisch eingestellt war, denn er wollte die Öffentlichkeit für seinen eigenen lebenslangen Kampf gegen diese weithin akzeptierte christologische Häresie begeistern. Es ist jedoch nahezu unmöglich, die theologischen Überzeugungen eines Menschen herauszufinden, der in vollkommener Stille lebt und nie ein Wort sagt. Athanasius gelingt es ziemlich gut, Antonius als Menschen darzustellen, der durchgängig still ist, *außer wenn er sich lautstark über das Dogma der Dreifaltigkeit Gottes ausließ*. Aus diesem letzten Grund war Antonius offenbar immer bereit, seine Stille zu brechen, ja, sogar die Wüste zu verlassen und nach Alexandrien zu reisen, um dort öffentliche Reden zu halten. Natürlich kann das durchaus stimmen, doch wenn man über Athanasius mehr erfährt (sein Spitzname lautete *contra mundum*: »gegen die Welt«, »gegen alle«), kommen einem unweigerlich Zweifel an diesen Darstellungen.

Die Gattung der modernen Biografie – die versucht, das Innenleben oder Wesen einer berühmten Person herauszuarbeiten und zu kommentieren – hat sich erst mit der Aufklärung entwickelt.[11] Augustinus' Versuch, seine Bekenntnisse im modernen Sinne autobiografisch zu verfassen, wurde von seinen Zeitgenossen schlecht aufgenommen. Athanasius wollte, wie auch die anderen Kommentatoren der frühen Heiligen, keine Biografie im heutigen Sinne schreiben, sondern eine Hagiografie (einen Text über das Leben heiliger Individuen), die eine eigenständige Gattung mit ganz bestimmten Regeln ist. Eine dieser Regeln lautete, zumindest bis zum 19. Jahrhundert, dass die oder der Heilige eine außergewöhnliche Persönlichkeit sein und einen extremen Lebensweg eingeschlagen haben muss, wie immer das im Einzelnen aussehen mochte. Die so geschilderten Personen haben vor ihrer Reue durchweg die schlimmsten Sünden begangen, die der Autor sich nur ausmalen kann, ihre Buße ist außerordentlich bitter, ihre Tugenden sind von einer wundersamen Kraft. Die christliche Hagiografie schwärmt von Büßenden (im Idealfall sind das schöne junge Frauen, die sexuell gesündigt haben). Die buddhistische »Hagiografie« hingegen bevorzugt offenbar reiche, hochgeborene junge Männer. In dieser Literatur zieht sich praktisch niemand als Einsiedler zurück, weil er denkt, diese Lebensweise könne ihm gefallen. Diese Menschen sind vielmehr Getriebene – im besten Falle von dem Wunsch, für grässliche Sünden zu sühnen, zumindest aber von der entschiedenen Abkehr von der sündigen Welt.

Das Leben der heiligen Maria von Ägypten (laut mündlicher Überlieferung viertes Jahrhundert) liefert ein frühes Vorbild für diese Art des Erzählens. Zosimas (fünftes Jahrhundert u. Z.), selbst ein berühmter Asket, pflegte die Fastenzeit in der Wüste zu verbringen. Dort stieß er zufällig auf eine nackte Frau, die sich in ihr eigenes Haar gehüllt hatte. Sie erzählte ihm, sie sei mit zwölf Jahren Prostituierte geworden, nicht für Geld, sondern aus »zügelloser Lust«. (Ich finde dieses Detail faszinierend. Die moderne Moral würde dazu tendieren, dass es eine größere Sünde ist, für Sex Geld zu nehmen als dem eigenen natürlichen sexuellen Begehren nachzugeben. Ich bin mir nicht sicher, wann dieser Bewusstseinswandel stattgefunden hat.) Mit neunundzwanzig Jahren unternahm sie eine Reise mit einem Segelschiff nach Jerusalem, die sie bezahlte, indem sie gegen Geld mit Seeleuten schlief. Dort angekommen, konnte sie jedoch wundersamerweise keine Kirche betreten. Eine Marien-Ikone belehrte sie, der Grund dafür seien ihre Sünden. Und so leistete sie umgehend Buße und eilte hinaus in die Wüste, wo sie die letzten siebenundvierzig Jahre von dem lebte, »was diese wilde und unkultivierte Abgeschiedenheit gewährte«, bevor Zosimas auf sie stieß. Sie hatte die ganze Zeit in vollkommener Stille gelebt, war qualvollen Versuchungen ausgesetzt gewesen und hatte sich ebenso qualvollen Kasteiungen unterzogen. Doch jetzt »hatte ihr Geist wieder vollkommenen Frieden gefunden«. Gott selbst hatte sie die Schriften gelehrt, da sie nicht lesen konnte. Sie bat Zosimas, ihr die Sakramente zu spenden*, was er einmal auch tat. Doch als er

---

* Dafür musste sie ihr Schweigen natürlich brechen, denn wenn sie nie die Sakramente empfangen hätte, könnte sie keine Heilige im eigentlichen Sinne sein. Das ist ein gutes Beispiel dafür, unter welchem Druck die Verfasser von Hagiografien stehen. Man will hier nicht nur von extremer Buße lesen, sondern auch von Schriftgelehrtheit, einem Leben nach den Sakramenten und einigen Wundern (man beachte den Löwen).

im folgenden Jahr wiederkehrte, fand er sie tot vor. Ein hilfsbereiter Löwe half ihm, sie zu begraben. Dies ist ein gutes Beispiel für eine typische Hagiografie, das auch deutlich macht, welche Probleme mit Überlegungen zu einer Tradition der Stille verbunden sein können.[12]

Doch trotz all dieser Vorbehalte brütete ich über den zeitgenössischen Berichten von Einsiedlern in der Hoffnung, die Wüstenspiritualität besser zu verstehen. Ich wählte *Das Leben des heiligen Antonius*, weil Antonius als Gründer der Klostertradition und erster Wüstenvater gilt. Er war allerdings nicht der Erste, der mit Stille als Weg zu spirituellem Wachstum experimentierte. Bekannt ist, dass er selbst Anleitung bei bereits praktizierenden Einsiedlern suchte. Doch wissen wir heute unter anderem aufgrund von Athanasius' Hagiografie, dass sein Einfluss und seine Wichtigkeit in der damaligen Zeit wie auf die Entwicklung des christlichen Klosterlebens generell nicht unterschätzt werden darf.

Antonius wurde in Ägypten geboren und verkaufte, als er noch ziemlich jung war, seinen ganzen Besitz und zog sich als Einsiedler zurück. Schließlich verbarrikadierte er sich in einer verfallenen Festung in der Wüste westlich des Nils, um dort zwanzig Jahre lang in vollkommener Abgeschiedenheit zu leben. (Seine Freunde versorgten ihn durch eine kleine Maueröffnung mit Lebensmitteln.)

Auf seine eigenen Erfahrungen auf den Shiant-Inseln zurückgreifend, kommentiert Adam Nicolson die frühen Phasen von Antonius' spiritueller Entwicklung:

> Alle Einsiedler der Vergangenheit haben mit diesen intensiven inneren Stimmen gelebt. Ihr Denken ist Ausdruck eines ganzen Chors von Versuchern, Verführern, Ratgebern, Aufsehern, Freunden und Gefährten. Diese Sippschaft, der man nicht entrinnen kann, gehört zu den Prüfungen des Alleinseins: Ein Eremit zwingt sich, sich mit dieser Kritikerschar zu konfrontieren. Die Anhänger des großen heiligen Antonius', des Begründers des christlichen Klostertums aus dem dritten Jahrhun-

dert, der sich zwanzig Jahre lang hinter die Mauern einer verfallenen römischen Festung in der ägyptischen Wüste zurückzog, konnten ihn stöhnen und weinen hören, wenn die Dämonen ihn reihenweise versuchten.[13]

Nach zwanzig Jahren jedoch brachen seine Freunde und Verehrer in Antonius' Festung ein und erzwangen das Ende dieser langen Zeit der Stille. Überrascht stellten sie fest, dass er weder abgemagert noch verrückt war, sondern gut bei Kräften, gesund und munter. »Er war innerlich ruhig und bewahrte in sämtlichen Situationen seine Ausgeglichenheit«, obwohl ihn eine »Aura von Heiligkeit« umgab.

Er ging dann in die östliche Wüste, um die nächste Phase seines Lebens damit zu verbringen, andere Einsiedler-Anwärter zu unterweisen und zu unterstützen, sie das Heilen zu lehren und seine Gedanken über Stille und Selbstdisziplin zu entwickeln. Da er Analphabet war, hat er uns keine Berichte aus erster Hand und keine theoretischen theologischen Überlegungen hinterlassen, doch haben viele ihn zitiert, und einige seiner Schüler und Besucher hielten seine Gedanken schriftlich fest. Dass »so viele Menschen kamen, war für ihn jedoch ein Ärgernis, denn sie raubten ihm die Stille, die er sich wünschte«. Also überredete er reisende Kaufleute, ihn tiefer mit in die Wüste zu nehmen.

> Nach einer Reise von drei Tagen und drei Nächten gelangten sie zu einem hohen Berg, an dessen Fuß eine Süßwasserquelle entsprang. Auf dem kleinen Streifen Land um den Berg herum wuchsen einige ungepflegte Palmen. Antonius verliebte sich in diesen Ort. Er nahm etwas Brot von seinen Mitreisenden an und blieb allein auf dem Berg zurück. Dort lebte er, als habe er an diesem Platz sein Zuhause gefunden.[14]

Auch wenn er gelegentlich zu seiner Ansiedlung zurückreiste, Besucher empfing und Vorräte von seinen Mönchsbrüdern annahm, »freute er sich, in der Wüste von seiner eigenen Hände

Arbeit leben zu können, ohne einem anderen Menschen zur Last zu fallen.« Er starb dort im Alter von einhundertfünf Jahren.

Dieser Ablauf – zuerst eine lange Phase der Disziplin und Askese, gefolgt von einer Phase des Lehrens, die mit einem zweiten, weniger strengen Rückzug endet – ist allgemein verbreitet, nicht nur im Christentum, sondern in vielen religiösen Traditionen. Buddhistischen Mönchen mag es widerstreben, einen permanenten Eid auf Stille abzulegen, denn sollten sie erleuchtet werden, sind sie verpflichtet, andere ihren Weg zu lehren. Trotzdem war ich tief gerührt, als ich von Antonius' letzter Lebensphase las, die er auf seinem »Inneren Berg« verbrachte, wie es schließlich hieß, während ich selbst in der Wüste auf einem Berg saß. Eine Sehnsucht wurde in mir wach, eine erste Ahnung, dass Weatherhill mir *nicht reichen* würde, dass auch ich nach einem inneren Berg Ausschau hielt und vielleicht sogar nach einem Weg, mich innerlich frei zu machen vom Selbst, damit dieser innere Berg sich verwirklichte.

Wie schon angedeutet, war Athanasius selbst kein liebenswürdiger oder entgegenkommender Mensch. Er war ein energiegeladener, streitsüchtiger und ziemlich skrupelloser Kirchenpolitiker, dem es eindeutig an Demut fehlte. Doch auch wenn ich zugestehen muss, dass er Antonius' Prestige für seine eigene anti-arianische Kampagne nutzen wollte, kann man *Das Leben des heiligen Antonius* nicht lesen, ohne zu merken, dass der Verfasser an Antonius, dem er persönlich begegnet war, Größe, Warmherzigkeit, geistige Klarheit, heitere Gelassenheit sowie Mut und Selbstbeherrschung wahrnahm. Athanasius mochte Antonius. Ich war mir schließlich mit ihm einig darin, in diesem einer ungewöhnlich anziehenden Persönlichkeit zu begegnen – weise, selbstironisch, großzügig, in sich ruhend, glücklich, in Frieden mit sich und seinen Mitmenschen. Das war Heiligkeit, und diese war nicht nur eine Folge oder Auswirkung von Stille, sondern deren Frucht. Plötzlich bekamen die unsägliche Strenge seines Lebens, das Praktizieren von Stille, der lange Kampf um die Auflösung seines Egos und die Befreiung vom Selbst emotional einen neuen Sinn. Ich wollte Antonius ähnlich werden.

Antonius setzte eine bedeutende Bewegung in Gang. Ich will hier nicht die gesamte Geschichte christlicher Einsiedler oder einer Spiritualität der Stille erforschen. Dieses Thema wurde bereits ausführlich behandelt.[15] Doch will ich hier kurz erwähnen, dass in den nächsten drei Jahrhunderten Tausende von Christen in die ägyptische und die syrische Wüste zogen, um Einsiedler zu werden. Zwei unterschiedliche Traditionen erwuchsen daraus, obwohl es offenbar kaum Dispute oder Konkurrenz zwischen den beiden gab. Die Einsiedler lebten entweder eremitisch (zurückgezogen und allein) oder zönobitisch (auf der Basis von Gemeinschaften). Die damit verbundenen Formen des stillen Gebets verbreiteten sich in der gesamten christlichen Welt ziemlich schnell. Bevor Benedikt die formale Grundlage für Klostergemeinschaften in Italien schuf, gab es seit mindestens dem vierten Jahrhundert Einsiedler auf dem Berg Athos, und Johannes Cassianus, der seine Lehrzeit in der ägyptischen Wüste absolvierte, hatte zu Beginn des fünften Jahrhunderts eine Gemeinschaft in Frankreich gegründet. Selbst wenn Gemeinschaften wahrscheinlich dauerhaftere Spuren hinterlassen, wissen wir mit Sicherheit, dass es auch allein lebende Einsiedler in der Sinai-Wüste, im Nahen Osten, in Griechenland, Italien, Spanien und bemerkenswerterweise schon bald auch in Irland gab. Die islamische Eroberung der römischen Provinz Syria, Palästinas und Ägyptens Mitte des siebten Jahrhunderts hat diese Verbreitung zwangsläufig beschleunigt.

Die Wüstenmönche haben generell nicht viel über ihre theologischen Überlegungen geschrieben. Tatsächlich haben sie über gar kein Thema ausführlicher geschrieben, selbst wenn sie lesen und schreiben konnten. Das meiste, was wir über ihr Leben und ihre

Anliegen wissen, stammt aus zweiter Hand und geht auf die höchst populären Sammlungen ihrer »Apophthegmata« (Denksprüche) oder »Reden« zurück, die weite Verbreitung fanden. Diese Reden bestanden oft aus Antworten auf Fragen, die Besucher ihnen stellten, und wurden häufig berühmten Eremiten zugeschrieben oder firmierten unter der Überschrift: »Was ein alter Mann einst sagte«. In den dreißiger Jahren übersetzte Helen Waddell, Dichterin und Gelehrte, zahlreiche Sammlungen dieser Denksprüche und brachte sie unter dem Titel *Sayings of the Desert Fathers* heraus. Diese sind in der englischsprachigen Welt inzwischen ziemlich bekannt.

Waddells Sammlung machte auf mich im Sinai einen tiefen und lebendigen Eindruck. Viele dieser Denksprüche liefern uns keine nachhaltigen Argumente, sondern sind kurz und bündig. Sie sind wie kleine Geschenke an mich als Leserin, über die ich nachsinnen und die ich für mich nutzen kann. Natürlich handeln nicht alle von Stille. Bei der Wüstenspiritualität ging es vor allem um verschiedene Wege, sich innerlich leer zu machen von Stolz, vom Ego, von allen Begierden und Wünschen, außer dem nach Gott. Doch Stille war eine Grundvoraussetzung für diese Selbsterforschung und Selbstdisziplin, und je intensiver sie war, desto besser:

> Einst kam Abba Arsenius* an einen Ort, wo Schilf wuchs, durch das der Wind fuhr. Und der alte Mann sagte zu den Brüdern: »Was ist das für ein Rascheln?« Und sie sagten: »Das ist das Schilf.« Der alte Mann sagte

---

* Abba ist ein aramäisches Wort für »Vater«, den Jesus Gott nannte. Es wurde zum Ehrentitel für Einsiedler, vor allem für diejenigen, die Neulinge unterwiesen. Von hier entwickelte es sich zu seiner modernen englischen Form »Abbot« (»Abt«, Vorstand eines Klosters) und dem französischem Abbé und bildet die etymologische Grundlage dafür, dass die Eremiten generell bekannt sind als »Wüstenväter«. Ich vermeide diesen Ausdruck eher und benutze lieber das Wort »Wüsteneremiten«, das (im Englischen, Anm. d. Übers.in) nicht wie das Wort »Väter« die Tatsache ignoriert, dass es unter den Wüsteneremiten auch Frauen gab.

zu ihnen: »Wahrlich, wenn ein Mann in Stille dasitzt und die Stimme eines Vogels vernimmt, hat er nicht dieselbe Stille in seinem Herzen. Um wie vieles mehr gilt das für euch, die ihr das Rascheln dieses Schilfes hört?«*

Weitere Denksprüche über Stille, die mich im Sinai besonders berührten, lauteten:

Wer allein und in Stille sitzt, entkommt dreierlei Kriegen – hören, sprechen, sehen. Doch gegen eines soll er ohne Unterlass kämpfen, und das ist sein eigenes Herz.

Ein Bruder sagte zu Abba Sisoes: »Ich möchte mein Herz zügeln, aber ich vermag es nicht.« Der Abba erwiderte: »Wie können wir unser Herz zügeln, wenn wir die Tür unserer Zunge offen halten?«

Wenn du die Tür des öffentlichen Badehauses offen lässt, entweichen der Dampf und die Tugend der Badenden, und so entweicht auch die Tugend einer Person, die viel spricht, durch die offene Tür ihrer Stimme. Deswegen ist Stille etwas Gutes. Sie ist nichts weniger als die Mutter weiser Gedanken.

Bleibe in deiner Zelle, zügele deine Zunge und deinen Bauch und du kannst Erlösung finden.

Nicht alle stillen Menschen sind demütig, doch alle demütigen Menschen sind still.

John Cassianus' Texte unterscheiden sich von den Denksprüchen, obwohl Waddell einige von ihnen in ihre Sammlung mit

---

* Wenn Henry Thoreau sein Streben nach einem Leben in Stille beschreibt, heißt es 1841 seltsamerweise in seinem Tagebuch: »Ich möchte bald aufbrechen und weit weg von allem am Teich leben, wo ich nur den Wind im Schilfrohr flüstern höre.« Seine Stille war eine völlig andere als die von Arsenius.

aufgenommen hat. Er schrieb über die Wüsteneremiten, um seine neuen Mönche in Frankreich zu unterstützen. Aus diesem Grund gibt er viel mehr Erläuterungen als die Einsiedler selbst. Er schreibt auch, warum die Wüste für das Eremitenleben von so zentraler Bedeutung ist:

> Wir hätten unsere Zellen auch im Tal des Nils bauen können und hätten Wasser vor unserer Tür gehabt ... Wir wissen sehr wohl, dass es in unserem Land geeignete Orte gibt, die abgeschieden liegen, wo Obstbäume im Übermaß wachsen und üppige Gärten und fruchtbares Land uns unser täglich Brot ohne viel körperliche Mühsal schenken würden ... Doch wir haben das alles verschmäht. Wir finden Freude an dieser Einöde, schwelgen lieber in der trockenen Weite dieser Abgeschiedenheit und erwägen nicht, den bitteren Sand gegen die Fruchtbarkeit unseres Landes zu tauschen ... Der, der aufmerksam wacht über die innere Reinheit des Menschen, wird Orte suchen, die nicht so reich und fruchtbar sind, dass sie den Geist verführen, sie zu bebauen. Die ihn auch von seinem beharrlichen, stillen Verweilen in der Zelle nicht weglocken zu einer Arbeit, die er unter freiem Himmel verrichten muss, denn das würde heißen, dass sich seine Gedanken ins Offene ergießen, dass sich sein Denken über alle möglichen Dinge in sämtliche Richtungen verliert und damit auch die klare Vision von dem Ziel, das er vor Augen hat. All das kann kein Mensch vermeiden, wie sorgsam und wachsam er auch sein mag, außer er schließt Seele und Körper zusammen ein. Wie ein guter Fischer, der seine Nahrung in den Tiefen seines durch und durch ruhigen Herzens wahrnimmt und aufmerksam und regungslos die schwimmende Schar seiner Gedanken fängt, und, wie von einem aufragenden Felsen neugierig hinunterschauend in die Tiefe, urteilt er, welchen Fisch ein Mensch zu seinem Wohle fangen und welchen er auslassen oder zurückwerfen sollte, da er schlecht und giftig ist.[16]

Doch bei all dieser Strenge, der Stille, den Kasteiungen und Entsagungen bekunden die Einsiedler durchweg eine lebhafte, zärtliche Liebe für Gott und füreinander. Noch wichtiger als Disziplin und Buße waren die Versorgung von Bedürftigen und die große eremitische Tugend der Gastfreundschaft. Davon handeln ebenso viele Denksprüche wie die, in denen von strengem Fasten, langen Nachtwachen und beschwerlichen Stunden voll sinnloser Arbeit die Rede ist. Waddell schreibt ausführlich über die »herzzerreißende Liebenswürdigkeit« der Wüsteneremiten, ihren tiefen Glauben an Gastfreundschaft wie ihre Freundlichkeit und Großzügigkeit.

Die Wüsteneremiten und alle, die seitdem diese Form von Spiritualität praktiziert haben, wussten, dass ihr Weg schwer sein würde. Das äußern sie häufig, selbst wenn sie zu Geduld, Mut, Urteilslosigkeit und Tugenden wie innerer Standfestigkeit, Beharrlichkeit und Demut ermahnen.

> Schmerzhaft ist die Mühsal und der Kampf der Unredlichen, wenn sie sich Gott zuwenden, und danach ist die Freude unsäglich. Denn selbst wenn die, die ein Feuer entfachen, vom Rauch geplagt werden, der sie zum Weinen bringt, erreichen sie, was sie begehrten. Es steht sogar geschrieben, »Unser Gott ist ein verzehrendes Feuer« und verlangt, dass wir unser inneres göttliches Feuer unter Mühen und Tränen entfachen.
>
> Die Zelle der Mönche ist der Feuerofen von Babylon – doch genau dort fanden die drei jungen Männer den Sohn Gottes.[17]

Diese Form des Betens beruht auf dem Gedanken, dass Selbstentleerung, der Verlust des Egos, die vollständige Übereignung des eigenen Selbst an Gott im Gebet wie in der Praxis der Schlüssel nicht nur für eine zukünftige »Erlösung« nach dem Tod ist, sondern für das Gefühl von grundlegender Freude und Wohlbefinden hier und jetzt. Frei vom Selbst, hofften sie, erfüllt zu werden von Gott. Zu diesem Zweck machten sich die Wüstenmönche auf den Weg, ihren Stolz zu demütigen, sich von ihrer Versklavung durch Begierden zu befreien und sich in strenger Selbstdisziplin zu üben. Ihr Weg dahin war eine rigorose Askese, die uns heute masochistisch oder gestört vorkommen mag. Doch nach ihrem Verständnis machte dieses harte, disziplinierte Leben sie *frei*: frei von der Fessel der Gewohnheiten, unsinnigen Wünsche und Willensschwäche, die Paulus so knapp und treffend auf den Punkt gebracht hat: »Was ich gern tun will, tue ich nicht, und tue sogar, was ich nicht gern tun will.« Frei, das Ego und damit die eigene Identität loszulassen, sich vor Gott zu entblößen und seine Liebe zu erfahren.

Und der Kern dieser Disziplin war Stille. Zunächst äußere Stille, indem man sozialen Anforderungen entfloh. Dann die innere Stille, ein friedliches Herz und ein friedlicher Geist, die sich nur einstellen konnten durch eine Selbstaufgabe, die durch harte Arbeit unterstützt wurde. Und jenseits davon, so hofften sie, würden sie der Stille Gottes begegnen. Das ist es, was seitdem »apophatisches Gebet« oder *via negativa* heißt. Die Praktizierenden, die wissen, dass weder Bilder noch Worte an die immense Unendlichkeit des Göttlichen auch nur im Entferntesten heranreichen, geben beides auf. Sie verbannen alle Bilder, Gedanken und Gefühle, alle Worte, und suchen sich von der Leere vollkommen einnehmen zu lassen oder, mit den Worten der wunderschönen vierzehnten Abhandlung über das apophatische Gebet, in die »Wolke der Unwissenheit einzugehen«.

In gewisser Weise hat diese Art von Spiritualität vieles mit dem Buddhismus gemeinsam. Trotzdem suchen Buddhismus und Christentum meines Erachtens die Stille mit unterschiedlichen Intentionen. Die buddhistische Stille sucht jenseits alles Persönlichen. Sie sucht, das Begehren zu beenden, ja, tatsächlich alle Dinge zu beenden, um dem Rad des Schicksals, dem Zyklus der Wiedergeburt zu entkommen und vollkommen mit dem einen Weltgeist, der verschiedene Namen hat wie Nirwana, Erleuchtung oder Buddha-Geist, zu verschmelzen. Die christliche Stille sucht die persönliche Offenheit für das Göttliche in Christus, »der sich von allem leer machte bis auf die Liebe«. Sich vom Selbst entleerende, kenotische Liebe ist deswegen die Erfüllung des wahren Selbst, dem laut Tradition die Fähigkeit zu ewiger Freude innewohnt, ohne dass die individuelle Persönlichkeit verloren geht. Außerdem glaubt das Christentum, dass diese Welt real ist und erlöst werden kann und dass aus diesem Grund die »Persönlichkeit« als Teil des Ganzen erhalten bleibt. Der Buddhismus hingegen geht davon aus, dass die Welt »Illusion« ist, nicht real. Sie selbst wie all ihre Leiden sind Schatten und trügerische Erscheinungen, denen wir, indem wir unsere Täuschungen aufdecken, entkommen können. Ich denke, das sind zwei ganz unterschiedliche Vorstellungen von Freiheit, auch wenn die Wege dorthin sehr ähnlich aussehen.

Der Einfluss der Einsiedler ist kaum zu überschätzen. Die Erfahrungen in der Wüste, die Praxis der Askese und der Auslöschung des Egos in Stille bildeten die Grundlage für ein Bestreben und ein Verständnis, welche die gesamte Geschichte christlicher Spiritualität wie ein roter Faden durchziehen. Völlig unterschiedliche religiöse Orden haben sich bemüht, die Lebensbedingungen in der Wüste in Gebetsgemeinschaften nachzubilden. Und parallel dazu haben Einzelne, eher im Verborgenen und manchmal praktisch unsichtbar, das gleiche Ziel als Einsiedler verfolgt.

Diese Tradition ist auch heute noch lebendig, wenngleich sie zunehmend gegenkulturell wirkt, vor allem im Westen. Die ihr zugrundeliegende Haltung, die skrupellose Selbstzerstörung, hat im modernen Denken keinen wirklichen Platz. Charles de Foucaults Stimme scheint aus einem vergangenen Universum zu kommen, obwohl er über das erste Jahrzehnt des 20. Jahrhunderts hinaus lebte. Seine Einstellungen gehen zum Teil auf seine eigenartige französische imperialistische und militärische Ethik zurück, die sich besonders in der Beziehung zu »seinen Eingeborenen«, den Tuareg, zeigt. Doch mehr noch verdanken sie sich der Art und Weise, wie er, wie Peter France es formuliert,

> nach Möglichkeiten der Selbsterniedrigung, der Selbstverleugnung suchte. Das war nicht Teil des Lebens von Nazareth, und es liegt nahe, darin ein Anzeichen für eine psychische Störung zu sehen. Viele Heilige haben dieses Bedürfnis nach Selbstverachtung und Demütigung gezeigt, das in ihrer Meditation auf den Leidensweg Christi wurzelt … Diejenigen, die beschlossen, ihm nachzueifern, haben dies oft bis zu Demütigungen betrieben, die ihnen halfen, sich mit ihm zu identifizieren … Allein in diesem Licht wird [Charles'] Gebaren verständlich.[18]

Zwei weitere moderne Exponentinnen dieser Spiritualität, die radikal die Stille sucht, sind Thérèse de Lisieux und Simone Weil. Es mutet merkwürdig an, diese beiden völlig unterschiedlichen Frauen miteinander in Verbindung zu bringen. Thérèse Martin stammte aus dem französischen Kleinbürgertum, wuchs in der Provinz auf und wurde im extrem frühen Alter von fünfzehn Jahren Karmeliternonne. Sie starb mit vierundzwanzig an Tuberkulose. Sie schrieb auch eines der sich ziemlich unerwartet am besten verkaufenden religiösen Bücher des 20. Jahrhunderts, *Geschichte einer Seele*, das 1899 postum veröffentlicht wurde. 1925 wurde sie heilig gesprochen. Die französisch-jüdische Intellektuelle Simone Weil wuchs in Paris auf. Sie engagierte sich intensiv für die anarcho-syndikalistische Politik und die marxistische Theorie. 1936 ging sie nach Spanien, um dort in der Internationalen Brigade zu kämpfen. Nach 1938 wandte sie sich, nachdem sie eine tiefe mystische Erfahrung gemacht hatte, der Religion zu, speziell dem Katholizismus, obwohl sie sich nie taufen ließ.[19] 1942 kam sie nach London, um in der französischen Résistance zu arbeiten, bis auch bei ihr Tuberkulose diagnostiziert wurde. Sie starb 1943. Der Leichenbeschauer kam zu dem Schluss, dass »die

Verstorbene sich zerstörte und ums Leben brachte, indem sie sich weigerte zu essen und dadurch innerlich aus dem Gleichgewicht geriet.«

In Simone Weil sehen die meisten progressiven Liberalen des 21. Jahrhunderts so etwas wie eine Heldin, während »Die kleine Blume«, wie Thérèse eher befremdlich genannt wird, all das repräsentiert, was an der viktorianisch-katholischen Frömmigkeit am abstoßendsten ist. Doch beide Frauen verfolgten das gleiche Ziel und das mit sehr ähnlichen Mitteln. In der Zerstörung ihrer Individualität, der Abtötung allen Begehrens, einer schonungslosen Praxis von Stille und Selbstbestrafung warteten beide auf einen namenlosen Wüstengott, der in der Dunkelheit ihrer eigenen inneren Leere und der Stille ihres Herzens zu ihnen kommen möge.

Thérèse schreibt:

Ich hatte mich dem Jesuskind als Sein kleines Spielzeug anerboten und ihn gebeten, mich nicht zu behandeln wie ein teures Spielzeug, das Kinder nur anzuschauen, aber nicht zu berühren wagen. Ich wollte, dass Er mich behandelte wie einen kleinen Ball, so wertlos, dass man ihn auf den Boden werfen, nach ihm treten und ihn in der Ecke liegen lassen kann … Ich hatte nur den einen und einzigen Wunsch: dass das Jesuskind sich an mir ergötzte und genau das mit mir anstellte, was es gern mit mir anstellen wollte.[20]

Bei Weil heißt es:

Die Auslöschung allen Begehrens – oder aller Anhaftungen – oder von *amor fati* – das alles läuft auf das Gleiche hinaus: leer zu werden von Begehren, die Endlichkeit aller Inhalte zu begreifen, die Leere zu begehren, wunschlos zu begehren. Unser Begehren von allen guten Dingen zu lösen und zu warten. Zu warten, während Troja und Kathargo zerstört werden und bis sie zerstört worden sind – und das ohne jeden Trost. Zu warten, wie ein Türsklave wartet, aufmerksam auf seinen

> Herrn lauschend, und auch dann noch wartet, wenn er weiß, dass der Herr nicht kommen wird.
> Ich bitte dich nicht, an Gott zu glauben, ich bitte dich lediglich an nichts zu glauben, was nicht Gott ist.[21]

Trotz des eigenartigen Unterschieds der Bilder und der Sprache, die sie benutzen, vermitteln diese beiden Frauen uns bemerkenswert ähnliche Einsichten. Sklaven und Spielsachen sind beide Besitz, haben keinerlei Rechte, sind abhängig, mittellos, haben keine wirkliche Persönlichkeit. Beide Frauen zeigten eine fast unmenschliche Härte, nahmen sich willentlich selbst zurück und waren entschlossen, die menschliche Liebe aus ihrem Leben zu verbannen, nicht nur die sexuelle Liebe, sondern sogar reine Freundschaften. Auch versagten sie sich jeden spirituellen Trost im Sinne einer mystischen Erfahrung und am Ende den Lebenswillen selbst. Beide vergruben sich in einer dunklen Stille und verharrten dort, um auf Gott zu warten. Sie teilen noch weitere interessante Aspekte: Beide sind Frauen und Französinnen. Beide haben viel geschrieben und sich dann geweigert, die Verantwortung für die eigenen Texte zu übernehmen und gaben diese angesichts ihres nahenden Todes ihren Verlegern mit der Anweisung in die Hand, damit anzustellen, was sie wollten. Beide lehnten normale zwischenmenschliche Beziehungen ab. Beide schwelgten im Leiden und beide starben zu früh an Ursachen, die ohne Zweifel mit ihren wagemutigen Attacken auf das eigene Ego zusammenhingen, wobei sie Stille als mörderische Waffe einsetzten. In gewisser Weise zeugt ihrer beider Leben von einem Rückfall in eine prä-moderne Empfindungswelt.

Ich bin mir durchaus darüber im Klaren, dass diese Form von Spiritualität für viele Menschen abstoßend ist. Für mich jedoch ist sie das nicht. Sie ist eine Herausforderung und in gewisser Weise auch aufregend und erschreckend. Ich weiß nicht, wer ich sein würde, wenn ich mich selbst weggäbe, meinen Worten Stillschweigen geböte, in der Dunkelheit säße und auf Gott wartete.

Das Abstoßende dieser Spiritualität geht teilweise wiederum auf die Gattung der Hagiografie zurück, die Buße und Leiden liebt. Sühne von Sünden und Entsagung von allem »Weltlichen« gehen aufs Peinlichste in diese Geschichten ein wie auch großes Entzücken oder tiefe Freude, diese unaussprechliche *jouissance*, die, wie ich bereits erwähnte, zur generellen Erfahrung von Stille gehört und die sich wahrscheinlich verstärkt, wenn ein Mensch diese Freude als Zeichen für die Gegenwart Gottes begreift. Als Athanasius über Antonius schrieb, verfolgte er ein wichtiges Anliegen. Es ging ihm durchweg darum, die ketzerische Christologie Arians mit Verachtung zu strafen und Antonius, der ein enormes Prestige hatte, auf die Seite der anti-arianischen Orthodoxie zu ziehen. Er musste Antonius *gravitas*, Würde, verleihen, und das geschah am Besten, indem er die schmerzliche Härte seines asketischen Lebenswandels betonte. Er konnte nicht einfach schreiben: »Schaut her, dieser großartige Krieger Gottes, Begründer des Einsiedlerlebens, ein Held Christi, hat sich in der Wüste köstlich amüsiert.« Athanasius ließ seinen Nachfolgern nicht viel Raum für Glück, Freude und Vergnügen.* Die Gattung der Hagiografie fordert abstoßende Bußübungen und unerbittliches Leiden. Selbst Bede, der persönlich wohl sehr sanftmütig und liebenswürdig war, sah sich bemüßigt, Cuthbert als Menschen mit

---

* Ein schönes kleines Beispiel für den Druck, das Leiden zu betonen, unter dem die hagiografische Literatur steht, findet sich in *The Penguin Dictionary of Saints*, herausgegeben von Donald Attwater. Obwohl sein Buch kein wirklich »frommes« Werk ist, tappt es in eine Reihe von Fallen, die auf diese Gattung zurückgehen. Als er Bernadette von Lourdes beschreibt, lautet sein Kommentar, sie sei »ein frommes, JEDOCH fröhliches« Kind gewesen. Selbst dieser gebildete Denker sieht einen Widerspruch zwischen Glück und Heiligkeit.

einer düsteren Opfermentalität zu beschreiben, der sein Bistum aufgab und sich voller Reue in die Abgeschiedenheit begab und auf seinen Tod ausrichtete, obwohl alles dafür sprach, dass Cuthbert bei der Rückkehr auf seine Insel tiefe Freude empfand.

Doch – und darauf kommt es an – obwohl die Literatur über Heilige durchweg so angelegt ist, bricht die *Freude* der Einsiedler immer wieder durch. Als ich zum ersten Mal Athanasius' Beschreibung las, wie Antonius schließlich im Inneren Berg seine wirkliche Einsiedelei fand, weinte ich. Ich weinte, weil Antonius' tiefe Freude so augenfällig war. Und vielleicht weinte ich auch vor Sehnsucht nach mir selbst. Doch vor allem war ich wohl tief berührt von der schlichten Wonne dieses Mannes und seiner großen Freude darüber, nach Hause zu kommen, die ich mitempfand.

Trotz aller Entbehrungen, der strengen Disziplin und der äußerst harten Arbeit lieben Einsiedler ihre Lebensweise. Sie finden Freude daran.

Charles de Foucault schrieb in einem persönlichen Brief:

> Ich finde dieses Wüstenleben zutiefst und ohne Einschränkungen liebenswert. Es ist so angenehm und gesund, sich im Alleinsein einzurichten, von Angesicht zu Angesicht mit allem, was ewig ist … Es fällt mir schwer, diese Stille und Abgeschiedenheit aufzugeben und mich auf Reisen zu begeben.[22]

(Da er aber Charles de Foucault ist, nimmt er die »hagiografische Arbeit« an sich selbst gleich wieder auf, indem er im Folgenden von einer Frömmigkeit voller Selbstverleugnung berichtet: »Aber der Wille des Geliebten muss, wie er auch aussehen mag, nicht nur Vorrang haben, sondern wir müssen ihn anbeten, in Ehren halten und segnen.«)

Thomas Mertons pure Freude darüber, nach einer langen Zeit des Wartens endlich in seiner kleinen Hütte im Wald angelangt und allein und in Stille zu sein, klingt ähnlich:

> Wie großartig es ist, ganz allein nachts im Wald zu sitzen und das große Privileg zu haben, dieser wunderbaren, unverständlichen, vollkommen unschuldigen Sprache zu lauschen ... der Rede, die der Regen hält, wenn er herniederprasselt auf alles, was sich ihm darbietet ... Solange er spricht, werde ich zuhören. Aber ich werde auch schlafen gehen, denn hier, in dieser Wildnis, habe ich wieder schlafen gelernt.[23]

> Alles, was die Kirchenväter über ein Leben in Abgeschiedenheit sagen, ist absolut richtig. Die Versuchungen und die Freuden, vor allem die Tränen und der unaussprechliche Frieden, das unaussprechliche Glück. Dieses Glück ist so rein, weil es sich nicht dem eigenen Tun verdankt, sondern reine Gnade ist und ein Geschenk.[24]

Dalrymple gibt ein schönes Beispiel dafür in seinem Buch *From the Holy Mountain*, wenn er schildert, wie er einen ägyptischen Einsiedler besuchte:

> Ich fragte ihn nach seinen Beweggründen, Mönch zu werden, und warum er die Annehmlichkeiten von Alexandria für das raue Wüstenklima aufgegeben habe.
> »Viele Leute denken, wir gingen in die Wüste, um uns selbst zu bestrafen, weil es dort heiß und trocken« und das Leben schwierig ist«, sagte Vater Dioscuros. »Aber das stimmt nicht. Wir kommen hierher, weil wir die Wüste lieben.«
> »Was ist an der Wüste liebenswert?«
> »Wir lieben den Frieden, die Stille ... Du kannst überall beten. Schließlich ist Gott überall, also kannst du ihn auch überall finden.« Er wies nach draußen, wo es in den Dünen dunkel wurde: »Aber in der Wüste, in der reinen, sauberen Atmosphäre, in der Stille – dort kannst du *dich selbst* finden.«[25]

Es geht um Freude – und Liebe, Glück und Schönheit. Der chinesische Poet Jia Dao schrieb den Text »Wie ich vergebens Ausschau nach dem Einsiedler hielt«, in dem er die enormen Anstrengungen schildert, die er auf sich nahm, um einen Einsiedler zu suchen, ohne ihn jemals zu finden.

> Ich fragte den Jungen unter der Pinie.
> Mein Meister ist Kräuter sammeln gegangen.
> Er ist noch immer irgendwo in den Bergen,
> tief in den Wolken, ich weiß nicht, wo.[26]

In meiner letzten Nacht im Sinai hielt ich die ganze Nacht Wache. Ich saß einfach da, nahm die Stille wahr und lauschte ihr. Ich sah, wie der Mond über den Himmel zog und scharfe Schatten warf, welche die Gestalt aller Dinge veränderten und so deutlich waren, dass ich einzelne Haare sehen konnte, die sich aus meinem Zopf gelöst hatten. Es war, als zöge der Mond einen indigoblauen Himmel mit hell leuchtenden Sternen hinter sich her. Später färbte er sich gelb wie ein Ei und glitt über den Horizont. Als sein Schein verblasste, sah ich eine halbe Stunde die Sterne tanzen, während Venus riesig im Osten hing, sich das Licht beim Nahen des Sonnenaufgangs allmählich grau färbte und sich kurz darauf ein spektakuläres Lichterspiel entfaltete: Die aufgehende Sonne zeichnete sich, eine deutliche scharfe Linie ziehend, an den Felsengesichtern ab, deren Farbe sich von Grau zu Pink zu Rot und dann zu Gold wandelte.

Und die ganze Nacht durch lauschte ich – ich erlauschte *nichts*.

Die Stille war vollkommen rein. Die Geräusche, die von unten aus dem Camp zu mir hochdrangen, waren wie klar umrissene Pausen in der Stille, deutlich und einzeln vernehmbar. Es gab keinen Lärm aus der Umgebung, keinen Hintergrundlärm. Es gab nur Geräusche, die sich auf die Stille legten wie kleine Steine auf einen stillen Teich. Oder doch nicht so, denn die Geräusche zogen keine sich weitenden Ringe, sondern waren einfach einzelne Laute: »Mampf« (Kamel), »Raschel« (Schlafsack) oder das Inhalieren beim Rauchen meiner Zigarette. Glatt und rund wie ein Stein – und dann kehrte die Stille ungebrochen zurück, jedes einzelne Geräusch klar und deutlich tragend, doch ohne »Überbleibsel«. Die Geräusche schienen sanft auf der Stille zu landen – und dann verschlang die Stille sie oder schluckte sie herunter.

Es war absolut still, absolut ruhig. Die Wüstennacht war nicht sehr dunkel, und der Himmel war von einer großen *Tiefe*. Die Sterne »funkelten« tatsächlich, und ich konnte spüren, wie fern sie waren – einige waren näher, schienen näher, wie auch größer oder heller. Der Himmel war kein schwarzes Dach, sondern ein unendliches Zurückweichen: in die Nacht, die sternenhelle Stille, die Zeit, die Ferne – ins Unendliche. Doch der Sand unter meiner Hand, wenn ich sie aus dem Schlafsack streckte, bestand aus winzigen Körnern, kühl und sauber, fein gestaltet, weich unter meinen Fingern. Wahrscheinlich war dies die tiefste Stille, die ich jemals erlebt hatte. Um dieser intensiven Stille zu lauschen, war ich hier. Diese Stille hatten die Wüsteneremiten hier gesucht, während sie ihren enorm mutigen Kampf gegen »die Welt, das Fleisch und den Teufel« und ihr eigenes lärmendes Selbst ausfochten.

Durch diese Wüstennacht bekam ich ein Gefühl von Gott, das voller Weite, Liebe und Ehrfurcht war. In dieser Wüste sagt Gott nicht: Mach es dir gemütlich, hier ist eine Wolldecke, eine reinliche Nische, ein Ort der Zuflucht. Gott sagt: »Ärgert dich aber dein rechtes Auge, so reiß es aus und wirf's von dir; so dich aber eine Hand ärgert, haue sie ab.« Beuge und breche den Willen, zügele und geißele das Fleisch, stelle dich blind dem Unbekannten, dem Gewaltigen, dem Schrecklichen. Liebe dein Leben, und du wirst es verlieren. Riskiere es, und vielleicht stolperst du einfach ins Himmelreich – den Ort der Entwerdung wie der totalen Erkenntnis; den Ort der Schönheit und Freude. Das Wagnis ist ein absolutes, du wirst nichts dadurch gewinnen, kein Vergnügen, keine Gesundheit, keine Zuneigung, keinen Trost und ganz gewiss keine Sicherheit. Nur die Schönheit Gottes.

Später in dieser Nacht hörte ich John Cages »Klang der Stille« ganz neu. Dies war nicht mein Nervensystem oder mein Blutkreislauf. Es war auch nicht das letzte Murmeln eines verklingenden Geplappers, noch die rastlosen Bewegungen der tektonischen Platten. Ich meinte, das Singen der Sphären zu hören. Die klassische und frühe Christenwelt glaubte, dass die Himmelskörper singen, während sie sich auf ihrer Umlaufbahn drehen. Jeder hat seinen eigenen einzigartigen und vollkommenen Ton, der in absoluter Harmonie mit den anderen zusammen schwingt. In einem geozentrischen Universum gibt es acht solcher Sphären – Sonne, Mond und die sechs sichtbaren Planeten (Uranus, Neptun und Pluto können wir mit bloßem Auge nicht sehen, also wurden sie erst bekannt, als es Teleskope gab) –, das erzeugt eine perfekte Notenskala mit acht Tönen. Dieser Gesang war still und nur spürbar oder hörbar in Augenblicken eines erweiterten, freudigen Bewusstseinszustands. Der Klang der Stille in jener Wüstennacht war das Lied von *jouissance*, von Glückseligkeit.

In der Wüste wurde mir klar, dass der systematische und entschlossene Versuch, die Grenzen des eigenen Selbst einzureißen oder durchlässiger zu machen, um sich für die unbestimmte, grenzenlose Freiheit des Göttlichen öffnen zu können, etwas Befremdliches hat, vor allem für das heutige westliche Empfinden. Außerdem ist es harte Arbeit. Einer der Zen-Mönche in Throstlehole bemerkte mir gegenüber einmal: »Merkwürdig, alle sagen, ich würde gern einem Heiligen *begegnen*, aber niemand will tatsächlich einer *sein*. Schon der bloße Gedanke daran ist zu anstrengend.«

Die Erfahrung im Osten wie im Westen ist, dass Stille den Boden für diese Arbeit bereitet.

Ob Stille auch ein Ziel dieser Aufgabe ist, ist eine andere Frage.

In der Wüste machte ich die Erfahrung, dass Stille für mich mehr ist als ein Umfeld für das Gebet oder ein Weg, mir mehr Zeit zu verschaffen (was beides auch wichtig ist). Stille ist als solche eine Form von Freiheit. Sie schafft Freiheit, Entscheidungsfreiheit, gibt innere Klarheit und Kraft. Die Freiheit von mir selbst und die Freiheit, ich selbst zu sein.

Mir kam schließlich der Gedanke, dass Stille vielleicht Gott *ist*. Gott *ist* vielleicht Stille – der schimmernde, kreisende Ring »reinen und endlosen Lichts«. Vielleicht ist Gott, wenn er spricht, ein »Verb«, eine »Handlung«, doch Gott in vollkommener Kommunikation mit sich selbst, in Liebe in der Dreieinigkeit, ist still und aus diesem Grund Stille. Gott ist Stille, eine positive Stille, die lebendig und real ist und die wir ihrem »Wesen« nach *nicht brechen* können. Vielleicht ist das Verb »Gott« – sprechen, erschaffen – eine weitere Erscheinungsform der unendlichen Großzügigkeit und des sich selbst aufopfernden Verzichts der kenotischen Liebe Gottes. Vielleicht ist die Manifestation Seines Wortes für unseres »Herzens Härtigkeit« nur ein zweitrangiger Ausdruck all dessen. Wenn »jede Stille« weit davon entfernt ist, »darauf zu warten, dass wir sie brechen«, ist alles Reden vielleicht wie der Aufschrei »einer Frau, die gebiert«, der wieder eingeht in die Stille, in den Tod, in das Zwischenreich, das sich öffnet in die Gegenwärtigkeit immerwährender Stille.

Würde ich das Wagnis eingehen, es herauszufinden? Würde ich dem Absoluten eine Chance geben?

KAPITEL 7

Des Alleinseins Segen

Bald darauf wandte ich mich bewusst der Stille zu, die sich anfühlte, als wäre sie völlig konträr zu der in der Wüste erlebten Stille – der Stille, an die Kafka gedacht haben muss, wenn er sagte, dass man »niemals genug Stille um sich haben [kann], wenn man schreibt«. Meine Vorstellungen von der Schriftstellerei wurzelten in einem durch und durch post-romantischen Modell vom kreativen Künstlertum. Ich wollte mich auf das Abenteuer der romantischen Stille einlassen, ein Gegengewicht zu meinen Wüstenerlebnissen finden und genauer herausfinden, inwiefern beide Arten von Stille sich einerseits gleichen und andererseits unterscheiden, und wie ich damit umgehen sollte.

Wahrscheinlich wäre ich zu diesem Zweck am besten in die Schweizer Alpen gereist. Die Alpen stellten für die maßgeblichen Vertreter der Romantik eine Verherrlichung des Erhabenen dar. Sie waren schön, nicht im Sinne des klar geordneten, ausgewogenen und maßvollen Stils des Klassizismus, sondern gemäß einer neuen Ästhetik, die darauf beruhte, dass ihr Anblick dem Betrachter eine gewisse Wildheit, Entsetzen oder Schrecken vermitteln und entsprechende Emotionen verstärken sollte. Aus der Sicht der vorangehenden klassischen Phase waren die Alpen so chaotisch und unzivilisiert, dass ein sensibler Mensch auf Grand Tour auf seinem Weg nach Italien die Vorhänge seiner Kutsche zuziehen musste, weil die grotesken Auswüchse der Landschaft da draußen ihn sonst in den Wahnsinn treiben würden. Manche Reisende ließen sich anscheinend sogar Landschaften mit klar gestalteten griechischen Tempeln auf die Innenseite der Vorhänge ihrer Kutsche malen, um sich vor der großen Unordnung da draußen zu schützen. Das machte diese für die Möchte-gern-Rebellen unter den Dichtern der Frühromantik nur umso attraktiver. In Großbritannien zumindest gab es nichts Vergleichbares, und das verlieh den hohen Gipfelzügen der Alpen eine noch stärkere faszinierende und exotische Ausstrahlung. Shelley erfasste mit seinem großartigen, 1817 entstandenen Gedicht »Mont Blanc« diese kulturelle Stimmung und verlieh ihr einen edlen Anstrich:

> Weit, weit dort oben in den Himmel reckt sich
> Mont Blanc, reglos und schneebedeckt und licht –
> Ein Wall ihm untertaner Berg türmt
> sich um ihn, Eis und Fels …
>
> Dort oben glänzt Mont Blanc: die Kraft, sie ruht,
> Die stille, hehre Kraft, die manches Bild
> und manchen Laut hat in sich aufgesogen …
> Die Winde kommen stumm herbeigeflogen,
> Mit starkem Atem Schnee zu häufen. Dort
> Verweilt der stumme Blitz in Einsamkeit
> Und Unschuld, und er überlagert weit
> Wie Dunst den Schnee. Geheime Kraft der Dinge
> Wohnt ganz in Dir, sie wirkt im Denken fort
> Und ihr Gesetz beherrscht den Himmel fern.
> Was wärst du, was wär Erde, Meer und Stern,
> Wenn nicht des Menschen Phantasie empfinge
> Die Einsamkeit, des Schweigens Kern.

Diese überhöhte Sicht der Berge und speziell der Alpen verwies auch auf die Abenteurer, die das Alleinsein und die Abgeschiedenheit als Erste gesucht hatten. Allein in den Bergen wandern und klettern, sich vom Mannschaftssport mit seinen Regeln und Vorschriften eindeutig distanzierend, galt fortan als Aktivität, die dem genialen Menschen entsprach, allen voran Coleridge, der nahezu süchtig wurde nach Höhenangst und unsinnige Wagnisse in großen Höhen einging, um den dadurch ausgelösten Schrecken auskosten zu können.

Es gab jedoch einige praktische Gründe dafür, dass ich nicht in die Alpen fuhr. Der wichtigste betraf das Thema *Alleinsein*. Es war (mir) körperlich nicht möglich gewesen, allein in die Wüste zu gehen, aber ich hatte es schwierig gefunden, in einer Gruppe zu reisen. Ich wollte »des Alleinseins Segen«, von dem die Romantiker schwärmten, kennen lernen. Doch besaß ich weder das Fachwissen noch war ich körperlich fit genug, um hoch in den Bergen allein auf Klettertour zu gehen, wollte eine solche Tour aber auch nicht mit anderen zusammen unternehmen. Auch wusste ich aus Erfahrung, dass Klettern mir Angst bereitete und für mich keinesfalls ein »erhabenes« Erlebnis war.

Außerdem sollte sich diese Forschungsreise deutlich von meinem Experiment mit der langen Stille auf Skye unterscheiden. Dies sollte eine völlig andere Reise werden. Damals hatte ich in Stille dasitzen wollen, um zu sehen, was geschieht. Jetzt wollte ich die Stille nachempfinden, die durch die Romantik für unsere Kultur zentrale Bedeutung gewonnen hat. Ich wollte herausfinden, wie diese Stille mit meinen eigenen Vorstellungen vom Schreiben zusammenhing und meinen zunehmenden Eindruck, dass sie sich grundlegend von der Stille der Wüste unterschied, überprüfen. Ich beschloss, eine lange Wanderung zu unternehmen, ähnlich wie sie Dorothy Wordsworth in ihrem Tagebuch beschreibt. Tagesmärsche in wildem, hohen Hügelland, die mit ruhigen Abenden zu Hause ausklangen, schienen im Kreis um die englische Romantikerin Dorothy Wordsworth und ihren Bruder William das Rezept für produktive poetische Arbeit gewesen zu sein.

Am Naheliegendsten wäre für jeden, der eine solchen Stille in Großbritannien sucht, der englische Lake District, die Landschaft, in der die Wordsworths selbst zu Hause waren, doch leider ist dieser Landstrich inzwischen so populär und bevölkert, dass er für mich nicht für Stille oder Alleinsein steht. Die Überzeugung, dass die freie Natur »uns guttut«, ist inzwischen weit verbreitet, und das zeigt sich bei uns unter anderem am jüngsten Ausbau von langen Wanderwegen in ganz Großbritannien. Es gibt hier heute viele wunderbare Wanderwege, doch schienen sie mir aus verschiedenen Gründen für mein Vorhaben nicht geeignet. Der Pennine Way lag zu dicht an meinem Zuhause. Den West Highland Way verband ich zu sehr mit Skye. St. Cuthberts Way, vor allem die rauen, kahlen Hügelhänge an der nördlichen Flanke der Cheviot Hills, die abfallen bis Lindisfarne, war für mich äußerst verlockend, doch als ich entsprechende Pläne machte, kam mir die Stille, die ich dort suchen wollte, sehr ähnlich vor wie die Stille der Wüsteneremiten. Ich weiß natürlich, dass die Borderhills nicht im Entferntesten der Wüste Sinai gleichen, doch mir ist auch bewusst, dass ich Landschaften durch den Filter einer vorgeprägten Phantasie betrachte. Wie sehr ich mich auch bemühe, es gibt für mich nicht das reine, unvermittelte Sehen. Cuthbert hatte sich im Kloster Melrose einer Schulung in der irischen Tradition unterzogen, die auf vielfältige Weise mit dem Sinai selbst und den Einsiedlern dort zusammenhing. Außerdem wollte ich diesmal kein Küstengebiet, sondern Berge, schroffe Felsen, abweisende Geröllhalden, Wasserfälle, Regenbögen und weite Aussichten, verdunkelt von rasch dahinziehenden Wolken und Nebel. Ein gelegentlicher Gewittersturm wäre zusätzlich von Vorteil, doch weiß ich selbst in meinen kühnsten romantischen Stimmungen, dass ich weder Blitz noch Donner heraufbeschwören kann.

Am Ende bewegte ich mich doch auf den Spuren von William Wordsworth, wenn auch eher biografisch als geografisch. Im Lake District war Wordsworth aufgewachsen. Wie er, fuhr ich »nach

Hause«, um in den Bergen und Hügeln meiner Kindheit, in Galloway, zu wandern. Die ganze Region Galloway und Dumfries ist erstaunlicherweise und zum Glück weithin unbekannt. Dieses Gebiet hat die zweitniedrigste Bevölkerungsdichte in Großbritannien (nur Caithness an der Nordostspitze Schottlands ist dünner besiedelt), und diese konzentriert sich vor allem auf das Küstengebiet. So ist das Binnenland weitgehend Wildnis geblieben, ohne Straßen, Häuser oder sonstige Bauten zwischen der Küste und Ayrshire, doch mit einigen besonders hohen Hügeln, wobei der Merrick der höchste Punkt in der Bergkette Awful Hand und mit seinen 843 Metern der höchste Berg zwischen Scafell Pike im Lake District und den Highlands ist. (Das ist an sich bereits ein Segen. Siebzig Meter höher und der Merrick würde zum Munro werden, einem der 284 Berge in Schottland, die höher sind als 914,4 Meter oder, als die Liste 1891 erstellt wurde, 3000 feet. Munros locken Wanderer an, und diese zerstören die Stille.) Der Southern Upland Way kreuzt den Südrand des Merrick und die Rhinns of Kells zwischen Newton Stewart und St. John's Town of Dalry, verläuft dann unterhalb von Black Shoulder von Cairnsmore of Carsphairn, doch dieser Teil der Route führt überwiegend durch aufgeforstetes Gebiet, das die dahinter liegende wilde Bergwelt raffiniert verbirgt. Näher kommt im gesamten Vereinigten Königreich keine Gegend einer romantischen wilden Landschaft, wie sie vor zweihundert Jahren der Lake District Wordsworth bot. Sie hatte alles, was ich für meine geplante Expedition brauchte: hohe Hügel mit gewaltigen Ausblicken, raue Wege, Wasserfälle und winzige Lochs, Schlossruinen und verlassene Gehöfte. Anders als der Lake District jedoch ist das nördliche Galloway heute noch verlassener als im 18. Jahrhundert, weil die Bevölkerung hier kontinuierlich abgenommen hat. Ein zusätzlicher Bonus ist, dass die Gegend übersät ist mit prähistorischen Stätten. Menhire und Hügelgräber stehen dort, oft meilenweit entfernt von jeder Straße, als karge Mahnmale einer Kultur, die vollkommen in Stillschweigen versunken ist. Dies ist auch der Schauplatz der Revolten des schottischen Königs Robert I. gegen die englischen Eroberer, was ein Gefühl von Freiheit und leidenschaftlichem Kampfgeist heraufbeschwört.

Noch weitere, weniger noble Gründe sprachen für Südwest-Schottland. Eine Schwierigkeit bei Alleinwanderungen in Gebieten ohne öffentliche Transportmittel ist, dass du im Kreis laufen oder zu viel Gepäck mitschleppen musst. In Galloway war das kein Problem. Irgendwer, meistens meine Mutter, konnte mich immer an einem vorher vereinbarten Treffpunkt einsammeln, sodass ich weitere Strecken laufen und mir größere Gebiete erschließen konnte. Ein weiterer Faktor waren die Kosten. Zu der Zeit hatte meine Mutter vor allem für ihre Töchter sowie deren Familien und Freunde einen freigewordenen Bauernhof etwa eine Meile von ihrem Haus entfernt wohnlich eingerichtet. Es lohnte sich also für mich, einen Teil der Stille für freie Unterkunft und Verpflegung sowie eine Chauffeuse zu opfern.

Also fuhr ich nach Galloway und wanderte dort zehn Tage in den hohen, windumtosten Hügeln, um jene expressive Imagination zu entfachen, die Wordsworth »des Alleinseins Segen« nennt. Es war rau und wild, still und wunderschön dort oben. Und es gibt nur wenige körperliche Zustände, die so durch und durch angenehm sind wie die Müdigkeit nach einem langen Wandertag.

Die Stille auf hochgelegenen Hügeln ist akustisch eine ganz andere als die Stille der Wüste. Zunächst einmal ist es hier nicht wirklich still. Immer fegt der Wind über die Landschaft hinweg und durch sie hindurch. Der Wind ist wie ein Geigenbogen. Selbst still, entlockt er den Dingen ein erstaunliches Spektrum an Klängen: Wind im Gras, Wind im Schilf, Wind im Heidekraut, Wind auf Wasser, Wind, der durch Felsspalten pfeift. Der Wind, der

Regen auf eine Wachsjacke prasseln lässt, erzeugt andere Geräusche als der Wind, der den Regen auf eine Plastikregenjacke trommeln lässt. Und es gibt »den Klang vieler Gewässer«. Linguisten behaupten heute leider, es sei ein Mythos, dass die Sprache der Inuit viele Worte für Schnee kenne. Für mich ist dieser Mythos jedoch glaubwürdig, wenn ich daran denke, wie viele Worte unsere Sprache für die Geräusche hat, die fließendes Wasser macht: murmeln, blubbern, gurgeln, plätschern, platschen, sprudeln, rauschen, fließen, brausen, tosen, spritzen, tröpfeln, tropfen, rieseln, strömen, schwappen, sickern … Und bei einer eintägigen Wanderung in solchen Hügeln werden die meisten dieser Geräusche vernehmbar, wobei sie sich häufig überlagern, was eine Art Orchestereffekt erzeugt. Hoch oben, oberhalb der Schneegrenze, verschwinden diese Geräusche wahrscheinlich, da das Wasser hier nicht mehr fließt.

Ich bin keine Physikerin und weiß von daher nicht, ob heiße Luft Klangwellen anders befördert als kalte Luft oder trockene Luft anders als feuchte, aber es hört sich eindeutig so an. Bergwandern ist anregend. Du sitzt nicht stumm und still in einer Felsspalte, während die Sonne dich austrocknet und dein Kopf immer leerer wird. Das Gegenteil passiert. In den Hügeln ist es nicht unbedingt kalt (auch wenn das häufig zutrifft). Dir wird warm dadurch, dass du deine eigenen Kräfte aktivierst und deine eigene Hitze erzeugst, statt passiv die Sonnenwärme aufzunehmen. Es gibt mehr äußere Anreize. Du musst gut auf den Weg achten, und daneben gibt es noch viel mehr zu sehen. Die Aussicht wechselt ebenso schnell wie das Wetter. Die Wolken ändern rasch ihre Gestalt, und da, über dir, kommt wie ein gebogener Schnabel der Gipfel des Merrick in Sicht. Oder Hunderte von Metern unter dir schimmert wie eine Münze Loch Enoch, eingefasst von überraschend weißen Stränden. Du kannst gar nicht anders als genau hinschauen: War das jetzt ein Reh oder eine wilde Ziege? In diesen Hügeln gibt es Goldadler, obwohl ich nie einen gesehen habe. Doch die bloße Tatsache bewirkt, dass ich mir jeden großen Vogel in der Ferne spekulierend und hoffnungsvoll anschaue. Diese Anblicke bewegen dich, eher nach außen zu schauen als nach innen wie in der Wüste.

Einmal saß ich in der Mittagszeit auf dem Kamm oberhalb von Benyallery auf einem Stein und aß ein hartgekochtes Ei. Von diesem Kamm, den die Anwohner *Nieve of the Spit* nennen, hat man nach Osten wie nach Westen eine großartige Aussicht. Es war eine erstaunliche Landschaft: der Merrick groß und grau vor mir und unten die »große Weite und Leere«. In alle Richtungen weite leere Ferne und wogendes goldenes Gras, hie und da von den Schafen kurzgefressene Flecken von leuchtendem Grün. Und *nichts*: Meile um Meile nichts und niemand. Wolken reisten eine um die andere auf mich zu, während die Sonne ihnen fast spielerisch wich. Und noch mehr Hügel, endlos bis in den blauen Dunst der Ferne, und der Wind kam und ging, zwischendrin Augenblicke von wirklicher Ruhe. Ich fühlte mich stark und frei, und die Welt war für mich heilig und vollkommen. Ich dachte: »Die Erde hat nichts Schöneres zu bieten.« Es war einer jener unvergesslichen, glücklichen Augenblicke. Und die Anstrengung, die schlichtweg harte Arbeit, die es gekostet hatte, von Loch Trool hier hochzugelangen, so dachte ich, trug zu diesem Genuss bei. Sie gab mir das zusätzliche Gefühl, etwas erreicht zu haben.

Ich wanderte in großen Höhen und in strammem Tempo und war abends immer erschöpft. Ich verglich diese Erfahrungen mit denen, die ich in meiner Felsspalte in der Wüste gemacht hatte, wo ich versucht hatte, mein Denken und mein Herz von *allem* leer zu machen. Und ich dachte auch über Authentizität nach und wie ich aus der Stille heraus, die mich umgab, »zur Stimme fand«. Ich erfuhr dabei einiges.

Ich hatte die Stille der Wüsteneremiten, die solche Mühen auf sich nahmen, um Herz und Kopf leer werden zu lassen, geliebt und mich stark zu ihnen hingezogen gefühlt. Aber mir war auch bewusst, dass die Überzeugungen, auf denen ihre Praktiken beruhten, für unsere heutige Kultur höchst befremdlich sind. Ich fragte mich, warum das so war und was sich verändert hatte.

Bis in das 17. Jahrhundert hinein hätten die meisten ernst zu nehmenden Menschen in Europa die Beweggründe der Eremiten für ihre Lebensweise als normal und gesund akzeptiert, selbst wenn manche angesichts einiger der extremeren Auswüchse des Eremitendaseins vielleicht die Stirn gerunzelt hätten. Es schien durchaus vernünftig, dass ein Mensch sich dieser Disziplin und den entsprechenden Praktiken wie ein trainierender Sportler unterzog, um, radikal befreit vom Druck des Egos und der Schwäche des Fleisches, das Gute wählen zu können. Der Kampf galt vor allem dem eigenen Stolz, dem Ich-Gefühl oder der persönlichen Autonomie wie auch der Eigenliebe. *Mangelnde* Selbstachtung galt als moralische Tugend. Diese Einstellungen empfinden wir heute als falsch und empörend. Komplizierter wird das Ganze noch durch die damit verbundene Mischung aus Selbstverleugnung und Freude, die fast einem Salatdressing gleicht, für das wir süßes Öl mit scharfem, sauren Essig verrühren. Das ist heute schwer zu verstehen. Nach der Aufklärung und nach Freud hat Selbstverleugnung für uns überhaupt nichts Freudiges mehr, und sollte doch jemand so empfinden, sehen wir darin prompt etwas Pathologisches, das auf Selbsthass, unterdrückten Schuldgefühlen oder Masochismus beruhen muss.

Allmählich wurde mir klar, dass dies eine historische Entwicklung war und dass in der Aufklärung ein tiefgreifender Wandel in Bezug auf unser Verständnis von der menschlichen Identität als solcher stattfand. Jede Definition der Aufklärung muss zwangsläufig unbefriedigend bleiben, aber ich benutze den Begriff hier ziemlich zwanglos: Mit Aufklärung meine ich den im 17. und 18. Jahrhundert stattfindenden Wandel von maßgeblichen europäischen Werten, bei dem Individualismus, Freiheit und Veränderung an die Stelle von Gemeinschaft, Autorität und Tradition traten. Die Aufklärung war optimistisch, weltlich und rationalistisch und entwickelte eine ethische Sprache für natürliche Gesetze, angeborene Freiheiten und die menschliche Selbstbestimmung.

Und so brachte die Aufklärung zwangsläufig mehr Respekt für die Autonomie des Individuums und die positiven Aspekte des menschlichen Begehrens mit sich. Die Romantik, die den übertriebenen höflichen Anstand des 18. Jahrhunderts* kritisierte, konzentrierte sich auf das emotionale und subjektive Erleben des Individuums. Unter dem Druck dieses Wandels veränderte sich die Bedeutung bestimmter wichtiger Worte. Etymologisch kommt es viel seltener vor, dass Worte an Stellenwert »gewinnen«, statt verlieren. Die englischen Worte *villain* (Schuft), *gossip* (Klatsch) und *spinster* (unverheiratete Frau), zum Beispiel, zeigen die typische Entwicklung von positiven oder neutralen zu abwertenden Begriffen. Als mir auffiel, dass eine ganze Reihe von Worten an negativer Bedeutung *verlor*, wurde ich neugierig. Was passiert, wenn Worte wie Imagination, Selbstachtung und vor allem Stolz auf einmal keine negativen moralischen Begriffe mehr sind, sondern Tugenden oder positive Eigenschaften bezeichnen?

So veränderte zu der Zeit zum Beispiel das Wort »Genius« (bei

---

* Das Wort »Zivilität« (bei uns eher: Anstand, Anm. d. Übers.in) stammt wie auch »Zivilisation« von dem lateinischen Wort *civis* (*city*, Stadt) ab (so wie das englische Wort *polite* (höflich) auf *polis,* das griechische Wort für »Stadt« zurückgeht.) In der Klassik galt das Landleben als unzivilisiert und »unfein«. Vieles an der neoklassizistischen Kultur des 18. Jahrhunderts beruhte auf der Vorstellung, dass die Natur ein Feind des Menschen sei und unter Kontrolle gebracht werden müsse.

uns eher »Genie«, Anm. d. Übers.in) seine Bedeutung. Heute dient es laut OED fast ausschließlich als Bezeichnung für eine Person mit

> angeborenen außergewöhnlichen geistigen Fähigkeiten, wie man sie Menschen zuschreibt, die in den schönen Künsten wie auf spekulativem oder praktischem Gebiet als absolute Größen gelten. Menschen, die die instinktive und außerordentliche Fähigkeit besitzen, imaginative Werke zu schaffen, Erfindungen oder Entdeckungen zu machen. Oft in Abgrenzung zu *Talent*.

Diese Bedeutung des Wortes existierte bis zur Mitte des 18. Jahrhunderts offensichtlich nicht. Bis dahin bezeichnete es im klassischen Sinn den »Schutzgott« oder »Schutzgeist«, der Menschen von Geburt an begleitete, damit er ihnen Glück bringe, ihren Charakter präge und sie am Ende ihres Leben aus dieser Welt geleite. Bestimmte Orte und Einrichtungen hatten ebenfalls solche Schutzgeister. Laut einer christlichen Version dieser Geschichte standen Menschen zwei »Geniusse« zu, ein guter und ein böser, die man oft auch als Engel sah. Die Redewendung, jemand habe einen »bösen Genius«, geht auf diesen ursprünglichen Wortgebrauch zurück. Ausgehend davon, entwickelte sich die Bedeutung des Wortes weiter und meinte jetzt auch die typische Veranlagung eines Menschen und damit seine »natürlichen Gaben« oder sein »natürliches Potenzial«.

Zu Beginn des 18. Jahrhunderts wurde das Wort immer häufiger zur Bezeichnung des geistigen Potenzials benutzt, das wir insbesondere Künstlern zuschreiben. Und da manche Künstler diese Kräfte mit einer gewissen Grandiosität selbst für sich in Anspruch nahmen, überrascht es nicht, dass das Wort schließlich

> die geistigen Kräfte [bezeichnete], die sich nach außen hin so zeigen, dass sie auf eine übernatürliche Inspiration oder Besessenheit schlie-

ßen lassen, die auf unerklärliche und wundersame Weise zu ihren Taten und Werken gelangt.

Auch wenn diese Benutzung des Wortes »Genius« im Englischen begann, übernahm die deutsche Romantik sie so begeistert, dass deren literarische und künstlerische Wiederbelebung häufig als *Genieperiode* bezeichnet wird. Der wichtige Einfluss der deutschen Dichter auf die frühe englische Romantik äußerte sich unter anderem darin, dass diese den Begriff mit bestimmten Untertönen reimportierte.

(Ich habe die starke Vermutung, dass das Wort »Genius« zusätzlich Auftrieb bekam durch die damalige Begeisterung für die arabische und persische Kultur, die sich zum Beispiel an der Beliebtheit von *Tausendundeine Nacht* zeigte. Das Wort *djinn* wurde im Englischen mit *genie,* im Plural *genii,* übersetzt, was dem lateinischen Plural des Wortes *genius* entspricht. Das stellte eine enge Verbindung zwischen den mächtigen magischen Geistern und dem »Genius« der klassischen Welt her, die zusätzlich noch den Schauer des Exotischen barg.)

Aber für mich war das wichtigste dieser Worte, die in Bewegung gerieten und eine Aufwertung erfuhren, das Wort »Individuum«, das im Laufe der letzten beiden Jahrhunderte eine völlig neue Bedeutung bekommen hat.

Es ist ziemlich offensichtlich, dass das Wort »individuell« seine Wurzeln hat in dem, »was unteilbar ist«. Und tatsächlich bedeutete es bis gegen Ende des 17. Jahrhunderts genau das: unterschiedliche Teile, die nicht in kleinere Einzelteile zerlegt werden können. Etwa ab 1650 wurde das Wort im Englischen am häufigsten im theologischen Kontext benutzt und bezeichnete hier vor allem die Heilige Dreieinigkeit. Das erste Beispiel dafür im OED ist: »To the glorie … of the hie and indyvyduall Trinitie« (Etwa: »Zu Ehren … der ihren und individuellen Dreieinigkeit«) (1425). Die Dreieinigkeit besteht aus drei »Teilchen«, die nicht weiter geteilt werden können, sondern nur als untrennbare Einheit Sinn ergeben. Das bezog sich auch auf verheiratete oder sichtlich verliebte Paare. So kann Shakespeare in *Timon von Athen* von »individuellen« Gefährten sprechen, und Adam wendet sich in *Das verlorene Paradies* an Eva mit den Worten

> … to have thee by my side
> Henceforth an individual solace dear,
> Part of my soul I seek thee, and thee claim
> My other Half.
>
> (… nahe meinem Herzen,
> Um Dich an meine Seite stets zu fesseln,
> Als untheilbarer*, ewig theurer Trost;
> Ich suche Dich als meiner Seele Theil
> Und fordere dich als meine zweite Hälfte.)[1]

Im 18. Jahrhundert veränderte sich die Bedeutung des Wortes. Zunächst wurde es zum zoologischen Begriff und bezeichnete das einzelne Exemplar einer Spezies. Seine Entwicklung vom Adjektiv zum Substantiv (*individual* heißt im Englischen sowohl »individuell« wie »Individuum«, Anm. d. Übers.in) ist, denke ich, ebenso aufschlussreich wie die Veränderung seiner Bedeutung. Interessanterweise gehörte es zu den ersten Worten, die diese grammatikalische Umwandlung erlebten und denen schon bald weitere Worte folgten wie »homosexual« (homosexuell/Homosexuelle/r), »feminist« (feministisch/Feminist/in), »lunatic« (verrückt/Verrückte/r) – Worte, für deren jetzigen Status als Substantive wahr-

---

* Im deutschen Text ist, der Bedeutung von »individuell« entsprechend, um die es der Autorin hier geht, das Wort mit »untheilbar« übersetzt, Anm. d. Übers.in.

scheinlich die heutige Bedeutung von »individuell/Individuum« grundlegend war. William Godwin, Mary Wollstonecrafts Partner und ein maßgeblicher radikaler Philosoph, hat das Wort »Individuum« offensichtlich als Erster in unserem zeitgenössischen Sinn benutzt. Erst zu Beginn des 19. Jahrhunderts ging man zunehmend davon aus, dass die Individualität des Menschen nicht über die Grenzen seiner eigenen Haut hinaus reicht. Das Untrennbare, nicht in weitere konstituierende Elemente Zerlegbare, war das *Selbst* – das Individuum mit seinen angeborenen Menschenrechten und authentischen Emotionen.

Im Laufe des 20. Jahrhunderts bekam das Wort »Individuum« zunehmend positive moralische Beiklänge. Ein Individuum und damit ein einzigartiger und eigenständiger Mensch zu sein war jetzt eine gute Sache. Der Aufstieg des Wortes geht aber noch weiter: Meine OED-Ausgabe von 1933 ist noch nicht beim zeitgenössischen »Individualismus« angekommen, beschreibt es diesen doch immer noch moralisch negativ als »selbstbezogenes Verhalten oder Gefühl, Egoismus«. Im heutigen Sprachgebrauch, so denke ich, hat das Wort diesen schlechten Ruf ganz verloren, bedeutet es jetzt doch soviel wie »originell«, »unabhängig« oder »gut integriert«.

Viele Intellektuelle der frühen klassizistischen Phase der Aufklärung sind davon ausgegangen, dass die bloße Vorstellung vom Eremitendasein auf jeden zivilisierten Menschen abstoßend wirken muss:

> Wahrscheinlich ist keine Phase in der ethischen Geschichte der Menschheit von tieferem oder schmerzlicherem Interesse als diese asketische Epidemie. Ein abstoßender, durchgedrehter und ausgemergelter Irrer, unwissend, ohne Patriotismus und ohne jede natürliche Zuneigung für jemanden oder etwas, der sein Leben Tag für Tag in sinnloser und grässlicher Selbstquälerei verbringt und zitternd vor

Angst vor den grausigen Phantomen seines eigenen wahnhaften Hirns, ist zum Ideal von Nationen geworden, welche die Schriften von Plato und Cicero und das Leben von Sokrates und Cato kannten.[2]

Und, am berühmtesten, Edward Gibbons Kommentar, den er mit »langsam tröpfelnder Bosheit«, wie Helen Waddell es später nannte, schrieb:

> Die Asketen, die sich den strengen Regeln des Evangeliums unterwarfen und diese missbrauchten, wurden angetrieben von der barbarischen Begeisterung, die im Menschen einen Kriminellen und in Gott einen Tyrannen sieht. Sie verzichteten allen Ernstes auf die Unternehmungen und Vergnügungen ihrer Zeit. Sie schworen dem Wein ab wie dem Fleisch, der Ehe wie dem eigenen Körper, kasteiten sich ihrer Zuneigungen wegen und führten ein durch und durch elendes Leben.[3]

In seinem Buch *Verfall und Untergang des Römischen Reiches* schrieb Gibbon auch die häufig zitierte Zeile: »Ein Gespräch bereichert das Verstehen, aber Einsamkeit ist die Schule des Genies.«[4] Er ging also eindeutig davon aus, dass es zwei verschiedene Arten von Einsamkeit oder Alleinsein gibt – die des »Genius'« in der Phase nach der Aufklärung und das »barbarische« Alleinsein des Asketen.

Diese Sicht behielt bis ins 19. Jahrhundert hinein ihre Gültigkeit, als James Wilson, unterwegs in den Schottischen Highlands, schrieb:

> Auf Eilan-na-Killy stehen die Überreste einer alten Behausung, wahrscheinlich die Wohnstätte eines asketischen Mönchs oder eines Mannes, der »zurückgezogen von der Welt« lebte. Das war sicherlich ein verdrossener, egoistischer Bursche, der sich an die Sitten und Gebräuche seiner Mitmenschen nicht anpassen konnte. Über solche Kreaturen können jetzt, wo sie (wie wir getrost annehmen dürfen) alle tot und begraben sind, Sonette verfasst werden, aber der Leser sei versichert, dass sie ein widerwärtiges Pack waren.[5]

Ich nehme an, dass viele heutige Menschen diese Sicht grundsätzlich teilen.

Doch gegen Ende des 18. Jahrhunderts setzte der Gedanke, dass das Individuum von überragender Wichtigkeit ist, eine ganze Bewegung in Gang, die sich in totaler Opposition zum zivilisierten (auf der *city* basierenden) Rationalismus der frühen Aufklärung befand, auch wenn sie sich ideologisch auf eben deren Vorstellung vom autonomen Individuum berief. Die Romantik verband mit dem Bild vom »Individuum« als einzigartige, in sich ganze Person, die einem einzigen Körper innewohnt, eine Reihe von bestimmten philosophischen Einstellungen. Hier einige der wichtigsten:

- Für sie hatten Emotionen Vorrang vor der Vernunft und die Sinne Vorrang vor dem Intellekt.
- Sie betonte die Introspektion, war fasziniert vom Selbst und besaß eine Art erhöhtes Bewusstsein von persönlichen Stimmungen und Gedanken.
- Sie war fasziniert vom Genie, vom Helden und anderen außergewöhnlichen Persönlichkeiten, speziell von deren inneren Kämpfen.
- Sie vertrat ein Bild vom Künstler als freiem, kreativem Geist, dem der Ausdruck authentischer persönlicher Emotionen wichtiger war als die Suche nach einer Form.
- Für sie waren Phantasie und Spontaneität Wege zu spiritueller Wahrheit.
- Sie vertrat, dass Kinder von Geburt an freie und vollkommene Wesen sind, die durch die gesellschaftlichen Anforderungen verdorben werden. Sie kommen in die Welt, »nach sich ziehend Wolkenglanz und Glorienschein«, doch »die Schatten des Gefängnisses« (Zitate von Wordsworth, Anm. d. Übers.in) erdrücken sie nur allzu schnell.

- Sie brachte den Schönheiten der Natur und vor allem dem Erhabenen große Wertschätzung entgegen.

Der romantische Genius oder Künstler musste den verwickelten gesellschaftlichen Konventionen auf irgendeine Weise entkommen und zur ursprünglichen Unschuld zurückfinden, um Zugang zu seinen tiefsten Emotionen zu bekommen. Offensichtlich sind Alleinsein und Stille in der Natur hier von Nutzen. Wie ich entdeckte, verstärkt beides tatsächlich Gefühle und Empfindungen. Unbehindert durch die Anforderungen der Gesellschaft, findet das Genie hier sein wahres, authentisches inneres Selbst, vergraben unter Schichten von falschem Bewusstsein, und ist frei, dieses zum Ausdruck zu bringen.

»Er« und »sein« sind in diesem Abschnitt nicht zufällig gewählt. Der ursprüngliche romantische Held-Künstler war definitiv ein Mann. Auch wenn die Frau ihm als Muse dienen konnte und sollte – im Idealfall in einer zum Scheitern verurteilten Liebesbeziehung –, war sie häufiger noch seine Nemesis, die seine Rückkehr in die Fänge der konventionellen Gesellschaft forderte.

Und so suchten die Romantiker das Alleinsein und die Stille, um »sich zu finden«, so wie die Wüsteneinsiedler Stille und Alleinsein suchten, um »sich zu verlieren«. Es ist kein Zufall, dass Einsiedler das Wort »Stille« bevorzugten, während die Romantiker eher von »Alleinsein« oder »Einsamkeit« sprachen. Denn Letztere wollten mit Sicherheit nicht stillschweigen. Sie wollten die Stille nutzen, um ihre individuelle Stimme zu finden. Phasen von Stille und Alleinsein nach dem Vorbild der Idee vom religiösen »Rückzug« galten als wertvoll für die Entwicklung der eigenen Unabhängigkeit und Authentizität, die das Individuum befähigten, sich dem Druck der Konformität, der mit einem »zivilisierten« Leben verbunden war, zu entziehen.

Wir müssen uns ein kleines Hinterstübchen ganz für uns allein bewahren, in dem wir vollkommen frei sind, unsere Unabhängigkeit entwickeln und in das wir uns grundsätzlich zurückziehen können, um uns ins Alleinsein zu begeben.[6]

Kein Mensch entwickelt jemals seine ureigenen geistigen Fähigkeiten, wenn er in seinem Leben nicht zumindest hin und wieder für Alleinsein sorgt.[7]

Unter aller Rede ... liegt eine Stille, die besser ist. Stille ist tief wie die Ewigkeit, Rede ist flach wie die Zeit.[8]

> Wenn uns die Hast der Welt zu lange Zeit
> Von unserm beßren Selbst entfremdet hat
> Und wir, von ihrem Treiben angeekelt
> Und ihrer Freuden müde, mutlos werden,
> O wie belebend ist dann Einsamkeit![9]

> Erlauschter Klang ist süß; noch Süßres sagt
> der stumme: Linde Pfeifen, stimmet an!
> Nicht für das grobe Ohr, nein, schöner schlagt
> Mit überstillem Spiel den Geist in Bann.[10]

Ehrlich gesagt, konnte ich eine gewisse Erleichterung nicht leugnen, als ich las, wie George Eliot ihren ätzenden Skeptizismus über dieses Thema ergießt:

> Reden ist oft öde, doch auch Stille brütet nicht zwangsläufig auf einem vollen Nest. Dein stiller Vogel, der dir stumm zuzwinkert, kann trotzdem auf einem faulen Ei sitzen, und wenn er zu gackern beginnt, hat er nichts zu verkünden als diese faule Täuschung.[11]

Auf meine Galloway-Wanderung nahm ich nicht *The Sayings of the Desert Fathers* mit, sondern *Präludium oder Das Reifen eines Dichtergeistes* von William Wordsworth.

Wordsworth verfasste dieses autobiografische Gedicht 1805, auch wenn er es später noch fortlaufend umschrieb, und es wurde erst 1850, also nach seinem Tod, veröffentlicht. Der Titel weist darauf hin, dass der Text als Einleitung für *Der Einsiedler* gedacht war – das große philosophische epische Werk, in dem der Autor seine Sicht von »Mensch, Natur und Gesellschaft« darzulegen plante und das er nie vollendete. Den zweiten von geplanten drei Teilen veröffentlichte er 1814 unter dem Titel *The Excursion,* und im Vorwort dazu erläutert er seine generellen Absichten. Der Herausgeber des postum erschienen Werkes *Präludium* bezog sich in seinen einleitenden Bemerkungen auf dieses Vorwort zu *The Excursion.*

Als sich der Autor vor einigen Jahren *in die heimischen Berge zurückzog, wo er hoffte, ein literarisches Werk zu schaffen*, das weiterleben würde, war es nur logisch, dass er die eigene geistige Entwicklung zurückverfolgte und erforschte, inwieweit Natur und Bildung ihn zu diesem Unternehmen befähigten. Für diese Vorbereitungen stellte er sich die Aufgabe, in Versen vom Ursprung und der weiteren Entwicklung seiner eigenen Fähigkeiten zu berichten, soweit ihm diese bekannt waren.

Dieses Werk ... war seit langem fertig, und aus den Forschungen, auf denen es beruhte, erwuchs der Entschluss, ein philosophisches Gedicht zu verfassen ... das den Titel »Der Einsiedler« tragen sollte, denn sein grundlegendes Thema würden *die Empfindungen und Ansichten eines Dichters sein, der in Zurückgezogenheit lebt* (Hervorhebungen von mir, S. M.).[12]

Im ersten und zweiten Buch von *Präludium* beschreibt und feiert Wordsworth seine Kindheit auf dem Land. Dies ist nicht die Autobiografie eines unschuldigen Kindes, sondern eine Abhandlung über den Werdegang eines Genies und schildert, durchwoben von langen Assoziationen, die Beziehung zwischen dem Dichter und der Landschaft, das heißt der Welt der Natur.

In den Eröffnungspassagen von *Präludium* muss der Dichter zunächst seine Freiheit, eine »köstliche Freiheit« gewinnen, indem er aus der Stadt aufs Land flieht:

> Was auch sein Auftrag – keinem kann die Brise
> Willkommner sein als mir, der ich entfloh
> Der weiten Stadt, wo lang ich mich gequält
> Als unbehaglicher Logiergast. Frei nun …

Einmal dem gesellschaftlichen Druck entkommen, kann er wieder anfangen zu denken und bekommt Zugang zu den eigenen wahren Gefühlen und Gedanken, die sich als *Poesie* manifestieren:

> … Ich atme wieder!
> Gedankendämmer, Geistesüberquellen
> kommt über mich: ja abgeschüttelt ist er
> Der Druck der *Selbst- und der Naturentfremdung*.

In diesem Augenblick von Frieden und Ruhe wandert seine Aufmerksamkeit *auf ganz natürlichem Wege* zurück in die Kindheit und zu der erhabenen Schönheit der Lakes, von der er sich reich beschenkt fühlt:

> … inmitten von *Not und Lärm der menschlichen Gesellschaft*
> dazu den Vorgeschmack *des großen Friedens,*
> *Den die Natur* durch Flur und Haine *atmet*
> … Dämmern der Kindheit in mir die Gefühle,
> Die unser Menschsein aufbaun, verflochten –
> Nicht mit *dem rohen, niederen Tun der Menschen*,
> Nein, mit den hohen, dauerhaften Dingen –
> Mit Leben und Natur …
>
> … und ich vielleicht zu sehr mich hingab
> Dem *Selbstgenügen stiller Einsamkeit*.
> (Hervorhebungen von mir, S. M.)

Ich wählte *Präludium*, weil der Autor es genau aus dem Grund geschrieben hat, zu erforschen, wie das Alleinsein in der Natur die Kreativität beeinflusst, indem sie das Individuum stärkt und wappnet gegen das »rohe, niedere Tun der Menschen ...«. Wordsworth geht es hier natürlich vor allem um die Frage, wie kindliche Erfahrungen mit Stille dieses kreative Potenzial fördern und auch wie Sprache, und speziell Poesie, dieses Erleben darstellen kann.

Für Wordsworth und die Romantik im weiteren Sinne gewannen Kindheitserfahrungen und deren Auswirkung auf das spätere Leben eine neue Bedeutung. Wordsworth war es, der in seinem 1802 entstandenen Gedicht »Der Regenbogen« den Satz prägte: »Des Mannes Vater ist das Kind.«* Da er glaubte, Kinder seien noch unverdorben von der Gesellschaft und besäßen aus diesem Grund eine natürliche Weisheit und Kreativität, fand er durch die Rückkehr in seine Kindheitsumgebung, in der er allein und in Stille lebte, Zugang zur ursprünglichen kindlichen Unschuld und damit zu seiner eigenen poetischen Stimme.

Als ich eines Nachmittags im Schutz einer Trockenmauer in der Sonne saß und auf das aufgeforstete Gelände hinunterschaute, das den Clatteringshaws-Stausee umgibt, kam mir plötzlich und lebhaft die Erinnerung an ein Erlebnis, das ich viele Jahre vergessen hatte. Als besonderes Ereignis zu ihrem vierten Geburtstag hatte meine jüngste Schwester beschlossen, den Merrick zu besteigen. Das ist für ein so kleines Kind eine ziemlich lange Tour, aber sie tat es. Wir ermunterten sie und hielten sie bei Laune, trugen sie aber nicht. Mir kam die vollständige, in sich abgerundete Erinnerung an dieses Ereignis – ich sah es bis in alle Einzelheiten innerlich vor mir, ohne zusätzliche Bilder und Assoziationen, wie es bei solchen Rückblen-

---

* In *Jane Eyre* (1847) lässt Charlotte Brontë, Autorin großartiger Romane, zum ersten Mal ein Kind in Ich-Form sprechen, ein Stil- und Gestaltungsmittel, das heute recht verbreitet ist.

den oft der Fall ist. Ich erinnerte mich nicht, wie es zu diesem Ausflug kam, sah aber lebhaft vor mir, wie wir ihn unternahmen: Wie wir aus dem Nadelwald in die große Weite der höheren Zonen gelangten. Wie meine Schwester in ihren kleinen roten Gummistiefeln entschlossen vorwärtsmarschierte und das enorme Triumphgefühl, das uns alle auf dem Gipfel erfasste. Und natürlich die großartige Aussicht von dort oben.

Dabei fiel mir etwas Interessantes auf: Das stille Wandern schärfte offensichtlich mein Erinnerungsvermögen. Im Laufe der Woche fielen mir zunehmend und mit großer Deutlichkeit Begebenheiten, Ereignisse und sogar Emotionen aus meinem Leben wieder ein. Dabei handelte es sich nicht nur um »bedeutsame Momente«, sondern um kleine Dinge wie diesen Aufstieg zum Merrick an Maggies Geburtstag und weitere Begebenheiten, die weit zurück in der Kindheit lagen. Zumindest fühlten sie sich an wie »wahre« Erinnerungen, die ziemlich detailgetreue und in sich abgerundete, schön gestaltete Geschichten waren. Zunächst dachte ich, das hinge damit zusammen, dass ich mich wieder in meiner Kindheitsumgebung befand. Aber schon bald fiel mir auf, dass mir nicht nur Kindheitserinnerungen kamen, sondern auch Erinnerungen an spätere Ereignisse in meinem Leben, die nichts mit Südwest-Schottland zu tun hatten. Ein weiterer »Gewinn« dieser Woche und dieser ganz besonderen Stille war, dass sich mir mein eigenes Leben deutlich als zusammenhängendes Narrativ zeigte. Erst nach meiner Rückkehr wurde mir klar, um wie viele Anekdoten ich meinen bewussten Gedächtnisspeicher hatte »aufstocken« können. Durch die Anstrengung, das Ego aufzulösen und Geist, Herz und Imagination zum Stillschweigen zu bringen, verlieren wir oft das Gefühl für die Zeit und damit auch für das Narrative. Doch wenn wir Stille bewusst einsetzen, um imaginative Zustände auszulösen, passiert genau das Gegenteil. Ich nehme natürlich an, dass die hier geschilderten

Erfahrungen mit der Stille zusammenhängen. Vielleicht war es aber auch Zufall, oder es lag an den Wechseljahren oder sonst irgendwas, aber eigentlich glaube ich das nicht.

Ich glaube das auch deswegen nicht, weil nicht nur ich, sondern offenbar auch andere Menschen diese Erfahrungen gemacht haben. Du gehst in die Wildnis und »entdeckst, wer du bist«, »findest deine eigene Stimme« oder dein »wahres Selbst«. Eine der Definitionen von Identität (oder des Selbst), wie Philosophie und Psychiatrie sie heute erforschen, geht davon aus, dass diese auf der Fähigkeit beruht, aus dem eigenen Leben ein zusammenhängendes Narrativ zu konstruieren. Ein Individuum sein heißt, ein narratives Selbst besitzen. Der Entschluss, allein zu sein, die Abgeschiedenheit zu suchen, vor allem an einem »erhabenen« Ort, ist ein Weg, um mit diesem Narrativ in Kontakt zu kommen, das sich hier ungefiltert durch die Interpretationen anderer Menschen präsentiert. Ich hatte den Eindruck, dass es tatsächlich darum geht, sich nach unten (oder innen oder oben) auf eine innere Ebene zu begeben, auf der die Erinnerungsbruchstücke einfach herumliegen. Stille befördert uns erstens an diesen »anderen« Ort und schenkt uns zweitens die Möglichkeit, diese Erinnerungen einzusammeln und zu formen, ohne dass andere dies kommentieren oder uns dabei unterbrechen. Das macht die folgende Äußerung von Storr so schmerzlich anrührend: »Ich bedaure, dass die meisten psychiatrischen Kliniken Patienten, die allein sein wollen und denen das auch gut täte, dies so wenig ermöglichen.«[13]

Das ist für mich eine Bestätigung der Behauptung der Romantiker, dass Stille ein tiefer Brunnen von Kreativität ist, vorausgesetzt natürlich, man akzeptiert die hier zugrunde liegende Prämisse, dass unser »inneres« Selbst »wahrer« und »realer« ist als die gesellschaftlich konstruierte *persona* (Maske), die wir im Umgang mit anderen tragen, und ebenso die Annahme, dass große Kunst die Erforschung und Enthüllung dieses verborgenen Selbst ist.

Diese Zeit in den Hügeln machte mich glücklich. Ich war gern körperlich fit und müde. Die Wanderungen selbst gaben jedem Tag eine Struktur und ein Narrativ. Es war ein höchst einfaches und unverfälschtes Leben. Und eines Nachts machte ich eine abenteuerliche Erfahrung, welche die ganze Woche in konzentrierter Form enthielt und zusätzlich bereicherte. Ich hatte beschlossen, zwei Wanderungen in den nördlichsten Part dieser Gegend zu unternehmen. Um Zeit zu sparen, beschloss ich, oben in den Hügeln in meinem Wagen zu schlafen, statt abends zurück an die Küste zu fahren.

Am ersten der beiden Tage war schönes Wetter, der Himmel hell und klar, doch das Gehen war anstrengend, und ich kehrte völlig erledigt zum Wagen zurück. Ich kuschelte mich in meinen Schlafsack und schlief ein, noch ehe es dunkel wurde. Gegen drei Uhr morgens weckten mich die Sterne. Mir war das nicht sofort klar. Ich erwachte ganz sanft und lag halb wach da. Dann blinzelte ich – und erblickte: STERNE. Nie zuvor habe ich die Sterne so gesehen wie in dieser Nacht, auch nicht im Sinai. Es waren so viele, dass sie den ganzen Himmel erhellten. Das Wort »Sternenlicht« wurde ebenso real wie »Sonnenlicht« und »Mondlicht«. Die Sterne scheuchten mich auf. Wie getrieben oder gerufen oder beides, zog ich schnell Jacke und Schuhe an und eilte nach draußen. Es war ganz ruhig und still. Der Zenit war vollkommen klar, obwohl sich im Norden und Osten tiefliegende dunkle Wolkenbänke reihten. Die Hügel zogen klare, gewölbte Linien, die schwärzer waren als der schwarze Himmel über ihnen, doch hoch über mir erstreckte sich eine sagenhaft dichte Milchstraße – »Der Pfad der Weißen Frau« oder »Die milchspendende Göttin«, wie sie auch genannt wird. Dort oben funkelten so viele Sterne, dass ich keines der mir bekannten Sternbilder erkennen konnte. Der Himmel war nicht flach, sondern dreidimensional, was ich deutlich spüren konnte. Haben die Alten ihn wirklich als flache »Scheibe« oder Schicht gesehen? Ich war vor Ehrfurcht und Aufregung ganz atemlos. Schließlich fand ich die Plejaden, und mit Hilfe des Fernglases konnte ich alle Sieben Schwestern deutlich erkennen, auch die etwas blasse Merope und die Wolke aus Sternenstaub, der wie Puderzucker auf einem Kuchen aussah. Nie zuvor hatte ich ihre Farben ausmachen können – blau, gelb und ein strahlend reines Weiß. Als sich meine Augen an den Anblick gewöhnt hatten, erkannte ich Orion und entdeckte inmitten von Hunderten von Sternen, die das Sternbild beinahe verdeckten, den Großen Bären. Kein Mond schien, doch es gab Sternschnuppen, willkürlich, sporadisch aber häufig, darunter einige mit einem langen, flammenden Schweif, der dem des großen Drachens aus der Apokalypse glich.

Ich wusste zu der Zeit nicht, dass dies die beste Nacht für die Beobachtung der Orioniden war, einen der regelmäßigen Meteorstürme. Die Drachenmetapher war also zutreffender, als mir bewusst war. Ein Meteorsturm oder Sternschnuppenfall wird durch die sich ablösenden Staubfragmente von Kometenschweifen verursacht, die beim Eintritt in unsere Atmosphäre verglühen. Das ganze Firmament blinkte, tanzte und sang still. Und das außergewöhnliche Gefühl, dass das alles lebendig war, nicht flach, tot und weit weg, sondern ungeheuer gegenwärtig und lebendig, war ein Geschenk. Schließlich zogen Wolken auf oder ich wurde müde und das intensive Erleben verlor sich. Halb aufgewühlt, halb erschöpft kletterte ich wieder in meinen Schafsack und holte Luft.

Zwei Atemzüge.

Der erste Atemzug war für die Unfassbarkeit der Stille.

Die Stille der Sterne ist unvorstellbar. Sie leuchten und leuchten bei unglaublich hohen Temperaturen unzählige Äonen lang. Sie flackern, strahlen und funkeln – und das alles in Stille. Die Explosionen ihrer Geburt und ihres Sterbens verhallen ungehört im Kosmos. Schallwellen können sich, anders als Lichtwellen und Funkwellen, nicht in einem Vakuum ausbreiten. Raum als solcher ist still. Da draußen, jenseits der atmosphärischen Hülle, ist eine unermesslich weite, immerwährende Stille – die »weite Leere«, durch die Miltons Satan fiel. Kein Wunder, dass der Teufel Lärm liebt.

Das sind unfassbare Dimensionen. Es gibt in der Milchstraße, unserer eigenen Galaxie, etwa so viele Sterne wie Zellen in meinem Körper, und es gibt mindestens 125 Millionen weitere Galaxien. Zahlen als solche verlieren hier an Bedeutung. Seit Christi Geburt sind noch nicht einmal eine Millionen Erdentage vergangen, doch beim Thema Astronomie gehe ich mit den Millionen salopp um, denn anders kann man nicht darüber reden. Zwischen den einzelnen Sternen liegen enorme Entfernungen – unser nächster Stern, *Alpha Centauri* oder *Proxima Centauri*, befindet sich gut vier Lichtjahre entfernt von der Sonne.* Zwischen allen Sternen herrscht Stille. Laut des *Yale Bright Star Catalog* gibt es 9 110 Sterne mit einer Helligkeit von 6.5 oder heller, das heißt, sichtbar für das bloße Auge (bei idealen Sichtverhältnissen und guter Sehkraft). Weil sich Raum in sämtliche Richtungen ausdehnt, können wir diese vielen Sterne nie auf einmal sehen – nur die Hälfte von ihnen kann in jeder der beiden Hemisphären sichtbar werden; nacheinander rücken sie im Laufe der Nacht durch die Erdumdrehung in unser Blickfeld. Dennoch – 4 555 Sterne, das ist großzügig genug.

---

* In einem Vakuum, und der Weltraum ist nahezu ein Vakuum, reist das Licht 1 079 252 849 Kilometer in der Stunde. Ein Lichtjahr ist die Entfernung, die das Licht im Zeitraum eines Jahres zurücklegt: 1 079 252 849 x 24 x 365.

Aber Moment mal. Nimm ein gutes Fernglas zur Hand, wie du es auch zur Beobachtung von Vögeln benutzt, und du vervielfältigst die kosmischen Leuchtfeuer, die du gegen zehn Uhr Abends sehen kannst. In einer klaren Nacht und in großer Höhe kannst du 45 000 Sterne ausmachen.

Besorge dir ein Teleskop ... der »höchste Schätzwert« von sichtbaren Sternen bei Benutzung eines Teleskops beträgt 70 Trilliarden (siebzigtausend Millionen Millionen Millionen). Das ist mehr als sämtliche Sandkörner aller Strände und Wüsten auf diesem Planeten, dabei sind das immer noch nicht alle Sterne, sondern nur die, die in Reichweite unserer Technologie liegen.

Während ich dort in der Kälte stand, bemühte ich mich, nicht an dunkle Materie zu denken. Die Kosmologen sagen heute, es gebe nicht genug Materie, nicht genug materielle Objekte, Moleküle oder Atome da draußen, damit der Kosmos richtig funktioniert. Es muss eine Art dunkler Materie geben, unsichtbar, nicht messbar, aber irgendwie existent. Sie wissen nicht, um was es sich da handelt oder wie es zu finden ist. Der Gedanke, dass diese dunkle Materie die gesamte konzentrierte Stille des Raumes ist, kommt mir geradezu überwältigend vor. Stille, so dicht und schwer, dass sie zur Materie wird.

Beim zweiten Atemzug holte ich schärfer Luft, keuchte fast. Mir wurde klar, dass ich, mit diesem ungeheuren Leuchten konfrontiert, fast sofort nach erkennbaren Zusammenhängen, nach *Geschichten* Ausschau gehalten hatte. Instinktiv und rasch griff ich nach etwas, wofür mir eine Geschichte einfiel. Die Plejaden, zum Beispiel, sind nach den unsterblichen Schwestern benannt, den Töchtern von Atlas, die am Himmel erscheinen, weil sie so wunderschön sind. Einer der sieben Sterne, Merope, ist blasser als die anderen, weil Merope einen Sterblichen heiratete, während die anderen sechs sich Götter zu Liebhabern nahmen. Die Namen der sichtbaren astronomischen Objekte sind nicht zufällig: Merkur war der Götterbote mit geflügelten Fersen, und der Planet Merkur bewegt sich schneller als alle anderen und eilt mit großer Geschwindigkeit um die Sonne. Venus, genannt nach der Göttin der Liebe, taucht abends und morgens auf, klar und schön. Mars leuchtet am Nachthimmel rot – rot war die Farbe des Krieges und Mars war der Kriegsgott, deswegen heißen die Kampfsportkünste im Englischen *martial arts*. Jupiter, der größte Planet, war der König der Götter. Er ist umgeben von auffallend vielen Monden, die die Namen seiner ungewöhnlich vielen Geliebten tragen.

Auch die Sternenbilder erzählen Geschichten: Orion, der Jäger mit dem gegürteten Schwert, ist nur in der Jagdsaison in der nördlichen Hemisphäre am Himmel zu sehen. Während Orion im März nach Westen verschwindet, steigt Skorpion im Osten auf, denn Orion wurde von einem Skorpion getötet als Strafe dafür, dass er sich damit gebrüstet hatte, kein lebendiges Geschöpf könne ihn jemals bezwingen. Skorpion jagt ihn noch immer über den Nachthimmel. Es fällt mir schwer, mir klarzumachen, dass diese Geschichten willkürlich sind und die Sterne der einzelnen Konstellationen nicht zwangsläufig in einer wissenschaftlich nachweisbaren Beziehung zueinander stehen. Für die chinesische Astronomie erzählen die Sternbilder völlig andere Geschichten: Nicht dass sie andere Namen für dieselben Konstellationen hätten – sie spiegeln andere Zusammenhänge. So sind die chinesischen Sternbilder zum Beispiel kleiner als die westlichen und verbildlichen keine Mythen, sondern Facetten des chinesischen Kaiserhofs und des gesellschaftlichen Lebens, wie *Dizou*, Sitz des Kaisers, und *Tianshi*, der himmlische Markt.

(Ich habe, an dieses Erlebnis anknüpfend, später eine Übung gemacht mit Teilnehmenden an meinem Kurs für kreatives Schreiben, die sich mit Sternen überhaupt nicht auskannten. Ich händigte ihnen Sternenkarten aus, auf denen keine Namen standen und die Konstellationen nicht markiert waren, und bat sie, ihre eigenen Sternbilder zu finden, zu benennen und dann eine Geschichte darüber zu erzählen, warum diese Figur am Himmel auftaucht. Das fiel fast allen so leicht, dass sie selbst überrascht waren. Wenn sie nicht gewisse Grundkenntnisse in Astronomie besitzen, sehen niemals auch nur zwei Personen ein- und dieselben Figuren.)

Wie andere Menschen auch liebe ich Geschichten. Ich höre, benutze und erzähle gern Geschichten. Eine der Errungenschaften der Romantik, von der auch ich profitiere, ist das Recht, meine eigenen Geschichten über mich zu erzählen und mir die Geschichten anderer Menschen anzuhören. Das ist mir immer kostbar gewesen, und außerdem habe ich meinen Lebensunterhalt damit verdient. Aber in jener Nacht, in jenem ebenso vergänglichen wie zauberhaften Sternenlicht, empfand ich es auf einmal als unerträgliche Arroganz oder sogar Schwäche, auf dieses Recht zu pochen. Der schnelle Zugriff auf das Narrative schob sich zwischen mich und die Stille des Augenblicks mit ihrer ganz eigenen Wahrheit. Und all die Geschichten schienen nicht mehr zu sein als hohles Geplapper.

An der Idee, dass Stille die Kreativität und vor allem die literarische Kreativität fördert, scheint etwas Wahres dran zu sein. Wäre jemand mit mir da oben gewesen, wären die Kräfte, die in dieses Suchen nach Geschichten flossen, wahrscheinlich verbal verpufft, statt sich innerlich für das Schreiben von Texten zu sammeln. Vielleicht hätten wir gewetteifert, wer die meisten Sternbilder findet oder zumindest darüber debattiert. Wahrscheinlich hätten wir leicht abweichende Variationen der Namen eingebracht wie »Der Große Bär«, »Ursa Major«, »Die Bratpfanne«, und hätten uns unterschiedliche Geschichten über sie erzählt. Eine hätte mehr gewusst als die andere – sie hätte mehr Autorität gehabt. Eine Autorin ist eine Person mit der Autorität, Geschichten zu erzählen.

Die romantische Stille, wie ich sie in Galloway erlebte, schärfte mein Erinnerungsvermögen und inspirierte mich zu Geschichten. Ob sie mir auch ein verborgenes inneres Selbst offenbarte, das wahrer und realer ist als das »gesellschaftlich konstruierte Selbst«, und ob die Begegnung mit diesem Selbst durch Alleinsein und Stille ein Individuum stärkt, ist dagegen zweifelhafter. Doch diese Überzeugung ist in der westlichen Psyche und Kultur tief verankert. Wordsworth meinte mit diesem wahren Selbst durch Alleinsein in Berührung kommen und es auf diesem Weg stärken zu müssen, *um es* in seiner Poesie *wahrhaftig zur Sprache bringen zu können*. Das ist die Grundlage des Gedankens, dass Alleinsein die Kreativität fördert und alle Künstler das Alleinsein brauchen.

Es ist nicht weiter schwer zu sehen, dass ein enger Zusammenhang existiert zwischen der Vorstellung von einem »authentischen« inneren Selbst, das durch übermäßige gesellschaftliche Anforderungen überlagert und geschwächt wird, und dem klassischen christlichen Dualismus von der »wahren« Seele, die in einem »verdorbenen« Körper gefangen ist, und einer ebenso verdorbenen materiellen Welt. Man würde meinen, eine Philosophie wie die der Romantik müsse sich gegen dieses klassische duale Denken wenden und auch die Idee vom reinen Kern eines wahren inneren Selbst von sich weisen, aber das ist nicht der Fall. Den Glauben an ein wahres inneres Selbst haben im Laufe des 19. und 20. Jahrhunderts alle mögliche Bewegungen als neue und radikale Haltung postuliert. Er war auch grundlegend für den radikalen Feminismus: Es gibt ein »rein«* weibliches Selbst, das unter vielen Schich-

---

* Diese Analyse mogelte sich geschickt an der Tatsache vorbei, dass das englische Wort für rein, *pure,* eher *purged,* das heißt »gereinigt« bedeutet und nicht »grundsätzlich unschuldig«.

ten von sozialer Konditionierung vergraben und unterdrückt worden ist. Die werdende Feministin musste diese Schichten von »falschem Bewusstsein« (das immer und zwangsläufig falsch war) nur abstreifen und ihr »wirkliches« oder wahres inneres Selbst finden, um sich befreien zu können. Da Feministinnen »die Frau« als Gattung sahen, die von der Gesellschaft ausgeschlossen worden und aus diesem Grund für diese nicht verantwortlich war, mussten sie sich von dieser Gesellschaft nicht zurückziehen und das Alleinsein oder die Stille suchen. Die Befreiungsarbeit fand am besten *zusammen mit anderen Frauen* statt. Die Gruppe wurde zum Medium unserer Befreiung und damit das Formulieren und das Mitteilen von Erfahrungen durch Sprache, auch wenn das Bedürfnis nach dieser Form von Austausch auf dem Gedanken beruhte, dass Männer sich die Sprache angeeignet hatten und Frauen nicht über sie verfügten.

Hier stimmt etwas nicht. Es ist unsinnig zu behaupten, dass der verbale Austausch in Gruppen das Gleiche bewirkt, was man Stille und Alleinsein nachsagt: das Individuum gegen soziale Konstrukte abzuschotten. Wenn die Romantiker erkannten, dass sie Stille und Alleinsein brauchten, um zu ihrer authentischen Stimme zu finden, wie kann diese authentische Stimme dann durch den verbalen Austausch in Gruppen gefunden werden?

Wahrscheinlich sind in der zweiten Hälfte des 19. Jahrhunderts zwei unterschiedliche Befreiungsbewegungen aufeinander geprallt. Der romantische Individualismus mit seiner Idee von persönlicher Freiheit stieß auf die politischen Befreiungsbewegungen, die sich diesen Gedanken zu eigen machten. Nationalismus und Anti-Imperialismus waren für einige Romantiker, deren philosophisches und politisches Gedankengut in vieler Hinsicht in den Bestrebungen der Französischen Revolution wurzelte, wichtig: gewerkschaftliche Organisationen, Abschaffung der Sklaverei, die ersten Frauenrechtlerinnen und andere Emanzipationsbewegungen – sie alle zogen die Aufmerksamkeit der romantischen Künstler auf sich. Byron starb bei der Verteidigung der Freiheit Griechenlands.

Gegen Ende des 19. Jahrhunderts war die Überzeugung, dass der Künstler berechtigt, ja moralisch verpflichtet sei, sich sozialer Anforderungen zu entledigen, um sein Ich durch Alleinsein zu stärken, fast zum Klischee geworden. Aber, und das ist noch wichtiger, die Idee fand (wie das Wahlrecht) zunehmend Verbreitung in der Allgemeinbevölkerung. Jeder Mensch hatte jetzt das Recht auf individuellen Ausdruck. Jeder war berechtigt, die Ketten der gesellschaftlichen Verpflichtungen abzustreifen und nach Selbstverwirklichung zu streben. Jeder hatte ein wahres inneres Selbst und das Recht, sich damit gegen gesellschaftliche Konventionen oder Anforderungen zu behaupten. Das galt besonders für Gruppierungen, die gesellschaftlich unterdrückt oder marginalisiert worden waren. Die generelle Erfahrung der Unterdrückten war jedoch, dass sie die Stille nicht freiwillig gesucht hatten, sondern dass man sie *zum Schweigen gebracht* hatte. Ihre wahren Überzeugungen waren nicht vom gesellschaftlichen Geplapper übertönt worden, sondern sie besaßen nicht die Freiheit, überhaupt zu sprechen – zumindest nicht laut vernehmbar. Viele radikale Denker engagierten sich an zwei Fronten. Sie waren in politischen Reformbewegungen aktiv und gleichzeitig Fürsprecher des Individualismus' und damit gegen jede Form von sozialer Ordnung. Für die politischen Freiheitsbewegungen war das Recht zu reden und gehört zu werden von absolut entscheidender Bedeutung. Für viele von ihnen war dieses Recht vorrangiger als die Überzeugung, dass die Lösung für das Problem des Selbst in der Flucht vor den konventionellen Einschränkungen der Gesellschaft und dem Rückzug ins Alleinsein oder in die »Natur« bestand.

Bei diesem Zwiespalt zwischen dem Glauben, dass das soziale Eingebundensein die Freiheit untergräbt, und der Überzeugung, dass eine grundlegende Voraussetzung für menschliche Freiheit darin besteht, die eigene Person und die eigene Unterdrückung solidarisch mit anderen zur Sprache zu bringen, musste einer der beiden Aspekte weichen. Unter diesem Druck passierte eine äußerst interessante Entwicklung: eine brandneue Art von Stille entstand. Das Individuum sprach sich aus und wurde gehört. Die Stille, die dieses freie Sprechen ermöglichte, sodass es zum Ausdruck kommen konnte, war nicht die des unterdrückten Individuums, sondern in einer anderen Person lokalisiert, die ihm lauschte oder zuhörte. Nach einer langen, verschlungenen Reise durch das 19. Jahrhundert fanden diese Bedürfnisse und Sehnsüchte eine Form: die Psychoanalyse.

Dieser stille Zuhörer, der Stille bewahren kann, sodass andere in dem so entstehenden Raum über ihr wahres Selbst sprechen können, ist das Resultat einer außergewöhnlichen Entwicklung. Das Stillschweigen des Analytikers im Kontakt mit dem Patienten unterscheidet sich von vergleichbaren Konstellationen im religiösen Leben. Beichtväter, religiöse Führer, Gurus, Sheiks und spirituelle Lehrerinnen haben ausdrücklich die Funktion zu führen, Anweisungen zu geben und Urteile zu fällen. Natürlich verlangt diese Rolle, dass sie gut zuhören, was in diesem Kontext jedoch heißt, so gut zuhören, dass sie wissen, was sie sagen müssen, um den Sprechenden zu raten, sie anzuleiten und ihnen beizustehen bei der Aufgabe, sich vom Ego zu befreien und zu ihrer eigenen Stille zu finden, um das Göttliche hören und sich davon erfüllen lassen zu können. Selbst jene, die durch die Stille lehren wie Meher Baba, ein einflussreicher und populärer Guru des 20. Jahrhunderts, der behauptete, der Avatar zu sein, die menschliche Inkarnation Gottes, *lehren*.

Von 1925 bis zu seinem Tod 1969 bewahrte Meher Baba Stillschweigen. Er kommunizierte anfangs mit Hilfe einer Buchstabentafel und später mit Handgesten, die einer seiner Schüler in Sprache übersetzte. Er beharrte darauf, dass das Schweigen für ihn keine spirituelle Übung sei und auch auf keinem Schwur beruhe, sondern ausschließlich mit seiner universellen Arbeit zusammenhinge.

> Durch die Unfähigkeit des Menschen, Gottes Wort zu leben, wird die Lehre des Avatar zum Hohn. Statt Mitgefühl zu üben, wie Er es lehrt, hat der Mensch in seinem Namen Kriege entfacht. Statt die Demut zu leben, die Reinheit und Wahrheit seiner Worte, hat der Mensch Hass, Gier und Gewalt den Weg geebnet. Da der Mensch taub geblieben ist für die Grundsätze und Gebote, die Gott in der Vergangenheit aufgestellt hat, halte ich in dieser jetzigen avatarischen Gestalt Stille ein.[14]

Weder lehren Psychoanalytiker (und andere Therapeuten), noch führen sie, weder fällen sie Urteile, noch geben sie Anweisungen – zumindest theoretisch. Sie schaffen und bewahren die freie Stille, die den Subjekten des therapeutischen Prozesses Raum gibt, eine Sprache für die eigenen Belange zu finden. Sie sind für ihre Patienten, was Gott für den kontemplativen Menschen ist.

Bei meiner kurzen Begegnung mit der Psychoanalyse in den achtziger Jahren erlebte ich selbst nie diese befreiende Stille, und ich machte auch nicht die Erfahrung, dass ich dadurch zu Wahrheit und Selbsterkenntnis gelangte. Ich fühlte mich von der Freudschen Theorie genauso reglementiert wie von anderen gesellschaftlichen Umständen. Die psychoanalytische Stille beruht auf dem grundsätzlichen Glauben, dass das Benennen und Aussprechen der eigenen Anliegen für die menschliche Freiheit und Integrität von wesentlicher Bedeutung ist, und ich war mir nie sicher, ob ich das wirklich glaubte. Heute würde ich bezweifeln, dass die Psychoanalyse Menschen, die sich ernsthaft dem kontemplativen Gebet widmen, entspricht oder ihnen überhaupt möglich ist. Ein Grund für diese Zweifel ist, dass Freud behauptete, der Glaube an Gott sei zwangsläufig neurotisch. Ein anderer besteht darin, dass die Begegnung mit Gott im Gebet nicht nur über weite Strecken hinweg in Stille stattfindet, sondern unaussprechlich ist. Wir können sie nicht sprachlich ausdrücken oder beschreiben und erleben sie doch als etwas vollkommen Reales. Trotz dieser Vorbehalte hat die Fähigkeit, eine lauschende Stille zu erzeugen, für mich etwas Eigentümliches und Schönes. Von mir nach positiven Erfahrungen mit Stille befragt, haben so viele Menschen die psychoanalytische Stille erwähnt, dass ich diese hier nicht ignorieren will.

Die Art zu sprechen und damit die Selbsterkenntnis, die gute Zuhörer Menschen ermöglichen, hat mit Sicherheit kreative Qualitäten, was Sprechende oft überrascht, und das selbst in Situationen, die nicht bewusst darauf angelegt sind. 2001 schrieb ich für das BBC-Radio das Drama *Other Voices* (»Andere Stimmen«). Es war ein Versuch, einer größeren Hörerschaft einige zeitgenössische und radikale Überlegungen zum Stimmenhören nahezubringen – einem Phänomen, das oft als psychotisches Symptom im Zusammenhang mit Schizophrenie abgetan wird.[15] Ein Teil des Hörspiels war dokumentarisch. Äußerst großzügig und mutig hatten sich Mitglieder einer Gruppe von Stimmenhörenden aus Exeter einverstanden erklärt, über ihre Erfahrungen zu sprechen. Sara Davies, eine BBC-Produzentin, nahm ein mehr als sechs Stunden langes Interview mit ihnen auf. Diese Aufnahmen sind wunderschön, überraschend, offenherzig und höchst persönlich. Als ich mit einigen aus der Gruppe sprach, zeigten sich alle verblüfft darüber, wie frei sie gesprochen hatten. Manche äußerten, sie hätten sich Dinge sagen hören, die sie noch nie erzählt oder die sie von sich bislang noch nicht einmal gewusst hätten. Alle beharrten darauf, der Grund dafür sei, dass Sara Davies »so eine gute Interviewerin«

wäre. Das Faszinierende an diesen Tonbändern ist, dass Sara praktisch *nichts* sagt. Es gibt viele Pausen und viel Stille, und selbst auf den Tonbändern arbeitet dieses stille Zuhören mit den Sprechenden zusammen. Es schafft das Vertrauen, das dem gesprochenen Wort einen angemessenen Raum gibt. Für mich haben diese Aufnahmen etwas Erlösendes. Eines der größten Probleme von Menschen, die Stimmen hören, ist (neben der sozialen Stigmatisierung) die Schwierigkeit, innerlich zur Ruhe zu kommen. Allzu oft herrscht in ihrem Leben niemals Stille. Davies' Fähigkeit, diese Stille zu schaffen, war eine Offenbarung.[16]

Über diese Themen sann ich nach, während ich durch die Hügel meiner Kindheit streifte. Nach dem Sinai hatte ich das Gefühl, dass meine eigene Vorliebe und meine eigenen Bestrebungen durchweg der Stille der Einsiedler galten – dem harten Ringen mit der Kraft und Beharrlichkeit des Egos –, statt dass ich die Auffassung der Romantiker teilte, das Ich müsse gestärkt werden. Doch bei diesen langen, wunderschönen und anstrengenden Wanderungen wurde mir auch klar, dass ich unterschätzt hatte, wie stark meine Wahrnehmung von Natur, von religiösen Erfahrungen und tatsächlich auch mein eigenes Selbstverständnis in romantischem Gedankengut wurzelten.

Die Dichter der Romantik waren für mich als Heranwachsende einflussreich und wichtig gewesen. Vor allem gaben sie mir einen Bezugsrahmen für mein Selbstverständnis als (potenzielle) Schriftstellerin. Ich verdankte ihnen viel – selbst meinen Namen. Ursprünglich wurde mein Name, als meine Eltern ihn mir gaben, mit H am Ende geschrieben. Mit siebzehn dann verliebte ich mich in Samuel Taylor Coleridge. Coleridges Ehefrau wie seine Geliebte hießen beide »Sarah«, und er hatte beide überredet, das H am Ende wegzulassen, das er einen »sonderbar hässlichen Aspiranten« nannte. Sofort strich auch ich diesen »angehauchten Konsonanten« in meinem Namen.

Die quasi-mystische Haltung der Romantiker zur Natur wies mir einen Weg, Erfahrungen zu deuten, die ich als skeptische Heranwachsende nicht als heilig hätte begrüßen und die mich ohne romantische Auslegung durchaus in den Wahnsinn hätten treiben können. Ich denke stattdessen, dass die verstärkte intuitive Hinwendung zur Welt eine bestimmte Form von Kreativität förderte. Im Licht der romantischen Ideologie waren meine Gefühle berechtigt. Außerdem kommt die romantische Vorstellung von Verrücktheit – nach der Verrückte »besondere« Menschen sind – allen Heranwachsenden entgegen. Gefühle von Zerrissenheit, Wertlosigkeit und Ohnmacht werden ausbalanciert und erträglich gemacht durch den Gedanken, dass alle diese Erfahrungen bedeutungsvoll sind und wir nur dann zur Wahrheit gelangen, wenn wir extreme Emotionen durchleben und diese schätzen lernen. Ich bin zunehmend davon überzeugt, dass der besorgniserregende Anstieg von psychischen Krankheiten und antisozialem und gewalttätigem Verhalten bei jüngeren Menschen im Westen darauf zurückgeht, dass es ihnen an Stille fehlt und sie nicht lernen, Stille für sich zu nutzen.

Gegen Ende meiner Wanderungen erlebte ich tatsächlich den Sturm, den ich nicht gewagt hatte, heraufzubeschwören. Ein Abend von eigenartig dunkelgrünem Licht, wachsender Beklemmung und fernem Grollen explodierte in einem dieser spektakulären nächtlichen Gewitter, bei denen die Blitze über den Himmel zucken wie Stroboskoplichter und die ganze Landschaft in eine merkwürdige, grell monochrome Farbe tauchen, sodass sie aussieht wie eine überbelichtete Fotografie. Wind erhob sich, und Regen trommelte auf das Dach meines Wagens. Ich war etwas ängstlich, überwiegend aber freudig erregt und irgendwie innerlich überdreht. Mir wurde klar, dass dieses Einlassen auf Alleinsein und Stille in der Natur zwei verschiedene Wege einschlagen kann. Den moralischen, der argumentiert, dass ein Mensch, der sich von der Natur – der guten

Mutter – nähren lässt, freier, integrer, authentischer und mutiger wird. Ihr ernstes, ja strenges, wenn auch höchst fruchtbares Regiment lässt uns zu einem edleren und besseren Menschen werden als die weichliche, erstickende, beengende und konventionelle Liebe der Gesellschaft. In dieser Tradition stehen Rousseau, Wordsworth, Thoreau und Annie Dillard, letztere zumindest mit ihrem Buch *Pilger am Tinker Creek*. Die andere Tradition hingegen, die Tradition der Wilden wie Shelley, Emily Brontë, Poe und Kerouac, ist grundsätzlich amoralisch. Sie behauptet, dass »Natur« und Alleinsein ein Individuum für das Wilde und Verrückte öffnet, das dort lauert und der Kontrolle der Zivilisation kaum noch unterliegt.

Bei diesen Wanderungen wurde mir schließlich klar, dass ich recht hatte mit meiner Überzeugung, dass zwischen der romantischen Auffassung und den älteren religiösen Sichtweisen von Stille ein großer Unterschied besteht. Der religiösen oder eremitischen Stille geht es – nicht nur in der christlichen Tradition, sondern auch im Buddhismus – um innere Leerheit. Ihr Anliegen ist, Geist und Körper zu reinigen von Begierden, um auf diesem Weg geläutert zu werden und rein zu sein wie eine Art Vakuum, eine *tabula rasa*, auf der das Göttliche seine Spuren hinterlassen kann. Das ist die Disziplin der Selbstentleerung, oder, um einen theologischen Begriff zu benutzen, von Kenosis. Die Romantik hingegen nutzt Stille genau für das gegenteilige Ziel: die Grenzen des Selbst zu stützen und zu stärken, sodass das Individuum weniger durchlässig ist für Andere; das Ich gegen die Prägungen und Erwartungen der Gesellschaft zu behaupten, damit es zu autonomer Freiheit gelangt und seine authentische Stimme findet. Statt sich leer zu machen, sucht dieses Ich nach Er-füll-ung.

Da die Bilder und das Praktizieren von Stille, die auf diesen beiden Deutungen von Stille fußen, eng verwandt sind (wie Montaignes Benutzung des Worts »sich zurückziehen« im Zitat am Anfang dieses Kapitels zeigt), muss im modernen Leben zwangsläufig Verwirrung darüber herrschen, welche Art von Stille ein Mensch in einem bestimmten Augenblick jeweils genießt. Die vielen verschiedenen Schichten oder Facetten der Identität eines Individuums scheinen ständig durcheinander zu schwatzen. Nichtsdestotrotz gibt es einige ganz reale Unterschiede im Selbstverständnis und auch im »Wohlbefinden«, die mit den beiden Arten von Stille einhergehen. Und für mich stehen beide in einem direkten Konflikt. Bestimmte Aspekte dieses Konfliktes könnten wir vereinfacht als »Opposition von Dualitäten« bezeichnen: Wer die Stille der Wüste sucht, empfindet Zeit wahrscheinlich eher als Raum, während die romantische Vorstellung Zeit als Narrativ sieht. Ersterer wird sich an der Unaussprechlichkeit der Erfahrung freuen, statt darum zu ringen, ihr Ausdruck zu verleihen, wird Offenheit und Demut höher schätzen als Autonomie und Selbstachtung. Und vor allem wird seine Sehnsucht *jouissance* gelten, der unendlichen Öffnung in die Ewigkeit hinein, statt dass er zu der Klärung und dem Abschluss gelangen will, die ein fertiges Kunstwerk ausmachen.

Um es mir leichter zu machen, benutze ich die Begriffe »durchlässiges« und »abgegrenztes« Selbst (oder Identität) als zusammenfassende Bezeichnungen der beiden Positionen. Wer die Stille der Wüste sucht, möchte sich selbst so weit wie möglich öffnen, während die Romantiker versuchen, das Selbst gegen äußere Einflüsse abzuschotten.

Um die Sache zu vereinfachen, könnte man sagen, wir im Westen gehen im Augenblick generell davon aus, dass »normale«, gesunde Menschen feste, wenn auch nicht zu rigide Grenzen haben. Solche Menschen sind autonom, integriert, ganz, rational und selbstständig oder sollten es zumindest sein. Diese sozial anerkannten Grenzen finden mehr oder weniger Ausdruck durch die Haut. Das »Selbst« beginnt an den Grenzen des Körpers und hört dort auch auf. Ein solches Selbst ist erfüllt – es ist voll von sich. Weder ist es ein bedürftiges, saugendes Vakuum, noch fließt es über und dringt in den Raum anderer Menschen ein. Diese klar konturierte Person existiert nicht ohne einen sozialen Bezugsrahmen, sollte aber zwischen innen und außen klar unterscheiden können. Das Selbst gilt als kleiner Nationalstaat mit allen Rechten und Pflichten einer souveränen Einheit. Ein Nationalstaat hat das Recht, seine Grenzen zu schützen, Eindringlinge abzuwehren und Allianzen mit anderen zu schließen, die den eigenen Interessen dienen. Im Individuum wie im Nationalstaat (und natürlich haben diese beiden Modelle sich parallel entwickelt) beruhen Authentizität und Autorität auf einer fließenden Kontinuität und einem fest umrissenen Narrativ des Selbst. Das Ziel der Psychoanalyse besteht im Allgemeinen darin, dieses Selbstgefühl zu stärken.

Das durchlässige Selbst hingegen ist weniger rational und einzelgängerisch. Menschen mit einem religiösen Hintergrund, zum Beispiel, sind eher kooperativ als nationalistisch eingestellt. Ich nehme an, aus diesem Grund haben wir im Westen, immer noch im Schatten des Nationalismus stehend, große Schwierigkeiten, mit der internationalen Dimension der islamischen Politik zurechtzukommen, im Guten wie im Schlechten. Es ist interessant, wie viele Zeitungen es eilig hatten, uns zu erzählen, dass die Terroristen in Beslan (die 2004 in einer Schule über 1100 Kinder und Erwachsene in ihre Gewalt brachten) nicht »tschetschenisch« waren, als hätten sie das irgendwie sein sollen. In vielen Äußerungen von Bush über »die Achse des Bösen« schwang unterschwellig mit, dass ein Teil dieser Bosheit darin besteht, dass diese Menschen nicht »patriotisch« im herkömmlichen nationalistischen Sinne sind und man ihnen deswegen auch nicht mit den alten Spielregeln kommen kann: Diplomatie, Bestechung, Drohungen und letzten Endes Krieg.

Im Kontext des modernen, abgegrenzten Selbst betrachtet, hatte

Freud recht: Religiöser Glaube ist neurotisch, Spiritualität trägt Züge von Wahn und ist keine angemessene Form des Selbstausdrucks. Wenn ein Mensch an Gott (egal welchen) als das äußere Andere glaubt, der von seinem Wert her dem Individuum gleichgestellt oder überlegen ist, werden die Grenzen des Ich zwangsläufig brüchig, und die meisten spirituellen Praktiken zielen darauf ab, sie noch brüchiger zu machen. Wenn ein Gott außerhalb des Selbst existiert – wenn es eine Wahrheit und einen Sinn gibt, die über das rein Materielle hinausgehen –, dann hat das durchlässige Selbst einen besseren Zugang zu dieser Wahrheit als das abgegrenzte Selbst. In diesem Narrativ ist die menschliche Identität dann angemessen, wenn sie von außen möglichst viel in sich aufnehmen kann, was dem Anderen erlaubt, ihre Grenzen einzureißen oder zu durchbrechen. Wenn eine Gemeinschaft als Ganze die Existenz von Mächten akzeptiert, die außerhalb des Individuums angesiedelt sind, dann ist jeder, der Zugang zu diesen Mächten hat, für die Gemeinschaft von Wert.

Das moderne Narrativ würde also lauten, dass jeder, der das (göttliche oder wahnhafte) Andere zu weit in sich einlässt und so die eigenen Grenzen schwächt oder schwächen lässt, »verrückt« ist, wie wir der modernen psychiatrischen Debatte entnehmen können. Während das religiöse oder spirituelle Narrativ tendenziell davon ausgehen würde, dass die, die sich von den Mächten des Anderen nicht benutzen lassen wollen, die Verrückten sind.

Ich möchte damit gewiss nicht sagen, dass die religiöse Prägung der Identität in irgendeiner Weise »besser« ist als eine romantische oder vice versa. Beide haben ihre Kehrseiten. Im religiösen Bezugsrahmen, zum Beispiel, gelten schwächere Grenzen als positiv. Tatsächlich werden diese Grenzen jedoch an anderer Stelle neu errichtet und zwar zur Verteidigung der Gemeinschaft der Gläubigen. Auch wenn diese Gemeinschaft Verhaltensweisen, die das abgegrenzte Selbst als wahnhaft beschreiben müsste, tolerieren mag, gilt das nicht für »Ketzerei«. Gesellschaften, die eine exzessive Ausrichtung nach innen tolerieren, sind häufig sehr intolerant gegenüber Ideen, die für den generellen Bezugsrahmen ihres Glaubens bedrohlich sind, und bestrafen Originalität, intellektuelle Provokationen oder Nichtgläubigkeit. Die religiöse Prägung der Identität kann auch Schuldgefühle einflößen. Wenn du glaubst, dass da draußen ein Gott existiert, der gut und mächtig ist (und die wenigsten Gemeinden unterwerfen sich einer gemeinen machtlosen Gottheit), dann muss, wenn etwas falsch läuft, jemand die Schuld daran tragen. Vorwürfe und Schuld werden normal und damit potenziell destabilisierend. Und schließlich sind Menschen, die sich auf einer täglichen Basis für das Eindringen »spiritueller« Kräfte öffnen, wahrscheinlich auch anfälliger für weitere irrationale Kräfte. Dabei handelt es sich oft um sehr dunkle Mächte. Schwache Ich-Grenzen schützen eine Person nicht so wie ein Gefühl von innerer Autonomie. Ein Mensch mit schwachen Grenzen lässt alles Mögliche in sich ein, weil er entsprechend gepolt ist. Wenn jede Abwehr fehlt, kann das für das Selbst verheerend sein.

Doch auch die Prägung der Identität auf der Grundlage der romantischen Vorstellungen von Authentizität, einschließlich der Idee vom wahren inneren Selbst, hat negative Folgen. Der Individualismus beruht auf der Überzeugung, dass alle Rechte gleichrangig sind und nicht in Konkurrenz miteinander stehen können. Doch wie wir in den letzten Jahren wiederholt gesehen haben, stimmt das einfach nicht. Das Recht auf freie Rede und das Recht auf Schutz der eigenen Religion vor jeder Form von Verhöhnung sind eindeutig nicht miteinander vereinbar. Systeme, die auf demokratischer Abstimmung beruhen, bringen nicht zwangsläufig Freiheit und Gleichheit mit sich. Unabhängigkeitserklärungen schwächen Gemeinden. Eine weitere negative Folge von engen Grenzen ist die

Unfähigkeit, jegliche Form von Autorität zu akzeptieren, sodass die persönlichen Reaktionen auf Gegebenheiten wichtiger werden als die Tatsachen oder Gründe, die diese Reaktion ausgelöst haben: »Ich empfinde« wird zum Synonym für »Ich denke« und »Ich glaube«.

Am interessantesten ist hier vielleicht, dass keines der beiden Modelle die versprochenen guten Dinge besonders effektiv zu liefern vermag. Bei dem Modell von Identität, das auf asketischen, disziplinierten spirituellen Praktiken beruht, um das Ego auszulöschen und das Selbst für das Andere verfügbar zu machen, schlägt das Ego oft erstaunlich kraftvoll und erfolgreich zurück. Religiöse Gemeinschaften sind kein friedlicher Hafen heiterer Gelassenheit, ganz zu schweigen von kenotischer Selbstaufgabe. Nur äußerst selten gelangt hier ein Mensch zu persönlicher Erleuchtung, Heiligsprechung, Sheik-Status, Heiligkeit, dem richtigen Ansehen, Gleichmut, Weisheit oder Glückseligkeit (oder anderen Eigenschaften, die einem durchlässigen Selbst zugeschrieben werden). Und die Schuld daran wird meistens dem unbezähmbaren Ego und seinem aggressiven Aufbegehren gegeben. Obwohl wir dieses Ego zweihundertfünfzig Jahre gehätschelt, ihm Aufmerksamkeit geschenkt, uns darauf konzentriert, es verwöhnt und wertgeschätzt haben, scheint es dadurch nicht stärker oder sicherer geworden zu sein: dieses authentische oder wahre Selbst erweist sich als eindeutig schwach. Die menschliche Identität ist heute stärker gefährdet als in den letzten Jahrhunderten. Die Ersetzung zentraler Werte wie Gemeinschaft, Autorität und Tradition durch neue wie Individualismus, Freiheit und Wandel hat die menschliche Identität nicht wirklich gefestigt – tatsächlich ist eher das Gegenteil der Fall. Entfremdung, ein Gefühl von Verlorenheit, selbstschädigendes Verhalten und psychische Gesundheitsprobleme treten heute eher häufiger als seltener auf. Der »Gemeinsinn« scheint verloren gegangen zu sein. Das Recht auf »das Streben nach Glück« bringt uns offensichtlich kein Glück.

Meine letzte Wanderung führte mich nicht in die Hügel, sondern nach Westen, einen Teil des Southern Upland Way entlang zu den Menhiren von Laggangairn. Das sind zwei große stehende Steine, Überbleibsel eines verloren gegangenen Steinkreises, wahrscheinlich aus dem dritten Millennium vor unserer Zeitrechnung. Wie von aller Welt verlassen stehen sie in einer Lichtung der allgegenwärtigen Forstplantagen. Eigenartig und wundervoll sind sie, auch deswegen, weil sie keine Zäune und Hinweistafeln in dieser Abgeschiedenheit schützen, wie es bei den meisten alten Steinresten der Fall ist. Man läuft auf sie zu, und da stehen sie einfach, mehr als vierzig Meilen entfernt von jeder öffentlichen Straße oder menschlichen Behausung, wie sie seit über fünftausend Jahren dort gestanden haben. Sie sind geschmückt mit Kreuzen, christlichen Symbolen, die jedoch uralt sind und im achten Jahrhundert eingemeißelt wurden. Laggangairn lag einst an der alten Pilgerroute nach Whithorn, wo der heilige Ninian im fünften Jahrhundert als Erster das Christentum in Schottland einführte. Was ich vor meiner Wanderung dorthin nicht wusste, war, dass es in Laggangairn auch ein verfallenes Gehöft gibt. An diesem unglaublich abgeschiedenen Ort war einmal, wahrscheinlich irgendwann in den letzten zweihundert Jahren, ein Mensch zu Hause gewesen. Damals lebte er sicherlich nicht so isoliert, wie er es heute dort sein würde – überall auf den Hügeln stehen verfallene Gehöfte. Sie sind wie Schatten einer ganzen Lebensweise, die von der Moderne zum Stillschweigen gebracht wurde. Plötzlich war ich konfrontiert mit einer komplexen Geschichte von verschiedenen Arten von Stille. Wir wissen praktisch nichts über die Menschen, die den Steinkreis in viel Schwerarbeit errichtet haben. Wir wissen auch bemerkenswert wenig über Ninian und seine *Candida Casa* (Weißes Haus), die ursprüngliche Kirche in Whithorn, die bis zur Reformation ein Ort für Pilger und eine Kathedrale war. Selbst über seine Rolle als

Schottlands »Evangelist« herrscht offiziell Stillschweigen zugunsten des später geborenen Columban und des romantischen Glamours, der das Kloster Iona umgab. Und bis zu dem Zeitpunkt, an dem ich das verlassene Gehöft sah, hatte ich mir keinerlei Gedanken über »die Räumung der Lowlands« gemacht.

Die Räumungen der Highlands sind allgemein bekannt. Zwischen 1780 und 1880 mussten schätzungsweise eine halbe Millionen Gälisch sprechende Highlander ihre angestammte Heimat räumen und ihre traditionelle Lebensweise aufgeben. Viele von ihnen emigrierten nach Kanada, in die USA, nach Australien und Neuseeland. Oft wurde diese Umsiedlung gewaltsam erzwungen, oder, wie es John Prebble formuliert, die Geschichte der Räumungen ist »die Geschichte von Menschen und davon, wie man ihnen Schafe vorzog und wie Bajonette, Knüppel und Feuer zum Einsatz kamen, um sie aus ihrer Heimat zu vertreiben.«[17]

Diese Räumungen gingen enorm brutal vor sich. Ein zeitgenössischer Bericht schildert eine solch schmerzliche Räumung mit eindringlichen Worten:

> Es herrschte extreme Bestürzung und Verwirrung. Die Menschen hatten kaum oder gar keine Zeit, Besitz oder Personen fortzuschaffen. Sie bemühten sich, die Kranken und Hilflosen wegzubringen, ehe das Feuer sie erreichte, und kämpften als Nächstes darum, ihren wertvollsten Besitz zu retten. Die Schreie der Frauen und Kinder, das Brüllen des verängstigten Viehs, das von den kläffenden Hunden der Schäfer durch Rauch und Feuer gejagt wurde – das alles schuf ein Szenarium, welches sich jeder Beschreibung entzog. Man musste es sehen, um es glauben zu können.[18]

Die Stille der abgeschiedenen Highlands mit ihrer leeren Weite verdankt sich der mutwilligen Zerstörung einer ganzen Kultur. Es ging überhaupt nicht darum, etwas Schönes zu schaffen, sondern nur um die Gier, aus dem Land mehr Geld zu machen. Die Highlander waren unter anderem deswegen so angreifbar, weil Land in der gälischen Kultur nicht als menschlicher Besitz galt. Es gab in den Highlands keine Pachtverträge und kein Pachtrecht. Die Kultur der Clans beruhte auf den wechselseitigen Bedürfnissen der Menschen, nicht auf Grundbesitz.

Doch zumindest hat die Räumung der Highlands eine Geschichte und eine mündliche Überlieferung. Von den Räumungen in Galloway weiß fast niemand, obwohl sie wahrscheinlich ziemlich umfassend waren und noch heftigeren Widerstand provozierten. Die Landbesitzer mussten die Armee zur Hilfe rufen, um den Gruppen zu Leibe zu rücken, die sich selbst »leveller« (etwa: »Einebner«) nannten, weil sie die Steinmauern einebneten, die man zur Einhegung der Felder errichtet hatte, die einstmals Gemeinschaftsland waren. Galloway hatte seine eigene gälische Sprache, wie man dem Namen der Region entnehmen kann. Anders als das Highland-Gälisch ist diese Sprache jedoch inzwischen vollkommen ausgestorben.[19]

Während ich da auf der Lichtung in Laggangairn stand und mir die drei verschiedenen Bevölkerungsgruppen vergegenwärtigte, die zum Stillschweigen gebracht worden waren, war ich voller Traurigkeit – einer Traurigkeit, die Teil der Schönheit des Landes ist. Diese wunderschöne, wilde Stille existiert im Schatten von Menschen, die man zum Stillschweigen gebracht hat, damit sie entstehen konnte. Die Stille der Unterdrückten, die Stille, »die darauf wartet, dass wir sie brechen« und die wir im Namen der Freiheit brechen müssen, ist unlösbar verbunden mit *jouissance*, des Alleinseins Segen. Zumindest die Wüstenväter mussten sich um Land keine Sorgen machen, denn niemand wollte ihre Wüste. Der Preis dieser Stille ist Stille. Und die fühlte sich plötzlich sehr teuer an.

KAPITEL 8

Nach Hause kommen

Nach dieser Expedition kehrte ich nach Weardale zurück und bezog wieder mein eigenes Haus. Das Ankommen war nicht leicht. Ich hatte nicht das Gefühl, einfach wieder zurückschlüpfen zu können in mein stilles Leben, an das ich mich gewöhnt hatte. Ich war verunsichert, unruhig und frustriert. Ich hatte zu meiner eigenen Zufriedenheit geklärt, dass es tatsächlich zwei verschiedene Arten von Stille gibt. Aber mir war nicht klar, wie ich beide leben konnte. Richtet sich die Aufmerksamkeit zu stark auf das Beten, um innerlich leer zu werden und mich zurückzunehmen, schwächt das meine Ich-Grenzen. Und geschwächte Ich-Grenzen verhindern die Entfaltung des narrativen Potenzials. Und umgekehrt. Doch ich wollte immer noch beides.

Diese Frustration wurde noch verstärkt dadurch, dass ich innerlich deutlich spürte, irgendwo jenseits der Spaltungen, die ich erlebte, gab es eine Möglichkeit, so zu leben und zu schreiben, dass beide Arten von Stille zusammenflossen. Ich begann nach Menschen Ausschau zu halten, die tatsächlich beides vereint hatten, die sich in Kommunion mit ihrem Gott auf die Suche nach der eigenen inneren stillen Leerheit begeben *und* Literatur geschaffen hatten. Auf den ersten Blick schien es hier eine lange und ermutigende Tradition zu geben. Hildegard von Bingen, die wunderbar exzentrische Mystikerin und Universalgelehrte aus dem zwölften Jahrhundert, verfasste eine Reihe von bemerkenswert originellen Werken über ihr Innenleben und die Welt im weiteren Sinn. Dazu gehörte auch die wahrscheinlich erste Beschreibung eines weiblichen Orgasmus[1] und ein feministischer Vorläufer des Oratoriums, eines Mysterienspiels, an dem nur Frauen mitwirken, bis auf den Teufel, der männlich ist und der, weil er aus der Gnade gefallen ist, nicht singen kann. Es gibt einen starken Zweig von Poesie, deren Verfasserinnen und Verfasser vermutlich durch tiefe kontemplative Erfahrungen zu ihrer Stimme gefunden haben, wie der spanische Karmeliter-Mönch Johannes vom Kreuz. Und vor allem existiert eine ganze Reihe von großartigen, nicht fiktiven Werken in Form von persönlichen Berichten über spirituelle Erfahrungen, von den *Shewings* von Juliana von Norwich bis zu spirituellen Lehrbüchern, Lebensrückblicken und Autobiografien. Es gibt auch eine lange Tradition von Natur- und Reisebeschreibungen, zu der Annie Dillards Buch *Pilger am Tinker Creek* gehört. Und, vielleicht alle überragend – Thomas Merton. Je tiefer er in die Stille eintauchte, desto mehr scheint er geschrieben zu haben – Autobiografisches, Spirituelles, Politisches, Poetisches, Theologisches. Er hat sich aus seiner Einsiedelei heraus offensichtlich im wachsenden Maße der Außenwelt zugewandt sowie den Akt des Schreibens bewusst wahrgenommen und sich darauf eingestimmt.[2]

Was auf dieser Liste fehlt, sind fiktive Texte, vor allem Romane. Es kommt mir sehr merkwürdig vor, dass die Prosatexte von Autorinnen und Autoren, die sich bewusst auf den Versuch eingelassen haben, sich innerlich vom Selbst zu befreien, meistens autobiografisch sind. Bevor er 1941 nach Gethsemane ging, das Trappistenkloster in Kentucky, wollte Merton Autor werden, hatte jedoch für seine zwei Romane keinen Verlag gefunden. In seinem Tagebuch schreibt er dazu:

> Ich bin extrem mit dem, was mir persönlich ständig durch den Kopf geht, beschäftigt und kann einfach über nichts anderes schreiben. Alles, was ich hervorbringe, ist nur symbolisch für diese ständige innere Beschäftigung mit mir selbst. Ich weiß nur, dass ich gut schreibe, [wenn ich] über die Dinge [schreibe], die ich liebe.[3]

Das klingt nicht nach einem Menschen, der innerlich frei geworden ist vom eigenen Selbst, sondern nach einer sich hemmungslos austobenden Selbstbesessenheit. Und doch verfassen auch Menschen, die in ihren Texten wortgewandt von Selbstverleugnung schreiben – »Ich schreibe nur aus Gehorsam« (Thérèse von Lisieux ist ein Beispiel für diese Strategie), »Ich schreibe auf Gottes direkte Weisung, entgegen meinen eigenen Wünschen« (Hildegard von Bingen), »Das Geschriebene ist wertlos, tue damit, was du willst« (Simone Weil) –, schließlich autobiografische Texte. Warum? Vielleicht, weil fiktive Texte schreiben heißt, völlig neue Welten zu erschaffen, und dafür muss das Ich sich stärker behaupten als beim bloßen Berichten über das, was als Geschenk in sein stilles Leben tritt. Vielleicht ist wahre Stille mit einem so vollständigen Einsatz verbunden, dass es schließlich nichts anderes mehr gibt, über das es sich zu schreiben lohnte, außer dem Kampf darum, das *Letzte* (das Ego) zu verlieren, das bindend ist. Jede Stille ist ein Suchen nach einer bestimmten Form von Wahrheit. Vielleicht fühlen sich Metaphern auf diesem Weg schließlich wie eine Lüge, eine Unwahrheit an und sind es letzten Endes auch, vor allem die kontinuierliche Metapher, die fiktive Charaktere darstellen. Romane brauchen ein Narrativ, einen Plot und einen Abschluss oder ein Ende, und das alles ist linear und zeitlich gebunden und aus diesem Grund dem Erleben von Stille zutiefst fremd.

Ich hatte keine Antworten, empfand aber eine tiefe Rastlosigkeit und damit einhergehend schriftstellerische Neugierde. Ich wollte beides – in der Stille weilen und schreiben. Ich wollte still schreiben, irgendwie wollte ich *Stille schreiben*. Ich wusste nicht, wie ich das anfangen sollte. Ich wusste noch nicht einmal, ob es möglich war. Aber ich wollte es sehr gern herausfinden.

In den folgenden Monaten führte diese unerlässliche, jedoch keinesfalls einfache Suche zu einigen praktischen Entscheidungen.

Die erste war, dass ich noch einmal umziehen würde. Da ich meine schriftstellerischen Projekte nicht verlässlich planen konnte, schien es mir wichtig, meine Lebenshaltungskosten zu senken. Wenn ich mehr Stille wollte, brauchte ich keine direkten Nachbarn und auch nicht so viel Platz. Weatherhill mit seinen drei Schlafzimmern, zwei Wohnzimmern und seiner großen Küche bot beträchtlich mehr Raum, als ein allein lebender Mensch benötigte. Ich wollte und brauchte eine Einsiedelei.

Wie sich herausstellte, war es keinesfalls einfach, eine zu finden. Zunächst einmal gibt es nicht viele kleine Häuser, die wirklich abgelegen sind. Bei Häusern in Alleinlage, vor allem in der wilden, kargen Landschaft, die, wie ich herausgefunden hatte, mein Umfeld für Stille war, handelt es sich meistens um große alte Gehöfte. Je abgeschiedener diese liegen, desto größer sind sie, denn bevor es Autos gab, mussten ihre Bewohner sich überwiegend selbst versorgen. In der freien Natur liegen selbst die Cottages der Landarbeiter auf dem Gelände dieser Anwesen oder grenzen an diese. Ich wusste, es gab die Art Haus, die ich wollte, aber solche Häuser stehen nicht einfach wartend herum, vor allem nicht bei der heutigen Beliebtheit von Zweitwohnsitzen.

Es ist auch erstaunlich kompliziert, ein Haus in Hinsicht auf seine topografische Lage zu kaufen. Entgegen der Befürchtung, in Britannien könne es zu voll sein, gibt es hier tatsächlich ziemlich viele karge, einsame Gegenden mit weiten Ausblicken, wie ich sie mir ersehnte. Abgesehen davon bestand, theoretisch gesehen, kein Grund dafür, in Großbritannien zu bleiben. Ich hätte mich überall auf der Welt niederlassen können. In *Silent Dwellers*, dem Buch über ihr Leben als zeitgenössische Einsiedlerin, erzählt Barbara Erakko Taylor eine amüsante Geschichte über ihre Suche nach der perfekten Einsiedelei:

Ich träumte davon, meine Gegend zu verlassen, einige Hektar Land zu finden und dort ein kleines Haus mit vier Zimmern zu bauen. Ich suchte in der Zeitung nach entsprechenden Anzeigen und fuhr auf der Suche nach diesem Shangri-La mitten in der Wildnis an entlegene Orte. Ich hatte das Gefühl, ohne einen solchen Ort nicht wirklich zur Einsiedlerin werden zu können … Und das Ganze endete schließlich damit, dass ich mir ein Wohnmobil kaufte. Das war meine »Einsiedelei auf Rädern«. Ich ließ das billige Leben hinter mir und führte ein teureres, indem ich mir einen Zweitwohnsitz anschaffte. Dann fuhr ich damit durch das ganze Land – von Maryland nach Colorado, von Maryland nach Florida, von Maryland nach Minnesota. Schließlich verkaufte ich das Gefährt und erwarb ein älteres, billigeres, das ich im Staat Washington fand, und fuhr damit quer durch die ganzen Vereinigten Staaten nach Hause. Insgesamt verbrachte ich mit meiner Suche nach absolutem Alleinsein in der Wildnis fast drei Monate auf der Straße … Als ich von der letzten Reise zurückkehrte, erschöpft und einsam, wurde mein Zuhause zur Einsiedelei.[4]

So viel Hin und Her wollte ich nicht. Ich wollte schnell zur Sache kommen. Auch wenn ich in Fantasien von Griechenland, Marokko und sogar Neuseeland schwelgte, wusste ich, dass das Fantasien bleiben würden. Ich beschloss, meinen Entscheidungsspielraum zu verkleinern und konzentrierte mich schließlich auf Schottland. Dabei spielten auch Vernunftgründe mit, denn die Grundstückspreise sind hier niedriger. Außerdem wusste ich, wie die Dinge hier liefen und würde keine »Fremde« sein. Auch ästhetische Gründe sprachen dafür, denn Schottland hat mehr von der Art Landschaft, in der ich leben wollte, als viele andere Länder. Und meine Entscheidung hatte auch einen sentimentalen Grund: Ich wollte nach Hause.

Natürlich erwies sich das alles als ziemlich kompliziert. Die Probleme, die damit verbunden waren, ein Haus in England zu verkaufen und in Schottland, wo andere Regelungen gelten, eines zu kaufen, waren ziemlich verwickelt und geradezu beängstigend. Als ich Weatherhill schließlich verkauft hatte, war es schon mitten im Winter – nicht die beste Zeit, um in der kälteren Region des Landes ein abgelegenes ländliches Anwesen zu erwerben. Als kurzfristige Notlösung mietete ich die Hütte unten an der Auffahrt zum Haus meiner Mutter. Der ursprüngliche Gedanke war, dort ein paar Monate zu wohnen und in der Zeit ein passendes Haus für mich zu finden, doch am Ende blieb ich zwei Jahre. Das war wirklich eine eigenartige Regression, bei der ich in das gemütliche, lärmende Nest meiner Kindheitsfamilie zurückkehrte. Die Situation wurde noch komplizierter durch die Tatsache, dass meine Mutter zunehmend abbaute. Sie hatte sich im Jahr zuvor einer schweren Operation unterzogen, und es wollte ihr einfach nicht besser gehen. Sie wurde immer abhängiger und fordernder, was ich so nicht vorausgesehen hatte. Sie hatte keinesfalls die Absicht, »gelassen in die gute Nacht« zu gehen, wie der Dichter Dylan Thomas schreibt. Und warum sollte sie auch? Stille brachte sie wenig Interesse oder Respekt entgegen, und ich fühlte mich in meiner Stille ernsthaft von ihr gestört.

Für das Wohnen in der North Lodge sprachen jedoch zwei eindeutig gute Gründe. Erstens war die Hütte wirklich klein, was mir Gelegenheit gab, herauszufinden, wie viel Platz und welche Dinge ich wirklich brauchte, um ein glückliches Leben zu führen.

Ich hatte mich jetzt seit zehn Jahren kontinuierlich von Dingen getrennt. Dabei ist nichts so hilfreich wie häufiges Umziehen. Die Frage: »Lohnt es sich, das in eine weitere Umzugskiste zu packen?«, ist die beste Entscheidungshilfe. In zehn Jahren hatte ich fast dreißig Regalmeter Bücher weggegeben, und ich habe, ehrlich gesagt, selten eines davon vermisst.

In Bezug auf eine Ästhetik der »Einfachheit« bin ich eher skeptisch. Oft sind diese reinweißen Lofts und ihr geschmackvoller Minimalismus nicht einfach bloß ungemütlich, sondern auch teuer und zeitaufwändig im Unterhalt. Sie erfordern mehr Heizen, mehr Aufräumen, mehr Putzen. Sie sind auch lauter, weil es weniger Gegenstände gibt, die das natürliche Echo von Alltagsgeräuschen schlucken. Dennoch, so wurde mir klar, gibt es einen Zusammenhang zwischen Stille und Einfachheit. In dem Punkt fühlte ich mich von Henry Thoreau enorm ermutigt und beeinflusst. Außer seinem bekanntesten Werk, *Walden oder Leben in den Wäldern* (1854), schrieb er als exzentrischer Freigeist auch über viele weitere Themen wie die Abschaffung der Sklaverei und zivilen Ungehorsam. Doch was ich besonders hilfreich fand und zunehmend übernommen habe, sind seine ökonomischen Überlegungen. Thoreau spricht sich dafür aus, dass wir unseren Wohlstand nicht daran messen, wie viel wir besitzen, sondern wie viel freie Zeit uns zur Verfügung steht. Die Zeit, die uns bleibt, wenn unsere Grundbedürfnisse befriedigt sind, ist der beste Maßstab für Wohlstand. Das heißt natürlich, wir sind umso reicher, je weniger wir brauchen. Thoreau wurde zum Meister seiner eigenen Philosophie und musste schließlich nur wenige Wochen im Jahr körperlich arbeiten, um das Leben zu führen, für das er sich entschieden hatte. Damit gehörte er in die Kategorie der Millionäre. Ich machte zunehmend die Erfahrung, dass ein Leben, das Stille und Gebet gewidmet ist, enorm zeitaufwändig ist. Und niemand bezahlte mich für diese Zeit. Ich wäre also, um mit Thoreau zu sprechen, in dem Maße reicher, wie ich weniger Dinge brauchte. Also fragte ich mich bei allem, was ich zu kaufen erwog, nicht mehr: »Kann ich mir das leisten?«, sondern: »Bin ich bereit, mich für diese Anschaffung soundso viele Stunden in der Woche etwas zu widmen, das mir weniger am Herzen liegt als Stille?« Es war erstaunlich, wie oft die Antwort nein lautete.

Anfangs ging es bei dieser Reduzierung von Besitz auf ein Minimum um Stille in einem ganz praktischen Sinn: Ich schaffte Dinge ab, die Krach machten. Wie ich schon sagte, besaß ich nie ein Handy und musste also auch keines loswerden, doch der Fernseher verschwand mit als Erstes, sogar noch bevor ich aus Northamptonshire wegzog. Als Nächstes schaffte ich das Radio und die Lautsprecher ab sowie alle Computerprogramme, die Töne erzeugten. Das Autoradio behielt ich länger, aber schließlich ging es kaputt, und ich habe kein neues gekauft.

Schon bald entdeckte ich, dass ein Mensch, der allein auf dem Land lebt, keine Haustürklingel braucht oder eine Mikrowelle und ganz bestimmt keine Verwendung für einen Trockner hat. Was die Dinge auf dieser Liste gemeinsam haben, ist, dass es sich bei allen – mit Ausnahme des Radios – um Erfindungen der letzten fünfzig Jahre handelt. Ich verstehe also, warum Menschen mir schließlich vorwarfen, technikfeindlich zu sein, aber ich glaube nicht, dass ich das tatsächlich bin. Manche modernen Erfindungen erleichtern die Stille sehr. E-Mails sind ein wunderbar unaufdringliches Kommunikationsmittel; der Anrufbeantworter gibt mir die Möglichkeit, das Telefon stumm zu schalten, ohne jemandem – mich eingeschlossen – Unannehmlichkeiten zu bereiten, und Online-Shopping hilft aus mancher Klemme. Eine Tiefkühltruhe und ein Brotbackautomat ermöglichen tatsächlich mehr Stille. Und vor allem kann ein Computer, wie in meinem Fall, eine große Hilfe sein, die finanziellen Probleme zu lösen, die mit einem Leben in extremer ländlicher Abgeschiedenheit verbunden sein können: Ich lebe heute hauptsächlich davon, dass ich online kreatives Schreiben unterrichte. Das geht still vor sich, ist flexibel, sorgt dafür, dass ich mich weiterhin zumindest in der Technik des Schreibens übe und mir nicht den Kopf über neue Texte zerbrechen muss, während ich über komplexen Themen wie narratives Schreiben und Stille brüte.

Ich habe auch einige Experimente gemacht, die fehlgeschlagen sind. So habe ich versucht, ohne Uhr zu leben, also ohne dem Rhythmus meiner Tage einen willkürlichen Zeitplan mit entsprechenden Anforderungen aufzuzwingen: Ich hatte das Gefühl, dass selbst das Zeit implizite Tick-Tack die Stille der Ewigkeit vermisst und einteilt. Zumindest damals erwies sich jedoch, dass die durch die Abschaffung von Uhren entstehende Stille für mich zu weit ging und zu sehr gegen kulturelle Gepflogenheiten verstieß. Ich stellte bei mir eine gewisse ängstliche Angespanntheit fest, die mich sogar zu kleineren Betrügereien verlockte, damit Dinge nicht schiefgingen und ich anderen Menschen keine Schwierigkeiten bereitete. Es ist Betrug, wenn ich den Computer hochfahre, einzig um herauszufinden, wie spät es ist. Es ist Betrug, wenn ich meine Stille durch einen digitalen Weckanruf breche. Einer der großen Vorteile von Stille in Gemeinschaften ist, dass es dort Glocken gibt. Das scheint zu den Dingen zu gehören, die verschiedenen Religionen über alle Grenzen hinaus gemeinsam ist. Beginn und Ende von Phasen der Stille werden zeitlich markiert, und wer in Stille ist, muss »die Zeit nicht selbst im Blick behalten«. Ich trug keine Armbanduhr mehr und schaffte den Wecker ab, akzeptiere aber inzwischen, dass ich eine Uhr im Haus brauche.

Ich entdeckte, wie wenig ich in materieller Hinsicht tatsächlich benötigte. Das war hilfreich und ermutigend. Während ich meinen Besitz weiter reduzierte, wurde mir mein Vorhaben immer bewusster und klarer. Ich bin keine Überlebenskünstlerin, die »zurück zur Natur« will. Ich denke nicht, dass es möglich ist, sich hierzulande ganz aus der Geldwirtschaft auszuklinken. Ich weiß auch nicht, ob es möglich wäre, sich mit Nahrungsmitteln selbst zu versorgen, weiß aber, dass das mit extrem harter Arbeit verbunden wäre. Selbstversorgung würde zum Selbstzweck werden, statt mein Gefühl von Freiheit, Raum oder Stille zu vertiefen. Ich möchte mein Gemüse nicht selbst anbauen, möchte nicht auf Zigaretten oder Kaffee verzichten, meine Kleidung selbst stricken oder weben oder mit einer Gänsefeder und selbst hergestellter Tinte schreiben. Ich möchte auch nicht jeden Tag Milch von meiner Ziege erkämpfen oder Feuerholz sammeln müssen. Und selbst wenn ich das alles täte, müsste ich immer noch Gemeindesteuer zahlen. Mir geht es darum, *so still zu leben, wie es an diesem Punkt unserer menschlichen Geschichte möglich ist.*

Das andere eindeutig Gute an der North Lodge war die Aussicht, die man von dort auf eine Flussmündung mit dem täglichen Wechselspiel von Ebbe und Flut und weitläufige Schilfgürtel hat. Der tägliche stille Rhythmus der Gezeiten wirkt sich auf alles hier aus. Die Farbe des Schilfs ändert sich ständig, wenn das Wasser es spiegelt oder bei Ebbe auch das Licht abnimmt. Selbst auf die Vögel hat dieser Wechsel Einfluss. Auf den Schlickflächen sieht man bei Ebbe eine größere Vielfalt an Wasservögeln als bei Wasserhochstand in und zwischen den Schilfgürteln. Dieses tägliche Wechselspiel von Ebbe und Flut des Meeres prägte auch den Rhythmus meiner Tage. Ich begann, ein Tagebuch über diese Abläufe im Mündungsgebiet zu führen, und versuchte, die stillen Augenblicke bei den täglichen Veränderungen regelmäßig festzuhalten. Das war eine verzwickte Angelegenheit, denn die Gezeiten verlaufen nicht synchron zum 24-Stunden-Tag, und so passieren die Veränderungen täglich zu einer anderen Stunde. Auch das Steigen und Fallen des Wassers verschiebt sich mit jedem Zyklus von Ebbe und Flut, und der Wasserstand wiederum beeinflusst das Licht. Die Gezeiten sind ein äußerst mysteriöses Phänomen, verursacht durch die Anziehungskraft des irregulären Mondes im Verhältnis zur regulären Sonne.*
Ich holte das kleine Ruderboot meines Neffen hervor und paddelte in den Schilfgürteln umher, wo sich manchmal Eisvogel, Reiher

---

* Die Flut erreicht etwa alle zwölfeinhalb Stunden (mit Variationen) ihren Höchststand, was also an den meisten Tagen zwei Mal passiert. In der Gegend von Solway, wo ich damals lebte, variiert der Wasserhochstand bei Flut im Laufe eines Jahres von 5,7 Metern bis zu 9,4 Metern und hängt außerdem noch von der Wassermenge ab, die in das Mündungsgebiet des Flusses strömt.

und Gänsesäger zeigten oder verbargen. Ich betrachtete auch die Spiegelungen im Wasser, wenn es still und klar war oder sich im Wind wellte und wiegte. Eines Abends, als die Flut ihren Höchststand erreicht hatte, war das Wasser so still, dass ich die Reflektionen der Sterne sehen konnte. Reflektionen sind ein magisches, stilles Phänomen und die Doppelbedeutung des Wortes verdoppelt die Magie. Ich reflektierte still über die stillen Reflektionen der Sterne im Wasser und der Libellen, die aus der Tiefe nach oben zu steigen schienen, um dort auf die wirklichen Libellen zu treffen, die aus der Luft nach unten schossen, um den Wasserspiegel, der zwischen den beiden Welten von Luft und Wasser eine Haut bildet, flüchtig zu berühren. Stundenlang stand ich auf der kleinen Steinbrücke und blickte nach unten, weil ich lernen wollte, Fische zu sehen, die manchmal aussehen wie Reflektionen von Bäumen, es aber nicht sind.

Es gab Morgen und Abend, Ebbe und Flut, die wie stille Kontrapunkte waren. Zusammen schufen sie einen wunderschönen Rhythmus, und an guten Tagen konnte ich sehen, dass sie ein Modell oder Bild waren für die doppelte Stille von Beten und Schreiben, die ich erkunden wollte.

Dann starb meine Mutter.

Sie starb nicht so abrupt, wie dieser Satz dasteht. Sie war im Frühling und zu Beginn des Sommers lange im Krankenhaus gewesen und litt an Schmerzen, doch niemand dachte, dass sie sterben würde. Sie wollte nach Hause, und wir machten uns an die nötigen Vorbereitungen, um ihr das zu ermöglichen, und schmiedeten komplizierte, aber optimistische Pläne für ihre Versorgung. Ich denke nicht, dass wir uns etwas vormachten oder die Augen vor der Wirklichkeit verschlossen. Ihre Ärztin sprach von »Monaten« und fragte sich, wie um alles in der Welt wir das Haus den Winter über warm genug für sie halten wollten. Meine armen Schwestern, die nicht wie meine Brüder und ich in Galloway lebten, mussten ständig an- und abreisen. Noch rührender war das von ihren neunzehn Enkelkindern, die sie geradezu vergötterten und sie nicht einfach nur besuchen kamen, sondern sich an ihrer durchaus schwierigen Pflege tatkräftig beteiligten.

Gegen Ende Juni brachte man sie tatsächlich nach Hause, doch schon nach wenigen Tagen zeigte sich, dass alle Planungen für die Zukunft müßig gewesen waren. Nicht dass wir sie für überflüssig hielten. Wir gehören zu den Familien, die der Überzeugung sind, dass Menschen zu Hause und im Kreis ihrer Familie sterben sollten. Sie starb in der ersten Juliwoche an ihrem Hochzeitstag »friedlich zu Hause«, wie es so schön heißt. Mein jüngster Bruder war bei ihr, und der Rest von uns hielt sich in der Nähe bereit.

Dem Tod wohnt eine Stille inne, die absolut ist, vor allem wahrscheinlich, wenn Menschen wie wir darauf vorbereitet sind und sich nicht mehr bei aufwändigen medizinischen Behandlungen aufhalten. Die Körpergeräusche verstummen, und diese Stille breitet sich im Zimmer aus und erfüllt schließlich das ganze Haus. Dieses riesige, unpraktische, einladende und gesellige Haus war still. Ein langes Schweigen trat ein. Ich habe mich jetzt häufiger unter verschiedenen Umständen »im Umkreis« von gerade gestorbenen Menschen aufgehalten, doch selbst wenn es äußerlich laut oder dramatisch zugehen mochte, herrschte im Zentrum immer eine Stille, die endgültig war. Meine Mutter lag in ihrem sonnigen Zimmer in ihrem großen Bett, und es war Stille.

Der Tod selbst ist Stille. Vielleicht denken wir deswegen, Stille sei Tod. In gewisser Hinsicht ist Tod die einzige Stille. Die meisten von uns werden nicht in Stille empfangen. Auch im Mutterleib herrscht keine Stille. Da ist das kontinuierliche Schlagen des mütterlichen Herzens und, wie wir wissen, die ständig blubbernden, brodelnden, rhythmischen »Töne« des Pulsierens weiterer Organe und

Körperkräfte. Gleich nach unserer Geburt werden wir ermutigt, zu schreien und unsere Ankunft lautstark zu verkünden. Doch im Tod schleicht sich Stille ein und errichtet ihr Haus. Der Tod ist ein ganz konkretes physisches Ereignis, also ist auch seine Stille konkret und physisch; diese aber wird noch intensiver durch die emotionale Stille, die zwangsläufig eintritt, wenn jemand gestorben ist. Was nie ausgesprochen wurde, wird auch nicht mehr ausgesprochen werden, sei es zum Guten oder Schlechten. Die Lebenden müssen den Mund halten. Es gibt nichts mehr zu sagen.

Die Stille des Todes ist für eine laute Gesellschaft wie unsere unerträglich. Es gibt wohl kaum einen anderen Grund dafür, dass all unsere Gebräuche rund um den Tod so laut und nervenaufreibend sind. Ich dachte mit viel Sehnsucht und Neid an Gesellschaften, in denen die Toten vor Sonnenuntergang begraben sein müssen und von den Hinterbliebenen erwartet wird, dass sie die Jalousien herunterlassen, sich schwarz kleiden und eine Weile mit niemandem kommunizieren. Auch Gesellschaften, in denen Bestattungen so ritualisiert, geordnet und klar gestaltet vor sich gehen, dass die Angehörigen nicht besprechen müssen, wie die einzelnen Schritte aussehen sollen, kamen mir in den Sinn. Das nähme uns sämtliche anstehenden Entscheidungen ab: Einäscherung oder Erdbestattung, Termine, Orte, wen kontaktieren, wen persönlich aufsuchen, wen anrufen. Wir lassen uns nicht genug Zeit, um in der Stille des Todes zu verweilen und ihm Respekt zu erweisen. Ich war schockiert und, ehrlich gesagt, auch traurig darüber, dass die ganze Familie keine »Sargbeerdigung« wollte, wohl aber einen »Dankgottesdienst«. Dass die tote Person in der Kirche oder wo auch immer anwesend ist, körperlich anwesend, wenn auch anders als bis dahin, still, aufgebahrt und doch *da*, ist für mich eine natürliche und angemessene Form von Anerkennung der großen Stille, die wir mit frohsinnigen Kirchenliedern und

Gurkensandwichs so gern ausblenden und lautstark übertönen möchten.

Bei Todesfällen kann eine große Familie sehr hilfreich sein. Die Angehörigen teilen die Last und den Verlust, und wenn die Familienmitglieder halbwegs anständige Menschen sind (und es stellte sich heraus, dass das auf uns zutraf), gehen sie diszipliniert und fürsorglich miteinander um, sodass eine gewisse Ordnung herrscht, die geprägt ist von einer Nachsichtigkeit, welche auch der eigenen Person gilt. Es werden natürlich zwangsläufig viele wortreiche Gespräche geführt, um über wichtige Dinge zu verhandeln, Kompromisse zu finden und unerlässliche Planungen vorzunehmen. Über manche Entscheidungen muss stundenlang beraten werden. Meine Tochter, die für die Beerdigung aus den USA anreiste, sagte scharfsinnig: »Das Problem mit euch [mir, ihren Tanten und Onkeln] ist, dass es immer zu viele Häuptlinge und keine Indianer gibt. Aber im Augenblick ist es noch schlimmer als sonst, weil alle Häuptlinge tun, als seien sie Indianer.«

Ich denke, wir machten unsere Sache gut. Aber der Tod zerstörte die Stille, die ich versucht hatte, in mein Leben zu bringen, weitgehend. Die folgenden Monate waren für mich ohne Frage die schwierigste Zeit seit Beginn meiner Suche nach Stille. Ich lernte etwas über die Kraft der Selbstdisziplin: wie ich mich am besten zurücknahm, meine Meinung für mich behielt. Ich erlebte, wie wohltuend es war, mich in Stille zu üben und die meditative Haltung zur Gewohnheit werden zu lassen. Aber das genügte nicht. Ich fühlte mich aus der Bahn geworfen, ohne jemandem deswegen berechtigte Vorwürfe machen zu können, auch mir selbst nicht. Ich dachte oft, wenn ich in Weardale geblieben wäre, hätte ich mir das alles ersparen können, doch ich wusste auch, es war gut und sinnvoll, dass ich vor Ort war. Dies ist die einzige Zeit meines Lebens (außer wenn ich allein den Bezug für eine Doppelbettdecke wechseln muss), in der ich einen Partner schmerzlich vermisste, mich einsam und als Außenseiterin fühlte. Ich habe keinerlei Ambitionen, »die älteste Tochter« oder die »große Schwester« zu sein – ich war es einfach. Das war die Realität, und ich hatte keine Wahl, außer zu akzeptieren, dass der Tod uns in Verhaltensmuster zurückwirft, die in unserer Kindheit wurzeln und meistens stumm und unhinterfragt bleiben.

Als ich mich in jenem Herbst aus der Unmittelbarkeit des Todes und der Nähe und Warmherzigkeit meiner Familie zurückzog, stellte ich fest, dass ich zunehmend ungeduldig wurde. Ich wollte möglichst schnell ein Haus finden, mich niederlassen, meine Spur wieder aufnehmen. Ich brachte mit dieser Suche viele Stunden im Netz und im Auto zu. Inzwischen war ich zu dem Schluss gekommen, dass die Winter in den Highlands einfach zu lang sind, es dort zu lange im Jahr dunkel ist und die Berge meistens zu anstrengend sind. Also suchte ich vor allem im südlichen Hochland, in der Region, die heute Grenzland ist, und den hügeligen Landschaften von Galloway, Ayrshire und Lanarkshire. Aber ich fand kein Haus, das mich ansprach, das in mir ausgelöste, was der heilige Antonius beim ersten Anblick des Inneren Berges empfand, einen Ort, der zu ihm sagte: »Hier. Hier kannst du glücklich und in Stille leben.«

Ich wusste, was ich wollte. Ich wollte ein kleines Haus mit einem großen Zimmer. Ich wollte wohnen, arbeiten und beten miteinander verbinden und keine Zimmer haben, die ich nicht nutzte. Und dieses Haus sollte in einer ganz bestimmten Landschaft liegen.

Landschaften scheinen für Menschen, die das Alleinsein suchen, von besonderer Wichtigkeit zu sein. Das englische Wort für Landschaft, *landscape*, bezeichnete ursprünglich nicht das äußere Erscheinungsbild einer realen Gegend, sondern deren künstlerische Darstellung. Bis zum 18. Jahrhundert war *landscape* ein Fachbegriff aus der Malerei wie Porträt, Konversationsstück, Stillleben oder narrative Malerei. Ziemlich willkürlich maßen die neuen »Landschaftsgärtner« des 18. Jahrhunderts ihren bildlichen Entwürfen mehr Gewicht bei als der Natur selbst und beanspruchten das Wort für sich, um damit ihre *Kunst* zu beschreiben. Sie machten aus der Natur Bilder (zu der Zeit die neoklassizistischen Landschaftsgemälde, auf die sie sich verstanden; Claude Lorrain war dafür ein beliebtes Vorbild). Innerlich sehen wir Naturansichten immer als Landschaften. Die Landschaft, in der ich meine Stille finden würde, hatte für mich inzwischen deutlich Gestalt angenommen: hochgelegenes Moorland, ein weiter Blick über Wildgras, der unverstellt bis dorthin reicht, wo Hügel und Himmel sich treffen. Diese Landschaft duckt sich nicht unter einem steilen Berg oder ist eingeschlossen von Wald, sondern ist offen für den Wind. Auch gibt es hier keine dramatischen, schroffen Gipfel. »Meine« Landschaft ist ein weites, stilles Nichts aus Torfmoor, Wildgras, Farn, zerfallenen Mauern, die keine Felder einhegen, und dem herben Schrei des Brachvogels im Flug.

Als ich eines Tages nach Besichtigung eines weiteren ungeeigneten Hauses schlecht gelaunt nach Hause fuhr, kam mir in aller Deutlichkeit eine tröstliche Erinnerung. Einmal vor Jahren, als ich mit meiner Familie Urlaub in Italien machte, aßen wir in der Nähe von Arezzo zu Mittag und stiegen am Nachmittag im Apennin einen steilen Pfad hoch durch Pinienbäume, gesprenkelt mit Sonnenlicht. Als wir aus dem Wald traten, lag das Kloster von Camadoli vor uns. Die Kamaldulenser waren der Orden, dem Merton beizutreten gedachte, nachdem er bei den Trappisten nicht das Alleinsein gefunden hatte, nach dem er sich so sehnte. Die Kamaldulensermönche leben als Einsiedler. Jeder Mönch hat hier seine eigene, separate Einsiedelei. Ihre Regeln lauten:

Sitze in deiner Zelle wie im Paradies ... Beobachte deine Gedanken wie ein erfahrener Fischer, der Ausschau nach Fischen hält ... Denke immer daran, dass du dich in der Gegenwart Gottes befindest ... Gib alles auf und warte, abhängig von der Gnade Gottes wie das Vogeljunge, das nur frisst, was seine Mutter ihm zuträgt.[5]

Jeder Einsiedler-Mönch hat zwei Räume, einen zum Wohnen, Beten, Studieren, Essen und so weiter sowie ein Schlafzimmer und, direkt von der Zelle aus betretbar, seinen eigenen kleinen Garten, der geschützt und ganz verborgen hinter Mauern liegt. (Die Mönche brauchen keine Küche, weil die Nicht-Einsiedler im Orden – oft Novizen, die Einsiedler werden wollen – die Mahlzeiten für sie zubereiten und ihnen durch eine Luke in der Eingangstür zur Einsiedelei »liefern«.)

Ich erinnerte mich lebhaft und bis in alle Einzelheiten an diese Wanderung zum Kloster von Camadoli – an das Sonnenlicht, den Duft der Pinien, den Gang von der Zelle zur Kirche, unsere kindliche Faszination und die große Ruhe. Das, genau das war es, was ich wollte, nur dass ich eine Küche und ein Badezimmer brauchen würde. Meine asketischen Ambitionen gingen selbst in meinen kühnsten, mich selbst überschätzenden Phantasien nicht so weit, dass ich mir vorstellte, mich von Kopf bis Fuß am Spülstein in meiner Küche mit kaltem Wasser zu waschen. Auch würden die Bauvorschriften mit ihren strengen Auflagen in Bezug auf Gesundheit und Sicherheit das wahrscheinlich gar nicht zulassen.

Irgendwann kam mir inmitten all dieser Überlegungen der Gedanke, selbst zu bauen. Den Traum vom Bau eines eigenen Hauses haben außer mir offenbar viele Menschen. Die Beliebtheit von Fernsehsendungen, welche die Verwirklichung solcher Träume zeigen, legt nahe, dass dieser Wunsch ziemlich verbreitet ist. Meine Freunde Will Anderson und Ford Hickson haben diesen Traum verwirklicht. Sie haben sich in Süd-London ein wunderschönes

Haus gebaut und damit als leidenschaftliche Öko-Ästheten ihre Vorstellungen in die Tat umgesetzt.[6] Das war ermutigend. Entmutigend hingegen war, dass ein Hausbau keine stille Angelegenheit ist. Außerdem würde es ziemlich schwirig sein, eine Baugenehmigung für ein Haus mitten in der Landschaft zu bekommen, und vielleicht würden die Kosten, wie Gerüchte warnten, schnell in astronomische Höhen schießen.

Während ich das erwog, hatte ich ein Erlebnis, das sich rückblickend wie Magie, ja, Gnade anfühlt. Ich hatte mir ein (völlig ungeeignetes) Haus auf den Machars angesehen, der östlicheren der beiden Halbinseln von Galloway, die sich Richtung Isle of Man in die Irische See erstrecken, und hatte später am Tag einen Termin für eine weitere Hausbesichtigung (auch dieses Haus erwies sich als völlig ungeeignet) in der Nähe von Girvan im südlichen Ayrshire. Es gibt wohl kaum zwei andere Orte, die mich zu der winzig kleinen Straße geführt hätten, welche laut Karte dort von der A 75 Richtung Norden nach Barrhill verläuft. Eine Abkürzung durch eine angenehme ländliche Gegend, so dachte ich mir, ist sicher schön und praktisch. Also fuhr ich das Luce Tal hoch. Nördlich des Dorfes New Luce eröffnete sich mir eine völlig neue Welt, von deren Existenz ich bis dahin nichts gewusst hatte – ein langgestrecktes Moorland, von der Aufforstung noch ausgespart. Hier hatten die Gletscher der letzten Eiszeit die hohen Hügel, in denen ich nur wenige Meilen weiter im Osten vor zwei Jahren gewandert war, zu der sanft geschwungenen Moorlandschaft meiner Träume abgeschliffen, die sich, aus Torf und Granit bestehend, meilenweit leer erstreckt. Das Land hier ist so unfruchtbar, dass es im 19. Jahrhundert sich selbst überlassen blieb und immer noch großzügig übersät ist mit Überbleibseln aus der Bronzezeit, die an anderer Stelle durch Einzäunungen verloren gingen oder dem landwirtschaftlichen Fortschritt weichen mussten. Die Straße, einspurig mit Ausweichstellen, windet sich über ratternde Viehroste und kleine Brücken nach oben. Der obere Lauf der Cross Water von Luce, die, halb Flüsschen, halb Strom, glucksend über Steine hüpfen oder stille Teiche bilden, schlängelt sich in Serpentinen hinunter in das flache Tal. Da lag es tatsächlich vor mir, das kolossale Nichts.

Hier, genau hier wollte ich leben. Wie für den heiligen Antonius anderswo war das hier der Ort, der »meinen Hunger auf das Absolute«[7] weckte, wo ich, wie Thoreau es von seinem Wald und seinem Teich sagte, »nackt und bloß vorm Universum« und damit auch vor Gott stehen würde. Doch als ich, nach Hause zurückgekehrt, erste Erkundigungen einzog, wurde klar, dass die Chancen, auf diesem Moor einen Platz zum Wohnen zu finden, praktisch gleich null waren. Es gab dort nur wenige Häuser, und die meisten davon waren verpachtete Bauernhöfe. Stair Estates, in deren Besitz sie alle waren, verfolgte die Politik, hier kein Land zu verkaufen. Stattdessen wurden nicht mehr bewirtschaftete Höfe eingeebnet, um die wenigen verbliebenen Landwirtschaftsbetriebe in den Hügeln zu vergrößern. Also versuchte ich mit einem Schulterzucken einfach weiterzumachen wie bisher.

Nur einen Monat später brachte die Grundstücksverwaltung aus Gründen, die selbst die Lokalbevölkerung bis heute nicht versteht, doch zwei Anwesen auf den Markt. Eines davon war ein gut erhaltener großer Bauernhof und das andere eine baufällige kleine Schäferhütte, die fast eine Meile von dem Hof entfernt lag. In der Zeit, als die Landwirtschaft in den Hügeln noch profitabel war, wurden die meisten der alten Höfe von einem Bauern und einigen Landarbeitern bewirtschaftet, darunter war meistens auch ein Schäfer, der weiter oben in den Hügeln lebte, wo die Schafe frei grasen konnten. Mich freute besonders, dass hier als letzter Schäfer Jock Welsh gewirkt hatte, der einer internationalen Jury angehört hatte, die Hirtenhunde prüft. Die Hütte war schon baufällig, als er noch Lehrling war, und als er später heiratete, zogen er und seine Frau Christine zunächst in einen Wohnwagen, den sie hinter dem Haus aufstellten, und später woanders hin. Doch mir kommt sie wie ein wertvolles Vermächtnis vor, was mir Mut macht bei den »Prüfungen«, vor die dieses Haus mich stellt, selbst wenn das völlig andere sind als die, die Welshs Hirtenhunde zu bestehen hatten.

Natürlich kaufte ich es. Das Haus hatte fast ein halbes Jahrhundert leer gestanden. Es hatte kein Dach, keine funktionierende Wasserversorgung, sämtliche Böden waren dick mit altem Kuh- und Schafdung bedeckt, und aus der vorderen Wand wuchs ein Baum. Das hier war kein Renovierungsjob. Die Arbeiten galten als »Neubau«, aber das Haus war immer noch Haus genug, dass keine Gefahr bestand, mit den Baubeschränkungen für Häuser im Grünen in Konflikt zu geraten. Es war so verfallen, dass ich damit beliebig verfahren konnte. Diese Lage und der weite Blick hinunter ins Tal! Das war genau die Landschaft, nach der ich mich sehnte. Das Haus hatte sogar einen angebauten Schuppen, der zwar kein Dach, aber intakte Wände aus alten Steinen besaß, in deren Schutz ich meinen Kamaldulenser Garten anlegen würde.

Ein Hausbau ist keine stille Angelegenheit. Die Pause in meiner Suche nach Stille zog sich weitere achtzehn Monate hin, in denen ich mehr Ängste ausstand als je zuvor in meinem Leben, mit mehr Unbekannten sprach, als ich mir hätte vorstellen können, und häufig Dinge erlebte, die mich gereizt und ärgerlich machten. Doch wie ein kontinuierlicher roter Faden zog sich durch all die Schwierigkeiten, Komplikationen, Verzögerungen und Kosten und die nervige Erkenntnis, dass mich ziemlich viele Menschen – von meinen Brüdern bis zum Bausachverständigen – eindeutig für leicht gestört hielten, eine unerschütterliche Gewissheit: Dies war mein Haus, meine Einsiedelei, mein Zuhause.

Ich baute mir genau das Haus, in dem ich leben wollte. Es sollte in seiner Landschaft stehen, wie es immer dort gestanden hatte – viereckig, grundsolide, wie die Kinderzeichnung eines Hauses, mit zwei Fenstern rechts und links von der Eingangstür und einem Schornstein an jedem Dachende. Wer die Straße von New Luce hochkam, konnte das Haus schon aus mehr als zwei Meilen Entfernung sehen. Ich wollte, dass sich an diesem Anblick nichts änderte, und es macht mich glücklich, wenn Menschen mir erzählen, wie schön es sei, »wieder Licht in Dirniemow zu sehen«, was sie gar nicht mehr zu hoffen gewagt hatten. Weder die Anwohner noch die Landschaft selbst hätten einen modernen Neubau begrüßt. Doch drinnen hat mein Haus einen großen Raum, der Küche, Arbeitszimmer, Esszimmer und Wohnzimmer ist, und dahinter liegt ein Schlafzimmer. Das Schlafzimmer hat Terrassentüren, die direkt in meinen ummauerten Garten führen. Der ist im Augenblick, wie ich zugeben muss, noch voller Kuhscheiße und wartet darauf, dass ich mich ihm widme. Besucherinnen und Besucher können auf dem Dachboden schlafen. Das ist eigentlich nicht zulässig und auch nicht besonders bequem, mir aber recht. Und ja, es gibt ein Badezimmer. Es gibt auch eine richtige Kühltruhe, einen offenen Kamin und Fußbodenheizung.

Voller Ungeduld wartete ich darauf, endlich einzuziehen. Am 16. Februar 2007 fand der Umzug schließlich statt, obwohl es zu dem Zeitpunkt weder ein Spülbecken in der Küche noch ein Bad gab. Um die Eingangstür zu erreichen, musste ich immer noch über eine Planke balancieren. Die Internetverbindung funktionierte nicht, und ich war pleite. Es dauerte noch das restliche Frühjahr und den ganzen Sommer, bis das Haus endlich fertig war. Und das war keinesfalls eine friedliche oder stille Zeit.

Aber ich habe in diesen letzten zehn Jahren viel gelernt.

Nachdem sie sich zwölf Jahre in eine Höhleneinsiedelei im

Himalaya zurückgezogen hatte, sagte Tenzin Palmo, die britische buddhistische Nonne:

> Es gibt viele Richtungen und viele Wege, die wir einschlagen können. Unrealistisch ist es jedoch, Mutter oder Geschäftsfrau zu werden und zu erwarten, dass wir uns Praktiken widmen können, die für Einsiedler gedacht sind … In einer Hinsicht ist es unwichtig, ob ein Mensch Mönch, Nonne, Einsiedlerin oder Geschäftsfrau ist. Wir können uns überall darin üben, im Moment zu sein, unser Herz zu öffnen … Nur ist das leichter in einem Umfeld, in dem es nicht so viele äußere und innere Ablenkungen gibt … Wenn wir uns in eine Höhle zurückziehen, haben wir Zeit und Raum, uns wirklich zu konzentrieren. Die Übungen sind kompliziert [und] brauchen viel Zeit und Alleinsein. Wenn wir uns ins Retreat begeben, schaffen wir die Bedingungen dafür, dass das Essen kochen kann. Zu diesem Zweck musst du alle Zutaten in einen Topf geben und schmoren, bis sie gar sind. Dafür brauchst du eine beständige Hitze. Wenn du den Herd mal an-, mal ausstellst, erreichst du gar nichts. Ein Retreat zu machen heißt, im Dampfdruckkochtopf zu leben. Alles wird schneller gar.[8]

Ich möchte in diesem »Dampfdruckkochtopf« leben, und das heißt, ich muss mir mit einem gewissen sarkastischen Realismus anschauen, was für mich machbar ist.

Ich lerne allmählich, in Bezug auf Stille nicht zu sentimental zu sein. Die wunderbare Intensität jener sechs Wochen auf Skye ist langfristig nicht zu halten. Man kann natürlich noch mehr in Stille leben als ich, doch der Preis dafür wäre weniger Alleinsein. Auf jeden Fall können wir erstaunlich vieles tun, ohne sprechen zu müssen. Zu den selten erwähnten Vorteilen von Supermärkten gehört, dass unser Einkauf dort ohne jeden Wortwechsel stattfinden kann. Dazu erwidern wir die Routinebegrüßung des Personals mit einem stummen Lächeln und richten unseren Blick fest auf unsere Einkaufsliste, um Augenkontakt mit anderen Kunden zu vermeiden. Doch ich bin zu dem Schluss gelangt, dass das irgendwie verlogen und unhöflich ist. Nehmen wir an, ich laufe hoch in den Bergen einen engen Pfad entlang. Der Tag war bisher ganz still bis auf die Geräusche des Flusses und das Muhen einer Kuh in der Ferne. Doch siehe da, eine Gruppe fröhlicher Wanderer kommt mir entgegen. Ich weiß, sie werden mich mit einem »Hallo!« begrüßen, und was mache ich dann? Ducke ich mich hinter einen Felsen, obwohl ich weiß, dass sie mich schon gesehen haben? Gehe ich mit hochmütigem Gesichtsausdruck grußlos an ihnen vorbei? Beschleunige ich meine Schritte und schenke ihnen im Vorübergehen ein flüchtiges Lächeln? Vernünftiger und weniger »Aufhebens« wäre es doch, wenn ich ihr »Hallo« einfach erwidere.

Die Realität sieht so aus, dass ein Mensch in der hochzivilisierten Welt des 21. Jahrhunderts nicht längere Zeit in vollkommener Stille leben und still bleiben kann, weil er häufig längere Verhandlungen führen muss, zum Teil auch mit sich selbst.* Und das gilt besonders, wenn wir unseren Lebensunterhalt selbst verdienen müssen.

Ich machte mir um diese Themen immer wieder sorgenvolle Gedanken. Manchmal, wenn Menschen mich fragten, wie ich das alles hinbekomme, hatte ich sogar das Gefühl, dass sie mir vorhielten, mich und andere zu betrügen. Ich sagte mir ständig, wenn ich mein Leben nur besser organisieren könnte, disziplinierter wäre und einen stärkeren Willen hätte, müsste ich nicht mehr so viel sprechen. Doch als ich über Stille las und nachdachte, wurde mir klar, wie viele Worte selbst in der Stille der großartigsten und

---

* In einer Hinsicht stimmt das nicht. Menschen, die an Aphasie (Sprachverlust) leiden, sprechen nicht, und das gilt auch für Menschen, die Gebärdensprache benutzen. Die Konzeptart-Künstlerin Karin Paish sprach sechs Monate nicht, auch nicht mit ihrem Partner, während sie ihr normales Alltagsleben weiterführte. Statt zu sprechen, schrieb sie jedoch. Interessant finde ich, dass dieses Schreiben für sie eine »kommunikative Übung« war und keine Übung in Stille.

berühmtesten Suchenden gefallen sind. Alles, was wir über die frühen christlichen Einsiedler wissen, von denen viele weder lesen noch schreiben konnten – was bei den meisten auf einer freien Entscheidung beruhte –, geht auf die Gespräche zurück, die sie führten. Zeitgenössische Berichte über ihr Leben und ihre spirituellen Abenteuer heißen zum Beispiel *The Sayings [!] of the Desert Fathers* (Die *Reden* der Wüstenväter). Fast alle Eremiten und Eremitinnen – selbst solche wie Juliana von Norwich – hatten Diener oder Schüler, die äußere Angelegenheiten für sie regelten. Thomas Merton erzählt uns von der tiefen Stille im Kloster Gethsemane und erwähnt dann in einem beiläufigen Nebensatz, dass er für den Abt ausländische Besucher übersetzte. Wo reine Stille herrscht, dient ihr immer eine Person, die nicht still bleibt. Selbst Tenzin Palmo hatte während ihrer dreijährigen vollkommenen Stille hoch in den Bergen des Himalaya einen Helfer, der ihr, wie zuvor vereinbart, die lebensnotwendigen Dinge brachte, auch wenn er dabei nicht sprach oder ihr Retreat störte. Ich bin aus finanziellen wie aus ideologischen Gründen zu dem Entschluss gelangt, dass ich meine eigene Dienerin sein, meiner eigenen Stille dienen und die Störungen, die damit automatisch verbunden sind, akzeptieren will.

Die wirklich wichtige Frage lautet also, wie viel Stille und wie viel von der Intensität und Schönheit, die ich auf Skye erlebte, ich kontinuierlich in ein tägliches Leben einbringen kann, das erfüllt wie auch tragbar ist.

Ich musste mich zwangsläufig viel mit den praktischen Problemen eines Lebens in Stille beschäftigen. Die Frage, wie mein Leben inzwischen tatsächlich aussieht, interessiert andere Menschen sehr. Nach meiner Erfahrung erfordert die Haushaltsführung für ein Leben in Stille, dass wir uns verbindlich darauf einlassen und eine kräftige Dosis guter Organisation hinzufügen. Letzteres fällt mir nicht gerade leicht.

Grundsätzlich gesehen, ist es zum Beispiel wichtig, dass ich mich gut ernähre, also muss ich einkaufen gehen. Ich lebe jedoch fast fünfzehn Meilen von guten Lebensmittelläden entfernt. Jeden Sonntag gehe zur Kirche, aber an Sonntagen hat nur der Supermarkt geöffnet. Wie soll ich die Balance halten zwischen dem ökologischen und nachbarschaftlichen Anspruch, lokale Geschäfte zu besuchen und lokale Produkte zu kaufen, und dem Schadstoffausstoß sowie dem Verlust an Stille und Ruhe, die damit verbunden sind, wenn ich wochentags den Wagen benutze? Inzwischen versuche ich einmal monatlich einen Großeinkauf zu machen – und ohne die Dinge auszukommen, die ich vergessen habe. Sonntags nach der Messe kaufe ich Milch und manchmal Obst und Gemüse und hole mir von einem Hof, der auf meinem Weg liegt, Eier von freilaufenden Hühnern. Ich versuche durch gründliches Nachdenken zu klären, wie ich meiner Ernährung, dem Hausputz und der restlichen Organisation meines Hauses und meines Lebens genau so viel Aufmerksamkeit widme, dass ich dafür möglichst wenig Zeit aufbringen muss. Meistens gelingt mir das nicht.

Im Augenblick strebe ich achtzig Prozent Stille an, weil ich weiß, dass es gut ist, ein Ziel vor Augen zu haben. Zwei Tage in der Woche stöpsele ich das Telefon aus und damit auch die Internetverbindung und E-Mails. Ich hätte liebend gern noch einen dritten Tag und arbeite daran, doch das braucht viel effektives Zeitmanagement und Vorausdenken. Ich versuche, soziale Aktivitäten auf ein Maximum von sechs Tagen im Monat zu begrenzen, doch das kann sich als ziemlich verzwickt erweisen, weil unerwartete Dinge passieren und auch andere Menschen Bedürfnisse und Wünsche haben. Ich tröste mich mit einer meiner Lieblingsgeschichten über die Wüsteneremiten:

Ein Bruder suchte einen Einsiedler auf, der ihm eine Mahlzeit servierte und mit ihm aß und sprach. Als der Bruder aufbrach, sagte er: »Verzeiht mir, Vater, dass ich Euch veranlasst habe, die Regeln zu brechen.« Der Einsiedler antwortete daraufhin: »Meine Regel heißt, dich gastfreundlich zu empfangen und in Frieden zu entlassen.«[9]

Ich bete etwa drei Stunden täglich. In dieser Zeit versuche ich, jene apophatische, das heißt jene unaussprechliche Stille ohne innere Bilder zu halten und mich innerlich vollständig leer zu machen. Doch oft muss ich mich innerlich fokussieren und erden, indem ich auf die Bibel, bestimmte Bilder und die Psalmen oder andere Texte meditiere. Um ehrlich zu sein, praktiziere ich hauptsächlich für mich, aber ich bete auch für andere und darum, dass meine Stille der lauten Welt da draußen irgendwie von Nutzen sein möge.

Ich verdiene meinen Lebensunterhalt, wandere, lese, erledige Näharbeiten und denke über Stille nach. Ich bin total glücklich in meinem kleinen Haus. Doch obwohl ich glücklich und hoffnungsfroh bin oder vielleicht, *weil* ich es bin, ist für mich Stille immer noch etwas zutiefst Mysteriöses.

Seit über zehn Jahren komme ich immer wieder auf Janet Batsleers Brief zurück und ringe damit: »Stille ist der Raum von Tod und Nichts … Jede Stille wartet darauf, dass wir sie brechen.«

Stille ist ein Mangel, eine Abwesenheit, eine Leere – Stille ist die Negation von Sprechen und damit von Sinn und Freiheit. Im Anfang war das Wort. Ich bin mir immer noch sicher, dass das nicht stimmt, aber ich kann nicht genau festmachen, warum es nicht stimmt. Ich habe jetzt so viele eindeutig positive Beispiele für Stille gesammelt und erlebt, Augenblicke der menschlichen Erfahrung ohne Gerede, ohne Geräuschkulisse, und dennoch stellt sich nicht das Gefühl ein, es fehle an etwas. Ich meine damit nicht nur meine eigenen »glücklichen Augenblicke« von Stille, sondern auch die in unserer Kultur verbreiteten und akzeptierten Erfahrungen mit Stille.

Am Ende des nächtlichen Stillens, wenn das Baby satt und zufrieden und kurz vor dem Einschlafen ist und die Mutter mit dem Kind und zugleich bei sich ist, entsteht eine ganz besondere Nähe zwischen den beiden.

Es gibt jene ehrfurchtsvollen Augenblicke angesichts bestimmter Erscheinungen in der Welt der »Natur«, in denen Worte und selbst die normalen emotionalen Reaktionen unzureichend sind oder Abstand zum unmittelbaren Erleben herstellen. Manche stillen Naturphänomene lösen bei uns lediglich Gefühle von Frieden oder Zufriedenheit aus, statt dass uns vor Ehrfurcht die Stimme versagt. Damit das Erhabene seine Wirkung voll entfalten kann, müssen eine gewisse *Macht* und etwas grundlegend Inhumanes mit ins Spiel kommen. Menschen sind von unterschiedlichen Erscheinungen berührt: Die eine begeistert sich für die Bergwelt, der andere für Sternschnuppen und wieder andere für große Wasserfälle und weite Ausblicke von hohen Klippen. Diese Beispiele fallen mir hier ein für Ereignisse, die uns Stillschweigen gebieten.

Es gibt die positive Stille in der Psychoanalyse, die offensichtlich eine neue Form der Selbsterkenntnis und die Wiedergeburt eines Individuums zu Ganzheit und Integrität ermöglicht.

Es gibt die Stille nach wirklich gutem Sex, wo wir mit einem anderen Menschen ohne Bedürfnisse und Forderungen wunschlos glücklich sind. Tatsächlich umgibt Sex eine Stille, die ganz anders geartet ist als die Stille der Scham. Sexuelle Leidenschaft hat etwas an sich, das Worte weder erfassen noch ausdrücken können, und im besten Fall besteht auch kein Grund dafür, das überhaupt zu versuchen.

Es gibt die Stille der mystischen Erfahrung, in der Stille zum Inhalt wie zum Kontext wird und sich so unaussprechlich anfühlt, dass Worte es nicht zu übersetzen vermögen.

Es gibt die stille, ja ekstatische Euphorie, die psychotischen Schüben und auch epileptischen Anfällen häufig vorangeht. Nach meinem Eindruck könnte es sich hier um dieselbe Stille wie die mystische Stille handeln, doch unsere heutige Gesellschaft macht zwischen beiden einen strikten Unterschied.

Es gibt die ganz spezielle Stille, die sich bei mancher Lektüre einstellt, bei der eine ausbalancierte Kommunikation entsteht und die offenherzige Autorin der aufmerksamen Leserin einen stillen Raum erschließt, in dem beide an der Bedeutung des Gelesenen zusammenarbeiten (oder vielleicht auch damit spielen).

Es gibt die Stille beim Hören von Musik, vor allem von Instrumentalmusik (also ohne menschliche Stimmen). Musik ist in diesem Zusammenhang etwas sehr Komplexes. Wenn Musik eine akustische Sprache ist, »verständlich, aber unübersetzbar«, wie Anthony Storr es formulierte, oder wenn sie, salopper gesagt, eine Reihe von *Klängen* ist, wie können wir sie dann als »still« bezeichnen? Aus diesem Grund betone ich hier das *Hören* von Musik und rede nicht von Musik als solcher. Herz und Geist der Hörenden werden still, und sie können die emotionale oder intellektuelle Bedeutung der Musik nicht in Worte fassen, obwohl klar ist, dass das Gehörte eine wichtige Bedeutung *hat* – so reagieren viele Menschen auf bestimmte Musikstücke. Viele berichten auf die Frage nach positiven Erlebnissen mit Stille am häufigsten von solchen kulturellen Erfahrungen. Manchmal denke ich, dass Musik zwischen Stille und Sprache vermittelt. Dann wieder ist sie für mich eine ganz eigene und besondere Form von Sprache, ähnlich wie die Gebärdensprache, (die Hände, Mimik, Körperhaltung und Augen einsetzt statt Mund und Ohren) oder Mathematik.

Es gibt die großartigen kosmischen Kräfte, von denen wir abhängig sind, obwohl sie still und tatsächlich unsichtbar wirken: Licht, organisches Wachstum, Schwerkraft, Elektrizität, Gezeiten, Erdrotation, die Bewegung der tektonischen Platten. Luft, Erde, Feuer und Wasser.

Es gibt die Stille des Todes.

All diese verschiedenen Arten von Stille haben bestimmte Aspekte gemeinsam wie das Gefühl von »Gegebenheit«, das Gefühl, dass diese Erfahrungen uns von »außen« erreichen und wir sie nicht steuern oder kontrollieren, wohl aber umgehen oder vermeiden können. Und gleichzeitig erleben wir sie als integrativ: Unser ganzes Selbst ist beteiligt und *erlebt sich neu*. Noch häufiger ist die weitaus tiefergehende Erfahrung der Aufhebung von Grenzen. Dabei haben Menschen das Gefühl, sich von außen »aus großer Höhe« zu beobachten, ohne von ihrem eigenen Erleben getrennt oder abgespalten zu sein. Die Unterschiede zwischen Selbst und Anderen, Ich und Du lösen sich auf, ohne dass das Individuum, das diese Erfahrung macht, seine Integrität verliert. Meistens endet dieser Zustand dadurch, dass das Ich, das Selbst-Bewusstsein sich wieder behauptet.

Noch wichtiger ist hier vielleicht das starke Gefühl von Unaussprechlichkeit. Doch es ist nicht nur schwer, über solche Erfahrungen zu sprechen, sondern auch, sie überhaupt zu erinnern, sie sich zu vergegenwärtigen oder sie emotional nachzuvollziehen. Sie können uns sogar »inhaltsleer« oder bedeutungslos vorkommen – »jenseits von Sprache«.

Ich ringe darum, dieses Thema auf den Punkt zu bringen. Einfach ausgedrückt, halte ich es für unangemessen, ja dumm, wenn wir in Bezug auf Erfahrungen mit Stille davon sprechen, dass hier etwas »fehlt« oder »abwesend« ist. Begriffe wie »Exzess« im Sinne von Maßlosigkeit scheinen mir hier angemessener, auch wenn die westliche Psychologie noch kein entsprechendes Modell entwickelt hat. Ganz gleich, ob wir Stille als Zugang zu diesen Zuständen betrachten – das heißt, als Grenzerfahrung oder Schwellenerlebnis – oder als eigenständigen Raum, in dem sich diese Erfahrungen abspielen, wir können hier nicht einfach sagen, sie sei inhaltsleer oder negativ oder jede Stille warte darauf, dass wir sie brechen – oder brechen wollen, müssen, sie zu brechen ersehnen. Oder das sie gebrochen werden muss.

Stille ist kein Verlust oder Fehlen von Sprache, ja noch nicht einmal das Gegenteil von Sprache. Ich erlebe sie als eine Welt in und für sich, parallel zu und verwoben mit Sprache und Kultur, jedoch unabhängig davon. Sie entstammt einem völlig anderen Raum.

Stille spielt sich offensichtlich in einem völlig anderen Teil des menschlichen Gehirns ab als Sprechen, Hören oder sogar rationales, logisches *Denken*, einem Teil des Gehirns, der getrennt ist von der Region, die für Sprache zuständig ist. Neurologisch hat man dies tatsächlich nachgewiesen durch eine Reihe von faszinierenden Experimenten, bei denen man Gehirnscans von Personen gemacht hat, die meditierten oder andere Formen von bewusst gewählter Stille praktizierten. Es ist nicht etwa so, dass das Gehirn bei Stille abschaltet oder seine Aktivität einstellt, sondern diese Aktivität findet an anderer Stelle statt – in einem anderen Bereich des Gehirns.

Erfahrungen mit Stille sind in gewisser Weise resistent gegen die üblichen modernen medizinischen Verfahren zur Messung von Gehirnaktivitäten. Mir sind die Gefahren schlechten wissenschaftlichen Arbeitens sehr bewusst und ich möchte auf keinen Fall in die Falle der Gehirn/Geist-Debatte tappen. Aber mir scheint, dass die neurologische Forschung uns eine bemerkenswert gute Metapher liefert, um zu verdeutlichen, was bei diesen Erfahrungen im Gehirn passiert. Man ist sich heute weitgehend einig darüber, dass Sprache von einem Teil des Gehirns aus gesteuert wird, der in der Großhirnrinde liegt, vor allem der linken perisylvischen Region. Dieses Areal ist mit Sprache verknüpft, *nicht* mit Sprechen/Hören (auch die Sprache für Gebärdensprachler ist hier angesiedelt und nicht in der visuellen Region oder in den Regionen des rechten Cortex, welche die räumliche Organisation steuern. Gebärdensprachler verlieren ihre sprachlichen Fähigkeiten durch Läsionen in der linken Gehirnhälfte oder Schlaganfälle, was genauso für Sprechende gilt). Sämtliche nichtsprachlichen Äußerungen jedoch – Lachen, Schluchzen, Seufzen, vor Schmerzen schreien (und merkwürdigerweise auch eine ganze Reihe von Schimpfwörtern, wie man bei berühmten Fällen von Tourette-Syndrom herausgefunden hat) – werden nicht von der Gehirnrinde aus gesteuert, sondern von einer phylogenetisch älteren Reihe von neuralen Strukturen im Gehirnstamm und im limbischen System, die als »subkortikale Areale« bezeichnet werden. Stellen wir uns (zumindest) einmal vor, dass wir zu dieser subkortikalen Zone und ihrem reichen emotionalen Inhalt Zugang bekommen, indem wir die Großhirnrinde zum Stillschweigen bringen. Das ist in einem ganz konkreten Sinne eine andere Ebene des Bewusstseins – eine stille Ebene.

Ich frage mich, ob all das »unartikulierte Seufzen und Stöhnen« von protestantischen Betenden im 17. und 18. Jahrhundert; die ekstatischen Verzückungen und Aufschreie der Pfingstkirchler mit ihrem Erlösung verheißenden Sendungsbewusstsein; Glossolalie (Zungenreden); die scheinbar psychotischen Störungen der Mystiker und verwandte spirituelle Phänomene sowie die euphorische Ekstase beim Praktizieren bestimmter Formen von Meditation nicht alles Beispiele für subkortikalen Ausdruck sind, die – was so häufig passiert – aus der Stille hervorgehen, weil im Gehirn Raum frei wird, den sonst Sprache und lineares Denken einnehmen.

Vielleicht wird Stille aus diesem Grund so oft dargestellt, als handele es sich hier um eine subkortikale Gehirnfunktion: animalisch, semiotisch, emotional chaotisch. Das spiegelt (wenn auch ziemlich verzerrt) wider, wie Stille heute erlebt wird, soweit wir überhaupt

Zugang dazu haben. Fast alle Menschen, die sich in Stille üben, berichten von der Schwierigkeit, das, was sie dabei empfunden oder erlebt haben, zu erinnern, sich zu vergegenwärtigen, sich darauf zu konzentrieren, es genau zu beschreiben oder zu formulieren. Beim Bemühen, den Inhalt von einem Teil des Gehirns auf den anderen zu verlagern, scheint er »zu verglühen«, ähnlich wie ein Raumschiff ohne Hitzeschild beim Wiedereintritt in die Erdatmosphäre. Die Unaussprechlichkeit des Erlebten ist eines seiner wesentlichen Merkmale. Als wäre Stille per se das, »worüber wir nicht sprechen können und deswegen stillschweigen müssen.«[10]

Julia Kristeva, die französische Psycholinguistin, behauptet, selbst wenn Sprache – mit einer komplexen Grammatik, mit der das Selbst sein Sein artikulieren kann und die sie *symbolisch* nennt – nur dadurch zugänglich ist, dass wir eine Übereinkunft treffen, bei der wir bestimmte Freiheiten aufgeben im Austausch für das, was sie das »väterliche Gesetz« nennt, gäbe es trotzdem weiterhin einen »prä-väterlichen« Pool von Artikulationen, der, wenn auch nicht vollständig sprachlich, Kapazitäten für den emotionalem Ausdruck birgt und den sie das *Semiotische* nennt.

Die Psychoanalyse bietet Menschen Hilfe, sich bestimmte Inhalte bewusst zu machen, die aufgrund diverser Traumata im Semiotischen blockiert sind, und sie auf die bewusste und artikulierte Ebene des Symbolischen zu bringen. Doch ich persönlich erlebe nicht, dass ich darum kämpfe, vom Semiotischen ins Symbolische zu gelangen, sondern umgekehrt: Ich finde es schwierig, mich »nach unten« zu begeben und Zugang zu dem dort angesiedelten Ausdrucksspektrum zu finden, das heißt, durchlässiger und zugänglicher zu werden für das, was da »unten« oder da »draußen« ist. Offensichtlich eröffnet Stille Menschen, die danach suchen, eine Rückreise ins Semiotische, das Saatbeet des Selbst. Und manches, was wir dort finden, ist ebenso bereichernd wie aufregend.

Bei meiner Suche nach Stille ist es mir immer mehr zum Anliegen geworden, mein autonomes, unabhängiges Selbst zu destabilisieren und mein Ego zu verlieren, statt durch eine logisch-lineare Sprache zu behaupten. Das ist kein besonders »zeitgemäßes« Unterfangen. Die Moderne hat enorme Opfer für das rationale systematische Denken und den individuellen logischen Selbstausdruck gebracht. Aber ich bin mir sicher, dass unsere Ablehnung von Stille und die Striktheit, mit der wir sie als Mangel oder Abwesenheit definieren, ein Opfer ist, das zu weit geht.

Doch ... hier sitze ich auf meiner Türschwelle in der Sonne, schaue auf mein weitläufiges Nichts, voller Freude über die Kornweihe, die vorbeifliegt, zufrieden mit mir selbst, weil ich endlich die Fertigstellungsurkunde für mein Haus in den Händen halte, und voller Hoffnung. Thoreau beschrieb (in *Walden*), wie ich mich gerade fühle:

> Wenn ein Mann halbe Tage lang aus Liebe zu den Wäldern dort herumspaziert, gerät er in Gefahr, ein Faulenzer genannt zu werden. Aber wenn er seine Tage als Spekulant verbringt, diese Wälder abholzt und die Erde vor ihrer Zeit kahl schert, schätzt man ihn als fleißigen und geschäftstüchtigen Bürger.[11]

Menschen sagen, dass sie »tief« in Stille versinken. Das ist in vieler Hinsicht eine gute Metapher. Stille hat Tiefe. Stille absorbiert mich, und je weiter ich mich in sie hineinbegebe, desto stärker wird ihr Sog. In der Stille sind wir, ähnlich wie im tiefen Wasser, frei von der Schwerkraft. In seinem Buch *Die schweigende Welt* beschreibt Jacques Cousteau die nahezu ekstatische Freiheit bei seinem ersten Tauchgang mit Atemregler (Aqualung):

> Ich schwamm zwischen den Felsen hindurch und verglich mich wohlwollend mit den Seebrassen. Horizontal wie ein Fisch zu schwimmen

schien einfach der logische Weg zu sein … Innezuhalten und im Wasser zu schweben, ohne durch Luftschläuche und Leinen mit der Oberfläche verbunden zu sein, war ein Traum. Nachts hatte ich oft vom Fliegen geträumt, wobei ich einfach meine Arme wie Flügel ausbreitete. Jetzt flog ich ohne Flügel. Seit diesem ersten Aqualung-Flug habe ich nie wieder vom Fliegen geträumt. Von diesem Tag an überquerten wir schwimmend viele Meilen Land, das kein Mensch kannte, frei und in der Waagerechten, und unser Körper empfand, was die Schuppen der Fische wissen. Ich experimentierte mit allen möglichen Manövern – Schleifen, Saltos, Fassrollen. Ich stand auf einem Finger Kopf und brach in Lachen aus … Der Schwerkraft und dem Aufwärtssog enthoben, flog ich frei durch den Raum.[12]

Und wir können in der Stille ebenso ertrinken wie im tiefen Wasser. Die Gefahr besteht immer.

Das ist ein gutes Bild, doch momentan gefällt mir ein anderes noch viel besser. Cousteau beschreibt später in seinem Buch, wie er aus den Tiefen des Meeresgrunds auftaucht: Du streifst die ganze Ausrüstung und damit deine schweren Gewichte und deine Atemschläuche da unten ab und der Aufstieg ist

> ein einziger Genuss. Während du, deine Lunge vollgepumpt mit Luft, nach oben schwebst, breitet sich die Luft durch den abnehmenden Druck allmählich in dir aus, sodass deinen geschürzten Lippen ein ständiger Strom von Blasen entweicht.[13]

Stille heißt, in eine neue, leichtere Atmosphäre entschweben, schwerelos und frei, und wenn das passiert, steigen um dich herum Blasen auf, Blasen der Freude, sie steigen vor dir auf bis zu einer hellen Oberfläche, die du noch nicht klar sehen kannst.

Ich blühe in dieser neuen Atmosphäre zunehmend auf. Diesen Sommer habe ich etwas Neues gesehen, etwas, wovon ich bislang nicht einmal wusste, also hatte ich auch nicht Ausschau danach gehalten. Tatsächlich brauchte ich eine Weile, um herauszufinden, was ich da eigentlich beobachtete. Die Mehlschwalben kehrten den ganzen Weg aus Afrika zu ihren alten Nestern zurück. Seit Generationen hatten sie in ihren eleganten, geschlossenen Lehmnestern gebrütet, die an den rissigen alten Steinmauern unter den zerbrochenen Dachtraufen klebten. Doch während sie im letzten Winter fort waren, hatte ich das Dach repariert und ihr Zuhause zerstört. Ich weiß nicht genau, wo und ob sie überhaupt stattdessen ihre Nester bauten. Doch den ganzen Sommer über kamen sie, segelten auf dem Wind, anmutig, geschickt, tauchten eine nach der anderen in die Weite der neuen langen Abende ein und wieder auf. Eine nach der anderen brachte kleine Häufchen aus Lehm und Speichel auf der neu verputzten Hauswand an. Am Ende des Sommers hatten sie dort ein kleines Fundament für ihre Nester im nächsten Jahr angebracht. Manchmal waren bis zu dreißig von ihnen eifrig mit dieser Arbeit beschäftigt. Stundenlang beobachtete ich sie, doch sah ich nie, dass ihre Flügel sich auch nur berührten. Ich fühlte mich ihnen sehr nahe. Ich hoffe sehr, dass sie im nächsten Sommer wiederkommen und ihre Jungen hier großziehen werden.

Ich glaube, im Augenblick ist das die Stille, die ich mir am meisten wünsche. Ich möchte nicht, dass mir eine Definition von »Stille« verloren geht, die ganz handfest ist und sie als etwas begreift, das sich real in meinem Alltag verkörpert. Ich möchte aus der Stille keinen philosophischen oder spirituellen abstrakten Begriff oder »Geisteszustand« machen, wie es nur allzu leicht passiert. Tatsächlich geschieht genau das meistens, sobald wir über Stille zu schreiben beginnen! Max Picard, zum Beispiel, schreibt in einer schönen lyrischen Sprache über Stille:

> Still wie ein altes vergessenes Tier vom Anbeginn aller Zeit thront Stille über der kläglichen Welt des Lärms. Als lebendiges Tier, nicht als ausgestorbene Spezies, liegt es wartend da, und wir können sehen, wie sein

breiter Rücken zwischen dem dornigen Gestrüpp der Welt des Lärms immer noch tiefer sinkt. Es ist, als würde dieses prähistorische Geschöpf ganz allmählich in den Tiefen seiner eigenen Stille versinken. Und doch kommt mir der ganze Lärm der Welt manchmal vor, als sei er lediglich wie das Summen von Insekten auf dem breiten Rücken der Stille.[14]

Auch wenn das ein schöner Text sein mag, bedeutet er tatsächlich nicht viel. Es ist kaum oder gar nicht vorstellbar, dass wir morgens aufwachen und Picards Stille *herstellen:* Ihr fehlt die harte Realität eines Kafka an seinem Schreibtisch oder eines de Foucault in seiner Wüste.

Ich weiß, dass ich, als ich dieses Abenteuer begann, die Macht der Stille an sich unterschätzt habe. Sollte Stille tatsächlich die Wirkungen haben, die ich auf Skye erforscht habe und mit denen ich seit der Zeit arbeite, vor allem dem Zusammenbruch von Zeit und Raum – jenem Verschwimmen von Grenzen –, ist das für Erzählliteratur nicht besonders günstig, denn diese beruht ganz grundlegend auf konkreten Zeiten und Orten. Der Plot (der Gedanke, dass die Dinge dem geordneten Pulsschlag von Ursache und Wirkung folgen) funktioniert ohne diese einfach nicht. Das Narrative findet im Vakuum der Stille keinerlei Antrieb. Vielleicht hat Stille, wenn auch kein Narrativ, so doch einen Rhythmus. Das ist ein interessanter Gedanke, der Stille mit *Musik* in Einklang brächte.

> Da Musik die einzige Sprache mit den konträren Eigenschaften ist, ebenso verständlich wie unübersetzbar zu sein, gleicht der Schöpfer von Musik den Göttern und Musik selbst dem erhabenen Mysterium der Wissenschaft vom Menschen.[15]

Könnte ich das Gleiche auch mit guten Gründen über Stille sagen? Bei meiner Erforschung von Stille ist mir niemals ein stilles Himmelreich begegnet, selbst bei den Mystikern nicht, für die Stille auf direktem Weg ins Himmelreich führt. Abgesehen von der entsetzlichen Stille »bei einer halben Stunde« und dem gelegentlichen Ablegen von goldenen Kronen, sind die himmlischen Heerscharen im christlichen Himmelreich einzig damit befasst zu singen. Sie singen, sie machen Musik. Vielleicht haben Schriftstellerinnen und Schriftsteller letzten Endes die Aufgabe, mit ihnen zusammenzuarbeiten und Worte für diesen ewigen Chor zu finden, damit das Singen von »Heilig, heilig, heilig« in endloser Wiederholung nicht langweilig wird.

Und ja, ich möchte daran arbeiten. Ich möchte daran arbeiten herauszufinden, ob es möglich ist, das »Unaussprechliche« gründlich zu durchforsten und ihm sein Geheimnis zu entlocken. Ich möchte Stille entziffern, sodass die Menschen da draußen in all dem Lärm Zugang dazu finden und sie lieben lernen. Ich bin mir nicht sicher, ob das möglich ist, aber der Versuch scheint mir lohnenswert.

Doch eigentlich möchte ich Stille leben. Ich möchte auf meiner Türschwelle in der Sonne sitzen und der Stille lauschen. Morgens möchte ich die Schafe betrachten. Die Schafe hier oben wachsen mir immer mehr ans Herz. Sie wirken routinierter als die fetten, selbstgefälligen Schafe im Tiefland. Bei ihrer Beobachtung fallen mir verschiedene Dinge auf. Sie laufen gern ordentlich auf den Pfaden. Die Mutterschafe, die um das Cottage herum grasen, wirken emsig und schwatzsüchtig und sind in kleinen Trupps unterwegs. Heute trottete einer dieser Trupps dicht am Haus vorbei, während ich dort saß. Sie trugen alle witzige Punkfrisuren mit einem prächtigen Felltuff in leuchtendem Türkis direkt über der Stirn. (Das ist tatsächlich die einfachste Methode, Schafe zu markieren, um zu wissen, welche noch nicht geimpft worden sind, eine Wurmkur gemacht oder sonstige Prozeduren hinter sich haben.) Sie hatten ein erstaunlich sauberes weißes Fell und bezaubernde schwarze Gesichter mit adrett gedrehten Hörnern. Aber was mich wirklich verblüffte, waren ihre eleganten Beine. Manche waren ganz schwarz, andere schwarz-weiß gestreift wie bei Pippi Langstrumpf. Stramme, eifrige Beine und spitze, elegante kleine Füße waren das, wie die von alten Damen, die mollig geworden sind, aber immer noch fesche Beine und schmale Fesseln haben, für die hochhackige Pumps scheinbar geradezu erfunden wurden. Ich will Zeit haben, um mir die Füße der Schafe genau anzusehen.

Ich möchte meine Gebete sprechen und eine neue Art von Geschichten schreiben, einen Garten anlegen, Bücher lesen und den Hügel hinter dem Haus hochwandern, um bei klarem Wetter das Meer zu sehen. Und einfach dasitzen. Gestern Abend sah ich meine Eule. Obwohl, mit welchem Recht kann ich »meine« sagen von einer Schleiereule, die zufällig in einer Ruine lebt, welche zufällig mir gehört? Als dieses Frühjahr der »Eulenmann« kam, um die Eulenjungen zu beringen – es waren vier, so weiß, flauschig und süß –, sagte er, sie seien in diesem Jahr die »am weitesten entwickelte Brut im Land«. Ich war selbst überrascht, als bei seinen Worten eine Woge von mütterlichem Stolz in mir aufstieg.

Es gibt hier tatsächlich ein Paar Schleiereulen, die in einem Nistkasten in dem alten Gerüst direkt am Hügel hinter dem Haus leben, doch ich denke an sie immer als Einzelne, weil ich bislang nie mehr als eine zur Zeit gesehen habe. Stets unvermittelt taucht ihre weiße, schnell vorbeihuschende Gestalt im Licht der Autoscheinwerfer oder ihr Schatten vorm Nachthimmel auf, dunkler als dieser. Ich sehe also meine Eule nicht sehr oft, und wenn dann meistens nur flüchtig: die ideale stille Nachbarin. Schleiereulen sind von Natur aus stiller als Käuzchen mit ihrem typischen »Kiwitt-Kiwitt«. Mein Vogelbestimmungsbuch sagt jedoch, dass Schleiereulen nicht nur Nachtgeschöpfe sind, sondern auch »dämmerungsaktiv« – für mich ein fabelhaftes neues Wort, ein weiteres Geschenk von meiner Eule –, und manchmal sehe ich sie tatsächlich jagen, während es dunkel wird, wie gestern zum Beispiel.

Der Wind legt sich bei Sonnenuntergang meistens. Aus dem Wildgras weicht die Farbe, und dann herrscht oft einen Moment lang fast vollkommene Stille. Gestern kam ich gerade aus dem ummauerten Garten, und da war sie, hockte auf der Trockenmauer. Sie hat gefiederte Beine, die aussehen, als trüge sie Knickerbocker. Mit ihrem herzförmigen Gesicht und den weit geöffneten schwarzen Augen wirkt sie wirklich weise. Natürlich schwang sie sich sofort auf, enorm kraftvoll und geschmeidig waren ihre tiefen Eulenflügelschläge, steifer jedoch als die Flügelschläge anderer Eulen, und die Klauen hingen unter ihr, die Krallen ordentlich aneinandergelegt. Mächtig, still und ruhig flog sie über den Hügel, dann schwebte sie hinter das zerfallene Gerüst und weg war sie. Ich möchte erfahren, wann und warum sie kommt und geht.

Ich möchte nach jungen Füchsen Ausschau halten, nach gelegentlich durchziehenden Rehen, den ersten Schwalben, dem Augenblick, wo sich das Gras von Grün nach Gold zu färben beginnt. Ich möchte nachts draußen sitzen und alle 4555 sichtbaren Sterne zählen.

Für das alles möchte ich viel, viel Zeit haben, damit die Stille eine Chance bekommt, an mir und in mir zu arbeiten. Und was dann als Nächstes passiert, weiß ich nicht.

Manchmal denke ich, Stille ist wie ein Schwarzes Loch. In einem Schwarzen Loch ist die Schwerkraft so stark, das nichts nach außen entweichen kann, noch nicht einmal das Licht. Alles, was in den Umkreis dieser Kraft tritt, wird irreversibel angezogen, eingesaugt, verdichtet und komprimiert, bis es unter der Konzentration der eigenen Masse kollabiert. Die Zeit als solche verlangsamt sich. Und wie in Zeitlupe wird jedes Objekt – selbst ein menschliches Ego –, wenn der Prozess erst einmal begonnen hat, gedehnt, verformt, verdreht und zusammengezogen, während es ins Zentrum, die Singularität, gezogen wird und dann – die Physiker sind sich auch nicht ganz sicher, was dann als Nächstes passiert – vielleicht in ein alternatives Universum, jenseits der Gesetze der Physik und der menschlichen Psyche, in ein neues Universum, in Gott.

Das ist natürlich der Tod. Doch kann es auch eine Geburt sein, je nach Blickwinkel des Betrachters. Was immer die andere Seite der Singularität sein mag, vielleicht beobachtet sie diese langsame Transformation gespannt, weiß um das Zusammenbrechen aller Regeln, wartet mit großer Freude darauf, die Einsiedlerin im Unendlichen willkommen zu heißen. Ich will es herausfinden und weiß, dass Stille für mich der einzige Weg ist, der dorthin führt.

Mir fällt es schwer, dieses Buch zu beenden, denn ich habe nicht das Gefühl, mit auch nur irgendetwas am Ende angelangt zu sein. Als ich nach Warkton zurückkehrte, versuchte ich als Allererstes einen Garten anzulegen, der sich in die Unendlichkeit hinein öffnete, der ohne Umzäunung auskam, in der Hoffnung, auf diese Weise zur *jouissance* des Ungelösten, des offenen Endes zu gelangen. Jetzt versuche ich, ein ganzes Leben zu entwerfen, das mir dabei hilft. Für mich ist Stille das Instrument wie der Inhalt eines solchen Lebens. Ich mache mir keine Sorgen darum, dass ich über den Rand einer Kluft ins Bodenlose fallen könnte, sondern habe eher das Gefühl, zu einer Ebene aufzusteigen, auf der Luft klarer und sauberer ist.

Das ist riskant. Ich habe immer gewusst, dass es riskant sein würde, und bin doch in einer Kultur aufgewachsen, die eine Abneigung gegen Risiken hat. Ich hoffe, ich unterschätze dieses Risiko nicht. Aber ich bin bereit, mich ihm zu stellen.

Schrecken und Risiko gehen mit Schönheit Hand in Hand. Da ist Schrecken, da ist Schönheit und sonst nichts.

Und der Rest, so hoffe ich, ist Stille.

Dank

An diesem Buch habe ich lange geschrieben, also habe ich vielen Menschen zu danken.

Außer mit Janet Batsleer und John Russell habe ich die Gedanken, die ich in diesem Buch entwickele, mit einer ganzen Reihe weiterer Menschen diskutiert, und ich danke ihnen allen.

Mein besonderer Dank geht an Joe Cassidy für seine spirituelle Führung.

Ganz zu Beginn der Arbeit an diesem Buch luden Elaine Graham und Frankie Ward mich ein, für das Manchester Contextual Theology Seminar ein Referat zu halten, was für mich sehr hilfreich und inspirierend war. Emma Loveridge und ihr Team von *Wind, Sand and Stars* ermöglichten mir meine Reise in den Sinai. Deirdre Peppe ist die Besitzerin von Allt Dearg, dem Cottage auf Skye, und unterstützte mich bei meinem langen Aufenthalt dort auf jede nur denkbare Weise. Christopher Rowland war mir ein inspirierter und inspirierender Berater in Bibelfragen. *Sine qua non*.

Als Autorin bin ich meiner wunderbaren Agentin Jenny Brown zu großem Dank verpflichtet. Das gilt auch für Sara Holloway und Lindsay Paterson bei *Granta*, Claire Malcolm bei *New Writing North*, Graham Mort von der Lancaster University sowie der Society of Authors und dem Scottish Arts Council, die mir beide Stipendien gewährten.

Ronnie und Sheila Lambton in Weardale unterweisen mich in Bezug auf die praktischen Seiten eines Lebens an abgelegenen Orten und das mit unermüdlicher Freundlichkeit und guter Laune.

John Freeburn, Bauunternehmer, und seine Truppe bauten mir mein Haus.

Meine Nachbarinnen und Nachbarn in Glenwhilly – alle Donnans, Jasmine und John Thorpe, Marie und Billy Furguson, Alex McColm – gaben mir das Gefühl, hier wirklich willkommen zu sein.

Alan Wilkinson, Tessa West, Adam, Fred, Jock und Thomas Maitland arbeiteten alle mit mir zusammen an Dirniemow, meinem jetzigen Haus. Will Anderson war für mich eine Inspiration wie eine zuverlässige Stütze.

Mildred und Adam Lee, Ros Hunt, Stella und Phillip Thomas, Alan Green, Sabine Butzlaff, Ford Hickson und Will Anderson, Sebastian Sandys, Jane Havell, Peter Daly, Sue Dowell, Peter Magee, Harriett Gilbert und Trevor Richardson (möge er in Frieden ruhen) bin ich aus den verschiedensten Gründen zu Dank verpflichtet.

Und schließlich danke ich Frippy Fyfe, Jamie Maitland, Robert Maitland und Maggie Lawrence (meinen Brüdern und Schwestern) für ihre Großzügigkeit, die weit über die Erfüllung gerechtfertigter Ansprüche hinausging.

Anmerkungen

Kapitel 1: Aufwachsen in einer Welt voller Lärm

1. Angela Carter, in: *Gender and Writing*. Hrsg. Michelene Wandor. Pandora 1985.
2. Psalm 131:2. Interessanterweise lassen die meisten modernen Übersetzungen das Wort »entwöhnt« weg und benutzen das sentimentalere/frommere Bild des Säuglings, doch meine Experten versichern mir, dass die Bedeutung von »entwöhnt« hier beabsichtigt ist: Ein Kind, das innig mit der Mutter zusammen ist, ohne jedoch von ihr etwas zu *brauchen*.
3. Helene Deutsch: *The Psychology of Women*. Grune & Stratton 1944, S. 477. (Deutsch: *Psychologie der Frau*. Eschborn bei Frankfurt a.M.: Klotz 1995)
4. Sara Maitland: *On Becoming a Fairy Godmother*. Maia Press 2003. Ich hatte die größten Schwierigkeiten, diese Sammlung veröffentlicht zu bekommen, und selbst die wunderbare Maia Press zog eine Grenze, was den ursprünglichen Untertitel betrifft: »Role Models For the Menopausal Woman« (»Rollenvorbilder für Frauen in den Wechseljahren«).
5. Eine der Geschichten in *On Becoming a Fairy Godmother*, »Bird Woman Learns to Fly«, erforscht dieses schöne Naturphänomen gründlicher.
6. Dylan Thomas: »The Force that through the green fuse drives the flower«, *18 Poems*. Fortune Press 1934. (Deutsch: »Die Kraft, die durch die grüne Kapsel Blumen treibt«. In: Dylan Thomas: *Windabgeworfenes Licht. Gedichte Englisch und Deutsch*. Frankfurt a.M.: Fischer Verlag 1992)
7. Sara Maitland und Peter Matthews: *Gardens of Illusion*. Cassells 2000. (Wir wollten das Buch »A Cunning Plot« (Etwa: »Raffinierte Entwürfe«) nennen, aber die Marketingabteilung des Verlags erlaubte es uns nicht!)
8. John Cage: *Silence: Lectures and Writings by John Cage*. Wesleyan University Press 1961, S. 8. (Deutsch: *Silence*. Berlin: Suhrkamp 2011)
9. Janet Batsleer, persönliche Mitteilung.
10. George Mallory war schließlich besessen davon, den Mount Everest zu besteigen. Am Ende starb er dort und wurde zuletzt gesehen, wie er »mit aller Kraft dem Gipfel zustrebte«. Es heißt, dass er auf die Frage, warum er diesen Berg besteigen wolle, gesagt haben soll: »Weil er da ist.« Tatsächlich hat er das nie gesagt. Der Satz als Erklärung für einen scheinbar sinnlosen Ehrgeiz stand in einem Artikel, der 1923 über Mallory und andere Bergstei-

ger erschien, und wurde ihm dort gar nicht zugeschrieben. Trotzdem blieb er an ihm haften.
11. Henry Thoreau: *Walden, or Life in the Woods*. 1854. (Deutsch: *Walden: oder Leben in den Wäldern*. Hamburg: Nikol 2016)
12. Richard Byrd: *Alone*. Putnam 1938, S. 3–7. (Deutsch: *Allein! Auf einsamer Wacht im Südeis*. Leipzig: F. A. Brockhaus 1939)
13. *The Sayings of the Desert Fathers*. Constable 1936, S. 157.
14. Edward Gibbon: *Decline and Fall of the Roman Empire*. London 1898, Bd. V., S. 337. (Deutsch: *Verfall und Untergang des römischen Reiches*. Darmstadt: WBG 2016)
15. John Keats: »Ode on a Grecian Urn« (1820). (Deutsch: »Ode auf eine griechische Urne«. In: John Keats: *Gedichte*. Leipzig: Reclam 1968)

Kapitel 2: Vierzig Tage und vierzig Nächte

1. Vielleicht gehe ich etwas vorschnell davon aus, dass die Leserinnen und Leser sich an Enid Blytons berühmte Geschichten von den »Fünf Freunden« erinnern. Diese genaue und plastische Beschreibung verdanke ich Ford Hickson.
2. Byrd: *Alone*. A. a. O., Kapitel 1.
3. Eine Auswahl von schönen Fotos vom Cottage und seiner Umgebung findet sich unter www.drynoch.demon.co.uk.
4. Offenbarung 14:2.
5. Es gibt eine Biografie von Tenzin Palmo. Vicky Mackenzie: *A Cave in the Snow*. Bloomsbury 1998. (Deutsch: *Das Licht, das keinen Schatten wirft: Die außergewöhnliche Lebensgeschichte von Tenzin Palmo*, Bielefeld, Theseus in J. Kamphausen 2010)
6. John Hunt: *Ascent of Everest*. Hodder & Stoughton 1953. (Deutsch: *Mount Everest: Kampf und Sieg*. Wien: Ullstein 1956)
7. Zitiert in Fergus Fleming: *Killing Dragons: The Conquest of the Alps*. Granta 2001. (Deutsch: *Nach oben: Die erste Eroberung der Alpengipfel*. Zürich: Unionsverlag 2012)
8. Später erklärte er diese Übelkeit damit, dass er »einen Pakt mit den Göttern geschlossen« habe als Wiedergutmachung für ein vorheriges Buch, das er inzwischen schlecht und unehrlich fand, und er befürchtete, das ganze Unternehmen zu besudeln, wenn er die Weltumseglung unternähme, um damit einen Geldpreis zu gewinnen.
9. Robert Knox-Johnston: *A World of My Own*. Neu aufgelegt von Adlard Coles Nautical 2004. (Deutsch: *Allein mit dem Meer: Das Abenteuer der ersten Nonstop-Weltumseglung*. Bern; Stuttgart: Hallwag 1970)

10. Byrd: *Alone*. Vorwort zur englischen Ausgabe. A. a. O., S. 6.
11. Viele Wüstenväter bezahlten die wenige Dinge, die sie zum Leben brauchten, indem sie Körbe aus dem Schilf flochten und in den anliegenden Dörfern verkauften. Ausgehend davon, wie viele Einsiedler es zu gewissen Zeiten gab und wie wenige Dörfer, habe ich das erfreuliche Bild vor Augen, wie entnervte Dorfbewohner, die den Einsiedlern jedoch wohlgesinnt waren, widerstrebend überflüssige Körbe kauften, die sie in ihren kleinen Häusern oder Zelten stapelten, ähnlich wie Eltern im 21. Jahrhundert fortlaufend neue »Kunstwerke« ihrer lieben Kleinen an die Kühlschranktür pinnen.
12. Byrd: *Alone*. A. a. O., S. 83.
13. Christiane Ritter: *Woman in the Polar Night*. Allen & Unwin 1956. (Deutsch: *Eine Frau erlebt die Polarnacht*. Berlin: Refinery 2016)
14. Zitiert in Fleming: *Killing Dragons*. A. a. O.
15. Jon Krakauer: *Into the Wild*. Villard 1996, S. 138. (Deutsch: *In die Wildnis: Allein nach Alaska*. München; Zürich: Piper 2010)
16. Nicholas Wollaston: *The Man on the Ice Cap: The Life of Augustine Courtauld*. Constable 1980.
17. Tagebuch, Tag 15.
18. *The Observer*, 10.2.2002, S. 9.
19. Peter Nichols: *A Voyage for Madmen*. Profile Books 2001, S. 214. (Deutsch: *Allein auf hoher See: Abenteuer einer Weltumseglung*. Bergisch Gladbach: Bastei Lübbe 2004)
20. Bernard Moitessier: *The Long Way*. Doubleday 1971, S. 164. (Deutsch: *Der verschenkte Sieg*. Bielefeld: Delius Klasing 2016)
21. Tagebuch, Tag 9.
22. Tagebuch, Tag 27.
23. Charles Lindbergh: *Spirit of St Louis*. Scribner's 1953, S. 109. (Deutsch: *Wir zwei: Mit der Spirit of St. Louis über den Atlantik*. Flensburg: Maven Press 2013)
24. Nichols: *Voyage for Madmen*. A. a. O.
25. William Howell: *White Cliffs to Coral Reef*. Odhams 1957.
26. Ann Davison: *Last Voyage*. Heinemann 1951.
27. William Wordsworth, «A slumber did my spirit seal". *Lyrical Ballads* (1800), Zeile 7–8. (Deutsch: »Als wenn ein Schlaf mich hat betört«. Siehe unter www.william-wordsworth.de)
28. Byrd: *Alone*. A. a. O., S. 85.
29. *Song of the Siren – The World About Us*. BBC Television 1971.
30. Moitessier: *The Long Way*. A. a. O., S. 101 ff.
31. Ritter, *Woman in the Polar Night*.
32. Geoffrey Williams: *Sir Thomas Lipton Wins*. P. Davis 1969, S. 115.
33. Jean-Jacques Rousseau: *La Novelle Héloïse* (1761), zitiert in Fleming: *Killing Dragons*. 2002, S. 90.

34. Jacques Yves Cousteau: *The Silent World*. Hamish Hamilton 1953. (Deutsch: *Die schweigende Welt*. Gütersloh: Bertelsmann 1978)
35. Goutran de Procius: *Kablina*. Zitiert in Max Picard: *The World of Silence*. London 1948. (Deutsch: *Die Welt des Schweigens*. Schaffhausen: Loco 2009)
36. Die schrecklichen Folgen dieser Auswirkung werden genauer beschrieben in Jon Krakauers Buch: *Into Thin Air*. Random House 1997. (Deutsch: *In eisiger Höhe: Das Drama am Mount Everest*. München: Malik 2006) Dort beschreibt der Autor 24 katastrophale Stunden auf dem Everest, in denen neun Menschen umkamen und zwar fast ausschließlich aufgrund »enthemmten Verhaltens« der einen oder anderen Art.
37. John Dennis, Brief, 1688, zitiert in Robert Macfarlane: *Mountains of the Mind: A History of a Fascination*. Granta 2003, S. 73. (Deutsch: *Berge im Kopf: Die Geschichte einer Faszination*. Zürich: AS-Verlag 2005)
38. Macfarlane: *Mountains of the Mind*. Ebd.
39. Exodus 3:1-6.
40. Frank Mulville: «The Loneliness of the Long Distance Sailor". In: *Yachting Monthly*, Nr. 132, May 1972, S. 686 ff.

Kapitel 3: Die dunkle Seite

1. Liddell and Scott: *Greek-English Lexicon*. 1843.
2. Moitessier: *The Long Way*. A. a. O.
3. Byrd: *Alone*. A. a. O.
4. Web-Anzeige.
5. www.wikipedia.org.
6. www.salon.com/news/feature/2007/06/07.
7. Stuart Grassian, *Journal of Law & Policy*, vol. 22, S. 325, 1986.
8. Was diese Geschichte angeht, herrscht eine gewisse Verwirrung. Während die älteren Erzähler (einschließlich Ovid) darin übereinstimmen, dass es zwei Schwestern waren – Prokne und Philomela –, sind sie sich nicht einig darüber, wer die Ehefrau und wer das Vergewaltigungsopfer war. Weil Philomela ein Name für Nachtigall ist, die singen kann, und Prokne für Schwalbe, die man traditionellerweise für einen stillen Vogel hielt (was sie tatsächlich gar nicht ist), ziehe ich es vor, dem zungenlosen Opfer den Namen Prokne zu geben und den Namen Philomela der traurigen, doch sich lautstark äußernden Ehefrau.
9. Genesis 16–21.
10. Captain John Phillips, clause 4, ship's articles, *Revenge* (1724).
11. Margarete von Navarra: *Heptameron*, Tale LXVII (posthumous pub. 1588). (Deutsch: *Das Heptameron*. München: Deutscher Taschenbuch-Verlag 1999) Margarete von Navarra revidierte die Geschichte, die sie von Alfonce

übernahm, um de la Rocques »Unsterblichkeit« zu schmälern und Roberval möglicherweise zu entlasten.
12. Sara Maitland: «The Tale of the Valiant Demoiselle". In: *Far North and Other Dark Tales*. Maia Press 2008. Zu den weiteren fiktiven Texten über dieses Abenteuer gehören ein narratives Gedicht aus dem Jahr 1916 von Isabel Ecclestone Mckay sowie Romane von Elizabeth Boyer (1977), Charles Goulet (2000) und Joan Elizabeth Goodman (2006).
13. Richard Steele, in: *The Englishman*, 1.12.1713.
14. Ebd.
15. Joe Simpson: *Touching the Void*. Cape 1988. (Deutsch: *Sturz ins Leere: Ein Überlebenskampf in den Anden*. München; Zürich: Piper 2011)
16. Ebd., S. 206.
17. Ebd., S. 141 und 147.
18. Ebd., S. 195.
19. Krakauer: *Into the Wild*.
20. Nichols: *A Voyage for Madmen*. A.a.O., S. 273.
21. Waddell: *Desert Fathers*. A.a.O., S. 228. Der Gray, auf den hier Bezug genommen wird, ist Thomas Gray, der Dichter, der das berühmte Gedicht »Elegy Written in a Country Churchyard« verfasste und der die meiste Zeit seines Lebens am Pembroke College in Cambridge verbrachte, zunächst als Student und dann als Fellow. Er scheint fast sein Leben lang an Depressionen oder Acedia gelitten zu haben.
22. Cassian of Marseilles: *De Coenobirum Institutis*, in: ibid., S. 229 ff.
23. Anthony Grey: *Hostage in Peking*. M. Joseph 1970. Dieses Zitat stammt aus der neuen, erweiterten Ausgabe. Tagman Press 2003, S. 110. (Deutsch: *Als Geisel in Peking. Der dramatische Bericht eines britischen China-Korrespondenten*. München; Zürich: Droemer Knaur 1970)
24. Ritter: *Woman in the Polar Night*. A.a.O.
25. Psalm 91:5–6. In modernen Übersetzungen ist eher von »Seuche« die Rede, aber in der eremitischen Tradition heißt es immer »Dämon«.
26. Richard Burton: *The Anatomy of Melanchoy. What it is: With all the Kinds, Causes, Symptomes, Prognostickes, and Several Cures of it. In Three Main Partitions with their several Sections, Members, and Subsections. Philosophically, Historically, Opened and Cut up*. Vollständige moderne Ausgabe von New York Review Books 2001. (Deutsch: *Die Anatomie der Schwermut*. Frankfurt a.M.: Eichborn 2003.
27. Cassian in Waddell: *Desert Fathers*. A.a.O., S. 232.
28. Ebd.
29. Adam Nicolson: *Sea Room*. HarperCollins 2001, S. 156.

Kapitel 4: Stille und die Götter

1. Janet Batsleer, persönliche Mitteilung.
2. Genesis 1:1–3.
3. Johannes 1:1.
4. Genesis 1:1–5.
5. Johannes 1:1–3.
6. P.B. Shelley: *Prometheus Unbound* (1820). (Deutsch: *Der entfesselte Prometheus: Lyrisches Drama in vier Akten*. Leipzig: Insel 1779.)
7. Im Griechischen gibt es zwei Wörter, die mit einem einzigen englischen Wort übersetzt werden – Zeit. *Kronos* bedeutet Zeit in seiner konkreten Bedeutung als Maßeinheit – wie in Chronologie oder Chronometer. *Kairos* bedeutet Zeit im Sinne des »richtigen oder passenden Moments«, eine nicht festgelegte zeitliche Phase, in der etwas passiert. Wenn die Griechen ihren Ur-Gott Kronos (statt Kairos) nennen, liegt darin also eine metaphorische Tiefe, die sich im Englischen schwer ausdrücken lässt.
8. Keats: »Ode on a Grecian Urn«.
9. Die nahezu einzige Personifizierung von Stille, die ich kenne, ist ein Bild von *ihr* in einem Wandgemälde aus dem 19. Jahrhundert im alten British Foreign and Commenwealth Office.
10. George Steiner: *Real Presence*. Faber & Faber 1989. (Deutsch: *Von realer Gegenwart: Hat unser Sprechen Inhalt?* München: Carl Hanser 2010)
11. *Oxford English Dictionary*. Beide Möglichkeiten werden erwähnt, wenn auch ablehnend.
12. Zahlen im Vergleich der Volkszählung von 1991 mit der vom Jahr 2001. Die augenblickliche Bevölkerung der Schottischen Inseln liegt unter 100 000.
13. C.S. Lewis: *The Screwtape Letters*. Geoffrey Bles 1942. Neu aufgelegt von Fontana 1973, S. 114. (Deutsch: *Dämonen im Angriff: 31 Briefe*. St. Gallen: Buchhandlung der Evangelischen Gesellschaft 1944)
14. Ernest Gellner: *The Psychoanalytic Movement*. Paladin 1985, S. 154.
15. Anthony Storr: *The School for Genius*. André Deutsch 1988, S. xiii. Dieses ausgezeichnete Buch ist in überarbeiteter Form neu aufgelegt worden unter dem schlichteren Titel *Solitude* von HarperCollins 1994. (Deutsch: *Die schöpferische Einsamkeit: Das Geheimnis des Genies*. Wien; Darmstadt: Zsolnay 1990)
16. Offenbarung 8:1.
17. Philip Howard in: *The Times*.
18. Johannes 19:9.
19. Dieser Text wird Bodhidharma (fünftes Jahrhundert v.u.Z.) zugeschrieben und ist zuerst erschienen in Ts'u-t'ing shih-yuan (1108).
20. Douglas Hofstadter: *Gödel, Escher, Bach*. Harvester Press 1979, S. 248.

(Deutsch: *Gödel, Escher, Bach: Ein Endloses Geflochtenes Band*. Stuttgart: Klett-Cotta 2016)
21. Ebd., S. 251.
22. Ebd., S. 255.
23. Pierre Lacout, 1969, siehe www.quaker.org.uk.
24. John Russell in einem persönlichen Brief.
25. Evelyn Underhill: *Mysticism: A Study of the Nature and Development of Man's Spiritual Consciousness*. 1911. (Deutsch: *Mystik: Eine Studie über die Natur und Entwicklung des religiösen Bewusstseins im Menschen*. Bietigheim: Turm 1974)
26. Jenny Uglow: *Nature's Engraver*. Faber & Faber 2006, S. 99.
27. Saint Augustine, *Confessions*. vi:3. Penguin 1961. (Deutsch: Aurelius Augustinus: *Bekenntnisse – Die Weisheit des großen Kirchenvaters*. Köln: Anaconda 2015)
28. Die grundlegenden wissenschaftlichen Positionen werden erläutert von Balogh (1927) und Knox (1968). In: *A History of Reading* (Viking 1996)) erläutert Alberto Manguel das Thema für Laien-Leser. 2007 stellte James Fenton dessen Aussagen im *Guardian* in Frage, aber ich bin immer noch überzeugt von Manguels Sicht der Dinge. (Deutsch: *Eine Geschichte des Lesens*. Frankfurt a. M.: Fischer-Taschenbuch 2012)
29. Timotheus 2:11–14.
30. Adam Phillips: *Promises, Promises*. Faber & Faber 2000, S. 373 ff.
31. William Dalrymple: *From the Holy Mountain*. HarperCollins 1997, S. 290.

Kapitel 5: Orte der Stille

1. Henry Thoreau: *Tagebuch*, 7.1.1857.
2. Thomas Merton: *Tagebuch*, 27.2.1963.
3. Diese Bedenken greife ich in meinen Romanen auf, vor allem in *Three Times Table* (1990) und *Home Truths* (1993) sowie in vielen meiner Kurzgeschichten, besonders aber in »A Big Enough God« (1995), dem Versuch einer Theologie der Schöpfung nach Einstein.
4. Annie Dillard: *Pilgrim at Tinker's Creek*. Cape 1975, S. 165. (Deutsch: *Pilger am Tinker Creek*. Berlin: Matthes & Seitz 2016)
5. Anthony Gormley im Interview im *Guardian* vom 14.6. 2005.
6. Psalm 124:7.
7. Nicolson: *Sea Room*. A. a. O., S. 29.
8. »St Columba's Island Hermitage«, Irisch, 12. Jahrhundert, Anon. Aus: *Celtic Miscellany*. Hg. Kenneth Hurlstone Jackson. Penguin Classics 1971.
9. William Cowper, »The Solitude of Alexander Selkirk«. In: *Palgraw's Golden*

Treasury. Oxford 1907, S. 114. Weit davon entfernt, ein Lobgesang auf das Alleinsein und Besitztum zu sein, handelt dieses äußerst depressive Gedicht von den Leiden des Alleinseins und der Sinnlosigkeit von Besitz – die ersten vier Zeilen sind total ironisch und ziemlich bitter, aber sie sind aus ihrem ursprünglichen Kontext gelöst worden und werden häufig als Beispiel für ein vergnügliches Erlebnis zitiert.

10. Die Forstverwaltung hat in letzter Zeit viele dieser Bedenken berücksichtigt und pflanzt mit mehr Vielfalt und macht die Wälder für Erholungszwecke zugänglich. Mehr noch als die privaten Landbesitzer akzeptiert sie nicht nur die legalen Verpflichtungen, die mit den neuen Zugangsgesetzen verbunden sind, sondern auch die damit verbundene Einstellung.
11. Kenneth Grahame: *The Wind in the Willows*. 1908. (Deutsch: *Der Wind in den Weiden*. Stuttgart: Thienemann 2016.)
12. Bruno Bettelheim: *Uses of Enchantment*. Thames & Hudson 1976. (Deutsch: *Kinder brauchen Märchen*. München: Deutscher Taschenbuch-Verlag 2013) Geradezu auffallend ist, dass Stille im Inhaltsverzeichnis dieses faszinierenden Buches fehlt. Bettelheim, ein Psychologe, misst Stille keinerlei Wert bei und übergeht sie in seiner Arbeit völlig.
13. *Maitland Miscellany*, Bd. 2, Teil 1. Edinburgh 1840, S. 187 ff.
14. In manchen Versionen sind es sieben oder zwölf Brüder und in anderen werden sie nicht in Schwäne, sondern in Krähen oder Raben verwandelt. Ich weiß nicht, warum sie immer ganz weiß oder ganz schwarz sind.

Kapitel 6: Wüsteneremiten

1. Franz Kafka, Brief an Felice Bauer, 14./15. Februar 1913. In: *Letters to Felice*. Schocken Books 1973. (Deutsch: *Briefe an Felice und andere Korrespondenz aus der Verlobungszeit*. Frankfurt a. M.: Fischer Taschenbuch 2015)
2. Charles de Foucault, Brief an Father Jerome. OCSO 1901, zitiert in Ann Fremantle: *Desert Calling*. 1950, S. 162 f.
3. Gertrude Bell, zitiert in Janet Wallach: *Desert Queen*. Weidenfeld & Nicolson 1996, S. 54 und 108. (Deutsch: *Königin der Wüste: Das außergewöhnliche Leben der Gertrude Bell*. München: Goldmann 2015)
4. *Wind, Sand and Stars*, Werbebroschüre. (Der Name der Firma geht auf ein Buch mit dem gleichen Titel von Antoine de Saint-Exupéry zurück, ein außergewöhnlicher lyrischer Rückblick auf seine Zeit in der Wüste.)
5. Cage: *Silence: Lectures*. A. a. O., S. 8.
6. Martin Buckley: *Grains of Sand*. Vintage 2001, S. 49. (Deutsch: *Mit den Taschen voller Sand: Eine Reise durch die Wüsten der Welt*. München: Frederking und Thaler 2005)

7. Meine eigene freie Version von Samuel 1:1-20.
8. Persönliche Mitteilung.
9. Amos 8:11–12.
10. Tatsächlich hat jemand genau das getan. Rudolf Bells *Holy Anorexia* (1985) ist ein langatmiger reduktionistischer Versuch, eine ganze Reihe von weiblichen Heiligen aus dem Mittelalter als Fallstudien für Anorexie darzustellen. Damit das überhaupt möglich ist, muss er sie aus jedem kulturellen Kontext lösen und ihnen jedes Selbstbewusstsein absprechen. Sollte er recht haben, lautet der einzig vernünftige Schluss, dass die mittelalterliche Kirche Anorexie besser behandeln konnte als die moderne medizinische Wissenschaft.
11. Noch zu Beginn des 19. Jahrhundert lässt Jane Austen in *Northanger Abbey* (1818) (Deutsch: *Kloster Northanger*) Eleanor Tilby (ein Vorbild an rationalem, gesunden Menschenverstand und erlesenem Geschmack) die Ansicht vertreten, dass es vollkommen richtig sei, wenn Historiker Reden für historische Charaktere erfinden.
12. Waddell: *Desert Fathers*. A.a.O., S. 289 ff.
13. Nicolson: *Sea Room*. A.a.O., S. 156.
14. Athanasius: *Life of Antony*. In: *Early Christian Lives*. Penguin 1998, S. 39.
15. Siehe zum Beispiel Derwas James Chitty: *The Desert a City* (Blackwell 1966); Peter France: *Hermits* (St. Martin's Press 1996); Andrew Louth: *The Wilderness of God* (Darton, Longman & Todd 1991).
16. John Cassian: »On Mortification«. In Waddell: *Desert Fathers*. A.a.O., S. 232.f.
17. Waddell: *Desert Fathers*.
18. France: *Hermits*. A.a.O., S. 139.
19. Was das betrifft, herrscht Uneinigkeit. Bei manchen heißt es, sie habe kurz vor ihrem Tod im Krankenhaus um die Taufe gebeten und sie erhalten. Andere sagen, sie sei, nachdem sie das Bewusstsein verloren habe, ohne ihr ausdrückliches Einverständnis getauft worden. Ich halte mich hier an Simone de Petrement, ihre Freundin und Biografin, die überzeugend gegen eine reguläre Form von Taufe argumentiert (*La Vie de Simone Weil*. Fayard 1973).
20. Thérèse of Lisieux: *The Story of a Soul*. Source Books 1973. (Deutsch: Thérèse von Lisieux, *Geschichte einer Seele*. Freiburg; Basel; Wien: Herder 2016)
21. Simone Weil: *Waiting for God*. Routledge & Kegan Paul 1951, S. 116. (Deutsch: *Das Unglück und die Gottesliebe*. München: Kösel 1953)
22. De Foucault, Brief an Marie de Bondy, 15.7.1906, zitiert in Philip Hillyer: *Charles de Foucault*. Minnesota 1990, S. 129.
23. Thomas Merton: *Raids on the Unspeakable*. New York 1964, zitiert in M. Furlong: *Merton, a Biography*. London 1980, S. 283.
24. Merton: *Tagebuch*, 16.12.1965.

25. Dalrymple: *Holy Mountain*. A.a.O., S. 410.
26. Jia Dao (779-843), James J.Y. Liu: *The Chinese Knight Errant.* Routledge & Kegan Paul 1967.

Kapitel 7: Des Alleinseins Segen

1. John Milton, *Paradise Lost*. Book iv, 481 ff. (Deutsch: *Das verlorene Paradies.* Stuttgart: Reclam 2008)
2. William Lecky, zitiert in France: *Hermits*. A.a.O., S. 22.
3. Zitiert in Waddell, *Desert Fathers.*
4. Gibbon: *Decline and Fall*, Kapitel 37.
5. James Wilson: *A Voyage around the Coasts of Scotland and the Isles* (1841).
6. Michel de Montaigne: *The Complete Essays*. Penguin 1987. (Deutsch: *Essays.* Leipzig: Reclam 1990) Ich finde es faszinierend, dass Montaigne gerade dieses Bild gewählt hat. Er selbst stammte aus einer Adelsfamilie und hat wahrscheinlich nie in seinem Leben das »Hinterstübchen« eines Ladens betreten, da der französische Landadel den Warenhandel noch mehr verachtete als seine englischen Gleichgestellten. Während die heilige Katharina von Siena, die über der Färberei ihrer Eltern aufwuchs, von der »Einsiedelei« des Herzens sprach, in die sie sich mit ihrem Geliebten zurückziehen konnte, wählte Montaigne diese Metapher aus der Geschäftswelt.
7. Thomas de Quincey: *Collected Writings*. Hg. Masson. Edingburgh 1890, S. 235.
8. Thomas Carlyle: *Critical and Miscellaneous Essays*. (1838).
9. William Wordsworth: *The Prelude* (1850). (Deutsch: *Präludium oder Das Reifen eines Dichtergeistes: Ein autobiographisches Gedicht.* Stuttgart: Reclam 1974)
10. Keats: »Ode on an Grecian Urn«. (Deutsch: *Gedichte.* Stuttgart: Reclam 1968).
11. George Eliot: *Felix Holt*. 1866.
12. Wordsworth: »The Advertisement to *The Prelude.*«
13. Storr: *School for Genius.* A.a.O., S. 33.
14. Meher Baba: »Meher Baba's Universal Message.« World's Fair pamphlet 1964.
15. Siehe Kapitel 2, in dem mehr über dieses Thema steht.
16. Sara Maitland: *Other Voices*. Produziert von Sara Davies für BBC Radio 4, *Afternoon Theatre* 2001. Das Stück gewann später einen Preis, den Media Mental Health Award. Ich bin Sara Davies und der Group of the Voice Hearing Network aus Exeter zutiefst dankbar.
17. John Prebble: *The Highland Clearances*. Secker & Warburg 1963, S. 10.

18. Donald Ross: *Scenes at Knoydart* (1853). Zitiert in Prebble: *Highland Clearances.* A. a. O., S. 278.
19. Bei der Volkszählung im Jahr 1901 wurden in Galloway 91 Personen gezählt, die Gälisch sprachen.

Kapitel 8: Nach Hause kommen

1. Zitiert in Sabina Flanagan: *Hildegard of Bingen. 1098–1179: A Visionary Life*. Routledge 1998, S. 97.
2. Thomas Mertons Autobiografie, *The Seven Storey Mountain*. Harcourt 1948. (Deutsch: *Der Berg der sieben Stufen: Die Autobiografie eines engagierten Christen*. Ostfildern: Patmos 2010) machte ihn berühmt; ihr folgten aber noch viele weitere Veröffentlichungen zu einem großen Spektrum an Themen und in verschiedenen Gattungen.
3. Thomas Merton: *Journals, Bd. 1, 1939–41*. HarperCollins 1995, S. 118. (Deutsch: *Weltliche Tagebücher 1939–1941*. Einsiedeln; Zürich; Köln: Benziger 1960)
4. Barbara Erakko Taylor: *Silent Dwellers*. Continuum 1999, S. 32.
5. Camadolesian short rule. *Catholic Encyclopaedia* 1913.
6. Siehe Will Anderson: *The Diary of an Ecobuilder*. Green Books 2007.
7. Adam Nicolsons Beschreibung seiner Inseln in *Sea Room*.
8. Mackenzie: *Cave in the Snow*. A. a. O., S. 197 f.
9. Waddell: *Desert Fathers*. A. a. O., S. 160.
10. Ludwig Wittgenstein: *Tractatus Logico-Philosophicus*. Kegan Paul 1922. (Deutsch: *Logisch-philosophische Abhandlung*. Sulzbach: Alpha-Presse 2003)
11. Thoreau: *Tagebuch*, 17.6.1853.
12. Cousteau: *Silent World*. A. a. O., S. 16.
13. Ebd.
14. Picard: *World of Silence*. A. a. O., S 22.
15. Claude Levi-Strauss: *The Raw and the Cooked*. Cape 1970, S. 18. (Deutsch: *Mythologica I. Das Rohe und das Gekochte*. Frankfurt a. M.: Suhrkamp 2000)

Über die Autorin

Sara Maitland ist Autorin zahlreicher Prosa-Werke, darunter *Daughters of Jerusalem*, das den Somerset Maugham Award erhielt, und einiger Sachbücher, darunter *Gossip from the Forest: The Tangled Roots of Our Forests and Fairytales* und *How to be alone*.

A Book of Silence stand auf der Shortlist für den Bristol Festival of Ideas Book Prize und den Orwell Prize sowie auf der Longlist für den Samuel Johnson Prize und den Scottish Mortgage Investment Trust Book Award für das schottische Sachbuch des Jahres.

Die Schriftstellerin lebt seit 2007 in einer Moorlandschaft in Galloway, Schottland, und gibt für die Universität von Lancaster Fernlehrgänge in kreativem Schreiben.